U0552925

国家出版基金项目
NATIONAL PUBLICATION FOUNDATION

辛亥革命资料选编

第一卷

反清革命 （下册）

刘　萍　李学通／主编

李学通
孙彩霞／编

社会科学文献出版社
SOCIAL SCIENCES ACADEMIC PRESS (CHINA)

·下　册·

辛亥革命四川回忆录

杨兆蓉

编者按：杨兆蓉先生自 1905 年同盟会在日本成立到 1911 年泸州起义，曾参加了种种革命活动。这篇回忆录对研究四川辛亥革命提供了一些资料，如述同盟会与会党的关系；以佘竟成为首的会党如何响应革命，在永宁、泸州、江安、叙府等地屡次起义；此外谈到滇川军的冲突，及同盟会在南洋与立宪派的斗争等情况，均属亲见亲闻，可供参考。

同盟会与孙中山先生之关系

1905 年同盟会在日本东京成立，革命办法确定，中山先生住东京领导进行，为避清使馆侦查，住地屡迁，或旅馆、或廖仲恺寓所、或宫崎寅藏家，无一定地点。日常往商要件者，除《民报》及各支部负责人外，其他来客亦多，久住人家彼此均感不便。黄复生告我：《民报》同志赞成租屋独居，惟日本警察条例，居民应将家长姓名写在门口悬挂之木制门牌上，若仍用旅馆号牌上高野之名，知者颇多，耳目难避。于是改用中山平八郎，旋又改名中山樵。党人回国活动，即以中山之名作秘密暗号，无论何时何地，遇着疑是同党而不相识者，即以中山暗号问之。首问到过日本没有？问时左手举起大指拇，右手擦右眉毛。彼答话时，如举起右手大指拇，以左手擦左眉毛，则眉指的暗号已响应而合。如云到过日本，则以"中山"二字之日本话问之，知道中山先生否？如答未到过日本，则以中国话问之。一一相合，无疑的真为同党，可与之商量彼此活动情况。

四川革命党人的活动

黄复生系川南师范学生，同学屏山邓絜（字亚珍，十九岁中清末后一科举人，留学日京，参加同盟会，与富顺雷铁崖办《鹃声报》鼓吹革命）、隆昌陈道循（字伯珩）、黄光士（字容九），与复生、富顺曹笃（字叔实）、荣昌胡易（字玉鸣）、永宁黄方（字鹿生）、泸州陈宝镛（字漱云）、李鸿彦（字琴鹤）、梅篯（字秉钧）及余等廿余人，因看书报，如湖南陈天华之《警世钟》、巴县邹容之《革命军》与《浙江潮》、《新广东》，始萌革命思想，组织"输新学社"为基础，得经学教习罗顺蕃（字次瀛，泸州人，副贡举人）赞助，为撰输新社发起序文，其革命意义，略流露于文中。不能全记，尚忆其数句云："在昔新亭聚泣，泪洒河山；长沙上书，忧深薪火。人杀尔父，吴夫差未敢遽忘，此非恶声，刘越石因而起舞。鸟兽是蛮夷之性，难养其心；铜驼在荆棘之中，会当见汝。大江东下，铁板铜琶；肠断心酸，一声何满。"

社议创办铅字印刷局，翻印书报作宣传品，派社友赴日本学习印刷，黄复生愿往。当时陈宝镛、陈道循为学社正副社长，与复生皆第一期学生。毕业后二陈即赴日留学。时社中经费尚未集合，派人学习印刷之议，未果行。黄光士与余继任社长，始实行原议。甲辰秋资送复生往日，嗣知印刷部有石印、铜版、照像版等类，不只铅印一门，非一人之力可以兼学，续资派社友宜宾刘永言、富顺范秋岚（后在川边活动，为赵尔丰所杀）于乙巳年（1905）与余自费同赴日本，均即时参加同盟会。复生负《民报》印刷责任，以数千留学生，只他一人学印刷之故。

泸州会党首领余竟成，为武秀才，有革命性，常携《警世钟》、《革命军》二书，讲演于茶酒肆。清吏派差役禁止，差役皆彼兄弟，密请大哥让步，遂轮赶乡场讲演，差役知而不问。复生与余等在川师读书时，即知其事。余同复生、永言、秋岚、宝镛联名写信，劝其东游。彼毅然到日，加入同盟会，引见中山先生。见其魁梧奇伟，言论风生，大为器重，付以打通川、滇、黔会党之责，状委为西南大都督；派同井研熊克武、自贡谢奉琦回川，共策进行。竟成名俊英，参加同盟会时，以俊英系考得武秀才之名，乃去俊字名英，表示与清廷断绝关系。在日本动身时，章太炎、宫崎寅藏与之同照一影，以留纪念，而资鼓励。宫崎并赠倭刀一柄，以作护身之用。与熊、谢回川，设秘密机关于泸州小市绫子街邓西林宅。邓名邦植，系文秀才，亡父润章为举人，山西知县，借其门第掩人耳目。竟成与熊、谢分赴川东南各州县活动，以泸州为策源地。熊、谢往来于泸，皆宿邓宅，于是革命进行，大为活动。巴县杨庶堪（沧伯）、朱之洪（叔痴），富顺谢持（慧生）、曹叔实、易倩予，荣昌张培爵（列五），江津卞剑夫父子及川东南人士，先后加入同盟会者，数以百计，会党中人尤多。四川之革命，从此发轫也。

四川党人在西安活动之点滴

1907年佘竟成、熊克武、谢奉琦回川后，余同永宁杨维（莘友）冬初回上海，驻湖南招待所，系湖南同志刘道一之弟刘某所办，借以联络各省党人者。未几，道一在湖南被逮系狱，刘某为租界中国侦探捕去，寄禁巡捕房，要求会审公堂引渡，并封禁招待所。余与杨维商请中国公学财务干事，江津同志孙镜清出资聘英国律师，于会审时出庭辩护，结果外国法官拒绝中国法官之请求，得不引渡，招待所如故。

旋黄复生同内江李异文由日返上海，同住招待所，与余和杨维，本计划中分批回川活动者。余因陕西蒲城同志井勿幕回陕活动，以陕西同志无多，彼一人之力有限，挽荣县范蘩（渭渔）与余同往协助。范为成都武备学生，毕业后，全体派赴日本考查陆军，加入同盟会者三十余人。范已授陆军协军校之职，组织新军时，可望任营团长。余既有陕西之行，复生、异文、杨维先行回川。

余与范允井之约，井即先归。余偕范于是年除夕日到西安，住井之商号。井为蒲城财东，山陕称富室为财东，故井之先辈，在省设有商号。四川川东道张铎曾借井父之资捐官，井到张衙门收债，遂由重庆赴日留学。时陕西留学生甚少，加盟者无多。

是时清廷在西安办有陆军小学一所，并成立新军一标，成都满洲驻防雅云舫，系武备速成班毕业生，任陆小监督兼新军标统。雅因捐内阁中书，赴京引见，羁延未回。井欲乘此机会，以范继雅职，掌握陕省兵权。余以为应先接洽四川同乡官，以壮声色，因省中要津，首府、首县、警察局及高等学堂、师范学堂、法政学堂、警察学堂各监督，如杨瀛海、徐子休、傅彤澄、刘某等及长安县高小校长，皆四川人，声势烜赫，极一时之盛。尤以新设之洋务局，为当时新政之外交机关，总办为华阳进士文龙，系候补道，乃同乡官之最高者。由高等学堂日文翻译永宁同志陈绍封（改名公恂，输新社社友）托洋务局英文翻译兼高等学堂英文教习、候补知县、万县王宣笏介绍余与范往晤文道。文为人谦和，曾来寓所答拜，因此哄动一般耳目。井得以运动蒲城名孝廉张拜云，参加同盟会。张为范继雅职甚努力，盖张有一门生周某在北京，以进士而任监察御史，最近奏参陕西布政使樊增祥，上谕离职留省，听候川督锡良查办，官场皆认为张之指使，对张异常重视。陕甘总督升允，赴任过陕，以三千金聘张入幕。为新设提学使某，以楚才晋用为可惜，留办劝学公所，挂牌饬潼州府筹款三千，送还升允总督。后张又兼西潼铁路总办，原总办为徐子休。此路系樊增祥任内倡办，当时徐以西安府尹昌龄之力得任师范学堂监督，说樊派遣留日学生三十名，由徐送日本。徐回省又说樊办西潼铁路，樊以徐兼总办。樊离职后，官场以川人之盛，皆樊一手造成，排川之风，于是乎起，尤以徐为目标。徐因而辞职回川，张得兼徐之两职。

　　陕西巡抚曹鸿勋，系山东状元，初信任樊增祥，一切措施皆樊之计划。樊去职后，信任盐道张某，湖南人。张道以拜云为同宗，往还甚密。拜云说张道推荐范继雅职，曹抚允诺。文稿业已判行，陆军小学提调杜俊明闻知，面禀曹抚，以长江捕拿革命党为词，请加考虑，因而中止。

　　杜为绵竹人，候补知府，时以陆小提调代行监督职权。其侄杜周，以候补佐杂派赴日本考查政治，归而得差。俊明初遣其来寓所，转达彼意，拟代聘范任陆小体操教习。范以正谋继雅之职，不能小就而妨其大者，未允。二月初二，四川会馆同乡官团拜、演戏宴会，欢迎余与范参加。同乡会总裁为樊增祥，以彼随父宦，住川多年，认四川为同乡，陕省新政皆彼主张，传说有复职之望，面告余与范，可在此多盘桓些时日。席上文道与杜作陪，杜旧事重提，范答以体操乃下士卒之事，陆军所重者为军事学，回问学堂军事学分科情形，杜不能答。当文道宪台在座，杜面赤难过，因此不满，后来破坏已成之事，非无故也。

　　谋夺陕西兵权之事不成，井商办端本学校，作秘密机关，留范任体操，以待时机，余决意回川。（辛亥革命，民国告成，井为陕南道尹，胞兄崧生，系国术专家，任师长兼陕北镇守使。南京政府成立，中山先生任大总统，委熊克武为蜀军总司令，回川时，调范为蜀军第一团团长。）一日余同范赴文道公馆辞行，文云："近来南京捕禁候补道孙毓筠，系寿州相国孙家鼐之侄；汉口又捕禁胡瑛，传说都是革命党。闻四川党人有不便由长江回川，绕道陕境者。"文以真诚待人，暗中示意，殊为可感。

永宁首义之失败

余留陕数月，一事无成，三月下旬由西安首途，从大北路回川。四月到成都，时黄复生受聘府中学日文翻译；李异文受聘铁道学堂算学教习；其他外县同志在省任教或机关职务者亦多。复生告余，数月来收的学生（暗号入党为收学生）三百多人，星期日来校写愿书、盟书者甚多，颇有风声，嘱余暂代主盟人，避免一时。余住客店，于是来店入党学生周流不绝，铁道、师范、法政各校与陆军小学都有，尤以中学为多。住省月余，计在百人以上，如后来省议会之副议长郭云楼，其著名者。复生又云：陆军弁目队招考，当局以川东南多革命党，大量收取川北人，川西人次之。凡投考的党人，嘱其填川北或川西籍，由我通知武备同志任教官者，验看时暗中为力。已考上一百多人，冒川西北籍的颇多，据此可见当时趋向革命之一般。

未几，熊克武与泸州武备生休学的黄子休到省，谓余竟成准备端午日起义；因泸州旧俗，官民俱出城看龙舟竞渡，只空城一座，垂手可得，嘱省中同志预备响应，并向复生要炸弹。复生约集省中同志，星期日在草堂祠开秘密会议，到会有张培爵、陈伯珩、黄金鳌、林冰谷、李异文、余培初与武备代表龙灼三、黄冰如和余等共二十余人。金以时间太迫，省中毫无准备。武备代表云：新军须待弁目队毕业，有了下级干部方能成立，购回外国械弹，存在库中，纵能夺取，无兵仍是无益。复生云："带回制造炸弹药品，存在内江李异文家，往取须时，制造亦来不及。"决议请熊、黄回泸转达竟成改期，予以从容预备时间。

克武、子休回泸。泸州同志知余到省，一再函促速归，商议今后进行。富顺袁阜倩同志，前送该县入党愿书、盟书来省，约同五月赴石桥，雇舟而下，至富顺上岸，晤谢慧生于县高小。渠为校长，谈近状一日，嘱其派代表来泸会议，原舟返泸。时杨维、张治祥及嘉定罗杏书先后回川，同至江津会党首领刘天成家吃喜酒，因刘捐一武职，在家宴客。克武、子休亦到，会党中人来者尤多。杏书为各同志撰送一贺联云："博得一官，转瞬有天空世界；归来万里，息肩看草泽英雄。"宴罢，治祥、杏书赴成都，杨维同克武、子休来泸。未几，富顺代表邹峰三、袁阜倩，隆昌代表薛瀛海（民国三年，袁世凯捕杀党人，为周骏师长兼镇守使杀于重庆）到泸。叙属代表同谢奉琦亦至，指定金台店为招待所，与泸州同志等十数人，在该店开秘密会议。竟成与邓西林提议，永宁黄方（鹿生），有小孟尝之称，彼之力量，可以集合叙永一带会党。两次派人请其出助，彼虽赞同，以将有广西之行为辞。杨维以鹿生虽是连襟之戚，尚未会面，到会者多知鹿生与余为川师旧同学，又是输新社社友，推与杨维、熊克武同往劝驾。

余恐鹿生急于广西之行，先发一信，请其稍待，有输新社要件面商，然后起程，至江门。杨维往省其舅父，因数年未见，暂留。余同克武先行，到兴隆场，鹿生欢迎住其家。见彼整理行装甚忙，因彼胞兄仲宣与广西巡抚张鸣岐系旧交，以举人委署凌云县知县，函嘱其送眷属到任所，准备日内动身。彼云如不得余信，业已起行。又见其门前贴有新捐州判红报，睹此情形，余与之密谈两日。彼慨然曰："前日佘竟成、邓西林，两次派人来邀，以兹事体大，非其人不克负荷。今而知中山先生真先觉者，正与输新社宗旨相合，从前苦无人领导，今得人矣。"毅然加盟，广西之行作罢，当托其堂兄寿宣（护国之役死难川西）退雇赴桂轿夫。第三日，杨维来同进永宁城，晤劝学所视学马九成（名图），在日本加盟者，说明往金鹅池活动计划，托其随时报告城中消息。

初永宁会党分两大派：曰成会，曰义会。两派水火不容，常纠合数百人至千人械斗，俗呼斗龙，各奉天主、福音两教作护身符。清吏以双方皆是教民，无可如何，泸卫、大坝、长官司、九司城、葛家坟、苗沟一带为最甚，各持械赶场，逢着便打。赵尔丰署永宁道，禀准剿办，先从苗沟下手，杀二三百人，此风稍减。决定利用此机，集合会党起义。用万国青年会名义与两派调和，并晓以汉流大意，暂拟简章十数条，推熊克武骑鹿生之马，一日赶到泸州，在开智书局铅印数百本，以三日为期赶回。因此党人中传说熊克武脚大善走，一日能行二三百里，即指此事。

计划确定，同往金鹅池杨维旧宅，照议进行。鹿生、杨维之妻弟赵铁桥，系金鹅池人，由自流井树人学堂暑假归，亦自愿加盟。先由鹿生召集会党首领数人，详解汉流之发源和大义，乃大觉悟。由他们推出代表四人，持青年会简章，各给路费银二大锭，分四路出发，每路要会员一千人，预定八月十五中秋节到城，开成立大会，即占据县城起义。

分派出发后，即用密语电知黄复生，速来鹿生家制造炸弹。时当暑假，复生即辞成都府中学聘，携炸弹药品及应用胆瓶、漏斗等器，并约嘉定税昔畴同到鹿生家，开始制造。需用之酒精，由马九成向叙永府中学借蒸溜机自造，因杨沧伯任府中监督，朱叔痴任监学故也。

制造弹壳，盖与盒须用螺旋相会，一般铁匠不能制螺旋，复生故约昔畴同来。昔畴为国术专家，又精铁工，过泸购有钢条，作造螺旋钢错之用。鹿生在青山岩有土佃一家，系铁匠，昔畴往住其家，专负制造弹壳之责。

一夜，复生因收炸药入瓶，药末凝于铁签，将签在瓶口一抹，轰然一声，炸药爆发，房屋震动。复生受重伤倒地，满面皆血。鹿生坐案侧床边看收药，倒于床上，伤较轻。克武正捧面盆清水置屋隅，同余漂洗瓶内炸药，距案较远，伤甚微。杨维因事入城幸免。案上硫硝酸瓶、胆瓶、漏斗尽炸成细砂，灯烛尽灭。鹿生五兄闻声，持灯入室，见此情形大骇。克武同余嘱其急遣雇工赴青山岩，速昔畴归。彼精国术，善中医外科。昔畴日夕调护，复生得不死，鹿生亦无虞。数日杨维来，谓城中传说兴隆场夜间发大声甚怪，街谈巷议，不知何事。半月后，城内马九成、杨沧伯、朱叔痴专人送信云：清吏因街巷传播兴隆场夜发大声事，派差侦查。嗣在乡场捕得持青年会章程运动会党二人，疑是革命党所为，与兴隆场有关，未得口供即时杀害，并出示禁止集会结社，促我等速走，迟恐祸及也。

于是复生、鹿生、克武、杨维、昔畴与余六人，一同离鹿生家，先到泸州商议今后办法。此次首义中途失败，虽然牺牲两个忘却姓名之英雄，但创造了四川革命史第一页。

泸州江安起义之失败

黄复生、黄鹿生、熊克武、杨维、税昔畴同余六人，到泸州前，适佘竟成发生事变，因此不能在泸久住。复生因炸伤眼目颇重，赴渝就医，伤愈始改今名，取死而复生之意。熊、黄、杨、税四人，尽得制造炸药诸法，携药品往嘉定昔畴之叔尊三炭厂制造，沿途贴"收买雄黄，杨寓在嘉定税卡隔壁"暗号纸条，便于同党来访。余留泸为竟成计划善后。

先是佘竟成自日本归，活动区域甚宽，风声甚大。会党以为革命是想做皇帝，有称他为佘大王者，尤以广船桡夫，传播更远。盖川河大船，到宜昌的呼为广船，上自叙府，下至宜昌，桡夫以千数计，都说："佘大哥的星宿现了，不久做了皇帝，我们就好了。"时泸州知州杨兆龙，设计欲诱而捕之。因他过去曾为州衙堂勇管带，片请其到衙商议公事。竟成至衙门，见警卫森严，大堂和侧门及客厅均有持枪堂勇，双位站岗。堂勇皆竟成旧部，见竟成来暗递脸色。兆龙出见，神色仓皇，坐谈几句话，即告便入内。后知疑竟成敢来，必有准备，若即时下手，激动事变，安危难卜，乃入商刑幕。兆龙入内，堂勇强步与竟成耳语："大哥还不走。"竟成即快步出大堂，差役头目迎来密语："大哥水涨了，快点走避。"时近黄昏，竟成即脱下长衫，以青绸腰带裹于头上，化装走避文庙戚家何姓院内。兆龙再入客厅，见竟成已去，立即发令追捕，然已无济也。

竟成当事变前，其母卧病在床，及闻清吏捕拿其子消息，大受惊恐，不久即死。余母死后，竟成国仇家恨齐集胸中，急欲起义，告余曰："前之未积极起义者，徒以有老母在耳。今已死，我无顾虑也。"余密告此情于成都，得复书，订十月初九西太后生日，请文武官员，皆于前夜齐集会府朝贺，各府州县皆然，只须几个炸弹，可以一网打尽。预定成都、泸州、叙府同时起义，嘱先为准备，叙府方面，由谢奉琦负责筹备一切。于是余与竟成着手准备，由竟成派人分往各处约集会党，先期到泸，听候分配。各地会党得信异常欢跃，九月二十后，先后到泸者已三千多人，皆装扮行商小贩，或卖草鞋洋火；或卖钢针麻线；或为购买物品行商。城内外及小市旅店，为之住满，并有寄住大小两江对岸附近农家者。尤以两江大小木船桡夫，磨拳擦掌，听候大哥吩咐。人数虽多，品类复杂，常有出入茶馆酒店，因细故与人口角滋闹者。距预定起义日期尚有旬日，难保无泄漏情事。余商竟成约各路头目密议，设法约束。众皆一口同声，约束甚难，只有改期，提前发难之一法，不然恐不能保其中途生变也。情形若此，遂改期十月初一，用密语电知成都、叙府，说明情况，望其提前响应。

余与竟成协商起义办法，以泸州为大本营，江安为外援，计划如下：

一、泸州城内，道台、知州、都司三个衙门和盐局，由附近旅店所住会党择其一处，先用石油浸湿被盖，于九月三十夜三更起火。城中会党见火起，各于所住旅店向较近之衙门进攻，道衙亲兵、州衙堂勇和差役、都司衙治兵、盐局安定中军，事前同情之同志出而内应，并分派开城及破毁监卡，放出犯罪被禁之人。

二、住城外之会党，船上之桡夫，分一部在忠山三官祠一带，燃烧柴草以壮声威；一部入城会攻各处衙门。

三、住小市和南岸之会党，预备牵藤，见城内火起，分一部燃藤，巡回呐喊，遥作声援。其余渡河进城，协助进攻。

四、各路会党，由各首领编队自带，统归竟成督率，夺取各官署。

五、江安城外，为南路巡防军统领驻扎营地，内有哨官刘安邦（江安事败，变姓名充赵尔丰"戈什哈"，即满洲语如陆军之弁兵头目，随同入藏，冀有所图，为人揭破死难）、豹九成二人，先在泸加入同盟会，常来泸问革命进行情况，甚为热心。江安起义，以刘、豹为骨干，程德藩同志助之。城内火起，刘、豹即率队入城救火，占据县城，次晨率队乘舟，顺流来泸，作为外援，并扩编部队，进攻邻县。

六、江安城内一切准备，以县衙刑房典吏戴皮为主，与李姓同志及其他党人，共同办理，和刘、豹二哨官同负起义责任。

七、函知隆昌黄金鳌、黄容九、薛瀛海，富顺曹叔实，会同筠连曾省斋，集合同志和会党在富、隆、泸之间预谋响应，扩大革命战线。

计划决定，一面派人通知江安，照计划预备；一面通知嘉定按期分送炸弹，以备必要时之用。并与竟成商定，临时邓西林、姚星莹、黄子休、张子牧、李子钧等，侦查接应于小市。余与席乾生往石硼，策应江安、泸州两地。

九月三十晨，余偕乾生赴石硼，在三岩脑渡河时，值江安刘安邦差兵送信来，谓准备完毕，到时即动。余告以策应地点，有信送此。乾生系泸州富室，此次起义用费，皆彼负担。

当夜，江安事先败露，因戴皮有一野妻，另住一室，野妻又私通有人，其人欲谋独占，苦于力不敌戴。当戴购买柴草石油，作起火之用时，其女同情革命，来室堆积空屋中。是日戴嘱野妻，携贵重衣物寄宿戚家。野妻再三问故，戴以实告。野妻又转告私通之人，其人以机会难得，嗾使其密告县衙，戴必法办。县令初闻密告，疑信兼半，尚未查究，及见火起，认为果然，乃闭城门拒绝防军入城救火，一面派人分头灭火，一面亲率差队严查客店，当获行踪可疑数人，并得安民布告，墨迹未干。又闻初更前防军有人遍问各客店，有无泸州来的杨、黄二人，遂即时刑讯所捕诸人，供出余与黄金鳌二名及本地有关人士。除将本地人按名拘捕外，因江安是泸州辖县，案情重大，立即电禀泸州知州。是夜所捕十数人，一齐杀害，连同戴皮及其女公子以高笼吊死，共计十五人。

泸州知州杨兆龙，以余竟成前日漏网，常有戒心，得江安急电，立刻关城门，同道台、都司各派大队，荷枪持刀，彻夜巡查街道；并鸣锣传谕各客站，一律闭门禁止客人外出，违即捕究。因此城内外情形不通，官府又有防备，竟成不敢动。

是夜赵铁桥由嘉定雇小舟赶送炸弹至江安，傍晚到河边，只身先入城访问，在客店代写安民布告。迄火起城闭与程德藩跳城，出乘原舟，当夜到泸。见城门紧闭知道事泄，在小市邓西林家宿数夜，得其失败情形，将炸弹交西林而去。

余同乾生当夜见火光冲天，往河边察看，知为江安方面，而泸州方面毫无火光。次日石硼场期，赶场人传说："昨晚江安大火，闻拿着革命党多人，有人说都杀了。泸州城内，一夜都有兵巡查街道，听说亦是在拿革命党。"又有人说："恐怕是佘大王想做皇帝，要造反呢。"谣言不一，料知情形不佳。

第三日得川师同志蒋星辂信，知道城内戒严情形，全由江安事败。并云，老长（佘竟成）于次晨，集合各头目，驾小船在草鞋沱江中密议，众皆主张再举。老长以江安事败，外援已绝，清吏防范甚严，冒昧再举，乃取败之道；我们逃走甚易，泸州各同志皆文弱之辈，各有身家，不忍见其坐而待毙。有云："大哥还怕死吗。"老长立即投江，众乃救起，一同率部向合江先市方面分头退散。老长派其亲信兄弟刘成忠，面告散队情形，嘱即通知余等（后来成忠自首，与竟成一同死难）。

余得蒋信后，乾生以他不为官府注视，可以回城。余赴叙府面商谢奉琦，殊因江安事变，清吏于叙城同时严加提防，谢云："从前运动入党之防军管带舒星之，以一营之兵力合同南六县会党，与城内学校学生和同志等，力量甚厚，叙府一城，不难取得。现在星之奉调移驻屏山，已于昨日全营开拨，预计之基本部队既去，力量薄弱，只好中止。"真是一着之差，全局皆败，乃将泸州、江安、叙府各情，用密语电知成都。

未几，乾生、星辂来信，谓川师监学易倩予，探知江安电禀，内有余与姓黄之名，州牧因余过去曾以受聘杨维，筹办家族学校之词，辞彼劝学所劝学员之委，已行文永宁，查余行踪，嘱切勿归。余以不归非办法，乃商同叙府刘永言来泸，面见泸州中学监督罗顺蕃，托言刘以输新书局事到永宁挽余赴叙府，查收彼带回石印机全部，并商量书局应如何开办，因此离开永宁。杨维之家族学校，不能兼办，即时停止。余与刘见罗时，罗大惊，问从何来。余答以上情，并云："输新社当时得先生赞助而成，永言由社二批派往日本学印刷，合同上先生亦签有字，不忍中途抛弃，辜负先生提倡盛意。"罗微笑曰："你们的事，我已知道，既同永言回来，安心在家住着，切勿擅离，我当向州尊说明情形，想无他事。"于是刘暂住我家，得罗面告，州尊之疑已释，刘始回叙府。

不久成都消息传来，失败情形不详，赵尔丰捕得党人多名，如何办理亦不知。冬月，赵尔丰布告贴出，拿获党人黄方、杨维、张治祥、黎靖瀛、王柄章、江永成六名，永远监禁。在逃余切，奏请通缉。（按，余切号培初，逃往山西，改名公孙长子，善方笔书，颇有名。）幸余与杨维分别久，清吏已知，可以仍在家安坐。

腊月赵铁桥由永宁来泸，住我家，谓鹿生、莘友在狱中，狱吏颇优待，能看书写字，此次回家，系代他们筹款，预备狱中用费。当他二人之田各得百金，以一半交黄寿宣，在省开一药店，就近接济他们；一半交他二人作日常零用。谈及成都当时情形如后：省中同志会议，决定办法，武力分为五部：

一、临时新军　以武备同志为骨干，成都军械库是武备同志守护，弁目队是他们任教官训练，事前准备开库，发出械弹交弁目同志，组织临时新军。龙灼三是武备同志代表，推他负责。

二、临时学生军　省中各学堂学生加入同盟会者，以千数计。张培爵是叙属中学教习，平时与学生们往还甚密，推他负责组织临时学生军，械弹由军械库发。

三、防军　防军内官兵大多数是会党，联络工作平时黎靖瀛、余培初在做。据说省城和附近各县，已经联络的有三四千人，由他二人负集合和分配任务之责。

四、会党部队　川西会党以上五县为多，尤重义气，有负义带过的，不是派人暗杀，即开"草坝场"会议处决；有"自己挖坑自己跳"办法，规律甚严。靖瀛、培初与他们早有联络，觉悟汉流来源，知道革命大义的各码头都有，数在五六千左右。事前他二人约其来省集合，发以军械库械弹，组成会党部队。

五、猎户　灌县山沟以内汶川（县）、茂州、懋功（厅）、理番（厅后改理县）、松潘（厅）五厅州县，都是大山，猎户很多。他们打枪准头很确，百发百中，山内同志与他们有关的，可能集合三五百人到省参加起义。

熊克武、杨维、黄鹿生与铁桥，分负接应各路之责。谢持负侦查消息，传达各路之责。省中大吏，因江安事变，当夜朝贺地点改在丁公祠，附近街道派军警戒严，不准行人通过。先往会府侦查的人，查得此情，并知城门已闭，回报谢持。彼认为事情败露，官府有备，亲往各路阻止勿动，改期再举。殊成都县令王寅伯，先派人查得东大街、走马街、青石桥客站住有大批党人，亲自带领差队，将黄方、杨维、张治祥（辑五）、王柄章（述槐）、黎靖瀛、江永成六人一齐拿获。余培初逃脱，在他箱内搜出党人名册，传说按名捕拿，情形异常紧张。各学堂学生教习，纷纷走了很多，课亦停上。胡雨岚太史，是创办高等学堂的人，目睹此情，不忍坐视，召集省中各老乡绅开一会议，八十多岁的老翰林伍崧生亦到。胡太史认为政治不良，青年学子欲谋改革，总是爱国，若加以大逆不道罪名，动辄杀人，深恐以后激动的事更多，不堪设想。众推胡太史拜会首道贺纶夔、首府高增爵，请他们转达赵护院，说明各乡绅之意，以和平办理为宜，不可操之过急。因此，赵屠户非杀人不可之心，得以缓和，乃从宽办理，以永远监禁结束此案。赵过去好杀人，在永宁苗沟，杀了几百人，故人以屠户呼之。

铁桥劝余，赵屠户性情难测，以出川为上，留银一大锭作路费，始分别上省。未几，川师监学易倩予来家密告：赵尔丰侦骑四出，闻有名单，按名侦捕，促余速走，迟恐祸及。余于腊月十三动身，走上海，旋熊克武、佘竟成、谢持亦先后到。翌年，得乾生信，谓余走后数日，赵尔丰高级侦探来家，云与余系旧好，有要面商，在家住候至正月初五始去。

克武、竟成正月重到日本，四川同志李肇甫、张冲等，集资购手枪数十支，交彼二人暗带回川，图谋再举。二月返上海，克武偕嘉定廖云从（腾霄）、合江王端书先回川。竟成以余离泸后，有赵尔丰侦探来家坐候之事，劝暂勿归。谢持赴陕西，为凤翔府知府尹昌龄拨荒地数亩办畜牧，约四川同志多人，前往合办。四川同志之有"实业团"一派始此。

三月竟成约同自贡李新琪（质生）、本邑徐琳（琢成）回川，后来与克武和程德藩、税昔畴、曾省斋、陈云久、张超伯、廖腾霄、罗杏书诸同志，先后倡义于广安、嘉定、叙府，皆失利无功。嘉定之役，转战数十里，死难同志如德藩、腾霄，及会党约二百余人，是为四川革命牺牲之最大者。叙府之役，竟成败走断蛇坡被防军所捕，为叙府知府宋联奎杀害。

中国革命党在南洋的活动情况

竟成、克武回川后，余得爪哇三宝垄陈宝铺来信，约余往彼处，乃决定赴南洋。五月偕兴文、陈余庆同往，至香港上岸，候船到新嘉坡，晤《中华报》负责同志冯自由。此报系本党机关报，传达海内外消息者。自由告余，中山先生正由美洲回新嘉坡。余与余庆上船时，自由即电知新嘉坡中兴报馆，船抵海岸，中兴报馆派有人在岸招待，住报馆内。次日，胡汉民、汪精卫来，同往郊外别墅见中山先生，问四川革命情形。余一一详答，并告以赴三宝垄事。先生云："很好，革命活动，海外国内都是一样。南洋情形汉民、精卫慢慢告你，活动时方有把握。"留同便饭后与余庆回报馆，在馆内同住的有湖北田桐（字梓琴，别号恨海）与汉民、精卫同负编辑之责，常有论文登载。汉民、精卫与中山先生同住别墅。精卫每日来馆，核稿付印外，并料理馆内一切事宜，汉民不常来。在馆内住月余。

华侨到南洋，年代久了，汉话说不来，汉字认不得，只能说几句福建、广东的家乡话，普通是说马来话。戊戌政变以后，康有为来南洋。他是广东人，与华侨说家乡话，说他是光绪皇帝身边的重要大臣，带有衣带诏来的。华侨在南洋一二百年，未看见过中国大官，就开会欢迎他。康有为乘此机会，在南洋发起一个保皇会，华侨纷纷入会的多。入会的要会金，又制出会章，收会章费。以后中国来的大官，不管有多么大，带着会章去见他，可以与他坐着讲话，并不下跪。又劝华侨办中华学堂，读中国书、学认中国字、学谈中国话；又劝华侨办华商总会，与中国的商会取联络；又办汉字《中华报》，传达中国消息。从此南洋华侨办学堂、办商会和办汉字报，大点的地方都有，尽量派他保皇党徒去帮办。所可取的，以孔子纪年不用清朝年号，差强人意，与革命宗旨暗合。闻康有为取得的入会金、会章费，数在二三百万。

中山先生到南洋，派同志到各埠把华侨祖先的历史讲出来，你们保皇不但忘了汉人的仇敌，并忘了祖先的仇敌，忘了汉人的仇敌为不义，忘了祖先的仇敌为不孝。华侨猛然觉悟，将保皇党逐渐推谢，由本党派同志去接办学堂、商会、报纸。赴爪哇三宝垄前一日，与中山先生辞行，他问："南洋情形，你们还有不明白的，可以再问。"留吃便饭，谆嘱："各埠保皇党如不肃清，总是本党障碍。"饭后握手而别。

到三宝垄时，宝铺是同湖南同志陈方度、柳聘隆同住，余等共住一处，知道此地情形甚好，保皇党无一人在此。三宝垄是爪哇中部大埠。爪哇东端是泗水，算是大商埠，西端是巴达威亚，政治中心，有火车贯通三埠，交通甚便。余在此住了一段时间，同余庆赴泗水。该地情形大佳，有一与本党接近而有力之华侨，掌握此地商务、学务。商会办的汉字报，是本党同志主编，学堂是湖北同志张步蟾主办。另有张之同乡三人，一名朱侗，二人忘其姓名，皆同志。此外有浙江人两个，虽非同志，但非保皇党。他们宿室同住一幢两层高大方正洋房，楼下客厅宏敞，余与余庆同住此室。此地华侨资助革命，动以十万数十万计，毫不吝惜。一次汪精卫在文岛开会筹款，会毕，华侨签名捐助，立得十数万。在文岛活动同志，为湖南李柱中（李号铁仙，辛亥回国，在长江活动，弟兄三人均称司令，李改名燮和。南北统一，兄弟三人皆授陆军中将，人有一门三中将之称。惜其晚节不终，袁世凯洪宪帝制，为筹安会六人之一）。

不久，余庆往沙横办学，余赴井里汶办学。井里汶是爪哇第二王都，但地方不甚大，然通火车，为爪哇二等码头。学堂有学生三百多人，先灌输学生以革命思想，由学生转输于家庭，逐渐推动于无学生读书之华侨人家，日积月累，革命思想自然普遍传播。住了一年，情形尚好，学生及其家庭都有转变，并有几个很好学生，课余常来谈论；更有一个家长，能作诗，时与余倡和。田梓琴来此考查，约住一月，放心而去。第二年因患胃病，病势颇重，遂离校往三宝垄养病。时宝铺因其父宦游云南，家中无人，决定回家。到上海时，值黄金鳌为清吏不容，由川来上海，宝铺告以南洋情形，彼即来爪哇。时余养病三宝垄，彼与余同住一处。

养病时，得知爪哇第一王都日惹为保皇党健将杨某盘据，杨之名忘却，该地商会文牍、学堂校长、报纸主笔，皆握彼手中，一人兼任。余病好，遵照中山先生临别非肃清不可的话，设法办理，先插足学堂内与他奋斗，然后将他驱走。学堂有教习五人，余往泗水托该地与本党亲近之有力华侨，写信给日惹学堂学董，将五个教习停聘，续聘余与金鳌和湖北同志李识韩、广东同志某某（忘其姓名）二人，继任其职。先孤杨某之势，余等五人到日惹同住学堂内。学堂地址系一宽大古庙，中为大殿，周围绕以围房，教室、宿室都在围房内。杨某有家眷，另住学堂侧边院内，余等五人同住学堂。杨某表面甚为亲善，住了半年，彼此相安无事。星期日杨某间或备酒饭，约余五人往彼住宅同吃，异常欢洽。一夜，天刚发白，听见哎呀一声，又闻有跑步之声，余五人齐出宿室察看，见李倒于宿室门外，头上、手上血迹淋漓。案出后，余与金鳌推测定是党争，苦无破案之法。幸李伤逐渐转好，一日，余同金鳌去看他，李密云："杀人的主犯就是杨某，凶手是杨某请的奶母丈夫某木匠，曾在杨的住宅看见过他。"余等促李速去密告警局，派探侦查。约一月，侦探在某木匠门坎内地下，见其土松有异，将凶刀掘出，刀上凝有血迹。当将木匠捕问，供出实情，立刻把杨某捕禁狱中，此案遂破。案破后，李始出医院，后悉杨某之妻，系汪精卫表妹，约其来此任教习而结婚者。后闻康有为亲来新嘉坡，为杨某谋出狱事，派人来日惹慰问其家属。不久，李新琪由云南来同住月余，余荐往泗水商会办报。

余所到三宝垄、井里汶、泗水、日惹四处，街上都有华侨俱乐部，门前悬横木匾，上刻"洪中兴"或"洪义发"或"洪义顺"三个大字。金鳌来，得知竟成死难，急想回川一看。商得金鳌同意，彼愿先走，遂荐彼到泗水与李新琪合办报纸，李亦愿意离开。余即决定明年先到上海。

华侨捐款之误解

中山先生发动河口之役失败以后，有数百革命同志逃到安南。法国政府将此数百人，由海防轮运到中山先生住在地新嘉坡。中山先生身边骤然增加了数百人的生活，最初还可勉强支持，渐渐就发生困难了。向他们说：如愿回国的，可以设法送回广东，到家里去。愿回去的颇少，留着的尚多，想到美国去筹款接济。不料中山先生离开新嘉坡以后，胡汉民、江精卫能力有限，对这些人的生活无法接济，由他们自谋生活。这些人都是会党，知识不高，就口出怨言，适逢章太炎来新嘉坡，齐向太炎说："河口之役，南洋华侨筹的款是二十万，总理挪了一部分，带往美国去过优越日子，不管我们的生活。"

太炎这个人，很好提笔写文章，至于打仗时的用费浩大，是不知道的。河口革命与清兵相持很久，二十万的款子，只有不够的，那里有余剩，偏听他们的话，写了一篇传单，一面寄东京同盟会总部，一面分送南洋各埠同志。其时余在日惹，见了传单大为骇异。不久，三宝垄陈方度转来东京同盟会总部派黄兴（克强）南来调解消息，并说克强已到新嘉坡，有信给他，转约各埠同志，订期到三宝垄会商办法。余得信先期到三宝垄，见克强欢天喜地的说：此事已经大白了。拿出一张美国报纸，译成汉文的交与余看，美国报纸上登了一段新闻，题目是：《中国革命前途的暗淡》，文内说："中国革命党领袖孙文，从前到我们美国来，住的旅馆是顶上一层楼房，出街不是坐汽车，便是坐马车。此次来美国，住的旅馆是最下一层的房间，出街走路的时候多，坐人力车的时候少，袜子肮脏了，都是自己洗，照这样看来，中国革命的前途是很暗淡的。"

因此，章太炎传单上偏听别人的话，事实不确，为美国报纸证明，完全大白了。克强此时，得广州来电，催他速归，主持新军发难事。束装待发，留下亲笔寄中山先生信一封，欢迎中山先生仍回南洋主持革命大业，交与陈方度。俟各埠同志到时，一齐签名。余签名后，克强即上轮船，临行说："如此回情形很好，望大家回国参加。"不久来信，又失败了。但是，清朝大吏，此后对新军特加提防，因而新军中的非党人心亦动摇了。后来田梓琴到上海告余，中山先生得欢迎信后，回到南洋，在庇能（槟榔屿）召集各同志开了一个很沉痛的会议，提出一个意见："这回发生误会的事，是本党的大不幸，虽然大白了，但今后向华侨筹款来革命，不免有许多困难，革命前途，艰难至此。只有大家回国去拼命，发动一个大规模的革命，成功固好，如不成功，多流点血，使后来的人，踏着血迹前进，革命总有成功那一天。"

辛亥泸州反正与滇军入川

余自爪哇到上海，适熊克武在川屡次失败，早来上海，与四川同志李鸿钧、淡宅旸同住南林里，余亦往同住。但懋辛、刘亚休二同志住中国公学寄宿舍，常来商谈。未几，喻培伦在北京与汪精卫、黄复生同炸摄政王失败，亦来同住。商议今后四川革命，当以炸弹为利器，从前所用炸药，性太猛烈，喻新发明的炸药很安全，黑头火柴所用药品，内有可以造安全炸药的。推余回泸州创办黑头火柴公司，暗中可以制造炸药。于庚戌年冬月回泸州，约席乾生、陈宝镛、金丽秋集资创办。因四川政府对于火柴有限制，不能再办，地点拟在赤水与泸州连界，往来甚便。余与乾生先赴贵州立案，到毕节时，劝业道王某出巡到毕节，就便往请。王以赤水已有一家火柴厂，地小不能再设，准在毕节开办。余与乾生回泸，商定先由乾生与宝镛赴日本购买药品。余与丽秋再赴贵阳力争厂地，批准仍在赤水。正购地建厂时，四川铁路风潮起。因清政府将川汉铁路收归国有，人民不愿将血汗中得来的股本，落在政府手中，化为乌有，一再请收回成命，四川总督赵尔丰专横不理，于是组织"保路同志会"起而反抗。余与丽秋认为时机难得，一同回泸，与邓西林、徐琢成、姚星莹、李琴鹤诸同志，商量乘机起义办法。乾生亦由日本赶回，宝镛赴北京活动，同时富顺胡少咸、隆昌薛瀛海和荣县谢淑铭、龚祝三先后来泸。谢、龚二人系与熊克武、但懋辛参加黄花岗生还者，谢改姓名为马集成，同在泸活动。先从有武力的着手，永宁道台衙门亲兵队、炮兵队和泸州衙门堂勇，与夫盐局安定中军，从前有余竟成的根基，同情革命的很多。炮兵队长杨某，愿将大炮二尊的机柄，交与我们。徐琢成在胡市运动团练，有毛瑟枪二三十支，已有成议，派龚祝三由城送银二大锭，作为信金，路上被道台衙门差队查获，人银一并押送回衙。龚祝三供认是小贩商，银子是买杂粮的，得亲兵队、炮兵队的人照顾，将祝三发交泸州州官保释，银子发还。当押送的时候，刘道台（名朝望，字莑庄，合肥人。台湾巡抚刘铭传之孙，年三十左右，以世袭入贵胄学堂，毕业后内放此职）传谕下来说："你们的事，大人已经明白了，大人以甚么心待你们，你们应当以甚么心待大人。"

大家听见他的话，知道他的用意是与我们表同情。其时泸州州官郭钟美，亦合肥人，进士出身，是刘道的老师，很不以此案办法为然，面禀刘道："此案非同小可，不能保释，请交我办理。"刘道说："我已明谕保释，不能变更，你照办就是了。"郭与刘虽是师生，究竟刘是长官，打起官话来，郭亦无可如何。于是郭坐大堂，大逞威风，叫保人当堂保释。徐琢成当保人，跪在大堂上，郭把徐看了又看说："你们的事瞒不了我，此案是道宪大人发下来保释的，若是交我办，没有这样便利，好好的把龚祝三带回去，银子发还，你们要明白些。"

龚祝三保释后，郭钟美严查客站，胡、薛、马、龚四人移住乾生家。郭每夜亲率差队堂勇，三更以后在乾生家周围巡回查访，并面谕当地保甲注意，如有可疑情形，立刻报官，倘敢隐瞒，一同坐罪。保甲转告我们，胡、薛、龚三人才各回各县。马集成与防军官兵相识颇多，往永宁、古蔺一带工作，因此防军多有派代表来泸与我们接头的。我们向他说："省内省外情形甚好，革命时机已经成熟，转告各同志，必要时对地方官吏可加以威胁，移转他的倾向，使他不敢妨害我们动作，或与我们取一致行动。"

从此泸州城内防军，时来时去，竟有以枪枝向当铺当钱者，当铺无人敢当，引起口角，官吏无法维持。不久，重庆宣布反正，建立蜀军政府，系杨沧伯、朱叔痴、谢慧生、张培爵诸同志组织，以张培爵为都督，夏之时为副都督。泸州城内官民，犹如晴天霹雳一声，耳目皆惊。防军过泸下渝者，每日或多或少都有，与人民口角者亦多。刘道台不能维持，召集同城官绅，开了几度会议，决心反正。于某日在考棚宣布独立，组织川南军政府，刘道台为都督，泸州士绅温翰桢为副都督。是日余亦往参加，见刘首倡剪去长辫，即与乾生登时赴合江。

因泸州韩丽生、江安张子钊和合江任若成等，月前发动民军，围攻合江城。知县黄理成据城死守，久不能破，丽生、子钊屡次派人邀余，到合江帮助。以泸州比合江重要，事未解决，不敢往，故于宣布独立日，察其情形可靠，始与乾生同去。到时见城外民军，数以万计，然皆各处闻风，临时纠合而来，既无训练，又未编制，头目甚多，情形复杂，号令不一，安能统一指挥。一部攻至城下，他部不动，又为城上击退，不只一次。余想用吃血酒旧法，先统一军心，再推出指挥之人，使号令一致。由韩、张约集各路头目宴会，余为演说革命大义，及中山先生手订一切办法。余演说时，暗窥当场凝神听话者，只有二人。询之韩、张，为韩部孔阵云、邵庆福二头目，嘱韩留意。后来二人同韩来泸，邵于癸丑随韩与余出川，讨袁之役死于陈其美攻高昌庙之战。孔则后来曾任旅长司令之职，解放前中风卧古蔺家中，现在生死不知。

自吃血酒后，比前稍有进展。得泸城消息，川南军府成立以来，蜀军政府无一同志，多是旧官僚，恐为假独立。渝、泸相连，不无可虑，常有出兵进攻之谣。风声鹤唳，城门不时关闭，人心异常不安。府中知余者，派人到家探问，始知余在合江。刘、温二督，初托人函劝余归，继由温单函相劝，以桑梓为重。商乾生先回，余后归。到时未入城，住南岸蒋宅。温遣其侄约同过江，赴温宅面商今后事宜。温以母老决意辞职，不能留，同见

刘督，决议改组军府，电知川南二十五属，派代表来泸选举副都
督。时但懋辛到渝任蜀军政府参谋部长，各代表征询应选何人，
提出以但继任，遂一致推选但懋辛继任副督。温长枢密院，余与
邓西林为副院长。值黄鹿生由成都省亲过泸，知尹昌衡在成都反
正，彼为参谋部长，杨维为巡警总监，同坐监之人曾分任有职。
各同志以但现任有职，恐不能即时来泸，此时情形军府需一著名
党人，方可副川南人望。商各代表，皆云鹿生坐监，全川皆知，
一致推鹿生为司令部长。鹿生坚辞，一再相劝，乃允省亲后来泸
就职。大家恐其在家留恋，派人同往，以三日为期。果然不爽，
来泸即宣布就职，洞开城门，人心大定。泸州此时有防军水警，
共七营，统领为莫龙章，以鹿生有革命坐监历史，咸庆司令得
人，愿听指挥。于是组织各部，徐琢成为参谋部长，蒋星韬副
之。席乾生为财政部长，卢春浦副之。金丽秋为政事部长，教育
设科，附于政事部，姚星莹为科长。梅秉钧为财政部总务科长。
其他不需要各部，暂不设置。泸州交通机关，电局有快机一部，
各省发来四川电报，皆由泸局转拍，异常重要，主管的人，非通
英文不能胜任，李琴鹤为电政总办，与各部平等。嗣王述槐来
泸，系与鹿生同案坐监者，为司令部副部长。

　　鹿生就职消息传至合江，城外民军推韩丽生回泸，代达欢迎
之意，并报告近来情况。丽生偕孔阵云、邵庆福同来。旋合江黄
知县电鹿生请降，电文之意，谓彼困守县城与外面消息隔绝，不
知清廷无望，今来请降，要求司令亲来受降。因与民军相持日
久，恐生恶感，并望保全其生命，方敢开城等语。鹿生回电，一
一照准。正准备赴合江时，滇军援川先头部队大队长黄子和到
泸。子和系东京加入同盟会同志，其父德润，是四川候补道，在
泸州任厘局总办，未改组前任实业部长，改组时，以实业非目前
需要，暂未设部。大家以子和为同党，其父又住在此，坦白相
亲，彼亦时来军府接近。未几，滇军第二梯团长李鸿祥率全部官

兵到，驻师范学堂，军府还送大批酒肉慰劳。

鹿生嘱韩丽生，遣孔、邵二人先回合江，转谕民军停止攻城，并将城之周围民房让出，移住农村，然后订期起程。子和欲与鹿生同往，鹿生以有客军一路，恐城内县官、城外民军生疑，俟彼到时城围解后再来。某日晨，鹿生同卫兵管带刘笃生、秘书杨健久、军法官孙锦率卫兵一连，和韩丽生由船下合江，临行电知黄知县，传谕军民周知。船到岸时，人民蚁聚江干，欢声雷动。黄知县和民军头目、地方士绅均排列岸上欢迎，一同入城，布告军民城门大开，三月来围城之痛苦，于此得解。

鹿生召集地方人士，推举地方司令，办理善后事宜。休息数日，地方司令举出，负责有人，由地方司令召集地方人士、机关法团原有负责人，开一大会。鹿生为他们演说中山先生革命的意义和一切办法，望大家本此意义和办法努力进行，为地方造福，围城受灾的人民，应立即设法赈济；一面另集合民军头目，慰劳其数月辛苦，率队回去，各人安居乐业；又面告黄知县，听其在合江自由居住，决无生命危险。一切事毕，率同来官兵由陆路回泸。至蔡坝闻机关枪声，先头部队回报，前有滇军阻路。鹿生认为误会，勒马上前，大呼我是泸州黄司令。滇兵云，既是黄司令很好，请入营与大队长面谈。鹿生下马入营，即将其捆绑，令同行卫兵缴枪。刘管带笃生以为司令被缚，与之斗争恐伤司令，于是一齐缴枪。不料他们将同行的人，一齐绑赴合江城外杀头，一齐剜心拔舌，惨无人道。韩丽生见此惨情，大骂黄子和，你是党人如何残杀党人，快出来同我讲话，得释放而归。此外军法官孙锦于缴枪时骇滚田内，爬入农家得免。共计惨杀死难官兵一百零九人。恶耗传入泸城，滇军早已戒严，将忠山占踞为炮兵阵地，大炮正对我军府。军府在盐局，后门外是小较场，靠西门城墙。城墙外即忠山脚底滇军营地师范学堂，街面两头，安置机枪禁止行人通过，并派大排兵队，巡查街道，昼夜不停。莫统领和李泽

秀营长等来军府，面告余与西林，说军心很愤，都愿与滇军死
战，为司令官报仇。嘱其妥为安慰军心，听候办法。刘都督派人
送还印信，说已通电辞职。因刘督仍住道台衙门，每日携印来府
办公，公毕仍携回之故。温院长向少到院，院事由余与西林商
办。城内人民、商号住户全体关门，街道行人亦很少。余与西林
每日傍晚分往各营，安慰军心，皆痛哭流涕，愿拼一死，雪此奇
耻大辱。余等忍泪劝其稍待，有骂余等革命党还怕死者。离营
时，嘱其长官早闭营门，免生意外之事。城内情形紧张至此，稍
有不慎，战端一触即发。除将此情电呈南京政府外，并电重庆、
成都两军府注意滇军行动。更有危险者，盐局军府距离师范学
堂、滇军营地只有两条街，每夜三更后，滇军大排步哨安至军府
街口。军府人员，多主张夜间派出步哨者，余与西林坚持不可，
并非示辱，以城内人民生命财产为重。主客之势，彼远道来此，
客势甚孤，我为坐地主，全川人之力量皆我之力量，势甚强，彼
不得不防。彼见我无准备可以放心，而求得和平解决。我亦安步
哨，万一步哨不慎，战端一开，巷战起来，城内人民先受其祸
也。忍辱负痛，维持十余日，重庆蜀军政府派胡文澜来调解。胡
系日本士官生，军界泰斗，曾随川督锡良督滇，滇军多有以胡为
前辈者。胡约王芷塘同来，王在滇省新军中任职有年，李鸿祥亦
颇相识。由王转达双方意见，现在南北和议未成，当以国事为
重，不能内哄影响大局。此事曲直，暂置勿论，俟南北统一再
说。同时南京政府慰问电到，已电饬滇军回滇。温院长、金部
长、席部长、李总办乃分劝商民开业。胡文澜偕王上省，但副都
督懋辛亦至。但与黄子和系旧交，相见以诚，子和推系二大队长
马某所为，互相往还，一场大风波暂告平息。

　　当滇军在合江惨杀时，韩丽生胞兄奉璋在合江，将鹿生、笃
生、健久三尸移置一边，其余由地方人丛葬。雇舟将三尸运回，
过弥陀岩，以健久是大滩人，将尸交彼家属。舟抵泸停于草鞋

沱，抬鹿生尸置天坛庙中，笃生尸交其子运葬。余与西林偕院中职员周循九往视，鹿生尸身首异处，胸部洞开。循九将鹿生尸摄影留作纪念。鹿生尸身由军府备衣棺厚殓，仍停原处，派人守护。运枢之日，全部官兵戴孝花拈香，送枢入城。经过街道，商店居民家家自动燃香点烛祭奠。枢从南门一直通过会津门，渡沱江上岸，过小市大街暂停西昌馆。不久，卜葬于观音阁侧，与余竟成、黄土坎墓相距里许。后来在城内公园，合建余、黄二先烈纪念碑一座。去年，泸州市府重加修饰，填以红、黄、蓝三色油漆，焕然一新。

鹿生丧葬后，滇军李鸿祥率队离泸，以泸州京铜局所藏滇铜为滇省所有权，并不商之泸州政府一齐带走。第一梯团长谢汝翼由叙府开兵上省，到自贡时，成都早发新军在自贡阻止，不得前进，激战三日夜不能通过，亦率队回滇。由此观之，设无合江之变，侵略野心不暴露，成渝皆不备，可以长驱直入安抵成都。如唐继尧之逐走杨百洲，自为都督，以贵州为征服地。而谢、李二人，亦得以四川为征服地，是则鹿生死难虽惨，川人阴蒙其福也。

但副督到泸，以成渝合并已有成议，取消军政府，改称川南总司令，改府设署。但为总司令，布告川南各县，府中各部改科。司令部自鹿生死难，王述槐继任部长，改为军事科。王辞职归，罗肇图、李壁泉、韩丽生先后任科长；席乾生任财政科长；卢春浦专办厘局，以梅秉钧为副科长；金丽秋为民政科长。军府原有军法官孙锦、陈登洲二人，合江之变，孙锦受惊，抱病辞职；增设司法科，登洲不愿任科长辞去，以铜梁时雨楼与韦少荃任正副科长。枢密院改为总务科，余与西林为科长，不分正副共同负责。改组完毕，刘督朝望回家，派兵护送出川，并电请南京政府，电令安徽都督知照。嗣成渝合并，实行军民分治，尹昌衡为都督，张培爵为民政长，蜀军政府取消，改设镇抚府，夏之时为镇抚使。张培爵至隆昌，电邀但懋辛同赴省。张就职后力挽但懋辛任成都府，电委余代理川南总司令。余未就职，仍用但名，由余代行职权，屡电促但归，始终未返。旋熊克武由南京政府任为蜀军总司令回川，到万县，军饷缺乏，电余协助。由乾生携款五千赴万县藉表欢迎，随熊到渝，留熊部。罗肇图和黄子休早出川，罗任蜀军军械处长，黄任参谋。李璧泉率训练所徒手兵数百下渝，由熊发枪编为模范营，李任营长。军事科长由韩丽生继任。邓西林亦往熊部。余代行总司令数月，抱病回家休养，迭电成都委人，乃委宋辑先为川南总司令。宋同张佐臣来泸，张为秘书。时黄容九为叙府司令，辑先到任未久，欲出巡叙属南六县，与容九商量六县吏治，又挽余到署代行。余在两度代行期间，经过许多困难问题，如汉军统领刘锐衡来编制我军，第一师长周骏来争占盐局，奋斗到底，心力俱碎。最后中山先生以天下为公，让位袁世凯。乃商辑先，我们应当效法不宜恋栈。经过署中同志会议决定，遂通电自行取消川南总司令，办理结束事宜。时尹昌衡欲经略川边，自为经略使，四川都督交胡文澜代理。余与丽秋、丽生商鹿生死难最惨，当时胡意俟南北统一再说，今胡代理都督，我们同赴省请他办文，以我三人为代表赴京请究。在结束报销内拨款三千元，作路费。同时重庆镇抚府亦由夏之时自请取消，出外留学。于是渝、泸两地先后反正，建立之军政府光荣结束。而四川政治从此统一也。

附　佘竟成自述（1909 年在叙府殉难时所写）

佘竟成，年三十六岁，泸州小市人。二十岁入武庠，名俊英，革命时改名佘英，表示与满清政府脱离关系，不受他的顶戴的意思。因见巴县邹容作的《革命军》、湖南陈天华作的《警世钟》，才知道我们汉人，被满清压迫了二百多年。扬州十日、嘉定三屠，就是我们汉人亡国时，被满清政府惨杀的痛苦。甲午年中日战争，满清政府打败了，订的马关条约，赔银子二万万两；又割台湾、澎湖与日本，并允许他在中国设工厂，才显露出满政府是一个腐败无能的政府。庚子年义和团在山东起义，被满清政府利用，革命不彻底，引起八国联军入北京。光绪帝和西太后只有跑的一条路，更显出他们没有能力了。辛丑条约赔银子四万万两，拆毁大沽口炮台，准各国驻兵在北京公使馆区域内，从此瓜分中国的话，愈闹愈大。我们汉人如不起来革命，推倒满清无能为的政府、除去一般贪官污吏，恐怕不能救四百兆同胞出于水火。眼见我几千年来黄帝之子孙，还有亡国灭种之惨。我才把《革命军》、《警世钟》两本书拿在泸州茶馆酒店讲演，想唤醒汉人起来革命。州官派差禁止，我往乡场去讲演，差役跟着我跑。后来我自费到日本东京，会见孙文，加入他的革命团体，回川纠合同志图谋起义。初失败于泸州江安，再失败于广安，三失败于嘉定宋家村；今又失败于叙府，走在云南豆沙关断蛇坡，犯了我的忌讳，应该死在此地，没有前进。被巡防右军郑、程二哨官，将我送在府城，没有别话说，要杀开刀。问我的同党很多，凡有良心的血性男儿，都是我的同党，就是你们官场中亦不少，你看徐锡麟就知道了。今天成都派委员来会审，我的供状是实。

临刑口占一绝云：牡丹将放身先残，未饮黄龙酒不甘；同志若有继我者，剑下孤魂心自安。

四川保路运动传单

杨天石 整理

编者按：以下三件传单，辑自日本外务省档案，为留东四川同乡会所散发。它们反映出清政府宣布"铁路国有"政策后，留日学生中迅速增长的革命情绪。现予整理发表。

川人告哀文

呜乎，生人之苦痛，盖未有若求生而得死，求存而得亡者。而吾川七千万同胞，竟身尝其惨，亦异矣哉！夫使求生而生尚在可得可不得之间，则得之为幸获，不得为常事。此如两军相对，奋死力争，得之则生，不得则死，生固有荣，死亦无悔。若乃本无可死之理，操券以求其生，而强暴必以刃临之曰："汝其死！"含血每生之伦，未有不迟回逡巡，宛转哀号以求自免者。而又出以委婉，动以悱恻，若孝子之于慈母，而反以是逢强暴之怒，速临命之期。是诚无告之尤者，非食人蛮族杀降屠虏之事无足以喻其悲，而吾川人乃得之于爱戴顶礼之政府。此吾人所为饮痛泣血，百思不得其解者也。

原川乱之起于铁道国有。国有政策者，夺吾人之生命财产而送诸外人之政策也。其说舍盛宣怀、郑孝胥、端方及二三私人外，通国之人能言之。川人争路理由，保路同志会有报告书，川人言之，川人知之，而吾全国三万三千万之同胞未必周知也。今者鄂、秦、滇、黔之兵，麇集川境，磨刀霍霍，以向川人。设使天发杀机，全川尽墨，将遂无一言以自明其苦衷，而吾川失败之历史，不克以龚同胞他日进行之一助，是则吾人之所大惧也。用是略撮近事，录其大要，以哀告于全国父老伯叔兄弟诸姑姊妹之前，幸垂鉴焉。

当铁道政策之始生也，湘人激昂于前，粤人抗议于后，虽未足寒政府之胆，抑亦大烦疆吏之虑。吾川于是时，未见全文，无所置喙。但保全路款，以待后命，请疆吏代奏，勿刊誉黄停租股而已。既不得请，六月见借款条约，始知丧权失利，无异卖路，群情大哗。于是有保路同志会之设，其宗旨专在争款破约，而不敢议政策。盖深谅政府之苦心，以为政策一定，无能反讦，而破约改款之事，特一大臣与外国资本家之关系耳，改弦更张，固自易易。自处于退让之地而不责政府以难能，此川人之有礼于政府者一也。

王护督代奏无效，严劾盛宣怀亦无效，民心愈愤，而保路会势力亦愈宏。部长争死于坛坫，代表立哭于天阊，行李接迹于邻省，演员奋舌于四郊，文士橐笔而不遑，学子投井而不悔。凡一月之间，全川十三府九州一百八县之保路会，无不成立。会员数百万，职员数千，以至妇人、孺子、农夫、优倡之俦，莫不奔走输将，争先恐后。若是者何也？诚以铁路者全川之生命，租股者全川之膏血，虽孤朝廷体恤之恩，而绝不愿遗灭种之祸也。逮及七月一日，闻朝命以原宜昌工程局总理李稷勋总宜工，仍用川款，续修宜路。是国有政策不独夺已用之资本也，将并未用者而夺之。又闻两湖总督瑞澂奏川事皆青年无赖所为，严惩一二，风潮自息。是时股东皆集成都，闻之大愤。谓朝廷既夺我款，复不认股东，不认股东，是不认川人，川人谋业求学，无所用之。于是自成都始，商贾罢市，学生停课，为德宗位而哭之。此时即破约亦不敢坚持，但得稍缓付谘议局议而已足。退让至再，复不得请。外属之闻风响应者，十余州县。然皆相戒谨守秩序，无或暴动。夫罢市者，于民间有莫大之苦，于政府无丝毫之损。川人哀愿既穷，不得已而出此，甘自陷一身于水火之中，冀以回朝廷一日之听，而政府终不以一人之身，易全川七千万人之命。此川人之有礼于政府者二也。

罢市既久，赵督无所施其技，州县禀报，皆不得复。地方官吏，颇有纵兵击民者。兵民交哄，时有所闻。人民既绝望，始有倡议不纳正粮租税以抵股息者。片言才宣，群吏震骇，朝廷遂有端方帅兵入川之命。七月十五日，川人闻端方之将来也，恐与愤并，群集督署，请电止端，情词激越。赵畏人众，遽命开枪，死者数十人。又诱谘议局正副议长、股东会长、保路会职员执之。有秉香往救者，赵复击毙多人。外县来救者，闭城以拒。乃遂张皇其词曰："匪攻督署，匪首在擒，匪围攻城，力战七昼夜。"呜乎！赵所谓匪即痛哭德宗之人也，赵所谓匪首即平日所与筹画要政且尝代奏其言者也。一人之言，前后舛异如是，是不足怪。吾独痛吾川人士哀号哭泣，务自尽其驯良之职，以求一旦之命，而朝廷必不之许，岂唯不许而已，并其柔顺忠贞之志，视之曾不若爱犬之摇尾，必赐以匪党嘉名，膏其草薙禽狝之刃而后快。向使吾川人能如政府所期许者，近尚得高枕也邪？

呜乎！川事已矣，吾人尚有不能已于言者。川人所争者，一省之路，而非一省之路也。盖使川路得，则川汉、粤汉与之并得；川路失，则川汉、粤汉与之俱失。理之自然，无待言者。夫以川人之柔弱，当政府大军之猛悍，镇定之功可计日而待。然试问川乱平后，铁道问题遂解决乎？四省人之生命财产遂陆沉而不可拯乎？全国危亡之机，遂隐伏而不可去乎？使川人力竭于强御，身殉于半途，则继川人以争者，非休戚相关之三省及存亡相共之全国同胞之责而谁之责乎？夫使国人能哀川人而为之援救，则中国之危机可去，四省之生产可保，铁路问题不解而自解，如其不能，则勿哀川人而先自哀可也。虽然，以川人之巽懦，尚有铤而走险之时，而谓全国同胞，目睹他人陷溺，而不悯然动同舟之感者，吾不信也。

若然，吾人所认为覆车之辙，足为来轸鉴者，约有二事，请得略而陈之：（一）要求不可恃也。川人自始至终无过以情礼要求政府，虽罢市、停课、抗粮、拒捐，凡皆以为要求之具。在川人方矜文明，而政府之开枪派兵随其后矣。我以文明，彼以野蛮；我以和平，彼以破坏。如此欲偷安苟全，其道无由。善夫赵尔丰之电政府也，曰：“可许则许，不可则兵。”审此则无所容吾民委蛇要求之地，吾民之对政府也，亦曰“可许则许，不可则力”而已。（二）立宪不可信也。宪政大义，孰有过于保护人民权利者。今资政院、谘议局咸在，而数千万外债之借人，数省铁道之收买，不许议员一过问。及人民与政府一有龃龉，而议长、议员交臂犴狴，甚且莫保首领。此议长、议员者，于代表人民意思时则屏之，于代表人民罪状时则用之。此真中国独创之宪法也。为议员者，尚迷信此宪法，不可不先自断其舌；为人民者，尚迷信此宪法，不可不先自焚其家。舌在，则出口必以兴戎；家在，则怀璧终以获罪。如皆不欲，而别求一安全之道，则在诸公之自择，无俟吾人之喋喋矣。

呜乎川人，尔热力可感，尔愚不可及，尔遭杀戮由尔自取。尔若果亡，继尔而亡者方众，尔又何悲。尔即果亡，而以尔之行事，证明当世之大诈，警醒国人之酣梦，中国之一线生机，未必不在于是，尔亦可以瞑然长往矣。且使大诈证明而无隐，酣梦回而速起，中国存而川人亦未必亡。吾人所为含哀忍死，欲一陈于同胞之前者此也。夫不得要求于政府，而要求于同胞，此川人所以愈可悲也。

阅毕幸为传观。

留东四川同乡会刊布　辛亥八月

为铁路风潮檄满洲政府文

维满洲入主中国之二百六十有八年，国土凌夷，皙倭交侵，立宪伪政，亦既昭然若揭。满酋载沣，犹复怙恶不悛，登庸金壬盛宣怀，肆借外债，以建筑铁路，遂致主权旁落，四夷并进。我汉族昆弟不忍见我赤县神皋，沦为埃及、印度，与乎高颊深目者之横行阔步，以凌践我人民，分割我边陲也。蜀人士先天下而起，罢市停税，不获则继以流血屠脑。满酋不自省察，指为暴乱，准予督抚格杀勿论。饕餮放横，诛及议长。东西觇国者相顾惊愕，谓古今立宪国所未有也。夫虏酋奕世残贼，本无懿德，今复载其凶顽，不少衰退。我国民非蠢若鹿豕，安有兵刃之来，摵胸剚腹，而不弯弓荷枪以与虏酋争一旦之命者！今将数虏罪恶，发其幽隐，惟我伯叔兄弟图之。

夫一片立宪、立宪之声，非近来满洲政府所恃以为鸿宝大龟，阳奉之若璠与玼珠，以迷夺时明，愚弄天下之人民者耶？醉生梦死之夫，急功好利之士，趋之若鹜，大酋遂得利其时机，以揽权中央，实行排汉主义。盗窃假名，蒙以虎皮（真立宪党当知之），蹙其威柄，肆行凶慝。虽明哲之士鉴其奸回，嗤之以鼻，而醉梦者酖于功利，未肯悟也。然今者亦可渐醒矣。国会未开，宪政未成，而皇族内阁已喧腾于世界。贵族议院之不足，而必崇其天潢枝孽，分据要津。盖不独汉族英豪斥而不用，即满族中之非宗室世胄者，亦必置之投闲置散之列，然后荒戾睢恣，莫敢余违也。宗室有帝天之尊，而人民皆刀俎之物，证以世界各国之宪政史，有如是之不平者乎？皇族内阁成立不及匝月，而铁道国有政策遂发现于国中，其利害然否，识者议之已详，今且存而不论。然以人民自有之铁道，不谋之股东，不讯之资政院，而掠夺其财产，格杀其地主，世界立宪国有如是之专横者乎？夫政府作伪，为日久矣，面具既除，则丑形毕露。观于蜀中事起，代表议长，骈首市朝。是虏廷既明目张胆，移其贼杀者，以杀议员矣。立宪党人亦知己所标举以为鹄的者，非与朝廷争命，必无一成。等是流血，不争之于政府权力之外，而争之于政府掌握之中，抉肠屠地而不能少展其志，不亦重可哀欤！呜呼！伪宪伪条，虏廷既悬以为饵，诱黔黎而使之言，事起则执敢言者而置之法。求之世界，其惟斐洲大陆尚或有之。中夏清谧，产此妖孽，不祥孰大焉。其罪一也。

虏廷蹂躏人民所驱使若爪牙者，首在军队。往世虽有称戈跳梁，而汉人通戎机者，尚得参与军事。自种族界限明，猜疑汉人，视如豺虎，黄铖白旄，久已无分。宗室貉子，迭掌水、陆兵权，致使海军因循，恢复无日。列强鄙视，列我为三等国。其罪二也。

伊犁、片马事起，国亡无日。识时之士，皆言训练民兵。中央教育会提创军国民教育，议案通过，遏而不行，将使吾民体质柔弱，沦胥以亡。其罪三也。

往世虽多暴敛，而生财之道，尚任民自为之。今则利源所在，攘为国有。铁道干路勿论矣，余者若电报局，若官盐局，皆利其既成攘而夺之者也。试游乎五都四达之乡，煌煌然招摇而满市者，何一非官办之局所门牌者乎？滞财役贪，颐指气使，食民赋以重夺民食者，何一非贪残冒利，剥削以元元之官吏乎？物力凋敝，大命将泛，而虏廷乃独厚其盖藏，以供挥洒，至今日国有政策大行，其迹乃愈显。夫财产者，民之大命，而蠹之若此，是则诈欺取财，白昼为盗之行，无不具而有之。其罪四也。

往世蛮夷猾夏，虽皆狼毒嗜杀，然宗社既夷，神器既获，未尝不煦煦孑孑，饰言仁义，以笼络天下人民。惟尔东胡貉子，残贼成性，盗窃我重宝，食践我土毛，不自怀德感惠，革面自新，而一事之起，不曰格杀勿论，即曰剿绝根株。试观此数年来，如山东莱州之役，四川泸州之事，虏之夷灭我地主，荼毒平民者，为数何限？铁道风潮既起，川督赵屠户复大施屠刀，以要功虏廷，电奏所载谓屠戮七昼夜，死者无数。较其在泸州时，诛戮平民二千余人，论功尤伟。岑春萱〔煊〕、端方素以政健严酷见重虏廷，今复贪功冒利，兼程并进，则四川人民之死于兵刃下者，为数又不知复几？以宪政而杀人，视王全斌、张献忠辈，将尤惨酷。其罪五也。

内政腐败，秽德彰闻。上自满酋，下及阁臣，卖官鬻缺，视为固然。举凡督抚升迁，司道转移，无不舆金辇璧，输货权门。端方吞赈款而逸法外，贻谷被参劾而从轻减。若此类者，难以枚举。贪婪罔诛，恤民有咎，致使外官视职守若交易之场，属吏等郡治若采金之窟者。其罪六也。

外债借入，不利弱国，识者论之已详。虏廷不畏清议，而变本加厉，将使主权沦丧，国随以亡。其罪七也。

外交政策，非怯懦者所能任，使登庸得人，未始不足以折冲樽俎，御侮邻国。故曹刿以弱鲁而劫齐，相如以屡赵而反璧，皆藉蕞尔小国，抵抗外邦。今虏廷轻蔑外交，任用奸宄，以甘心卖国之那桐、曹汝霖，万众指目为外人鹰犬者，而任之不衰。近今片马交涉，又主割让，藩篱尽撤，日蹙百里，外人得乘间以制吾死命。其罪八也。

天灾旱潦，民生之忧。比岁淫霖为患，长江下流，皆成泽国。米谷将绝，振救无闻，而贩米出洋者置之不禁，穷民争食者必遣重兵。且夫孤父盗丘，犹下壶飧以救槁饿，关中流贼尚开仓库以振贫民。虏廷所行，曾盗贼之不若哉！百姓横尸委骸于沟壑之下，君臣锦衣玉食于朝廷之上，取利则惟恐不足，恤民则惟恐有余。其罪九也。

　　海外华侨，皆吾中国赤子，望故乡之旗鼓，感生平于畴昔，举踵引领，凄恻怆楚，亦人之情也。故皆款附归诚，喁喁望治，而虏廷不加抚恤，视同仇雠。乾隆朝，荷兰尝以加害华侨三万余人，负荆请罪。虏廷嘉其功伐，谓为助讨。自是外人得志，侮华侨若牛马。今年春，哈尔滨驱逐华人，迫以枪铳，虏廷不加闻问。墨西哥革命事起，华侨被害者二千余人。海外飞电求救，置之不理。至事后英皇加冕，虏使驰舰往贺，乃绕道之墨，阳为抚恤，此虏廷所以仇视华侨者。其罪十也。

　　若此类者，欲穷其罪，更仆难数。然虏廷作威杀戮，毒痛四海而尚不自敛戢，扬言通国讴其皇仁。其命端方、岑春萱〔煊〕督师也，则曰朝廷用兵出于不得已。岑春萱〔煊〕承其意志，传书川民，甘言劝诱，似谓吾民尚可受其饵者。呜呼！我父老子弟既躬明哲之性，通天地之心，虏廷怀诈，自昔所闻，岂于今日将独堕其彀中乎！吾今为一言以问天下，含血戴角之兽，见犯则斗，而况于人怀好恶喜怒之气，毒螫相加，而可隐忍以终乎？且夫今之起而争权流血者，固立宪党人之秀，断头绝脰者，又吾亲睦岂弟之父兄子弟也。我国民有父兄子弟而甘受人戮，立宪党有同志而弃之如遗，则亦已耳；若其犹有人心，为民请命，其各整举戎马，罗落境界，勿后厥时，奋中黄育获之勇，骋良弓劲弩之势，鹰扬电举，并集虏廷，有不若举炎火以焬飞蓬，覆沧海以沃煤炭者哉！抚心自叩，不在多言，檄到详思此旨。

劝告国人反抗伪立宪文

　　果然不错，立宪这一个名目，不过愚弄国人。请看近来四省铁路事件，也不由资政院议决，开口就说铁道国有，直等发布出来，四国借款的条约早已成就了。广东商人反对，要回换纸币，反说格杀勿论。湖南谘议局反对，请都察院代奏，求立斩盛宣怀，一月二月，只是不批不答。那两省人无用，也就迁延了下去。独有四川人，向来没有威名。赵屠户的软话，先骗不倒。周善培的强硬手段，也骗不倒。一激再激，把那匹小猴儿杀了，藩司也自杀，镇统也自杀。赵屠户一把尖刀，正愁他没用，当时把谘议局员、保路会员提来囚禁，听说又把议长杀了。那副议长正在回京，刚到汉口，就被端方、瑞澂拿住。诸位试想，铁道国有这件事，还没等资政院议决，就向外国借钱，谘议局员本来不是手刃周善培的人，也不审讯，就用屠户的手段，当猪一样圈住，这还是真立宪么？假立宪么？本来立宪不是十分美事，不过补苴罅漏。比如船已破了，水要进来，拿一块烂手巾勉强塞住。现在连补苴罅漏的名目，也是骗人。唉！我们大众向来睡熟，被政府摆布一种神头鬼脸，上了道去。到现在事已败露，还不快醒，和那耶稣教的信上帝，红灯照的信洪钧老祖，有什么差别？到底不是个个不醒，不过像四五岁的小孩儿一样，当时醒了，还觉得梦中所见的神头鬼脸，毕竟有几分实在。兄弟也不是身体长足的大人，不过曾经听得大人说过，梦是假的，所以把这一场立宪大梦，破解给诸公听听，能够把梦中的神头鬼脸，排遣了去，糕儿饼儿也自然吃得下，游戏也自然高兴。但谁人是最能排遣的呢？或者有三种人。所以把这三种人特提出来劝告劝告。

第一是劝告议员。当议员的，自然奉宪法为牢不可破，自然看自己是监督政府的人。这些意见，不论他的是非，只像俗语说的，做一日和尚撞一日钟，也像唱戏一样，大面自己认是大面，小旦自己认是小旦，既当了这宗职业，不由你不这样承认。现在政府所行的事，都是任意妄为，□□□①要临时开议，总闷了不答应。一时要见内阁军机，又是托病不见。这个资政院明明是个空名，再有甚么法子，可以监督政府？请看前代六科给事中，还

———————
① 此处缺三字，当为"资政院"。

有封还诏书的权柄。像现在资政院议员，比前代六科给事中，权力大小不是相差狠远么？外面谘议局议员，势到穷极，不过打几个电报，或派几个代表进京。要知道你的电报，不是一把霹雳火，可以把太极殿震穿；你的代表，不是楚霸王、张益〔翼〕德，可以瞋着眼睛，叱了一声，使他人个个吓倒。在略爱体面的政府，原是可用说话商量。无奈现在这个政府，是顽钝无耻浑钝〔沌〕无窍的东西，这一张纸、一句话那里在他眼里、耳里！更可笑的，湖南谘议局，自己没有反抗政府的手段，借着革党、会党的声名，去恐吓政府，说甚么"伏莽滋多，抚绥犹恐不及"。请问湖南诸位议员，你自己是伏莽阿？不是伏莽阿？如果自己不是伏莽，你尽反抗政府，并不能借得伏莽的势力，政府何曾怕你。如果自己也是伏莽，何不竟把伏莽的事件，明白做出看看，或者政府倒还有几分胆怯。现在只借伏莽的虚名，凭空挟制，果然两个月、三个月，政府不理不采，湖南也并没有伏莽起来。这些讼棍吓诈的手段，就一无所用了。只有四川人办事，还莽成一点儿气候，究竟不是谘议局员的能力，只是靠着民心公愤，干得事来。谘议局员只在里面覆雨翻云，推来转去，反被屠户拿去当猪宰了。诸位要想，一省的督抚可以做得屠户，各省的督抚，也都可以做得屠户，一省的谘议局员可以当得猪宰，各省的谘议局员也都可以当得猪宰。自己的性命尚且有了今天，没有明天，还能够监督政府么？唉！真是苦。这一所资政禅院、谘议草庵，自己认做和尚，别人却不许你撞钟。这一副资政班头、谘议脚色，自己认做大而〔面〕小旦，别人却不许你唱。不但不许，撞一声唱一声，飞亮的刀子，马上晃到眼前来。奉劝诸位，惟有衔枚杜口，不发一言，到太没意思的时候，取一件极小极碎的事，向着政府纠缠几句，也不必崇奉宪法，也不必看自己是监督政府的人。在京城当议员的，可以自称高等清客，在各省当议员的，可以自称无上地保，只说每年混得几百龙圆，做吃饭穿衣的费，也就罢了。如果心里不安，左右横竖总是死路，何不去想别的法子，只管在一个铜钱眼里，翻来倒去，有甚么用？请看现在四川人攻打成都的事，何不趣步后尘？不要说两湖、广东和四川同受患难，应该出力帮扶，其余南北各省，和北京资政院，若有一个议员，崇奉宪法，看自己是监督政府的人，不学四川人办事，还有甚么别法成就这个志愿么？奉劝诸位议员，议员本来是百姓，不是官吏，就有几个曾经做官的人，或现在在位的人，走入资政院、谘议局里面，依旧还我做百姓的身分。百姓总该和百姓联络，能够与百姓联络，就不是单身的议员，还怕政府怎么！只愁崇奉宪法的人，最爱虚名，虚名最能摄住他的胆气。眼见近来四川的事，政府必不说他是争路，必定说成革命，说成谋反。这个谋反的虚名，是崇奉宪法的人看了就心惊肉跳的，还敢步他的后尘么？那倒不然，虚名本来可用虚名打消。现在铁道国有这一件事，未经资政院议决，任意妄行，已算政府不是，况加筹借外款，又用别的权利抵押，无端把权利抵给外人，就是政府谋叛。政府会把谋叛的名，加与百姓；难道百姓不好把谋叛的名，还赠政府！政府谋叛，这就不成政府；百姓所反抗的，只是一班谋叛的人，也不是真实的政府，还能够加上谋反的虚名吗？有说谋背本国潜从他国，才唤作叛，现在只把一班权利抵给外人，不能当做十成的叛。呵！这是甚么说话！不见新近有个陆军学生，把东三省地图卖给别国，按律处斩。论起来不过卖去一张纸片，也没有谋背本国潜从他国，但据大众公论，不是给那人一个叛的名目么？卖纸片尚算是叛，抵权利反不算叛，是甚么道理？如要咬文嚼字说去，那么谋危社稷，才唤做反，就把政府剿灭尽了，何曾倾动社稷坛一点？纵算社稷是政府的别名，现在像四川人所做的事，何以见得是谋危政府呢？要知道虚名不过强加，本来可以随口转换，尽用种种法律语言规定，到底以矛刺盾，没有不败。不过崇奉宪法的人，一向被虚名束住，吃的总是画饼，走的总是鸟道，所以略略破解几句。

第二是劝告军人。军人原是用来抵制外国人的，不是用来抵制百姓的人。假如用来抵制百姓，只成一种手拿枪炮的刽子，在官吃粮的盗贼，在人类中间就算最下贱了。向来倡优隶卒，看成极贱；今日有军国民的声名，又看成极贵。这是甚么原故？抵制百姓，就是极贱的倡优隶卒；抵制外国，就是极贵的军国民。只看军人自己愿走那一条路。好在近日习练新军，都有几分知识，不愿走极贱那一路去。无奈旧军知识未开，自己还看成刽子、盗贼，一任政府牵来挽去，看自己同国的人，只像鸡鸭牛羊一样。那一班人冥顽不灵，只该用李自成"剿兵救民"的话，一概杀尽，更不必劝告一句。但兵丁只听将弁指挥，将弁中也该有一二通达道理的，或者可以对他说一句话。现在人都说，军人第一要服从命令。就这句话看来，抵制百姓也是上官使我抵制百姓，不由自主。这句话到底不然。有了圆的头方的脚，名称是人，总不是和傀儡一样。服从命令，原是看可行不可行。假如上官要我去取太阳，也该从他的命令去取么？不要说太阳是不能取的，就是办得到的事，能够种种服从命令吗？比如本省的总督，要杀邻省的总督，派我带兵出战，应该服从命令呢？不服从命令呢？或者上官派两部军官，自相攻战，杀尽为度，难道也该服从命令不成？照这样看，当了军人，依旧要用心思计虑，不是就变成木头石头。现在的世界，民是不可愚了，只还有种种愚兵的政策。像日本人，只要军人归敬天皇，一句话，就把军人的魂魄钩〔勾〕了去。他们本是酋长国、宗教国的人民，自然思想褊陋，容易裹住。我们中国人，断不是迷信酋长、迷信宗教的人，提起宪法上"皇帝神圣"四个字，早已把人嘴都笑扁。其实连神圣两个字，自己还不会说，只是舞弄笔头的人，涂出一张宪法草案，教他自称。譬如我教鹦鹉、画眉，自说自己神圣，你就信鹦鹉、画眉真神圣么？你们当兵吃粮的人，只要认自己的职业是抵制外国，不是抵制百姓。政府使我抵制外国，就该服从他的命令；政府使我抵制百姓，就不该服从他的命令。不管他神人、圣人、聋子、瞎子，只看事理该行就行，不该行就不行。几句说话，直截了当，不用碎烦。现在政府只要用兵压民，就像目前四川的事，新军或是袖手旁观，或是协力攻战。协力攻战的，我们应该敬他的高义；袖手旁观的，我们也该谅他的实情。政府明知道新军不肯出力，回想起湖南、湖北几个老将军来。这一班老军人，原不必劝他协力攻战，只要袖手旁观，也就算他们还是人类。仔细想想，服了反逆政府的命令，去打百姓，自己有甚么利益呢？不过骗得红顶花翎，或者改成外国装束，一件金线衣，一枝鹭丝毛，酬你杀人行劫的功劳就罢了。遇着将帅不和，一边看做有功的人，一边正是要杀的人。不见李准部下营官，搜寻刺客，被张鸣岐拿去杀头么！况且现在军功保举，没像从前曾国藩、左宗棠的公平，多半是把自己的私人，列在最上，真正冲锋陷阵的人，反沉在底下去。假如敌军首领，被一个小小营哨官拿到，非但保举不开，还兼性命不保。本来服从上官命令，出力杀人，那知并不能讨上官的好意，反要取你这个驴头。你们旧部军官，仔细想想，得利不过一分，得害倒有数分，何苦妄杀良民，自取其害呢？至于部下散兵，一发无谓，杀了人，占了城，功劳一概送给他人，自己并不得甚么酬报。过了几年，年纪老了，退了伍了，政府要用你杀人的时候，当做刽子【手】看；政府不要用你杀人的时候，又当做游勇办。两眼看着别人登坛挂印，自己并没有半分光荣。以前看平民是牛羊鸡鸭，临了自己也做牛羊鸡鸭。古人说得好："天网恢恢，疏而不漏。"我真要替你旧部军人一哭。倒底吃粮当勇，不过为衣食，本不是为美名。政府遣你抵制平民，只要观望不前，未必失了饭碗。如果发愤为雄，不能倒戈相向，还是散去做强盗好。强盗虽是恶人，无非是房掠奸淫几件事儿，比那借政府的权力，去干房掠奸淫的事儿，倒还略胜。如略有人心的，应该把这件事想想，可以当下了然。但兄弟更有一句话，要劝新军。从前新军中有熊成基一班人物，抱着不平的思想，要与政府抗衡。他那起事地方，原没有十分恶政，祸及生民，所以独唱寡和，不能成事。目前四川的事变，原是叛逆政府挑激民心。想那四川民气和平，性情柔顺，原不是好与人争斗的。闻得演说铁道事件的时候，聚会一万多人，只是声泪俱下，并没有慷慨陵〔凌〕厉的风。一直等到要求尽绝，才想出围城诛吏的事来，也算可怜极了。那晓得政府又派两个穷凶极恶的张丫姑爷、岑三苗子去。张丫姑爷入蜀，恐怕是张献忠复生，岑三苗子入蜀，恐怕是李特再现，真个要使蜀土士民，绝无噍类。这一件事，非但两湖、广东人，应想川人可怜，政府可恶，就合全国二十几省的人，那一个不想川人可怜，政府可恶。这时候并不比熊成基倡义的时候了，尽站着袖手旁观，还做甚么？奉劝各处新军将弁兵士，发几分悲天悯人的思想，赶快龙腾虎变，做出经天纬地的功业来。一面是扫荡叛逆政府，一面也为四川暂解倒悬。旧部军人，如果迁延退避，尽可置之不论；如果还替叛逆政府出力，抵制平民，就一概诛戮，也不为过。到底不是专为四川一省，实为全国四万万人。

　　第三是劝地主。当地主的人，每岁纳粮，本来说是永不加赋，现在政府把这句话赖了。或者经费不足，出于无奈，还有几分可以原谅。但现在加赋，也算极重，不过六七年，全国收入的数，比以前顿加三倍。那钱真正在政治用去么？近几年民穷财尽，盗贼横行，虽然天炎〔灾〕流行，到底比不上加赋的害。因为天炎〔灾〕不过偶然，加赋方是永久，所以加赋是民穷财尽的根源。从前李自成讨崇桢〔祯〕皇〔帝〕的檄文说道："征敛重重，民有偕亡之恨。"算来崇桢〔祯〕征敛，不过六千多万，现在却有三万万，比崇桢〔祯〕时候，就是五与一的比例。就使慧星下扫地球，把政府人民一概扫尽，也还情愿，何况寻常

"偕亡"的事。但现在所感慨的，倒是铁道一案。广东还是商人集股，湖南、四川只是随粮带征。现在改名铁道国有，商人的股票，或者取得几成转来；地主的随粮带征，就像流水落花，一时飘去。可怜自称盖世英雄的湖南人，徒有虚名，毫无实济，平日只是会运动人，不晓得会运动人的人，处处反是受人运动。以前打几个虚憍使气的电报，后来不知不觉，被南洋猪仔郑孝胥暗中运动了去。同乡京官，一齐开口，说愿把铁路归还政府。一句话，把谘议局搅哑了。四川人因为不肯相让，闹出天大的事来。看来世上最贵、人间最要的，只是金钱米麦，所以偷一个钱，抢一升米，数虽极少，到底称为盗贼，该受刑诛。政府做极大盗贼行径，按律处治，本是死有余辜。四川人这回对政府，还算从轻发落，不想政府自不伏罪，反敢贼伤事主。若全国地主不肯起来反对，将来政府把残害四川的事，顺水推舟，一直行到别省，世界都被大盗包围，再没有警察可寻，捕班可唤，怎么得了？要知道凡事须要杜渐防微，不可临渴掘井，各省人对川人就没有甚么恩爱，自己的身家生产，难道也是视若陌路？不要说我这一省，谘议局颇有权力，政府不敢奈何，现在四川事件出来，明明把各省谘议局看个榜样，教他们不要多言，自投死地。谘议局的人，已是自顾不暇，心上总有几分退缩的意思。只要民气刚强，谘议局还有援手，若自己意气消沉，靠着十几个空口说话的人，有甚么益处？诸位当地主的，人数最多，大概伏处乡间，不大和外边人聚会，闻得政府有立宪的新话，总想有几分奇怪，甚么叫做立宪？本来是日本人起□□□□通①的名号。要求他的真义，宪字只是契约的意思，譬如买田卖田，都是契券。以前政府要兴铁路，随粮带捐，一张钱粮串上，都把事由开上。这一张串，就是

---

① 以上用墨笔涂去五字，末一字"通"隐然可辨，据此，涂去者似为"的狗屁不通"五字。

政府写给民间的契。现在连这张契都翻了，那些无影无踪谈神说鬼的宪法条文，还要说他甚么。要知道谘议局人，自己受了牵绊，不得不说宪法。一班地主，本来没有牵绊，宪法原是政府随口撰成，又不是和百姓商量定的，何必当他宪法看？说甚么当兵纳税的义务，只当是道士画符，风子说鬼罢了。做地主的，反抗政府，第一是不纳税。一个人不纳税，知县会派差人地保前来催逼；个个不纳税，知县更有什么法子？中间或者也有几个，因此受累，只要公众帮扶，自然无患。切不要看向来习惯，以为纳税是理所当然，那句"永不加赋"的话，怕不是向来习惯么？现在政府已把习惯翻了，百姓还要守着习惯，也是可笑。落得多屯几石米，多藏几串钱，为自己吃用的地步。况且现在盗贼横行，有财产的也担忧的狠。若把纳税的钱，掉转来施与贫民，就盗贼也不来看相，还要感我的恩惠哩。诸位试想，一样都是盗贼，有衣冠顶带的大盗，方财引出穿窬发箧的小盗来。小盗还是我的乡邻，大盗就是我的仇怨；与其送钱给大盗，大盗仍要杀伤事主，何如送钱给小盗，小盗总说我是善人。那个大盗没有赋可收，自然坐困。等他周赧王逃上高台，就是百姓安乐的时候了。其实全国人民，并不止此三种，不过官吏是无可劝，男女学生是不消劝，商、工人等，总是听地方议会的话，劝动议员，工、商自然知道。所以特特提出三种人来，说些实在反抗的法儿。前说立宪欺人，果然不错，若能真正办到反抗，也要说兄弟的这句话果然不错。

　　诸君阅毕，请赠他人。如能重刻，功德无量。

天津国民捐和同盟会活动的回忆

刘清扬

一 义和团——反帝运动时期的回忆

自从一八五八年、一八六〇年英法联军侵入天津，进攻北京，满清政府签订了屈辱的条约以后，天津海河沿岸的紫竹林地带，就变成了帝国主义进行侵略我国的基地。从此天津人民就开始了爱国反帝斗争，一八七一年曾经发生过大规模的反抗帝国主义利用宗教侵略的爱国运动——天津教案。一九〇〇年义和团反帝运动发生，天津人民更积极的进行反抗帝国主义的爱国斗争。

义和团反帝运动以前我还在三四岁，才开始有记忆时就经常听到大人们的忧愤恐惧，对洋人的怨恨。尤其大人们所最担心骇怕的是：一到四五岁以上会走路的孩子们，就严防他们跑出门外去。因为那时凡四五岁，直到十数岁的小孩，随时都可以丢失。据传说，都是被教堂把小孩逮捕去了，这种传说，也足以反映人民大众，是如何的痛恨洋人。所以劳动农民组织义和团反抗帝国主义的时候，天津人民就愤怒地攻击紫竹林。

八国联军侵入天津，天津人民遭受了涂炭。我曾亲眼看见，离我家不远的锅店街，被洋人烧的烈火飞腾在高空。并且眼看着一位壮年人，活生生地跑过去，不大的工夫，就被洋人打死，用门板抬回来，大家都在叹息。那时虽然我才七岁，但这些不幸的灾难，在我幼稚心灵中的记忆，是非常深刻的，因而这也就是启发我爱国反帝思想的根源。

在八国联军侵入天津之前，天津曾有一个封建武官在镇守，但他是花钱买的官职，一般人称他为张七大人。他虽名为天津镇守使，实在他既未带过兵，也未打过仗，而且连天津的墙子河（即护城河）都未曾跨过去一步。敌人攻打天津时，当然他是不敢出头的。及至战败签订割地赔款丧权辱国的条约之后，天津教会的洋人，还无理地硬向张七大人要求逮捕以前火烧教堂的人犯，治以砍头之罪。这个懦弱无能的武官，竟无法应付洋人的无理要求，他就昧着良心，在监狱里找了八个并无死罪的犯人，强迫用钱买了他们的生命，送到洋人面前去杀头。这些在压迫之下不得已而卖命的犯人，在临刑之前，只要求把他们编成一出戏，并都穿上新的戏装，鼓着英勇不屈的精神，竟牺牲在强暴的敌人和封建统治者的刀下。这就使天津广大的人民，怀着非常的愤怒，既痛恨封建官僚，也更激起人民爱国反帝的思想认识，本是理所当然的。

二 天津人民发起国民捐和救国储金运动

庚子战败后二三年，天津逐渐兴办了学校，当时广大人民怀着爱国忧愤的心理，所以教师们就认真地进行爱国教育，告诉学生们列强将要瓜分我国的危机，并用朝鲜亡国的惨况作比喻，以激起学生们的爱国思想，而使大家考虑如何防止亡国的惨祸，这就深刻地启发了学生们的民族意识。虽然我们那时才都是十二三岁的小学生，也就开始有了为保卫祖国而斗争的意志。就在这个时候（一九〇六年）天津的爱国人士，由于忧虑祖国没有国防设备，就痛恨满清的慈禧太后，把建设海军费修建了为她个人享乐的颐和园，竟使国家敞开了大门，使列强可以随便长驱直入，使祖国的安全受到严重的威胁，所以就发起由我们人民自己募集国民捐运动，希望能够建设国防的海军设备。在这样爱国募捐的号召之下，天津广大的爱国人民，无分老少男女，都一般响应。首先在天津鼓楼南大街的广东会馆，开了发起募捐大会。在场的各界人士、青年、妇女和小学生，都热烈踊跃地捐助。记得当时我手上戴着一个金戒指，心中想不管大人愿意不愿意，当场就捐了出去，立即就写出一张大红纸条，上写十三岁的女学生捐出一个金戒指，就更激起大人们的热烈捐助，未曾带钱的人，也当场说出捐款的数目，言明会后付款。在大会闭幕时，就公布已捐助有三千多元的银洋。人们都非常兴奋。当时在学校常唱的歌曲有这样两句："毁家纾难奠国基，同乐自由天"。因此当时人们的踊跃捐输，正是本着爱国精神，为了争取同乐自由而努力。

第二次的募捐大会是群众性的，在河北公园里设了露天讲坛，讲演人员都热烈地痛哭流涕，说出国家将有被瓜分的危机，甚至有人断指写血书，以激起群众的爱国心。数千爱国人民围绕着讲台，捐款的热情很高涨，从每个人的口袋里，自动地掏出钱来，送到临时设立的中国和交通两银行的收款柜上去。同时我曾在人群中代收捐款，送到银行柜上去，每一次都是满满的两手，抓着银洋、纸币或铜元。无论张三或李四捐多少钱，都要记清楚，拿到许多收据，再送回捐款人。就这样往返经我的手，就捐了无数次。记得当时交通银行的经理张朗轩说：这个小学生既热心又有记性。这一次大会，又捐了数千银元。

此后继续着有些热心的中小学女教员们组织起来，以鼓楼西的普育女学校为中心，研究进行捐款的办法，讨论决定，动员一些热心妇女，用走亲戚、串门子，挨家挨户访问劝募，同时宣传爱国救国的思想。并鼓励小学生们，向家长和亲友劝募。这样就普遍深入地展开了爱国救国运动。经过这样爱国运动的宣传，广大人民的爱国思想得到进步和提高。但所捐的款，是绝对不够建设国防海军的。莫说建设海军，就是买一支军舰也不够用的。这怎么办呢？只好把这些钱先存到银行里，再想办法。

由于第一次国民捐的捐款不够用，因而从一九〇六年到一九一〇年五年之中，又继续发起了两次救国储金，总希望凑足了国防海军建设费。人民捐储的热情总是很高的，曾记得我们向一位家庭老太太去劝捐，她竟慷慨地捐出二十元银洋，这在那个时代，足够一家三四口人一个月的生活费。此外我们还提议节衣缩食进行储蓄。首先从我自己的全家实行，每天节食一次早餐，把省下来的钱，放在大磁瓶内，积累一个月送入银行中去。就这样坚持了半年多。储蓄的结果，终因以天津一市人民储蓄的力量，是无法能存够建设海军的费用。在这种情况下，经前后发起人们的商讨决定，只有把一切捐款，都仍旧退还给原捐款人。这就使五年来广大人民的热心爱国运动，遭受了不可补偿的损失。因为爱国人民捐出款来，很少有保留收据的，何况经过四五年之久，谁又能料到把款退回，因此凡失掉收据的捐款，相当大的数目，竟无法取回，结果使绝大多数劳动人民的捐款，都便宜银行的资本家们。而且五年来的存款，只还本钱不计利息，存储的利息核算起来也是很大的数目。经过这一次爱国募捐运动的失败，当我年龄稍大，觉悟过来之后，深切悔恨自己这样愚蠢的爱国行动，不但于国家无益，反而使广大爱国同胞受了损失。因此就由气愤失望，才认识到只有参加革命才能挽救祖国的危机，在辛亥年间，便加入了老同盟会。

三　老同盟会在天津活动的情况和策动滦州起义

在辛亥年间，经人介绍我加入了同盟会，那时我还不到十八岁，对革命的认识在思想上是不明确的。只知道痛恨外国人的侵入将要瓜分祖国，而满清政府无能，不能保护国家的安全。由于孙中山先生宣传推翻满清才能救中国，所以就本着简单爱国的思想，并不懂革命的理论，就参加了革命斗争。在天津同盟会的领导并不健全，组织很散漫，当然没有严密的纪律和计划性，但凭人们的爱国热情，分别地在集合一些小集团，在进行活动。天津同盟会的会址，是在法国租界老西开天主教堂前面的广场东面，有一些矮小的平房，在一个小胡同内一所小独门独院，仅有四间小屋子，里面住着一位领导负责人，名叫胡伯寅，是河南人，年约四十左右，日本留学生。就由他一个人，向大家取得联系，指导大家的活动，并无任何经济支援，大家的参加革命是出于主动自愿的。

我那时正在天津北洋直隶第一女子师范学校（后改称河北女师学院）读书。由于加入同盟会的关系，得知本校的地理教员白雅雨先生和音乐教员李运清先生，都是革命分子。李运清和他的女儿李韵娴都是日本留学生。李韵娴还未毕业，趁寒假时回国参加革命活动。她的任务是组织革命妇女，准备向北京城内运送武器。因为那时车站检查员不搜查女行客的行李，可以把手枪、子弹等小型武器，带进城去，如有步枪等，就设法用棺材装运。她曾邀我参加这个工作，但在运送武器之前，须先进行滦州起义的工作准备。

滦州起义的原因，是由于武昌起义的胜利，就动摇了满清的统治地位，因此北方的进步军人，如驻军石家庄的第六镇镇统吴禄祯，即和驻军滦州的施从云和王金铭取得联系，准备东西夹攻北京，以推翻清室。当时白雅雨先生偕同十几位男女知识分子，也是策划起义的参加者。但不幸，吴禄祯的革命意图，被袁世凯识破，袁派人刺杀吴禄祯。此后得知满清政府为镇压革命，将从东北购入一批军火，运送来京，因此白雅雨先生等即拟去滦州协助施从云等策划起义，以截留这批军火供革命之用。但这些教书的文人，都是贫困的，干革命活动，竟没有去滦州的旅费。当时我的家兄等是天津报界著名的正义人士，每年冬季，都为救济穷人，主办义务戏捐款，以作冬赈之用。趁此我即鼓动家兄在冬赈捐款之中，抽出一部分钱来，作为白先生等去滦州的旅费。因为我家兄也是同情赞助辛亥革命的，所以就允许筹款协助。有了旅费之后，在一个寒冷的晚间，就从李运清先生家动身上火车，李先生是住在天津北车站迤北新开辟的住宅区，名叫老车站北新开路，地区非常偏僻，容易作革命掩护活动，又离车站很近，当时我也去李先生家参加送行，所以当时的一切情况，至今还能深刻地记忆。但去了不久，革命活动竟遭到失败，白先生等均惨遭牺牲，只有同去的两个装家属掩护工作的妇女，从旅店后越墙而逃，才得免于难。这两个妇女就是崔震华和她的妹妹崔昭华。

滦州起义失败的原因：一是失去吴禄祯的应援，只有施从云和王金铭的孤军奋斗，力量当然不够。再是白雅雨先生等十几位无组织无计划的书生，单凭爱国热情，并无群众组织力量的支援。再就是受了王怀庆的欺骗，王怀庆假意赞助革命行动，但到大家真正行动的时候，就被他给包围起来，而遭到破坏，故失败了。

当时那些烈士们死得很惨，辛亥革命胜利后，在民国元年春，女师学校和革命的战友，派人去滦州寻找这些烈士的尸骨，只能找到一些身体，人头都已无处寻觅。我们曾在金钢桥北的省长公署门前，为白雅雨烈士等举行群众性的追悼大会，然后把白烈士的灵棺，顺着海河运送回到上海的家乡去。

滦州起义虽是失败了，但这轰轰烈烈的起义斗争，正是在天子脚下干起来的，可以说已动摇了满清统治的基础。此后不久便推翻清室获得辛亥革命的胜利。

还有些人在天津金钢桥进行革命斗争的行动是为要刺杀张怀芝，其领导人名叫薛成华。共同参加的人并不多，故也遭到失败未能成功。

一九五五年一月初　刘清扬书于北京

铁血会资料选编

王道瑞　整理

编者按：铁血会是辛亥革命前北方的一个革命团体，由丁开嶂发起成立。丁开嶂，字晓川，原名作霖，河北丰润人。本篇由《甲辰铁血会抗俄总动员令》、《北振武社启》，《铁血会十八烈士事略》等四组资料组成。可与《辛亥革命时期的铁血会》相互补充。

一　甲辰铁血会抗俄总动员令

北洋铁血会首领丁开嶂为大征同志、协力抗俄事。俄自咸丰以来，私移界碑，窃我黑龙江以北、乌苏里以东，已为万国所不取、公法所不腴。近年又虎狼蓄心，蛇蝎肆虐，据关东三省俨为己有。奴隶我官府，牛马我人民，剥食我资财，淫掠我妇女，种种禽兽之行，神人共愤；色色野蛮之状，宇宙难容。故日人崛起，外挫其凶顽；民党奋兴，内溃其脏腑；丹马、瑞典、诺威现举同盟，影响愈激而愈远；犹太、波斯、土国共图报复，风潮愈涌而愈高。此为我国报深仇雪大耻，树我完全独立之旗，定我民族帝国之义一大机会也。倘再不振吾精神，歼除丑类，结吾团体，扫荡腥膻，将来必灭绝我身家，殄绝我族类，较英制澳洲而更痛，美毒黑人而倍残。窃鉴于斯，纠合直、奉、吉、黑之绿林领袖，痛心疾首，透爪裂目，必食俄人之肉、寝俄人之皮而后快。以此同化之师，和亲之众，一朝齐发，电疾风驰，遍地合攻，澜翻水涌，东联日本为外援，西接波兰为内应，何难逐长蛇于兴安岭以北，驱封豕于雷纳河以西，使廿二省锦绣山河与日星而并寿，四百兆圣贤子弟享幸福于无穷。凡我同志，惜同胞之惨酷，忧祖国之倾危，皆打破生死之好，男儿愿作牺牲之大豪杰，惟余马首是瞻，以期和衷共济，务使二十世之万国记载，大书曰：中国铁血会，大败俄罗斯于东清而后止。令到合力总攻。急急特布。

附注立会原因及战俄实录：

光绪甲辰，日俄战争之际，藉抗俄为名创立铁血会，实则预备革命，练习操纵英雄也。当时传檄为令，即此文也。故又曰总动员令。是篇久佚，今由当年上海《大陆报》"马贼仇俄"栏内检出录之。或谓俄今联我，友邦也，此文不宜刊入，以伤友谊之情。不知彼一时也，此一时也，昔为我敌，我则敌之；今为我友，我则友之。日俄之战为我铁血会肇造之端，不能不记，况俄昔为帝国，今作友邦，国则一，民则二，前后不可一律视也。故录之以志北方革命党之原始，并注抗俄事实如左：

令各头领于势力所在地，就近相机袭击俄军，乃有田立本双台子之战，冷振东牛家屯之战，宋三霸狼头山之战，杜立本铁岭东南及辽阳西四十五里地方之战，刘奎武沟帮临近、连山临近及海城东北六十里地方之战，高立峰、梁子恭两军甜水驿、摩天岭间地方之战。未入铁血会受铁血会影响与铁血会取一致行动者有：张桂林公主岭之战，杨二虎辽阳西双山子之战，刘永和蜜蜂山、小孤山、析木城、七盘岭诸地之战（永和即刘弹子也）。此皆激战而全胜者。其余或拆铁道，或断桥梁，或劫车站，或烧粮台，或截其后路，或袭其偏师，或出其游弋军，或破其输送队，大小百余战，或胜或负，多见《大陆报》。

二 北振武社启

横览全球，洞察万国，日本雄于亚，合众强于美，英、法、德、俄并峙于欧，独中国开化有五千年之久，人民有四百兆之多，疆土有四百万方里之大，而奄奄待灭，不能与东西诸雄争强者，皆国民之不武使然。其弊虽不尽归于鸦片之流毒，然鸦片亦弱国之一大元素，欲振吾民尚武之精神，必先革除吸烟之旧弊。国家于兴学尚武而外，屡谕戒烟，良有以也。使上有国家提倡，下无志士振兴，恐虚文徒具，实效难收，不但负国家图强至意，抑且因循所积，必至令鸦片反动之势如洪水之横流，汪洋愈肆；如瘟疫之暴发，传染弥涯，不使我炎黄子弟尽变为半死之病夫不止。南方数省有曾君少卿诸巨公，一时并起，极为提振，未满一载，长江以南遍立振武社，以尚武为宗旨，以戒烟为首务，推广神速，真有不可思议之奇者。设全国志士皆如曾君，将见此毒崇朝可灭。我北方同志血尚未凉，心犹未死，安忍坐视同胞沉沦苦海，如秦越之不关痛痒乎！况国民为国家之成分，国家为国民之积体，未有民弱而国独强，能不受外人之欺者，亦未有国弱而民独存，能不遭外人之毒者。欲保吾身，须先强吾国；欲强吾国，须先强吾民，吾民强斯吾国强，吾国强斯吾身不至东低首于侏儒，西下气于碧眼黄须之族矣。所以吾乡同志奋袂而兴，欲步曾君后尘，殄绝北方罂粟，先在敝村南青坨庄创立北振武社。倘经营得法，能如曾君扩充之速，一半年间布满黄河以北、榆关以东，皆意中事，弱民大病不日悉除。然山以积石而能成，海以聚流而始大，事以众擎而易举。定期开成立大会，知会燕、辽两省同志于五月二十六、七、八、九等日齐集敝社，研究如何推广之术。虽国家立约十年断清，恐十年以后仍如今日，所以不容已于斯举也。有志赞襄者，恭请届期光临为感。光绪三十三年五月日。　北振武社总理丁作霖谨启。

附志立社之来由：

铁血会秘密机关始立于京师大学余之斋室。毕业旋里，托名戒烟立振武社于敝村，为本会开会之场所，至办理机密则在余宅内。余为首创，举为总理。立社后，余充河南大学教授，委丁东第为社长代理社务，大事余遥制之。宣统二年，余入北京分科大学，仍移大学斋室。三年武昌起义后，移于天津法界长发栈。

三　呈中委会请建烈士祠文

中央执行委员会主席、委员钧鉴：为辛亥华北铁血会开国烈士呈请建祠事。自去年革命党统一中国，普遍庆贺，欢声动天地。饮水思源，应归功辛亥革命开国诸先烈也。革命尚未成功，同志仍须努力，尊荣先烈之忠魂，即策励后进之士气。近闻戴院长提议为彭烈士家珍请令北平市政府筹建烈士堂；胡院长呈为先烈夏天任饬浙省政府于烈士死难处建烈士专祠；皖省指委会呈为韩烈士伯棠为党惨死，亲老家贫，应准予建立专祠，并发抚恤；党员赵端呈为辛亥革命四川首义殉国烈士，积年至今露尸未葬，应请特专员办理治丧事宜，援例建立忠烈祠。以上四案，国府均议决照办，仰见衮衮诸公不忘开国遗烈也。开嶂于光绪三十二年入同盟会，任联络北方革命健儿。辛亥起义立北洋铁血会本部于天津，设支部于燕、辽各地，被举为中华民国军政府北洋铁血会军长，督帅燕、辽诸军事，谋由张家口、滦州、通州、开平镇、锦州府等处发难。本会高级职员秦宗周、尹德威、李鸿恩、孙谏声、陈洪度、李辅庭、范宝琳、胡珍、王治增、王丕承、杨兆麟、雷竹村、张雅堂、蔡德宸、黄际隆、唐自起、庞辅舜、王环诸烈士为民国尽忠，先后遇难。民国八年，开嶂游沪谒见先总理，谈及华北先烈，总理言俟革命统一之后，定立祠堂并恤家族；先烈遗孤召一技之长者且从优录用。今统一告成，总理宾天，言虽在耳，向谁呈诉。钧会主席及诸位会员皆革命先觉，又为总理信徒，必念中华民国之创立，赖先烈之碧血所染而成，青天白日之旗已飞扬全国，铁血会先烈之幽光不可使常埋没于地下也。况北方革命在满清辇毂之下，侦察密织，又有六镇雄师星罗棋布，较广州、武汉失败易、成功难，犹能百折不回，喋血相继，致令幽燕各地草木皆兵，清庭胆落，所以逊位若是之速也。敬恳钧会勿忘华北先烈之困苦艰难，舍身取义，准援平、浙、皖、川四案之例，予建祠立祀，血食千秋，以慰先烈在天之灵。如虑干戈初定，国帑空虚，地方人民疮痍未复，恐难举此旷典，开嶂拟有撙节办法：青坨镇有振武社一所，为清末北方革命铁血会秘密机关地，略加修饰可作祠堂，于内附巡警局阅报处均无妨碍。社址旧为三官庙，开嶂九世祖允恭公所自建置者，清中叶施之阁村。光绪丁未，移去神像改为振武社，坐落在丰润、宁河两县交辖之地。请钧会由国府饬河北省政府行一纸空文即告落成，不过略加修理，无庸大筹建筑费也。昔为革命党人之机关，今作革命烈士之祠宇，揆情亦顺，于理大合，不特可慰先烈之英魂，且能为一方子弟立表率而树风声，未始非革命前途之助也。敬陈所请，恭候钧会核夺施行，实为德政。

右表（见第 454 页表）内有非本会人而列入者：蔡德宸、张雅堂也。两烈系南来志士，与本会王治增诸烈士协谋起义者，同罹于难。治增子丕谟谓，既系同难，不可湮没两烈，请加入本会一并表扬。有是本会人而未列入者：彭家珍、王宾也。通州王宾其子已请建专祠，无庸开嶂再为陈请；彭烈士虽藉名本会，然功高震世，中外咸知，国家早尽力表彰，亦无庸再为声明。

四　铁血会十八烈士事略

中华自满清主政以来，嘉道军戎腐败，咸同朝政贪污，强敌日侵，边疆四削，西后尝云：中华片土宁送友邦，不给家奴，为内政外交之大计。国土之先觉者，故不惜掷头颅，倒腔血而有辛亥之革命，诸烈士所以舍身取义，为救四百兆同胞之生命也。先是光绪甲辰，开嶂创立铁血会为北方革命党会之权舆，至武汉起义后，南方志士、北地英雄纷至沓来，踊跃相助，即立本部于天津。斯时也，秦烈士宗周、尹烈士德威、李烈士鸿恩在张家口内首举义旗，堕清都统黄懋澄之诡谋，以致先胜后败，虽未成光复畿甸之大功，然已开血染幽燕之创举，此本会烈士为国流血之第一起也。滦阵动摇，北方之风云益紧，孙烈士鼎臣、范烈士宝琳、胡烈士珍，或张空拳，或挟炸弹，协助驻滦之反正军，与曹锟鏖战，若者血飞城下，若者肉薄军前，此本会烈士为国流血之第二起也。王烈士治增及子丕承，北方豪杰莫之或先，杨烈士兆麟义薄云天，雷烈士竹村心同铁石，当滦军陷落之后，即同南来蔡烈士德宸、张烈士雅堂聚义张湾，谋复通州，毅军合围均遭不测，此本会烈士为国流血之第三起也。清开平镇总兵王怀庆，国贼也，黄烈士际隆谓不除此獠，京东难复，乃领唐烈士自起、庞烈士辅舜，各怀炸弹二、手枪一狙击王怀庆，虽大志未伸，而清廷胆丧，影响所播，草木皆惊，此本会烈士为国流血之第四起也。奉天巡防军统领张作霖恒欲入关勤王，拥护北京，本会关东、边外两支部大集精锐，潜伏于新民、锦府间，谋要截之。张计不逞，衔恨遂深，故于共和月余设计诡降，执本会同志三十七人之多，拘留锦府，王烈士环死焉，此本会烈士就义为国之最殿者也。粤稽先进国革命之著者，英起伦敦，法起巴黎，德起柏灵，奥起维也纳，发难中央，成功大易，列强之崛起，所以震耀环球。中国革命伟人，辛亥以前或穷波海外，或起义偏南，远隔清庭，视如癣疥。故流血九起，黄花最烈，无如清庭何。十八烈士力矫前弊，敢现畿甸屡翻义旗，使清室君臣见肘腋之间风声鹤唳，遍地民兵，所以下逊位之诏至神速也。中央党国要人追思先烈，允开嶂所请，拟在振武社建立专祠，是不忘北方烈士助成革命之殊勋，诸先烈在天之灵庶其稍慰欤。兹于奉到国府训令立祠之期，遐思烈状，略志端倪，以备他日祠成被之金石。北部民军临时督帅丁开嶂敬撰。

铁血会十八烈士遇难表

姓　名	贯籍	在本会职务	遇难原因	遇难地	遇难日
秦宗周	丰润	京北部司令兼部长	起义失败	张家口	十月十九日
尹德威	丰润	京北部副部长	起义失败	张家口	十月十九日
李鸿恩	玉田	京北部副部长	起义失败	张家口	十月十九日
孙鼎臣	诸城	京东部司令兼滦军参谋	起义失败	滦　州	一月三日
陈洪度	河南	京东部调察长兼滦军参谋	起义失败	滦　州	一月三日
李辅庭	滦州	炸弹队长	起义失败	滦　州	一月三日
范宝琳	滦州	炸弹队副队长	起义失败	滦　州	一月三日
胡　珍	丰润	炸弹队副队长	起义失败	滦　州	一月三日
王治增	通州	通州张家湾分会长	起义事泄	通　州	一月十七日
王丕丞	通州	敢死队长	起义事泄	通　州	一月十七日
杨兆麟	通州	敢死队副队长	起义事泄	通　州	一月十七日
雷竹村	通州	敢死队副队长	起义事泄	通　州	一月十七日
蔡德宸	湖南	敢死队督队长	起义事泄	通　州	一月十七日
张雅堂	湖南	敢死队副督队长	起义事泄	通　州	一月十七日
黄际隆	丰润	京东部长兼参谋长	刺王怀庆	开　平	二月二日
唐自起	丰润	炸弹队长	刺王怀庆	开　平	二月二日
庞辅舜	丰润	炸弹队副队长	刺王怀庆	开　平	二月二日
王　环	安徽	关东部军需长	起义被拘	锦　州	日期失察

秦烈士传

秦烈士礼，字宗周，以字行。直隶丰润大秦庄人，距城六十里。身长隼峻，目炯有芒。幼业儒，长喜作侠。尝谓：儒与侠并立，治道乃出，仅以儒术治世，上有治下之力，下无制上之权，暴君污吏所以代不绝书。清季见国事日非，弃文学武。善用剑槊，击枪无虚发，驰誉长城内外。北荒少年执弟子礼，千里从游者踵相接。所交皆义侠士。一生血性，肝胆照人，有远祖秦叔宝之遗风。初与开嶂游，言论投机，相识恨晚。谓汉文帝诛侠而后，数千年来刺客绝迹，君相之昏暴无论至何，天地罔能制止。生逢斯世，舍学汤武，革命无他术也。光绪甲午，孙中山立兴中会，开嶂谓烈士曰：如欲擒贼必先擒王。泰西革命先进，英起伦敦，法起巴黎，都城一陷，全国骚然。如欲扫荡满清，光复汉土，须立革命党会于近畿，拿鱼拿头之术也。烈士深服之，慨然任组织北方革命军，谓：历代前史北方能制南部之死命，边塞以外能制内地之死命，舍此不图直如项羽弃关中、都彭城，持矛而予人以柄也。但恨北方同志者稀，不得不联结草泽英雄，授以文明训练，为革命基本军。并谓：张家口外是其旧游地，蒙汉连接之交，马将充斥，其首领多大豪巨侠，以义气感之，国事动之，能为我辈用。遂变产措资，遍游边外地，接洽骁将尹德威、李鸿恩、高洪亮、卢占魁数十人，秘立机关处于兴和城。烈士在兴和，以开荒为名并以为业，联络费即从荒地出，此铁血会京北支部之权舆也。丁开嶂创北振武社，作铁会秘密机关，烈士闻而喜曰：北方革命之基础立矣。千里而来，参议要图，众推烈士为京北支部长，因独石、多伦、张家口各处贤豪皆烈士之旧相识也。辛亥春，烈士谓本年京东大操，乃英雄起事之秋，时机不可失。遂定乘清军秋操，京城空虚，起义华北，令京东部发难于丰、滦地，关东、边外两部佐之，任烈士为京北部司令，乘机直捣都门，占领中央。不料，操前数日，武昌光复，清廷闻变，停操撤兵，北方起义之雄图遂成天外步虚声矣。时开嶂为铁血会军长，复任烈士联山西民军，谋光复阳高、天镇、大同等处。烈士即派卢占魁、马壮各领一支军，西入晋北，高洪亮援之，烈士自帅部众伏宣化北鄙，断清军出入之路。清察哈尔都统黄懋澄知难力敌，设计诈降诱烈士及尹德威、李鸿恩两将到署议事。烈士不及防，误入伏内，及觉，环顾四周已成垓下之围。三烈士目眦尽裂，挺身作欲斗状。兵素畏烈士威，倒退数武，胸背相撞而不知，且绐烈士曰：随我见都统绝无性命忧。三烈士知不免，鼓勇向前，愤杀十数人，力穷被执。黄懋澄严讯同谋，奇刑遍体，烈士骂贼不绝口，且厉声曰：天下英雄豪杰皆我同谋，何必问。夏历十月十九日与尹、李二将同就义于上堡都署前东河套，此吾铁血会部将流血之第一起也。卢占魁等知失主将，后无策源，率众走北荒。

黄烈士传

黄烈士际隆，字佐卿，直隶丰润大官谷村人，距城九十里。少负才气，荦荦有大志，延邑名孝廉丁子春先生为师，教举子业，烈士曰：此不过猎科甲而已，不足学。鉴西后无道，淫奢残忍不亚武则天，谓中国万里山河必断送老妪之手，不此之图而津津于帖括，岂大丈夫当今之急务哉。与开嶂论天下事多契合，遂结为同志。开嶂欲拊北京之背，制清廷死命，故在燕辽上游地创立铁血会，烈士极助之。尝走长城内外，联结草莽豪杰，训以革命大义。光绪丁未，举烈士为京东支部长，烈士曰：吾素所注重之地，长城以北、榆关以东耳！试观伊古以来，元魏起北荒兵过黄河，女真起东荒力压长江，蒙古南下扫荡中原，满洲东来并吞华夏，关东塞北虽中才亦足为天下雄。使吾立足京东恐不能适我回旋，即难期胜任逾快也。众曰：畿内扼北京嗓喉而冲其腹心，然在清廷肘腋之下如任他人，泄露易，秘密难，危险多，成功少，非君之机智纵横不足以当之。烈士大笑就焉。辛亥春，黄兴诸志士起广东，大失败，烈士曰：北方起义刻不容缓。即代开嶂历游张家口外，与秦烈士礼画乘清军秋操四部并起之策。决定烈士率京东部为发难军，首起操场，关东部西蹈山海关，边外部南下喜峰口，京北之一部潜渡居庸，为扫穴犁廷之计。不料，未届操期，武昌光复，烈士硕画鸿谟乃不能先起于华北。滦都督府军务部长孙鼎臣先为铁血会唐山支部司令，倚烈士为长城，谓烈士虑远谋深，能出奇计，殆陈平、晁错之流也。及滦军将起，烈士言第三营张建功首鼠两端，难免有反戈之患，宜秘防之，不然反正军将无噍类。诸将不介意。曹锟兵至，张果与东西相应夹击，民军腹背受敌，始大挫败，诸同志乃服其识远出诸将上。滦之所以败，败于清开平镇总兵王怀庆，南来民党恨王入骨，无敢加弹于其胸者，独烈士建刺王策，谓：毙王雪滦军之耻，且可乘淮军之溃，占领开平，北方民军势必得志。开嶂奇其策，即任烈士组织炸王队。烈士自报奋勇，愿为队长，振臂一呼，众夫皆厉，争愿入队者唐自起、庞辅舜、王丕谟、丁东第，各挟炸弹二枚、手枪一支、短刀一柄。烈士策曰：我辈分路前后起程，万勿同乘一车，彼逻者虽巧不能网我全数，众应之。不料贼探混入铁血会本部，尽悉刺王谋，故唐、庞两烈甫至开平，未出站台即为淮军掳。翌日大索，烈士亦被执，王丕谟、丁东第闻风逃而免。淮军遇烈士无状，烈士以大义叱之，遂逞蛮抢枪劈烈士面，血满前襟，而烈士之气魄益豪。见王怀庆昂然不跪。王问：汝与丁小川所谋何事？烈士大声曰：为黄帝子孙除民贼耳！吾生不能饮汝血，死必为烈鬼大嚼汝魄。王怒恨极，立拥出西街外，与唐、庞两烈同遇害。国历二月二日事也。观者至今播谈往事，犹壮烈士之义气云。

辛亥革命时期的铁血会

丁开嶂

编者按： 辛亥革命以前，各地均有许多革命小团体，铁血会即北方小团体之一。作者为铁血会首领，曾撰《铁血会始末纪》（稿本）与《丁开嶂革命事迹》（四号字铅印本），两文大致相同，所不同者仅是《铁血会始末纪》未录檄文，与个别词句小有出入而已。今据《丁开嶂革命事迹》刊印，据《铁血会始末纪》校勘，重要不同处加（ ）注于文中，并改题目为《辛亥革命时期的铁血会》。本文为作者自传，可能有夸大之处，但从此可以看见当时北方革命情况之一般，亦可以看见当时革命党人的弱点。胡鄂公撰《辛亥革命北方实录》，书中的丁削嶂，实为丁开嶂之误；至于所记与本文有异同，深望参加辛亥革命的先生们予以补充和订正。

丁开嶂字晓川，原名作霖，河北丰润人。京师大学甲班第一班毕业，位举人，胆识绝伦，志器雄远，华北清廷肘腋下首倡革命者也。幼读书，喜经世之学，尤好兵家言。鉴国事日非，遂抱鼎革大志。光绪甲午（1894 年），年二十四，孙中山立兴中会于海外，鼓吹排满，开嶂闻风，欲制清廷死命，思创立党会于近畿，独树一帜。迨中日战后，割地偿金，黜我为第三等国，奇耻大辱，孰过于斯，改革清廷之念，如火益炽。但恨风气蔽塞，同志无人，遂效古之草泽英雄，结纳绿林，号召亡命，作北方革命军，并著《草泽阴符篇》，储将来起义之方略。暨日俄酣战之际，开嵘适游京师大学，与同学江苏朱锡麟、译学馆学生奉天张榕各出关组织革命军。朱创东亚义勇队，张创关东保卫军，开嵘立抗俄铁血会，皆假借名义而为革命立基础也。朱被逮于沈阳将军增祺，张退避天津。开嵘校名作霖，为防事泄，易名开山，字削川，用抗俄铁血会首领丁开山名义，传檄三省绿林界，登上海《大陆杂志》，风声虽露，人不知为作霖主，易于遁迹返校也。檄云："俄人者，自咸丰以来，私移界碑，窃我黑龙江以北，乌苏里以东，已为万国所不取，公法所不黜。近又虎狼蓄心，蛇蝎肆虐，踞关东三省俨为己有。奴隶我官府，牛马我人民，剥食我资财，淫掠我妇女，种种禽兽之行，神人共愤；色色野蛮之状，天地难容。故日人崛起，外挫其凶顽；虚党愤兴，内溃其脏腑。丹麦、瑞典、诺威现举同盟，影响愈激而愈远，犹太、波斯、土国共图报复，风潮愈涌而愈高。此为我国报深仇雪大耻，树我完全独立之旗，定我民族帝国之义一大机会也。倘再不振吾精神，歼除丑类，结吾团体，扫荡腥膻，将来必灭尽我身家，殄绝我族类，较英制澳洲而更痛，美毒黑奴而倍残。有鉴于斯，创立本会。纠合海内外学生将弁及直、奉、吉、黑四省之绿林领袖，痛心疾首，透爪裂目，必食俄人之肉，寝俄人之皮而后快。以此同化之师，和亲之众，一朝齐发，电疾风驰，遍地合攻，澜翻水涌，东联日本为外援，西接波兰为内应，何难逐长蛇于兴安岭以北，驱封豕于雷纳河以西，使廿二省锦绣山河与日星而并寿，四百兆圣贤子弟，享幸福于无穷。凡我同志，惜同胞之惨酷，忧祖国之倾危，皆打破生死之好，男儿愿作牺牲之大豪杰。今中立将破，大战有期，惟余马首是瞻，以期和衷共济，务使二十世之万国记载，大书特书曰：中国抗俄铁血会，大败俄罗斯于东清而后止。急急特檄。"

翌年，与同志秦宗周、丁东第、王治增议北方大势，谓：徒恃关东一部，不足包围北京，遂于张家口外创立救命军，乃革命军之变相也。用救命军统领名义传露布于长城北，披露于北京杭辛斋之《中华报》，文曰：

为上救国命，下救民命事。据天演日剧，劣败优存，人种日稀，弱肉强食，吾国之稍具脑筋者，无不知国家之命运将绝数年，民种之命运难逃百岁。故全国之英雄、烈士，学堂诸生，皆思掷头颅，倒腔血，与东西诸雄争生存于天择之界。吾军虽蟠踞山林，咆啸草泽，常以鲁莽犷悍被黜于上流社会之外。然内观祖国之倾危，外受强邻之压迫，早惊醒独立魄，唤起自强魂，激动轰轰烈烈之壮气，涨发蓬蓬勃勃之热心，欲一新黑暗世界，大洗污杂山河，提我四万万圆颅方趾之伦于佛地仙天，五洲稀有之神明独造宇【宙】，与衣冠禽兽者不同也。于是纠合豪侠士，号召亡命徒，结爱国之学生联名入会，纳矢诚之君子会众上书，力请清庭扫尽三百年之旧弊，重回廿二省之残生。一、召还遗臣；二、立停科举；三、备地方自治；四、许出版自由；五、非学生不为要路之官；六、凡窦规尽充新政之用；七、变更官制，破上下壅蔽之私；八、改定教程，裁学校附庸之课；九、杜绝中饱，举公用开销须颁布告；十、预编宪法，俟教育普及决定实行。如此，则四千年之化日重开，一万里之光天复睹；内地之革命风潮全归画饼，外国之瓜分政策俱变方针；他日凌驾英吉利，超越美利坚，鞭笞俄罗斯、慑伏德意志犹反手也。倘反对党仍用戊戌故智，使六君子被大逆之诛；不改庚子前非，令五贤人受巨奸之戮，本统领即策吾军忘生之血汉，未死之鬼雄，既行暗杀，复举义旗，爆如火山，涌如海潮，雷厉风行，朝发夕至，捕尽顽固派，埋于秦始皇之坑；拿得混沌家，烹于张献忠之釜；击以降摩杵，满天之妖气一清；刺以除祟针，四海之沉疴全愈。然后共和立政，再开周召之乾坤；变法图强，大启美欧之天地。何难使生民四百兆，物产三十万，天然优胜资格，翻身踊跃，腾越六洲，攘臂奋兴，震惊万国，为全球声名煊赫，光华灿烂第一大文明完全独立国哉。吾党义胆已崩，忠肝俱裂，必达目的，乃肯罢军。惟望同胞共表一致。率全军谨布。

丙午（1906 年），为开通民智，仆里之古庙像，改创革命演说堂，被汉奸某告发三大罪：一、演说革命；二、推倒神像；三、私立公堂。第三款即诬排难解纷而误控者也。开嶂远遁，事闻直督袁世凯，羽檄密河县令张纪信，重惩某汉奸，杖八百，圄六月，风波平。是冬，改名开嶂，入中国同盟会，此名开嶂所由始也。

次年（1907 年），立北振武社于祖建之三官庙，作铁血会本部，即北方革命秘密机关。同志刘盟训、刘之元极力赞成，开嶂任总理，丁东第协之。并立京东、京北、边外、关东铁血会四支部。开成立大会之期，演剧四日，广招观听。每开剧一出后，开嶂携诸同志秦宗周、黄际隆、冷蔚森、丁东第登楼演说革命原理，及清廷危亡之现况。环楼观听者，男女过万人。因有汉奸某前车之鉴，无人声明于法庭，由是远近风动，皆知丰润青坨庄为北方革命发源地矣。

辛亥春三月（1911 年 4 月），黄兴诸志士起义广州，大失败。开嶂闻而大愤，走北京、津、保，会北方豪杰刘汝贤、马德润、刘星楠、陈之骥策画举义，诸杰赞之。五月，与秦宗周、黄际隆、丁东第、王丕显议，乘清军秋操，京城虚无兵，操场虚无弹，起义京畿，以铁血会京东部为发难军，关东、边外、京北三部援助之。南【方】志士必望风响应，满清二百六十年之基业，不难一朝覆也。秦、黄两烈即走四部，通知诸路军。闰六月，开嶂患腿疮痛，极艰于远行。南方志士，北地英雄，纷至沓来，筹画方略，走集开嶂家者，客厅无隙地。操期起八月二十六至二十八日，不意八月十九（10月10日）夜，武昌光复，清廷闻变，秋操立停，军队返都门，大戒严。乘虚发难之事，虚矣。

二十一日（10月12日），丁东第任铁血会先锋，东走关内外，西游京、津、通、张，促起各部军。旋相继独立者十五省。清廷车马集于北门，冀奔热河，远避南来兵。载沣无谋，京师鼎沸，如袭都门，势必立破。故南北要人游开嶂门者，日益众。鄂都督黎元洪代表胡鄂公亲顾茅庐，促开嶂速赴津，统筹大计，恐千载一时之机会，稍纵即逝也。孙鼎臣、罗明典、陈润德、白毓昆、陈之骥数十辈，冠盖相随，往来唐山道上，皆急于劝驾，且有函言：“卧虎先生果置苍生于不顾，而长卧不起乎？”卧虎，开嶂别号也。于是迫于大义，带创夜赴津，任北洋铁血会军长，立军部于法租界，操纵榆关东西、长城南北草泽革命军。然袁氏已出北方六镇兵，星罗棋布，如岳家军之难撼矣。

此际，清直督陈夔龙、津警道杨以德、通永镇总兵王怀庆函电交驰，通缉开嶂及丁东第、王丕谟。庐台驻扎管带张守和统百余骑，丰润驻扎管带丁叙良统数十骑，相差顷刻，齐集青坨庄；他路淮军风驰骤至者，又数起。兵到前半时，仓猝得信，开嶂父振魁公以八旬病躯，急拥被升车，携弱媳一、稚孙二、孙女三出后门，乘夕遁。是夜严寒风紧皮肤尽裂，经五十里长途，逃至宁城媳家，冻几绝命，逾时始苏。睁眼笑曰：“吾老矣，死无恨。但愿革命成功，则瞑目九泉矣。”淮军侦知开嶂妻宁河城内人，分马队十人遵大道尾追，至进城渡口问：“今夜有北来家眷车否？”守曰：“无之。”淮军返。眷车绕道赴宁，路纡而迟，至渡口，始知有淮军来追，早已空回矣。绕道者，开嶂妻姚懋玉女士之计也。淮军初至，犹震炸弹威名，不敢薄开嶂及丁东第宅，逐日巡逻村内大示威而已。继知无备，芦台军猛扑开嶂、东第两院，劈箱破壁，罗掘一空，牛车数辆，满载而归。并大书门首左壁曰：“严拿革命党。”

时开嶂在津分画铁血军，永、遵、通、蓟计四万人，号京东部军；张家、古北两口内外计五千人，号京北部军；朝阳、热河计万人，号边外部军；锦、广、义、宁南至营口计五万人，号关东部军；辽河东之旧会员改跳他会不计也。京北部军推秦宗周为司令，秦派部将马壮、卢占魁各领一支军，会合山西民军，谋光复阳高、天镇、大同府。秦集兵张家口内，防清兵北出，使卢等不至前后受敌。察哈尔都统黄懋澄知势不敌，设计诈降，诱秦及部将李鸿恩、尹德威来署议事，伏兵执之。阴历十月十九日（12月9日），三烈士同遇害于署前东河套，此铁血会员为国流血之第一起也。

关东部军推葛熙荣为司令。葛由关东、边外两部合选万余人，散伏新民、锦州两地，故使清奉天总督赵尔巽知之，羁绊奉天军不令他往。因奉天军有自报奋勇率兵南下往援南京之风耗，复有组织勤王军入关拥护北京之消息，故暗集于新、锦间以图牵制，俾南北京之民军易为力也。迨滦军起义，第三营张建功倒戈返噬，应曹（曹锟）兵夹击，反正军腹背受敌，民军大崩坏。（京东部将孙鼎臣、陈洪度、李辅庭，范宝林、胡珍死焉）开嶂督马将东援滦州，至雷庄西北，阴夜间，尚未见民军，突与敌兵遇，挥阵横击之。丁著钦、王丕显兜其左右，敌不知吾军多少，辟易数里而退。旋敌炮兵至，开嶂知势难抵御，全军返。是役也，大都督王金铭遇害，铁血会诸将遂举开嶂为铁血会行军都督，再图后举。

寻南来【志】士蔡德辰、张雅堂、雷竹村同通州志士杨兆林、王斌主于张家湾铁血会员王治增、王丕丞家，谋光复通州。一日，开会集议进行事，座有汉奸，早输情于敌，杜断房谋，适在兴高彩烈之际，忽马踏人声嘈杂室外，惊出视之，屯门皆毅军，七烈士前后被执。夏历十一月十七日（1912年1月5日），同遇害于通州东门外。斯时也，开嶂谓清镇王怀庆京东民军之障碍物也，不先除此獠，无日成功。黄际隆（唐山支部长）亦建议先炸王怀庆，谓王毙淮军必失律。即命边外部军，掩入冷口及喜峰、铁门两关，占领开平树旗独立，不特雪滦州之耻，京、津、通州亦不难光复矣。开嶂奇其策，组织炸王队。黄际隆协唐自起、庞辅舜、王丕谟、丁东第分路走开平，各行狙击事。不意贼探王彬混入铁血会，尽悉刺王谋，先擒唐、庞于开平站，黄闻而避之。次日大索，亦不免同遇害于开平西街外。

至是，铁血会诸部军屡起屡仆、屡仆屡起，人心愈愤，入会者日益众，与清庭大有不共戴天之势。开嶂即招集四部将领齐集天津开军事会议，计画大举，议决由各部军精选壮士三千，潜入京津乘旧年夜半，分袭清庭诸大机关，四支部军亦由各地树旗，宣告光复，并取包围式援助京津，戒以维持秩序。动民间寸草者杀无赦，以示为文明革命之师。南北诸同志，谓北方将校多绿林豪杰，性质犷悍，喜掳掠，负统率全军之责者，非建大名号不能震慑将士心。遂票举开嶂为中华民国军政府北部民军暂时假定大元帅，都督铁血会燕辽诸军事，如项羽于巨鹿战前先称假上将军，此国历二月二日，夏历十二月十五日事也。即日改组军部为军政府，举葛熙荣（清禁卫军军官）长参谋部，郭凤山（清第二十镇军官）长军务部，孙荫溪（日本高等学校毕业生）长交涉部，王丕谟（北京译学馆学生）长文牍部，巴绍成（清第二十镇军官）长军需部，张雨浓（锦州维新公司总经理）长财政部，刘枢衡（保定警官学校毕业生）为执法部长，丁东第（保定法政学堂修业生）为招待部长，杜海寰（日本高等学校毕业生）为联络部长，王寰（清前毅军军官）为调查部长，朱恪瑷（清沿江巡防队军官）为侦探部长，张杰三（清第二十镇军官）为暗杀部长，军务部长郭凤山未到职，开嶂自兼之。推张铸堂（保定陆军学堂毕业）为京东方面总司令，佟明礼（保定宪兵学堂毕业）副之，除夕由唐山、蓟州、山海关地方树旗；姜锡训

（清前毅军军官）为关东方面总司令，刘连声（北洋武备学堂毕业）副之，除夕由锦州、营口、新民府地方树旗；陈玉甲（清前第一混成协军官）为京北方面总司令，董作新（北洋武备学堂毕业）副之，除夕由张家、古北两口及山西兴和城地方树旗；杜椿龄（北洋武备学堂毕业）为边外方面总司令，韩自经（奉天宪兵学堂毕业）副之，除夕由朝阳、热河及直奉交界之清河门地方树旗；京北部副司令董作新未到职，正司令陈玉甲兼之。议定严守秘密，俟举事后，旧历元旦，再打通电。先草讨清檄，秘传于东北绿林界。檄曰：

　　大中华民国北洋铁血会首领华北民军假定督帅丁开嶂率本会全军为讨满清事：伪皇帝满清者，入关以来，杀我黎元，攘我政府，蟠踞我疆土，剥吮我脂膏，康雍压制于前，乾嘉蹂躏于后。文崇折卷，愚民巧于嬴秦；武试弓刀，弱民过于赵宋。满将握兵符，防华人如盗贼；旗官居要职，驭汉族为马牛。驻防坐食于满城，无异元朝家鞑；民籍输租于王府，俨同俄国随夫。迨那拉专柄，愈肆猖狂。微特虐政流行，并且丑声蜚播。忍灭君亲，蹈骊姬之前辙；秽彰宫院，留武曌之后身。搜廿二省之膏腴，尽供西山奢侈；竭四兆之血汗，全销南海荒淫。视变法为国贼，朝政昏沉；奉拳匪为神兵，京师倾陷。姬非明智，租军港于欧人，虏尽庸愚，主税关为英客。与友邦不与家奴，何惜神洲片土；存清室不存中国，宁为印度朝廷。以后溥仪承祧、载沣摄政，废弛更甚，黑暗愈多，国家不啻病夫，政事如同儿戏，贵胄堂开恍王公之俱乐部，禁卫军作乃纨袴之游戏场。学生视为反叛，著书遭大逆之诛，新军嘲作仇譬，阅报罹被戕之祸。庆、振皆财色贪夫，任以国家重职；洵、涛乃恩骏孺子，宠为海陆大臣。弃请宪如弁髦，以充军挫英雄之气；改筑路为国有，用格杀惊烈士之魂。孙中山同盟海外，欲救祖国沦亡，黄克强数起域中，恐步非洲分裂，方今霹雳一声，武汉之江山还我，从此风烟四起，京都之宫阙归谁？时也，志士群兴，军人奋作，晋兵欲东出而叩关，鲁甲将北上而牧马，苏、皖之捷报频传，闽、浙之凯歌已唱，秦、蜀、滇、黔早击自由之鼓，赣、湘、粤、桂群翻独立之旗。三百载满洲子弟将化沙虫，十八省汉土苍黎惧成风鹤，开天府于南京，巩固共和基础，起民军于北地，铲除专制魔王。开嶂神农后裔，世著中华，气愤山河，义高星汉，扫荡金人。慕岳忠武之宏业，驱除元寇，美朱太祖之奇勋。提挈燕、辽豪杰，誓灭胡奴；唤醒赵代军民，重光汉宇。枕戈卧甲，牵掣沈水之勤王，秣马砺兵，敦促沪滨之和议，气势惊神，何难夺满酋魂魄，精诚贯日，定能复我祖山川。孙总统之推让，婆心酷望和平，袁伪阁之行成，假意恐藏诡谲。惟望爱国奇男，保民杰士，攘臂齐兴，倾心相助。为同胞，沥腔血，运会方来；为故国，弃头颅，时机大至。南连江汉，铁骑风从，北尽幽燕，金戈云集。

军声动天地，旌旗与山岳齐摇；炮火照乾坤，光焰共星辰乱落。将军真天上飞来，风云俱变；汉帜从壁中树起，草木皆惊。此际犁庭扫穴，荡平索房之窝巢，他年驾美凌欧，彪炳炎黄之世胄。倘非楚歌四集，力争一线存亡，难逃汉种一空，甘作百年淘汰。请看今日之地球，竟是如何之天演。黄帝纪元四千六百零九年，岁在重光大渊献冬十二月十五日，飞檄举事，日期钟点另文。

咸谓必有一场玄黄血战，方为帝制民主之大解决。孰知赵秉钧早探悉铁血会之势力及动作，报【明】袁氏，东极辽河、西达晋北、南临渤海、北尽朝阳，全军约十万人。旧年除夕，各地齐举，袁氏遂于夏历腊月二十五日，即国历二月十二日，迫清庭下诏逊位，攻城夺地之奇灾，变而为归马放牛之景象，中华民国遂庆成立。君子曰：如黄河以北，浪静风平，专恃长江以南，摇旗北伐，清庭绝无退位之理。袁氏虽善调停，大功断难如是之易也。催进共和之速成，北洋铁血会首领坚苦卓绝，数年奔走，倾家破产，号召党徒与有力焉。

　　民国成立后，丁开嶂下令解散铁血会各部军。国历三月逊清奉天总督赵尔巽尚未承认共和，突以大兵压锦州铁血会支部之将士解散未尽者，一日拿获三十七人，参谋部长葛熙荣等适莅锦州办解散事，亦被执，均诬为土匪以泄愤。由锦州支部搜去炸弹、短枪、委任状、元帅印诸物品，悉收奉天督署。开嶂对袁总统陈明理由，请电赵开释，仅释二十三人。赵复电谓，丁开嶂如具结担保东三省永无土匪暴动之事，即一律开释，余十四人入锦州拘留所。开嶂又力请国务院总理及各部总长用全院名义电赵。赵又释军需部长巴绍成等五人，调察部长王寰病死所内，余八人解入奉天习艺所。迨孙、黄两先生莅京，复请袁总统电赵开释，葛熙荣等八人始脱难。袁、赵及国务院往来各电俱载民元内务部通告。是年开嶂任中国同盟会本部评议员。至六党合并改为国民党，人多意杂，渐失革命主旨。知真正共和，不能实现，遂决计归山著书自娱。

罪　案（节录）

景梅九

编者按：此系作者以笔记体裁撰写的回忆录，所记在日本东京革命党人中间，有关社会主义和无政府主义思潮的传播，以及山西地区革命情况，均为研究辛亥革命提供了有价值的史料。《罪案》1924 年由京津印书局印行。

西北革命第一声

同盟会原来发起于南方同志；西北方面，除张溥泉外，最初加入的，还算山西人占了多数。我常和同志谈太平天国遗事，说当年失败的原因，固然在于意见不齐，团体不固，病根由于诸人权利心重，责任心轻。这是中山先生说过的中肯话。我以为洪杨倡义南方，虽说据了天下一半，北方到底莫有一省响应，所以清政府能缓缓地用北方财力、兵力，去平灭他。我们今日第一要事，就是专从南响北应下工夫；极而言之，北响南应亦无不可。同人颇以为然。这是山西五台私费留学诸君，最先加入同盟会，内中有一位王君名建基字弼臣的，是个热烈汉子，真正所谓肝胆照人者。奉"三民"宗旨，如天经地义，尤重实行，不尚空谈，联合同志多人，研究军事学问；又组织了一个体育会，练习操法及射击各艺，不过几个月，战略战术，已大体明了。大家计议回国，在山西北面归化一带，谋一根据地，暗里结合同党，藉自卫的名目，精练兵队；将来革命军一起，预备出张家口，直捣北京背后。虽近乎纸上谈兵，也是热度过高的缘故，正怪不得。后来诸君回国，丁未年居然在代北张起民军旗帜来，因势弱未克大举，而同志徐君西园致被敌戕害。我曾评为是西北第一次牺牲，也是西北第一声革命。

争矿之开始

却说留学界有两种团体：一种是秘密团体，一种是地方团体。地方团体就是各省同乡会了。我因留学时期，比较大家略在前，所以被举为山西同乡会会长。适遇英商福公司，和前清总理衙门定约，专办山西平、盂、潞、泽各处矿产，以六十年为限。那年盛宣怀在外务部，又同福公司续订采矿条约，把山西矿权一齐送给外人。内地绅商，这时候稍知道这矿产是山西命脉，一面上书向政府力争，一面与山西留东学生一封急信。一时惹起大家爱乡心，临时招集同人，在神田江户亭开了一个大会。有人预先告知我，说有人鼓动全体回国，我大不赞成，那一天决定不到会。大家请姚君亲到第一高等学校，强邀我前去，我不得已随他到了江户亭。王君理臣正在那里痛快淋漓地演说那回国争矿的道理，大家鼓掌声不绝。我知道大家已经在火炉上，心里大不愿意，也不顾前后，上了演坛，大驳起主张回国的错误来；并且说这是几个老先生应该负的责任，不应该哄动一般青年，跟在后头牺牲一切学问事业。在当时这几句话，不过像一杯冷水泼在一团大火上，济得甚事。然而因我这一反对，就有调停的说是可以回一半，留一半，教大家担任起来。我心里想起陆军学生告假是不容易的，别的学堂虽容易，而路费也很是难办到，暂且从了调停主意，再谋转圜的方法，后来算是依了我的主张，派几位代表先去。

争矿之决心

因为晋矿事件，曾作了一个时评，登入《民报》，算是我试笔的文字。后来在《第一晋话报》上边，用全力攻击盛宣怀、梁敦彦等，虽说的话有点过火，然而激起一般人主权思想，和那轻蔑政府的观念，也不为无力。但争矿进行中有一件最痛心事，就是李烈士培仁因政府蛮横，人心懈怠，对于废约自办一层，恐怕坚持不到底，便步那陈天华先生后尘，蹈海身死，留下一封绝命书，把晋矿必争的理由发挥尽致，结之以"山西人未全死，决不令异族侵我尺寸土！"看了这封书的，莫不心伤气涌。于是我和同人商量，先设起同乡追悼会，由景太昭作了篇骚体祭文，哀音满纸，闻者泣下。其余也有作挽诗的，作挽联的，皆能说出死者的心事。当时豫、晋、秦、陇四省协会才组织起来，也发起一个大追悼会，哄动了全留学界，挽联挽诗，更是美不胜收。曾记陕西某君的挽联道："五千万矿产从此争回铸公不死；百二重关山须防断送痛秦无人！"工稳切贴，恰如分际，大家评为合〔佳〕作。别的且不要说起，但说李烈士这一死，唤醒海内外的同胞，到底争到赎回自办。可见天下事情，只要大家结合团体，拿起一番决心来去办，莫有不成功的道理。

借题发挥

当时借着争矿问题，同人又做了许多文章，暗里鼓吹革命，不但是争矿一事，就是遇着别的题目，也要委曲婉转，说到革命上边，真有千变万化不离其宗的奥妙。再用一句八股熟语评一评，可叫做吾人天性流露于不自觉了。说到这里，我又想起一段话来，就是山西第二次派来的学生，里头很有几位老先生，保守辫子，好像一条生命似的，宁死也不肯剪掉。我一天藉着同乡开恳亲会，发了一段议论，便说道："这头发本是一种烦恼的东西，弄成一条辫子，搁在脑背后，已经不成个体统；如今人把它挽在头上，作了个盖顶势，好好一个头颅，让他盘居上面（影中央政府），压制得全身不爽快（影国民不自由），如今请大家下一番决心，痛痛快快地，一刀两断，剪除了他（影革命），不但一顶圆光，而且通身快活，大家有什么顾忌，不肯决然舍去呢？"这一席话，革命同人，自然领会得来，拍掌喝彩地欢迎。惟有那老先生大不快意，背后对人说："某人什么都还好，就是爱劝人剪辫子有些讨厌，又说出那样言辞来，教人越发不敢赞成了。"

欢迎章太炎　密访杨少石

大家知道《苏报》案中，章、邹二君同被囚于上海，后来邹君病死于监中，相传为中毒身亡的。多少人为章太炎担心，所以打听得出狱日期，同盟会派人预先到上海安排一切，才把先生平平稳稳迎接到东京来，住到《民报》社里。正值《民报》对《新民丛报》激烈笔战的时代，忽然得一位学问渊博、文章朴茂的章先生来主笔政，大家怎能不分外欢迎。别的先莫说起，单是一篇《革命之道德》，便把学界全体激动起来，有多少顽固老先生见了这一种议论，也都动魄惊心，暗暗地赞成了种族主义。我乘这时候，才联络人入同盟会，绍介陕西、四川的朋友最多。外省陆军学生方面，最先同杨少石君握手。我有一天到振武学校同杨君秘密谈话，杨君从袖中取出自绘地图一纸，略画中国大势，指与我道："革命军若从南方举起，不知几时才能到北京。我们从山西、陕西下手，出来一支兵出井陉截取京汉铁路的中心，一支兵出函谷直据洛阳与南师握手中原，天下不难立定。并说：十年以内军队革命，十年以外社会革命，如今以运动军人为主体。太炎先生说过，学生革命，犹如秀才造反，一百年也不成，这话一些不错。我们趁早联合军界同志，大小握些兵权，就不至空口说空话了。"我很是佩服他的议论，但心里暗笑先生未免重看鄙人，几乎有邓禹劝刘秀，诸葛对刘备的光景，实在有些不敢当。两人说毕，杨君又绍介见了几位朋友，特别指唐君继尧告我说："此君能担任一方面军事者。"

小友与明明社

我原在学校寄宿舍里住，及入了同盟会，因联合同志在校里出入会面有点不自由，于是乎搬到一个名叫千代田的旅馆。有一天，直隶华君绍介一个青年同志来，相见很是投契，论他的年纪，不过二十岁，看起来，好像极有阅历的老成人，气象沉雄、迥异寻常。原是陆军学生，一来因为和学校监督闹意见，出了学校；二来入了同盟会，自由思想很是发展，受不了那些专制学规。说起笑话来，也算是一个不安本分的学生。大家晓得军人不重文学，求如项羽、岳飞能作歌词的，更不多见。这位青年，才具纵横，吐嘱风雅；拈毫弄笔，不露壮夫之态；赋诗填词，尤多惊人之句。我喜呼为小友，是天津静海县人。又由他绍介一位军人，却又不同，性情豪爽，言语奇快，遇事非常机警，对人极有热诚。本是个粗疏汉子，却染些高尚思潮，服善化恶，扶弱抑强。我得了这两位新友，交游日广，又觉旅馆中秘密谈话，有些不便，才商量赁了一间小屋，三四个人同住。无意中小友在门首，标了一个明明社的牌子，最初联络陕西同志邹君子良入同盟社时节，子良发一种疑问，说明明社和民报社是否一气？几乎恐怕误入迷途似的和小友大争论

起来。我明白解释了一番，才相信了，也算运动革命时代一段
笑史。

《民报》周年纪念会

　　明明社本无别的意想，却惹起日本警察注意来。有一天我不
在家，来了一位侦探问同住的人姓名，小友隐约告了他一番。我
归来闻说此事，知道有些不妙。想起一件事情来，就是未移居一
个月以前光景，《民报》开周年纪念会，适逢孙中山先生重到日
本，大家想望风采，无缘接近，忽然听说这纪念会有先生的演
说，把全学界人震动起来。有同志和我商量，这一天早起先约同
志，据了演坛左右，并由多人招待来宾，看看情形如何，再请孙
先生来。我很是赞成，但以为这时正是种族主义昌明时代，人人
都怀着一片愤激的心，一定是踊跃争来，还怕什么意外反对？同
志说，也不得不预防一二。于是那一日早起，和许多同志，先到
锦辉馆安排一切，四壁悬挂欢迎及庆祝的对联、万国旗帜，交悬
在中间，很是庄严灿烂。曾记某女士集一联赠孙先生道："岂有
蛟龙愁失水，不教胡马度阴山。"倒也有弦外的余音。七八
【点】钟，人还不甚多，我和几位同志坐在演坛右边。不一时，
到会的潮涌而来，不下数千人，后来的实不能容，都徘徊馆外，
伏窗而望，人语嘈杂，似乎都带些革命的声浪。一时摇铃开会，
满场寂然，有万木无声待雨来的光景。先请章太炎读祝辞，气度
沉雄，声音弘朗，掌声因之雷起。读毕，先请日本来宾演说，有
一位作舌人的翻译颇有点迟钝，听众多不明了，大家遂耸动我代
替这位先生。我便自告奋勇，上了演坛，将他换下来，代各位来
宾翻译了一场，大家倒还听得懂，掌声不绝，我也不觉困倦。以
后便是孙先生的两小时的长演说，把三民主义发挥一番。对于民
生主义，尤说得详肯，且态度安详，声音清爽，不愧为演说名

家。听众欢迎，自不待言。随后有田君、乔君的演说，却是慷慨激昂，令坛下大众狂呼起来，实在可算留学界空前的盛会。这会场有公使的侦探，报告开会的详情，并说山西有两个演说的，就是指我和乔君。但好在不知道我姓名，不然怕不取消了官费！这话又说回来了，明明社这一次要败露了机密，岂不吃亏？当下便和小友商量一个办法。

请坐吃茶

自明明社变成何公馆之后，对于联络同志，依然照常进行，每天必有同志来谈，然而不同志的人，也挡不住他来，往往碰在一处，不好说话。普通的革命议论，固然是不要紧，若是秘密的计划，露泄了就有些不妥。古人说："机事不密则害成"，一点不差。所以同盟会有种种约定的密语和手式等，以为表示同志的作用，这是秘密结社的规矩，毫不足为奇。这时民报社是彰明较著的个革命机关，去的人都系同志，还没用密语的必要，惟有何公馆，普通朋友时来聚会，非用密语不可。常用同盟会约定的秘语，有时也露痕迹。如问人姓，曰老兄姓贵姓（贵姓上的姓，说时略短）。答曰某姓。要是答姓某的便不是同志之类，总觉有点勉强。当时何君想了一个法子，我们譬如正同着一个或几个同志谈话，忽然来了一位客，主人是认识的，先来客是不认识的，又不好意思问他是同志不是，这时候主人用一种方法表示，又要快当，又不要露痕迹，使大家互相知照才好。何君想的话很简单，就是同志来，主人说请坐吃水；不同志来，主人说，请坐吃茶。不用问，预先要把这密语告了同志才行。往往多少同志，在公馆正谈得兴高采烈，忽然来了生客，说一声请客吃茶，大家就搁起闲话来胡搪塞；说一声请坐吃水，仍继续前话，毫无顾忌，却也有点意思。后来更加简便，来客让坐，唤下女倒茶，就是不同志；唤下女倒水，就是同志。何君解的最好，因为吃茶普通，吃水特别，并不是薄待同志。小友说得尤妙，茶者杂也，非我同类；水者美也，君子之交淡如水。我说："论起这种密语，是专对待不同志的人，所以倒茶吃茶，很是自在；若说吃水，反觉奇离。对于同志，本来不须这个，因为可以明明说都是同志，没有什么要紧。"所以后来同志来了，只说一句玩话道："又来一个吃水的。"但是这里有个疑难，就是正和不同志的谈话，来了一位同志的，还能让吃水，叫倒水么？不用说，是不能的了。没法子，只好请他吃茶，以表示有不同志的在坐。算来算去，还是"吃茶"，这句话用途很广。

汉　帜

曾在取缔风潮中，记得归葬陈天华先生一事。那时经理葬事的，有禹之谟、宁仙霞、陈汉元诸君，都是革命党中热烈男子，在湖南轰动了，各校学生全体罢课，并军界多人送葬衡麓，当着大众演说革命的道理，一时人心很是摇动。却被湖南当道知道了，说："这还了得，简直是要造反！"于是乎把禹君先捕拿了。宁、陈逃出，到了上海，和几个同志，组织《洞庭波》杂志，专鼓吹种族革命，议论精辟，文词清健，海内外的同志，争先购阅。后来听说宁君也在途中被捕，并赋绝命诗，传诵一时，内有"断头台近岳阳楼"之句。有一天小友回到公馆，说汉元来了，是老朋友，明天约会见面，我很是欢喜。相见后，把湖南的往事略讲了几句，说到《洞庭波》有继续在东京出版的意思。因为《民报》自太炎主笔后，文章渐近艰深，普通的人，往往看不懂，《洞庭波》用极显豁痛快的文字，写出革命宗旨来，所以欢迎的很多。大家和克强诸友商量，似嫌《洞庭波》名字限于一方，于是另想一个名称，叫做《汉帜》。立时组织起来，请太炎作了个发刊词，甚是冠冕堂皇，起句是"日本以太阳得名，中国以天汉立称"。同志诸人见了，莫不叹绝。于是汉元自撰论说，我担任译述，并作了一篇《清快丸》的短篇小说，小友等担任文苑。由同人捐助了些钱印出来，却也合一般社会的心理，所以销售甚广，不敷分布。出了一两期，因经济困难停刊，大家都道可惜！

铁　　券

革命书报，除《民报》、《汉帜》等外，也莫多少。有一位姓胡的同志，把邹容《革命军》、陈天华《警世钟》、吴樾《宣言书》、章太炎《排满歌》，集成一小册，教我想一个名字。当时忽然触起《铁券》上"胡灭汉留一半，汉灭胡一人无"这几句话来。有人解释"一人无"，是不留一个人（灭种政策，太毒）；有人解释"一人无"，是没有一个人去灭胡的，寓激动汉人的意思。这一个解释本来不妥当，然我取这一种解释，说邹、陈、吴、章，皆是灭胡之人，所以题曰《铁券》，作了一篇序文，自署为"灭胡又一人"，完全标明一种狭义的种族说。又由大家捐了些钱，印出几千册，销行很广。后来各省同志，都争着集款印刷，暗暗里输入内地，论效力，较《民报》、《汉帜》还大些。因为这几种书，大半用通俗文字写出来的，尤以《排满歌》为最好懂。开首是："莫打鼓，莫打锣，听我唱个排满歌！如今皇帝非汉人，满洲鞑子老猢狲；他的老祖奴尔哈，代领兵丁到我家；后来篡逆称皇帝，天命天聪放狗屁……"等语，人谓直截痛快，得未曾有云。

社会主义演说会

日本丁未年，所谓西园寺的内阁时代，颇行一种法兰西宽大政策，人民的结社自由，言论出版自由，很有些活气。有一天；在大街遇见一位朋友，说今夜晚上锦辉馆，社会党人开演说会，咱们去听一听，也能广点见闻。我这时候虽说没有研究过这一种主义，也稍知道他的魔力，便动了一番好奇心，说可以去的。他说，"多邀几个人也好"。于是到了晚上，就同小友兰君等入了锦辉馆，见到会的人，都穿的便服，带的便帽，神气之间，似有避警察官视线的光景，可算一个半秘密会。忽见一个人拿着一幅红色布幅，悬在正中演台的前面，显出白书的"社会主义"四个大字来，满场人心，为之激动，才知道是他们的旗帜。演坛右侧，安一张桌子，坐几个雄赳赳的警官，先不知道是干什么的，随即有人登坛演说，报告开会的宗旨。说了一半，右侧坐的警官，忽然立起来，伸出右手作推排状，大声喊说："中止！"这位演说的，便不敢再说，含嗔带笑地下去了，才知道这警官是妨害言论自由的，我心里大不快活！又上来一个，便道："我今天讲的话，断不能被干涉，要是被干涉，这中小学堂的教员，都不能上讲堂了。"（大家笑起来）他便把经济学上，关于社会主义方面的政策，说了一番，比第一个人说的稍长些，又禁不住说到革命上边去，仍然被警官干涉下来。（干涉的样子，真正难看，那一幅不近人情的脸子，尤其可憎）转眼间又笑嘻嘻的上来一位，便道："我的运气最坏，每次演说，总接着被中止的人后面上来，不知接着我演说的人，运气怎样？"（大家又笑起来；我才知道这不是第一次开会）你猜他演说的是什么？他说的是俄国虚无党的事，比别人更激烈些，不到十分钟功夫，也下来了，不用问，是被警察中止的。其次，是一位演说美国托拉斯的弊害的，就是说铁路大王、煤油大王……等大垄断主义。因为日本没有这样大资本家，所以小资本家的犬（日本的警官代名词，也是社会党人给他送的徽号），还不大咬，他能多演说一阵，仍然到中止程度，被那犬一口咬下来了。最后上来一位，台下掌声大起，我也不由得跟着拍了几掌（大家莫笑我，说我是无意识的举动，实在这位先生的面上，和蔼之中，带一种强毅的气象，一望而知为革命大人物，教人自然地钦敬起来）。他不是别人，就是有名的东亚卢骚中江笃介的大弟子幸德秋水先生，他的自由思想，得之所传；社会主义，突过前辈，真算日本的特出的人物。我虽没见过面，却看过他的《社会主义神髓》一书，所以听人说是他，就格外注意听他的演说。但见他上了演坛，冷眼向右边一顾，那警官仿佛避他的目光，把头一扭，他便拈起一个道德题目来，雄辩滔滔，说到暗杀，是西洋哲学家认为道德上必要事情。那警官起来中止，他却向警官点了一点头，说："还可以说几句？"警官允许，他便说："在日本现在暗杀不必要，也不知道；但是这些政治家、资本家，渐渐地蛮横起来，总有一天不得已发现了这种暗杀事实，也没有人能挡住。"大概这些话，又不入警官先生的耳，又立起来干涉。记得先生还要求再说几句，到第三次中止，才含笑下坛。（后听人说幸德演说，照例被三次中止）坛下有高呼，"幸德万岁"的，有大骂"警官马鹿"（日本普通骂人语）的，于是纷纷散去。出对小友和兰君说："日本人民的自由，也有限的很！"这时候对于立宪政体，不免怀疑起来。

吞气吞气

自从听了这场演说，对于社会主义，更加一番研究。因为这个主义，就是三民主义里边的民生主义，与同盟会不相违背。所以和日本社会党人握手起来，天天在一块谈些世界革命大势。这时他们组织了一个《平民新闻》，出版后，很受社会欢迎，社会小说，纪事闲评，莫一样不精彩的。何公馆订了一份，自己看，并且劝大家朋友看，看来看去，都有一点平民思想。我和小友越发走到迷信的程度，把雇的下女，都传染成了社会党，也随着痛骂他们的政府，轻蔑他们的天皇，（日本尊重天皇，过于神圣，谁敢轻蔑）仇视他们资本家，于是乎何公馆一变而为社会主义的传教所。当时和迷信国家主义的朋友也抬不少的闲杠。然而对于国家社会主义，赞成的也很有些，不过讲国家社会主义的人，已带了一种官吏的臭味，所以纯粹讲共产主义的便骂他们是御用社会党。由是分成两派：一派缓，一派急；一派柔，一派刚。我和小友走了极端，专同急且刚这一派人来往。有一天在某处楼上，开秘密会，被警察知道了，到楼上干涉，把许多人赶下楼去。我没理会他，但向大杉荣先生请教世界语的读法，在那里审音订声孜孜不厌。日本某同志回头看见惊笑道："还闹这学问哩？吞气吞气！（言消停的很）"自己也笑起来，随着那警官的指挥下楼。

心折剩余价值说

后来日本社会党人，又开了个夏期讲演会，讲演各种社会学说，里头最有研究价值的，是马克思的《资本论》，其语甚长。讲演者但把他的剩余价值说，详细理论出来，就是论价值二字，本然无定标准，有人说供人生活满人欲望的东西有价值，本然不错；但天然的空气、井水，都能供人生活，满人欲望，也没有特别价值。惟有把天生的原料，如棉花，本然从农家劳力来的，再加一番劳力作成线，就另有价值，更加一番劳力，把线作成布，就越发有了价值了。如今资本家购来原料，和用大家劳力作成的机器雇来许多工人，譬如每天作四点钟工，把所有的线作成布，卖出去，得来的钱，除过原料费、补助费（如机器用煤油等），机器磨损费，工人赁金等，已经有些余钱；资本家犹嫌不足，每天要工人作六点钟，这多做两点钟工所得的价值，全归了资本家，就叫剩余价值。计算起来，为数很大，这就是资本家偷窃劳动者的东西。如今讲社会主义，要把这剩余价值归了大家劳动的人。不用问，这些资本家是不愿意的了；并且还有贪心不足的，每天要工人作十点钟，甚至有作十二三点钟、十四五点钟的也有。所以马氏提倡罢工为救急的方法，迫求资本家，减少作工钟点（每天至多不得过八点），增加劳动赁金，也很生些效果。自从马氏剩余价值说发表后，世界经济学者莫不赞同，但替资本家帮闲的学者，很是有些不爽快。

劳心劳力不平说

这时在日本的中国学生，也立了一个社会主义研究会，我自然是在里头。有一天到清风亭开会，到会有四五十人，先有几位先生演说社会主义的历史及最近的变迁，说出无政府主义来，大家都是有些感动的情形。我把自己研究所得的，也略说了几句，就是说：中国古来社会学说，很是不少，譬如《礼运》上所述："大同之世，天下为公，选贤与能，货恶其弃于地也，不必藏于己；力恶其不出于身也，不必为己。"这些话就是共产主义和无政府主义的神髓，不过没有人去特别研究，所以不十分发达。到了战国时节，诸子百家学术甚盛，也很有些道理和社会主义吻合的。看老、庄、列、墨诸子的书，可以知道个大概。就拿孟子讲，所载有为神农之言者许行，就是讲无政府主义的。所云："古之贤者，与民并耕而食，饔飧而治，今滕有仓廪府库，则是厉民而以自养也。"大家想一想，国家去了仓廪府库，政府还有什么存在的能力？自然是无政府主义了！至于孟子主张井田说，可以叫做国家社会主义；惟说"劳心者役人，劳力者役于人，是天下通义"，有些不平等的思想。不过古人所说劳心，还指为社会谋画利益的；试问如今资本家劳的是什么心？无非要多用些工人，多做些货物，多赚些金钱，多享些厚福，全为自家筹思，并不替别人打算。这样劳心的资本家，说他役使劳动者，和劳动者被他役使是通义。如今拿社会主义看起来，真是不通之义了！（大家拍掌）至于精深的学说，现在很有几位大学问家在这里研究，不怕没有发挥的，大家往后看就是了。

相互扶助　王守义

第二次清风亭开社会主义研究会，请了几位日本党人讲演无政府学说。有一位讲的是相互扶助的真理，因为达尔文的天演论出世之后，风靡欧亚，什么是生存竞争，甚么是优胜劣败，弄的世上人但讲功利主义，一切道义也不顾了，只要争竞的胜了，就是优等民族，争竞的败了，就是劣等民族，和中国俗语说的"成者王侯败者贼"是一样的论调。睁眼看见全成了弱肉强食的悲惨现象，这世界还有什么意思？所以克鲁泡特金君发明相互扶助的真理出来，和生存竞争的学说，虽说立于相反的地步，却有相济的妙用。有人评论这两个学说，在进化史上，如同鸟之有两翼，车之有两轮一般（我看起来，以进化为中心，生存竞争是离心力，相互扶助是向心力，两者调和，世界才能圆满进步）。天演论拿动植物的生活证明，互助论也拿动植物的生活证明。克氏著作里有植物之精神，动物之道德各篇，都有相互扶助的注解。（我按：孟子说"出入相友，守望相助，疾病相扶持，则百姓亲睦"，正是这个道德）没有生存竞争，则个人的精神不现，没有相互扶助，则团体的魂魄全失。世界有和平的趋势，社会有共产的组织，全赖这相互扶助的精神。有两句话叫一人为众人，众人为一人，就是小己为大群谋，大群亦为小己谋，全社会人通通生了关系（和专政君主自谓愿以一人事天下，不以天下奉一人的假面目不同）。这位先生说完，又上来一位讲虚无党历史的。我翻译了几句，警察中止了。我又把日本的宪法痛骂了一场，那警察问我姓名，我怕他报告公使馆，这时正研究阳明学说，随手写了个王守义给他，这是我在日本第一次道谎。

米党　锦辉楼上打文妖

讲无政府主义，正达到极热度的时候，把一切法律看得狗屁也不值。有一天晚上，在街碰见一个同学，他说："明天锦辉楼政闻社在那里开会，请梁任公演说，你可以去听一听。"我认得他是宪字号的人，只答应了一句"好罢！"心里大不痛快。回到寓中，同小友商议说："当革命空气满东京的时代，岂能容保皇臭味掺加进来？赶紧想法子把他们驱除了才好！"小友很是赞成。当夜连忙到各处找寻同志，约定明天一致行动。安排妥当，次早一齐到了锦辉馆。但见有许多带红布条宪党作招待员，来的人却也不少。还有许多未约定的同志在里边，都点头会意，分别坐定。一时摇铃开会，上来一位，报告开会宗旨，末尾一句，说的很亮，就是"请梁任公先生演说"。果然见那梁启超大模大样上了演坛，有一部分人拍掌。他便提出个头儿说起宪约来，见没多少人赞成，心下着忙，便拉起国会来说立宪国家，须要有监督政府的机关，这机关就是国会。政府好比小孩子不懂得道理，须要我们监督他的行为（这几句话，就算任公一种苦肉计，把政府骂了两句，讨反对党的好）。当下拍掌只中间一排，我晓得前后都是同志，便好说了。梁启超在上面，又东拉西扯说了几句机关，忽见张溥泉君起来骂道："什么机关？马鹿！"打人缝中冲开一条路，直奔演坛而来。说时迟那时快，又见一双草鞋在演坛左边飞起来，正打启超的左颊，回头一看，原是一位戴眼镜的老先生，再往上一瞧，梁启超已经没了！听有人说他一溜烟从楼梯圆转下去。于是乎乱打起来，带红布条的人，都赶紧扯了，纷纷的作鸟兽散（好像前月公民团被击散时的情形），大声喊道："革命党！革命党！"就有日本一个警察上来捉人，又扯友人南君去，经我解释了几句，就算了。这时候张君已据演坛，演说起革命来，大家又重复坐定，拍掌欢迎。霎时间立宪党人的会，变作了革命党的会。但张君这时拿无政府主义，驳梁启超机关的话，大家还有些不懂。宋钝初先生又上去把同盟会的宗旨，发挥了一遍，说："立宪党，是保皇党的变相，他们是要君主的；我们不要君主的，如何能相容！要容这文妖讲君主立宪，我们理想的中华民国，就永远的不能实现了！"大家才大喝彩起来。后来日本民党犬养毅君，说了一片调和的话，归结到赞成革命，宾主尽欢而散。还有一个笑话，就是宪党人误用日本音，呼革命党为"苛埋党"。"苛埋"正合日本"米"字的音，把日本警察弄糊涂了，说什么是"米党"？后来同人往往戏用"米"字代表革命，原本于是。

戏解"宪"字

当时我仇视君主立宪，有不共戴天之势，第一感触在吴樾烈士炸出洋五大臣，揭出清廷假立宪，以欺国人的手段；第二感触在看见共和政治，将普遍全世界，这些君主，都要下二十世纪新舞台，还教他们立什么宪；第三感触社会主义，其极端至于无政府，这宪法也就不需要了。况且当时留学生讲立宪的，都是想藉这个问题，为将来攫取政权的地步，那里有为国为民的心事？所以曾戏解"憲"（宪）字曰："'憲'字是个象形，兼会意字，宀象红顶，'丰'象花翎，四为横目，心即是心，合而言之：就是心儿眼儿都在红顶花翎上。"当时曾登在《晋乘》上面。友人看见都笑说："这恰好道破宪党的情态。"还有一位先生，用说文原解，加以注释说："'憲'字从害声，从心，孟子所谓生于其心，害于其政是也。"大有从根本推翻宪政之势。正经说起宪法来，也算现世界国家应用的东西，然而仔细研究各国宪法的内容，觉得为国民订出权利条文，很是有限，大半还是替政府、资本家开方便之门的。也无怪乎社会党人，不拿各国宪法放在眼里。

《晋乘》始末

说起《晋乘》来，大家或有不晓得的，所以在这里补充几句。只因《第一晋话报》出到第九期，同乡会分裂（不过几个人闹地方意见，什么南路、北路、中路的分起来），不能续出。于是我又邀集几个同志，商议另组织一种杂志。大家想名目，我以浙江有《浙江潮》杂志，湖南有《洞庭波》杂志，陕西有《夏声》，四川有《鹃血》，皆就地理历史立名，想起孟子说的晋之《乘》，楚之《梼杌》，鲁之《春秋》。这《晋乘》与《春秋》并列，亦是一部光荣历史，何妨用这个名称组织起来。大家很赞成，于是友人只君，作了一篇《晋乘》解，说："乘是从古代车战立称。当春秋时，惟晋最强，所谓《晋乘》者，一定纪载战事，表明作州兵为爰田，慷慨迎敌。那一种军国民精神，不能但解乘为载，说成普通纪事的文章。"痛快淋漓万余言，很有些道理。我担任杂俎小说，曾著一篇《情园》，写段香儿和杨翠喜的事情。大家凑了些钱，出了三期，因为经济缺乏，停刊。适日本动物园从美国购获两麒麟，轰动了许多人去看，我也瞻仰了一番，和书上写的样子不大相同；然其顾视清高，气象温厚，真和那些凡兽不同。我忽然触起一番心事来，作了一封书，戏告内地友人曰："西狩获麟，《春秋》绝笔，东狩获麟，《晋乘》断编。生不逢时，古今同慨，若圣与仁，则吾岂敢！"亦大可笑矣。

青岛行　震旦公学

那年有几个朋友发行一种杂志，名叫《国报》，自然是谈国家主义的，教我也作一篇文章。我的主张已经改变，所以作一篇《政府万能驳议》，暗带无政府主义的色彩，把议会政治也驳倒了。那位总编辑朋友也没大更改，便登在《国报》上面。后来还作一篇《国民之自觉》长文，主张极端自由和完全自治，仍不离无政府。此文落到上海《民吁报》上面，暂且不表。却说我那时毕业一高，无心入帝国大学。一天，山东来了两个人，就是陈君幹和商君震，说他们要在青岛创办震旦公学，请我去当教员，我立刻承应了。因为我意在回国，急速运动社会革命。不久便和几位山东人，搭了由日本向青岛的轮船。出了对马岛，曾遇见一场大雾，对面不见人，船失方针，每天放气，怕误和别船相撞，幸亏无事。到次日天晴，几个人在甲板上闲谈。有一位滑稽家，学孔子见盛馔变色而作的神情，使人失笑！谈次，有人讲，明天午后可以到青岛了。某君叹曰，"不图明日午后，复见故国山河！"一人接着说："请看今日域中，竟是谁家天下！"我笑曰："文章天成，妙手偶得，不过还是民族主义。"因那时已经谈到社会主义，大家都赞成。但是民族革命风潮正急，所以不知不觉便流露出来。

井勿幕　岳文渊

到北京恰遇见发起震旦公学陈君明侯，为山东争矿，我替他作了篇文章，驳倒外交当局。这不算什么奇事，最奇的是遇见陕西同志井勿幕。井君虽和我在东京相识，也说过将来回归一同到西北作革命事，却未预料在北京相见！井君那时不过十九岁，貌如好女，英爽逼人，颇娴军略，有周郎外号。因在日本陕西同志办一《夏声》杂志，我作了几句祝词道："禹凿龙门，始通大夏，辟土绛汾，毗连潼华，晋之与秦，唇之与齿，愿赋同仇，长城共倚！诸君奋志，光显皂旒，关河百二，万禩〔祀〕千秋。"井君谈此，大赞服，始与予定交，密谋一切。所以北京再遇，不啻天缘！我即约他同游山西，为他年秦晋联军，作一计划。他听了非常赞成，但他不想在太原露他的真名姓，乃改名岳文渊。遂与偕往太原，由石家庄改乘正太火车，过井陉、娘子关，君曰："此真天险，奈已通火车，失却一军事要塞，但有能者亦可守！"予曰："不错！庚子岁，清兵曾据此击退德军。"

会客厅　恶政府

到太原，时值八月中秋，会诸友于山西大学堂。时在此学堂充教职员者，多同盟会员，最著者如解子仁、刘劝功、李天武、杜仲虑。仲虑见勿幕尤狂喜，许为知音。劝功与勿幕谈剑，亦极相契。刘翼若时充法政学堂监督，偕勿幕往谈，亦曰："岳君奇士也！"为一时同志所倾倒至此，甚奇特！我于诸同志中颇爱翼若之温文尔雅，在日本曾亲绍介入革命党，然君体质颇弱，我看他很不耐繁剧的生活。有一天，我在法政学堂会客厅，见他和客人应酬，精神好像来不及，因戏语之曰："天下伤心处，劳劳会客厅！"翼若不觉点首；但是我的意思却是讽笑一般官场，大旨仍在废官，因未尝忘无政府主义故。还有一件可以证明我的心事，就是大学堂当时英文教习未到，大家强教我代上几堂，我便答应了，讲英作文法，到堂上举了个汉译英的短题曰：苛政猛于虎！特把政字译成"政府"，苛字译作"恶"，于是苛政，译作"恶政府"，并申明一句"政府英有不恶的！"隐隐约约，把无政府主义，宣传了一堂。别人不大知道，惟有仲虑是一清二楚，对我说："好是好，他们如何领会得？且大家已热心种族革命，这些话更不入耳了。"我笑应道："我岂不知？但熟处难忘耳！"隔了几天，居然有留我在大学堂讲英文。岳文渊（勿幕）在法政学堂教日文。那时我和勿幕，想到陕西谋革命的，所以执意不就，连忙告辞同走，写了两句淡话给诸同志曰："诸子有心留朋友，宋江无意上梁山。"

不平　忠群论

到了长安，由岐山介绍见马开臣。开臣的父亲，是有名的马善人，在长安开设存心堂书铺，平素好与理学先生来往，因岐山虽纵横，而颇留心性理学的缘故。玉青亦为此老所爱，认为义女，李姑娘又为马姑娘矣！玉青亦待开臣兄弟如手足，往来很亲密。一日玉青自马家归来，告我曰："老先生给两儿媳命名，长曰温，次曰良，再次必定是恭俭让了，很有意思！"我听了别有会心曰："原来孔子是富于女性的，被马老先生看破了。"因主张革命时，有排孔心理，所以不觉流露。但开臣抗爽粗豪，毫无理学气，已经由岐山介绍入同盟会，很热心革命运动，和邹子良、井勿幕都深相接纳。勿幕又介绍我见焦子静，师子敬诸君。焦君富平人，隐于胥吏，以侠义好友闻于时。彼时在富平会馆，创办一健本学堂，教习多系同盟会。开学时，我曾至堂演说。勿幕对我说："学生中有胡景翼与尚武者，皆有希望。"我因注意及两生，特未与畅谈耳。至于我在高等学堂，担任英文、算学，自然没法发挥自己的主义。那时长安教育会，办一《教育界》杂志，勿幕介绍我投稿，我因作了一篇不平短篇小说，写出贫民不能受平等教育状况，颇寓社会革命的意思。又作《忠群论》一篇，直驳忠君旧学说。曾引托尔斯泰，每日以三事自课：一曰公益；二曰社交；三曰文艺，以比曾子三省，曰：为人谋，乃为一般人谋，非为或一个人谋，是人即表群，为忠群一证，亦即托氏之公益。与朋友交之信，自然是社交了。传不习乎，用汉马融注意以传为欲传道于后世，能无时习之自得乎？与托氏为文艺以教世之意同。此文一出，大惹起一番学潮来。同志常铭卿曰："《左传》大小之狱，虽不能察，必以情曰忠之属也；此忠也是为人之忠，不是忠君之忠。"谷芙塘师旋来秦清理财政，见此文评曰："忠君论，体大思精，独有千古，解三省更新而确，人字本有人己之人，与人物之人的分别，在此定是人物之人；若解作人己之人，便与下面朋友交重复。"我得这几种批评后，却悟此篇尚缺证据，又为书给在日本同志王用宾、李亮功等，征求补正，复函多有发明。王言，君群为古今字，古之君字即是群。李言，庄子德合一君。问诸太炎，曰作为结合一群，亦可。《左传》父生之君养之，解作群养甚合。我接到诸函，又共复一函谢之曰："因我一念痴想，欲将古书中君字，全改作群，如事君作事群，群臣作群己，竟累诸君翻柜倒箱，甚惭甚惭！"

遇张东白　得明楼妙语解颐

勿幕本是后起之俊，但他很推重一时前辈老先生。算起来，略有数位，如张伯云、张东白、李仲特、李桐轩、吴葆三、朱素舫。伯云以善书能诗文著名，又有新思想，赞成种族政治革命，《夏声》杂志中，曾登其所为七律若干首。一入潼关，见道旁官柳，即不禁高咏其"大道青垂柳万丝，行人高唱大风词"之句。所以我到长安，先问伯云。勿幕道："伯云病甚，不能见客。"我打算等他病好了再见。那知隔了不多天，勿幕忽来报曰："伯云死矣！恨不使君一面。"我曰："然也！岂但恨我不见伯云？尤恨伯云不见我而死！"（因我当时颇自负，可与当代大人先生抗行，其实很浅薄）勿幕笑曰："又是世说新语。尚有东白在，我必介绍你见他，其兴趣高雅，不亚伯云。"这目的算达到了。
初见东白于邹子良家，东白学宗老聃，言语妙天下，我与对谈数
语，不觉倾倒。相偕出门际，东白提及社会人品来，我顺口答
道："如今上等人全是下等人，下等人全是上等人。"东白不觉
点头叫绝，对于我好像露出"孺子可与言"的意思了，便道：
"改日再细谈！"我自然是得意的很。因我很想把无政府主义，
和老子学说融会一番，作一册东西。自己却自命是革命实行家，
欲推此责于前辈先生。东白既服膺老氏，必能发挥此义，所以一
触机锋，即用单刀直入的法子，说出那两句快语来试他，果能打
动此老心事，焉能不得意忘言？此后在焦、师诸君所立的公益书
局，（秘售革命书报，亦一有力机关）时聆东白雅语，至忘餐
饭。一日诸同人邀东白与我同到得明楼饭馆午餐，此楼很有历
史，乃前代文人聚宴之所，挂几封旧对联，都饶清兴。谈次，东
白偶拈得明二字，冲口而出，他说："我有一付对联了！得法得
诀，要吃啥菜，你盼咐；明来明去，若无现钱，我担承！"举座
大笑。我道："妙极！世上东西，都到不要钱的时候，就好了。"
这是一种引诱法，当时未审几人入彀，这且莫表。犹记勿幕对我
说："东白评《封神传》，甚有新意，云是驳儒教者。举凡助纣
之忠臣，皆现兽形于广成子翻天印下，真痛快，可见讲忠君的全
不是人。"我深以为然。但东白懒执笔，遂未著出。我尝对勿幕
说："可惜，失却革命时期中一好著作！"

孔子是死的　四书是纸的

岐山与仲弟敬之在秦，先结识郭君希仁，并由勿幕绍介入同
盟会。敬之对我说："郭君为一笃实君子，既同盟，必能实行主
义。"我因访此君于所谓谘议局，相见与谈革命原理，很投契。
郭最服膺其师王镜如先生，谓其有特别精力与见识；又亟称其学

友曹寅侯。我都拜见了。王先生不主种族革命，故不能深谈；寅侯才气横溢，意态雄沈，一望知为奇男子。但不多言，我默识于心。匀幕亦极器重他，说朋辈中无及寅侯魄力者。又说他最初精研理学，一日忽大悟，乃写了两句话，告友人曰："孔子是死的，四书是纸的。"俗儒听之咋舌，通人则拟之于陆象山六经注我的警语。

长安市上　造谣言

杜仲虑这时已从太原到长安，特来和我计划革命，并商量新旧学问。闲时同到南院门前，饮两大碗醪糟酒，半醉不醒，狂歌过市，人目为疯子。于是仲伏（与虑同，因他改名羲，太炎很爱他，呼之以仲伏；直拟以伏羲。伏羲的伏字，古今有好多写法，如庖、如虑，如伏皆是，所以常改写）有"长安市上，醇酒数升"的得意名句。一日从友人张翊初家与诸同志畅谈晚归，我和仲虑路过南城门边，遇卖浆者，两人停止住，喝了两碗浆。仲虑忽然仰望天上彗星，东西辉耀，随即造了两句谣言道："彗星东西现，宣统二年半！"我附和起来，说："这个童谣相传好久，不知道什么意思？"那卖浆者很妙，便道："什么意思？就是说大清家快亡了！明朝不过二百几十年，清朝也差不多二百多年了，还不亡么？"我和道："原来如此！"最妙是警察先生站在旁边，也说了两句赞叹的话。我却拉仲伏回寓，在路上很觉得有趣。过了两天，同志邹子良、李仲山等都来说："外边流传一种谣言，很利害！甚么'彗星东西现，宣统二年半'，人心大摇动起！"我和仲伏只是暗笑，却装着不晓得的样子来道："没听人说呀！"他们说得很有兴趣，又添了些"明年猪吃羊，后年种地不纳粮"的谣言，那却不知是谁造出来的了。后来又改成"不用掐，不用算，宣统不过二年半。"这话更为传得远哪。我又想起仲虑初到长安，在临潼古槐下，遇见一位朋友，正是十五夜，他因赠友一诗云：

搔首问青天，春归到哪边？月圆三五夜，树老一千年。灞上无穷景，囊中有数钱；同为沦落者，相见倍凄然！

我乃就谣言和成一首云：

举首望长天，光芒射半边；彗星十万丈，宣统两三年。百姓方呼痛，官家正敛钱；也知胡运毕，何处不骚然？

勿幕见了，笑道："真乱党！然也是实话。"时兰芳五君亦在长安，见此诗，却另写出一段意思和了一首，中有两句道："星球悬累祀，日月始何年？"仲伏曰："此所谓豁然大糊涂也！"

开元寺　革命密约

长安同志日多，大家觉得有组织团体的必要，曾借开元寺——马开臣的学塾，集议了一次。李仲特老先生也到场，李仲山、邹子良、王一山诸同志均至，约二十余人，公推仲特先生为会长；又由我拟了八句四言的密约，首以"秘露死决，接交宁缺"。因此时革命运动甚密，故取秘密党手续，定露泄本党秘密者，处死刑，这是第一句的意思。那时取人也甚严，所谓"宁可少一人，不以一人败"。因相戒绍介同志，宁缺勿滥，这是第二句的意思。结以"分途并进，破坏建设"，这是最明白的话了。但那时同志从事破坏的很多，留心建设的很少，也寓唤起注意的思想。这种约言，陕西同志大概都晓得；而中间四句，完全为运动哥老会而设，没有发表的价值，只得告罪于大家了。

宋钝初谈话　忘了三大不自由

我胡思乱想一阵，没法自解。一日听说宋教仁君尚在东京，乃亲访之，和他谈起西北革命预备的情形。宋君对我说："四川，两湖、两广、云南各省同志都积极进行，大约一两年中，一定有大举；但破坏容易，建设难，我看同志从事于破坏一途的太多，对于建设，很不注意，将来要组织共和国，不是玩笑的事！什么临时约法，永久宪法，都须乘此功夫，研究一番才好！所以我很想邀集精悉法政同志们，一齐干起来，你以为如何？"我听了他这一片话，未尝不赞成；但我未能完全抛弃无政府主义，对于法律两字，几乎是深恶痛绝，如何听得下去！只笑说："请君勉为其难，我是要作容易事情的！"宋君似乎想起我从前的主张来，便道："我也不纯是注意建设，不去干那破坏事业，不过是说同志应该双方并重。"我便敷衍几句，辞去。虽说两个莫谈到一气，然而因此探得南方革命真消息，越觉得东京不可久留了。过了两天，钝初又到胜光馆访我一次，是说右任请他到上海，帮办《民立报》，并报告海外同志消息，然后又归到法律政治问题；我却不客气的说了一句："民生问题，也须研究，才合同盟会宗旨，法律但能保护资本家，且是限制人民自由的东西，不可看的太重了！"宋君也说了一句："不错！"就告辞走了。我答宋君的话，也有来历。因为前三年日本同志某，请中国同志在册折上随意写几句话作纪念，钝初写的是："道德、法律、宗教，世界之三大不自由也！"我曾对仲伏说："拿这句话讲，钝初也赞成无政府了。"还记得溥泉写的是："或称我辈为匪类，亦不恶；匪与非通，世人之所是者，我辈一切非之，故曰匪类。"这自然纯是无政府党口吻了。

得了个回国好机会　遇见了山西老对头

当时既决意回国，实行革命，曾和陕西同志数人，相约游植物园，商议进行办法。群以南响北应为定着，并提到中央革命的必要。我说明回国的宗旨，彼时陕西高等学堂曾有信来，说学生逼迫周笙生（彼时称学堂监督）函邀我重到长安作教习，颇动怀旧之念。想起学生对我感情很好，我岂能恝然不顾他们的盛意么？不过我离长安时，曾有一番决心，非把革命大计划定妥，不再回陕。现在虽然得了些消息，尚无确实计划，如何肯去？所以婉辞谢却。但一面又想到北京预备中央革命，却想没有个机会能到北京。好极了！赵君其相一日忽到胜光馆说："河南人因福公司要谋全豫煤矿，此间同人很是愤恨，打算用豫、晋、秦、陇四省协会名义，派人到北京力争矿权，我想你可以乘这机会到那里看看，或者能遇着些同志，把北方革命计划起来也不定，岂不是一举两得，你愿去吗？"这真是天随人愿，怎能不愿？我说："好是好，但这事责任很重，怕不是我一个人能担得起的。"赵君说："只要你去为他们定大计、决大谋，办事的自然有人。听说河南同乡打算派王月波及王某同你一齐去。"我说："好极了，只要大家议定了，我便走一趟。"大家知道，福公司是我们山西老对头！曾谋全晋煤矿，以致李烈士培仁投海，惹起一度大风潮。然后晋人全体努力争回三晋矿权。"仇人见面，分外眼红"，所以一听说福公司三字，自然动一片义愤。若今天不替豫人出力，岂不是山西争矿结果，反遗害于河南么？在大家意思，也以为我是争矿的过来人，一定有些阅历，所以当时开了一个四省协会，便一致赞成我同两位王君偕归。我三人受了大家委托，即日商量起程，并决定由高丽乘火车，经过东三省，入北京，因便利，且免风涛故。

陈慧亭妙语　吴疯子

这时清廷虽未下剪发令，剪发的却也不少。留学生回来没有戴假辫子的了。我自然是秃头，也不觉得有什么怪看。当时还有请下剪发令的，却惹起一场笑话。因为那时剪去辫子的人，都不大戴中国硬壳瓢帽，于是卖瓢帽的商人，大起慌恐，向清廷请愿说："万不要下令剪发，以致妨害我们的商业。"有一天陈慧亭（他那时充清资政院议员，先我到京中的）到蒲州会馆访我。坐定后，慧亭同各位朋友通过姓名，谈起帽商不愿下令剪发的事体，慧亭便道："这些帽商，可笑极了！原来是为沙做的帽瓢，并不是为帽瓢做的沙呀"！我不觉鼓掌大笑，真乃解颐妙语！坐中别客，却不懂的，等他去后，都问我道："刚在陈先生沙沙的是什么话？"我笑道："你们不懂方言，所以莫名其妙。陕西人呼头为沙（四牙反），章太炎说是'颡'字音变，以小名代大名，他的话，就是说为头做的帽瓢，并不是为帽瓢做的头。"大家由不得也笑了。说起剪发的朋友，也不少，也有因剪发受过革命党嫌疑的，也有真是革命党的。别人不提，且说一个怪人。子青对我说："这里有个吴疯子，名友石，是湖北人，说在东京时，认的你，想见你面。"我当时听了子青话，心里好生疑惑。我在日本时，认得好些湖北人，姓吴的固然有一个，并不叫什么吴友石，吴疯子更新鲜了。但我听见他的形迹奇异，猜定他是个革命党，于是乎便寻他见了面。哈哈才是白逾桓！我自然认得他。在日本闹取缔风潮时，他和我都是干事员，又是革命同志，却想不到他到北京，也不知他改了姓名。我问他的变易姓名的原因，他略说在辽东运动革命，几被侦探陷害，才变姓名逃出来的。到北边已经一年多了，交识朋友不少。谈到他在《国报》（日刊）上，曾投文稿，署孤愤子，我却见过；因在陕西时看见了这报，就很注意他的文字，因其有革命火气故。又说到他上年年终，于京中各报停刊时，办了十日小报，叫《岁华旬记》，便道："现在又到年终了，我们再干十天小报罢！"我很赞成，并担任筹款。

香厂卖报　醉后吐真言

　　大家知道我来北京，真是一钱不名，怎么大胆担任为《岁华旬记》筹款呢？因我认得几个有钱人，他们因拉我作嫖友，还供给茶围费，我晓得他们一定有余钱。先对翊初同志说起，他极力赞成，慨然愿出三十元印刷费、纸费。我回头对疯子说，疯子说："够用了！"于是大家就干起来。主笔我担任，疯子充编辑，采了些紧要新闻，果然于各大报停刊的第二天出版了。我的论说中，责备各大报几句道："于每年最终之五日，不为国民计过去一年之得丧；于每岁最初之五日，不为国民定将来一岁之方针。"（大意如是）翊初见此，吟味了几回道，说："好！真能写出这一种旬记精神来！"这时香厂开市，我和疯子及子青、连三等，各拿些报去卖，占定了一张茶棚馆前的桌子，卖起报来，铜子收入不少；熟朋友过来送一张看。想起在东京散《平民新闻》的故事，颇忆仲伏。这十天的文章，都含着平民革命精神，好多人说可惜在这小报上发表！于是乎才动了办日报的野心。一日饮于沈君实夫家，谈起办日报，他很赞成，并有在他办的公论实报馆发行的提议。疯子计算他在天津的差事，薪金积蓄了几个月，共有三百余元，可以充开办费。但干大报，还要保押费，说是预备的罚款，定例须二百元。那么，三百元，如何能开办？实夫道："有个法子，向警厅去立案，说办白话报，就不要保押金了。"不错，这时候《北京话报》已出版数年，虽创办人彭翼仲因触忌，发配新疆，此种话报，已深印入人脑髓。继起的白话报，也有几家，因浅近易解，风行一时。清廷因提倡通俗教育，所以对白话报免押金，自然说不到坏处。我是《晋话报》旧人，自然喜欢作白话；但因白话质直，若谈起革命来，不如文话来的隐约些，所以大家赞成文言。为权【宜】计，疯子听了实夫的话，决定以白话报立案。对于报的名字，提议了几个。时有某君与保皇党人有关系，他道："梁启超办《国风报》（杂志）现在很是通行，不如就叫《国风日报》，一来可以藉此扩张销路，二来可泯革命形迹。"最后这一句话，大概合了我们意旨，疯子先赞成，仍嫌袭取。我道："不然！国风是历史上的公名，不是一派人所能私有；况他们提倡邪说，辱没国风二字，我们主持正义，可以称得真正国风！"众议遂决。我那一夜吃醉了酒，裴、苏两君扶我归西馆，路过魏染胡同，看见一家朱户，大声呼道："这都是平民的血染成的！"两位拉着我便走。到骡马市街，遇见一巡警，大声呵道："这是资本家政府的狗！"巡警先生倒退了两步，苏君连忙对人家说："他喝醉了，莫怪！"我也不管这些，口里乱骂一阵，踉踉跄跄地走进西馆，还说了半夜醉话，差不多把甚么心事，都完全发表出来。酒呵，你真是开心见胆的朋友。

《国风》出世　色彩俱足

南柳巷，《国风日报》发祥地。好笑呵！四四方方一块小院子，四面间口不大的房子，上面房编辑处，门面房发行处，偏西房厨房和餐室。组织是没有的，完全无政府办法，各尽所能，自由担任。白、裴两君，可算是经理、编辑、庶务、会计、校对、发行，我可算是编辑、主笔兼校对。广告本然没有多少，每日只出一张，先印两版后印三版，仅留一版广告空儿，也登不了许多。于宣统三年，阴历正月十二日出版。我作一篇宣言，大意是重在鼓舞国民、监督政府两层意思上。一礼拜后，便有人提起注意来，说："言论太激烈，怕政府要干涉，和平些儿好哪！"这一种话，绝不入耳；因为我们是知道"记者和监狱为邻"的，还怕什么政府干涉！惟有一个同志话，却说的好，他道："我们虽自命为革命机关报，平时却不要露出消息来，只和一般报的态度少微强硬些；特别要注意文艺方面，小说以外，再添些戏评、花评、谐评等，以供各方面人阅览，然后销路才可以推广。销路推广以后，一旦遇着发表革命的机会，把真面目再露出来，全登上吾党主张，自然能哄动一时。在外国凡政党的机关报，也是这样的。古人说：'养兵千日，用在一时'，报纸亦然，平素但养名誉好了。"我很以他的话为然；于是逐渐增加门类，如戏评，则设笔歌墨舞栏；花评则设情天棒喝栏（因为那时虽然邪游，终觉于良心不安；若再提倡什么花事，岂不是罪上加罪！所以想出这情天棒喝四字来，可作一种警戒观，含着对于妓女的棒喝，对于嫖客的棒喝，对于老鸨的棒喝几种意思。虽未能尽合本意，纵和别报评花大有分别了）；谐评则有四面八方栏（此栏包罗万有，全是抨弹时政，指摘社会的妙音，为一般人所欢迎）；文艺则有小说、韵语，吟坛诸栏；后有加讽言一栏。寸铁杀人，一时无两，是第一次《国风》特彩。

竹杠失败　典去少石白狐裘

《国风日报》开办费三百元，自然不到几天就完了，第二月便维持不下去。我当时采用沿门乞讨的方法，由近及远，先向京中诸友借款，打算十元的八元的凑起来，可以积少成多。大家真看面子，都掏出些腰包来，给了我。只碰了一个旧同学的钉子，他应得有钱的名儿，却一文不肯拿出来，我心里很不高兴，忽动了一种恶念，寄他一封信，大意是说："你如不肯拿钱，我便要发明你一件隐事，登在本报！"这算平生第一次敲竹杠。那知这位先生很妙，他回信大意说："不料君用此手腕来讹诈，好极了！请你编出来，奇文共欣赏，大家看！"我自己笑起来，对友人说："失败！失败！一杠子打空了，前途大不利！"但我内心是愧悔不及！当然未给人家登报。以后这位朋友，知道我是穷急所致，并非有意敲他，也就算了。京中朋友，大半都是穷人，不能继续出钱；于是又向外省去讨，凡有和我交识的，没一个躲得过去。近而陕西作知县的张老衡，远而云南作讲武堂堂长的李协和，都打到了，幸不脱空；但也有限的很，所以月月闹饥荒。我没法，在豫学堂充当了几个月算学理化教习，每月车马费三十元也填在报馆内，且从中每月抽出几块钱，报效素仙茶盘子，罪过不小！有一天纸店逼的要命，大有不能付印之势，乃向杨少石去借；那知他老先生也不现成，却好！慨然把他一身最宝贵的白狐皮马褂送我，当了三十元，过了难关。我赠他两句诗道："典君千金裘，言论大自由！"算一桩最深刻的记念。过了一关又一关，警厅要保押费二百元，因为立案是办白话报，出版后，除过我所作的《邯郸新梦》小说是白话，其余全用文言，又因直言无忌，深触当局之怒，所以有人献策，说向本报提出责问，既不是白话体裁，便要他纳保押费，这一计真毒呵！

诡辩白话文　太原密行

说起保押费来，还有一段笑话。就是第一次催交费时，我在报上作了一篇诡辩文字，题目是《这就是白话》，大意是说："中国一般识字人，大约能看《三国演义》、《聊斋》文字，所以听得人讲，在现在的报纸上，连一篇陈琳讨曹的檄文，都看不到；可见他们把古文都着做通俗文字了。本报的文字，总比陈琳檄文容易懂得，因而我说这就是白话。"自然是强辩夺理，但也好得很，居然隔了两个月没来问。到第二次催交费时，便没法搪塞，只好求人家宽限时日；我才亲自到太原走了一遭，寻到南君佩兰，说明来意。他说："现在同志在军界得势的，只有伯川，现充标统，经济还活动些，且比较傍人爽快的多。你当面请他筹款，一定能达到目的。"我听了他的话，密见伯川，说《国风》

窘状，他立时答应筹三百元。我想这数，大可以敷衍过去，就欣然赞许，并谈到南方革命运动的情形。这时黄花岗七十二烈士的壮举刚过去，风潮似乎平静；其实各省同志，因受了这一种热血激荡，对于革命事业，分外的进行起来了。我到太原：一为《国风》筹款；二为密会同志。这时南君亲入军队运动，于下级军人中，得杨篯甫一人，说是一员健将，绍介见了面；又介绍见李君树森，乃充巡警道侦探者，为人极机警沈密；又见常子发，亦军界重要分子，激昂慷慨，有豪士风。并与李岐山诸人会议一次，很觉得山西革命根基稳固了，心里好生快活！南君又提到杜上化老先生革命精神，我也见了一面，以为大似山东刘冠三君。特因《国风》迫急，不能多停，且怕露出甚么风声来，所以款子到手，抬身便走。总之，这回太原行，不算空跑，与革命前途大生出关系来！

刺客行　勿幕赠诗

大家若要问我何以知道革命期不远？这不是一句话能答应得来的。最先是广东温生才刺杀将军孚琦一案，是那年二月事，我作了一篇刺客行，登在《国风日报》上面，中有"一射将军头，二射将军肚，三射四射中要部……法官问刺客，刺客慷慨中怀吐。只好杀人只好色，不好饮酒不好赌，荆卿误拉秦舞阳，我自徒行无伴侣！……"颇为同志所爱诵。接着三月十九日，七十二烈士之役，为民党革命第一次大牺牲，其中最著名的是福建林君，在东京《民报》时代，群呼为林大将军的。此外广东花县人最多，人说是洪秀全的遗派，共葬于黄花岗。此种消息，惟《国风日报》登载最详，连记半月有余。各省同盟，大为激动，陕西同志进行尤烈。井勿幕时有来函，并遣张君携其家藏古画，到京沪一带变卖，以供革命运动费，且寄我一诗云：

读诗为汝悲辽阳，乾坤安有干净地？

悔不当时生便休，又是来年二十四！

我欲乘风视汝来，黑云冉冉天之际。

诗中"二十四"三字，被我猜到。因项羽起兵，周瑜统军，都是二十四岁；勿幕有周郎外号，所以感慨到此，恐辜负于这般好年华。他那年又曾亲到广东，和同志定约起事。张君来时，密告我曰："陕西革命进行颇急，今年必然发动，勿幕希望晋秦同时并起。"我说："请告勿幕，一定办得到！"及游山西一次，大致已定；又因盛宣怀卖路风潮，乘着机会，大鼓动了一番革命。那时很有意思，是满人吾庐君，颇赞成政治革命；且能文章工诗词，时寄稿《国风》；曾有一篇文曰《一盛宣怀挑动天下》，也可以想见那时风潮汹涌的现况了。这全是革命的先兆。

拔丁的运动大成功

《国风》发起的动机，固然是以鼓动革命为事；在我个人，则尚寓一番为友复仇的意思。所以一开首，便作一篇《东西两抚之罪状》，东抚是说山东巡抚孙宝琦，西抚是说山西巡抚丁宝铨。两人中，丁为主，孙为客。因从前说过的交、文案，王理臣、张实生、张汉杰、荆大觉诸同志，或逃亡，或系狱，心中愤恨到了极点。故《国风》前半年，几专以"拔丁"为目的，直骂得那丁宝铨，神昏志坠，无地自容；尤以丁之五姨太太卖缺，丁之干女夏姬（夏学津妻）为绝好点染品。张实生君来京时，告我一段笑话说：某候补官儿，在饭馆里吃醉酒，学那夏姬因夏某被御史参掉官儿，向丁求情，莺声燕语地叫老丁一声干爹，并拜下去道："你老人家，总要给'他'想法子才行！"老丁连忙扶起笑道："那自然：那自然！"这位候补先生，扭扭捏捏就学了一个穷神尽相。我听了，编了一编，登在报上，真把老丁气死！冤家又碰着对头。那时荆大觉也在北京，是被丁参掉了主事的，抱病蒲州会馆，病刚好。我便请他入社，把老丁穆史全揭出来。时郭润轩正编交、文案戏曲，大觉补正处很多。弄的老丁要运动封报馆。同时本报攻击曹汝霖，送了他一个李完用的外号，他气的不了，也有运动政府封禁《国风》之说。我将两件事合起来，做了两句讽言道："丁宝铨想运动封本报，哼！好脸子，那儿配！李完用也想运动封本报，呸！啥东西，弗害臊！"颇为一时传诵。结果老丁莫把《国风》怎么样，《国风》算把老丁推倒了。因本报每日登丁的罪状，便有人向那清当国的庆亲王，说起丁的闲话来。一日开什么政务会议，由老庆提出来更易晋抚的案子，大家都和丁莫关系，且听见报上登载丁劣迹太多，于是异口同声地说是"应该！"便把这"丁"轻轻地拔去了，换了一个姓陆的。

冷落了无政府主义

是年对于种族革命、政治革命，很用了些心为之鼓吹，对于社会主义——无政府主义——未免冷落。这有几个缘故：一因宣传种族革命的书报很多，光复旧物，推倒满清诸说，深中于一时人心，所以各处运动，都拿种族说作媒介，别的问题，自然是顾不到了。二因智识阶级，为"共和"二字所迷醉，以为推倒专政，施行民主主义，便心满意足了，社会问题，那放在他们心里。三因朋友中，了解无政府主义的人，如佩兰、仲伏、溥泉，皆天各一方，应了那孤掌难鸣的话，所以我自己也懒得讲了。日本同志失败，海外消息一绝，也是重大原因。但我的心，未尝忘掉主义，所以对于日政府处幸德秋水二十余同志于死刑，乘机把无政府主义五字，标露于《国风》，并为时评，以发挥之。有日某议员，因幸德案件，提出个正闰问题来，日本皇室，颇为之摇动，我却怕埋没幸德主张，于是特为辩白道：

日本内阁最近之变迁

日俄战后，桂内阁倒，西园内阁继之，颇执行所素抱之法兰西政策。一时自然学派，流行三岛，而温和之社会主义，且转为激烈之无政府主义矣。日本政客，乃不满意于西园内阁，桂内阁于焉再现，大施其武断政策，欲扑灭无政府党人；遂有去岁幸德秋水之阴谋事件，结果处死刑者至二十人之多，致起议会之反抗。某议员乃提出正闰问题，谓明治天皇源出北朝，而日本历史则尊崇南朝，如此则幸德诸人，为南朝复仇不为叛逆。桂内阁遂无以应。此事为此次总辞职之重大原因。然某议员之提议，实非幸德诸人之本旨。无政府主义，国界亦无，何有朝界？因此倒阁亦可笑也已！

这也没人理会，我又藉五月五日，鼓吹"五一"劳动节，以午与连忤逆意通，可表示克鲁泡特金所著叛逆之精神来，又中国五日不举子，正惧忤逆故。而欧西"五一"节，施行劳动者示威运动，亦抵牾资本之意，东西不谋而合，是为黄中通理云。自然是附会，然藉此一发蓄蕴，痛快之至，那管旁人懂不懂！最妙一日忽见疯子作一时评，开首云："世界无善政府，此吾所叫绝者也。"我大赞之，心里说："他居然了解无政府，此何异巴枯宁口气！"但他立意，是说世界政府，不是卖人国的，便是灭人国的，所以都不好；这算只看到一方面罢了！

楚馆　情天缘起

自革命运动开始，同志来京者日众，以湖南仇亮、湖北田桐，为与《国风》最有缘者。田君字子琴，到京后，即来报馆和同人计划一切；并作时评，抨弹北京社会现状，以唤起改革精神，署名为重耳是也。后来又独力另办一《国光新闻》。仇君字式匡，在日本当我和同人办《汉帜》杂志时，他投过几篇诗稿，乃武人中之能文者。为人极热诚，对《国风》甚加赞许及扶持。因他是士官学生，常绍介些军人来，一日约我到湖北孔庚君寓中去。孔亦同盟会中人，与湖北诸同志在京共赁一屋，题曰楚馆。我戏谓仇君曰："楚人居曰楚馆，秦人将曰秦楼，太原有柳巷，何处当有花街？邑有朝歌，墨子回车；里名胜母，曾子不入；我们日游楚馆，大有嫌疑！"仇君亦笑曰："我不知他们命名意思，经你指摘，倒也可笑！但实际的秦楼楚馆，君并未绝迹，岂非避名而趋实么？"好利害，猪八戒倒打了一耙！这也不关什么要紧。因为那年侠邪游，有几种意思：一同志聚会不易，破费一块钱，占个冷妓的房间，足可以和同志们共谈几点钟。（别的休说，那老妓贾玉文，独占了一坐院子，每夕嫖客到院，她一定是出条子去了。大家分屋坐定，如候补官员上衙门一般，老在班房等候，至少须两点钟，才能见一面。李阁臣便认识了这老妖，就为的是房子大且静，居然有时在里边作社论、时评、新闻稿子；并有客在里边温习法政讲义的。我却爱她房中一副对联作的很稳称，道："老去看花苏玉局，归来贳酒卓文君"，惜不知撰者姓名！至于玉文的应酬手段，周到圆活，一时无两。有时以政界秘密告我辈，差不多成了报馆特别访员。）二因我虽不厌为文，但每天撰稿太多，脑筋为之昏乱，一入小班，万念俱空，心神为之一爽。没雏妓喜摩予圆顶，于是有人造谣说，我每天为文烦闷了，必到八埠遍乞诸姊姐一摩顶而后快，未免过甚其词。三因自辟"情天棒喝"栏，投稿多违棒喝本意，甚至来"棒为竹杠，喝为喝诈"之讥，我大为不满；于是才自入花丛，亲行棒喝，撰为警痴破顽之文，一振此栏；且时时寓革命意于其中焉。

武昌起兵 一张白版

自广东七十二烈士一役后，革命潮一时觉得沉寂了，其实是

"万木无声待雨来"的光景。及四川争路风潮起，全国沸腾，民党一时大活动起来，有乘南北洋秋操起事的谣言，吓得清廷要停止秋操，大有"山雨欲来风满楼"的气势了。果然到阴历八月十九日，霹雳一声，革命军发现于武昌！北京同志得到电报，说是："黄克强亲到湖北，运动革命，爆发后一点钟，占据了武昌城，清帅瑞澂败走！"大家兴奋达于极端。《国风日报》才到了应用的时节，用二号字特别标出大题目，以及各地响应的电报。北京住民，大为慌恐，作官的更是忙了手脚。每日正阳门外东西两车站，行客拥挤，市面亦为之大动摇。警察来干涉报馆，不准登载各种消息。白逾桓君忽然想起一桩故事来，他道："法兰西革命时，全国革军烽起，巴黎报馆受政府干涉，不准登载革命消息，他们一律出白纸，人心更慌恐，我们也试办一下！"我也没考究他说的这故事，从什么地方得来，但觉得这种方法很妙，便赞成他的话，除一版广告及社会新闻外，正面一版，全空白；却在上面排了一行二号字道："本报从各方面得到消息甚多，因警察干涉，一律削去，阅者恕之！"这真灵验！这纸白报一出，人心更是汹汹不定，都乱猜起来嚷嚷着说："大概革命军完全胜利了！清兵大失败了！各省都响应起来了罢！不然那有一版禁登的消息呢？"呵呵！警察先生觉得不妙，又赶紧来馆告诉编辑说："除过靠不住的谣言，准你们登载就是！"自然是照常继续登载起来。时北京有一画报，专画各报登过的趣闻，颇有滑稽风味。他见本报出了一张空白报，却想出一种插画，画的是四家打麻雀牌，一家放出一张白版在桌面上，从下家的口里画出两道话线来，中间写得是疑问口气道："你为什么出这一张白版呢？"趣极！也算一种纪念。

《鄂乱怀疑篇》之底面　山西独立

　　大家若要知道武昌起义，北京人心慌恐的实况，有我当时所做的《鄂乱怀疑篇》为证。今录于下，并加注释以明其始末。文云：

当鄂警之初至，吾人固未敢置信也（这自然是假话，实则深信不疑。当日立论于所谓辇毂之下，非此不可）。盖以武昌据长江上流，为南北重镇，水陆形势之区，兵备集屯之域也；（此反写革命之声势，因最初同盟会计划，以云南、广州为根据，所以先有镇南关、河口两役，皆不成，然后定由中区起义，以作四方八面之标帜）有瑞澂为之督，黎元洪、张彪等为之将。瑞于疆吏中称能者，有手挥如意，自拟诸葛之概；张彪虽一郡陋小人，而治兵颇严；黎元洪则欧人称为第一流名将，为南皮最倚重之人物，（一片假话，黎并无大名，瑞、张亦碌碌；特因黎被党人举为都督，故加意鼓吹，皆反笔也）岂区区革命人所能争取于俄倾间者哉？乃无何而谘议局议员汤化龙等，为党人之参谋，炮台军器，归党人之掌握；无何而陆军大臣荫昌出征。袁世凯起用，（此时袁尚未入京，已有起用说，因荫昌资望不足故）军政两界之风云，因之骤然变色；无何而京师戒严，市面恐慌，束制报馆，调遣兵警；于是都人士女相惊以革命党且至。风声鹤唳，草木皆兵，而达官富人，争提取藏金于银行，至有携眷纷逃者。天下本无事，庸人自扰之，良可浩叹！无何而太白昼见，（一日到大栅栏，忽有数人仰首望空，众人受了一种暗示，一齐仰首，我也随着看起来，果见一个星，警察也不禁止，但说怪事，怪事！我想起彗星谣言，说了一声，这叫"太白昼见，天下大乱！"其实不定是太白星）日有食之，丁此科学彰著之时代，亦寻常事耳。乃皆因之为妖异（这是占脚步地方）；于是谣诼四起，人心动摇，尤为可虞也！无何而陆军败绩，水师降敌，瑞澂、萨镇冰退归九江，荫昌不敢南下；于是鄂省乱象，乃有燎原之势，不可扑灭矣！无何而西安兵变（阴历九月一日，有电来，此消息同人早知，乃预定之计划故），长沙失守，九江、广州，俱有乱耗（一半谣言，广州独立尚在山西之后）。不意旬日之间，大局糜难〔烂〕至此，使吾人冷静之脑髓，为之震激弗宁，（早有投笔意矣）欲不置信而不可得已！虽然，吾人对于鄂乱，尚有怀疑者数事，故乞海内贤士大夫一解之也！

这是第一篇，又继续作了两篇，对于臣节种族立论，尚未终篇，因山西独立军已起，我不能再在北京逗留了。

协和南下　苏乡失守

当山西未独立以前，我在北京和同志协商运动事太多了，一时也说不清，捡几种说罢！先是听得李侠璜，因南北合操（此事虽中止，但已发起，所以各省军人，都来北京。其中同志很多，我注意惟李）到京中，寓西河沿金台旅馆。赶紧到那里，去见他。他一见甚喜，说："你们鼓吹成功了！用着我们实行哪！"我问他几时回南，他说："我听说政府到德国运来大炮好多座，我想运动带一团炮兵，到前敌上，再转过头反攻，岂不是好！"我只道他是学炮兵的，有这个资格，很赞成他的话。刚说了两句，从外面来了他一位同学，却不【是】同志，张慌地说："革命党声势不小！"侠璜很机警，怕我误认来人为同志，故意的发瞑道："甚么革命党，不过几个无知识东西瞎闹；我若带上几门大炮到前敌，管包几炮就打完了！"我心里好笑，口里自然不再说什么，便告辞走了。惟临行，很对他说："炮骗不到，你还是南下为要！"他笑道："那是自然！"过了两天，他打听德国大炮一时还运不到，于是一溜烟走了。到南边，算作了一场大事，以后再表。我一面请李子高、李阁臣、郭润轩诸人陆续回山西。子高约定从雁门关以外起事，特惧子药不足，打听作子弹机器，未到手，很惘怅！这和勿幕打算买机关枪，一样心理。我对他说："义旗一举，清兵必有来降者，利用他们弹药好了！"子高曰："是，吾志决矣！"遂去。一日张华飞君来，约我到小李纱帽胡同某小班，见陈尔庵，说他很有计划。我如约前往，见陈，听他议论很圆满周到；但不是革命的派头。他对吴禄贞有些不满，怕他弄不好（时吴已奉清命，率第六师，去征山西）。我在他话中，却听见许多秘密消息，并知张绍曾已在奉天有预备。心里很满足！我已决定回晋，和大家一同革命。意思在和吴定秘约，截断清师后路。当时有一个笑话，就是子青、连三和报馆，同人怕我恋董素仙，便在"情天棒喝"栏里，登了一段骂素仙的话；我笑对他们说："苏乡失守！"失守是那时新闻纸上熟语，天天都登着"某处失守某处失守"的消息。其实苏乡不失守，我也要走的。他们算白用了一番心机和战略，呵呵！

留别京友　石家庄大失望

我要回山西参与革命，主意决定后，曾问同人谁愿意同去，姚太素和江汇川两君，说他们愿意同行。于是戏对疯子、子青诸人说："鄂乱我也不怀疑了，苏乡我也不恢复了，说走便走，北京革命责任，全放在你们身上了！"因为当时同志在北京的，并没有停止革命运动。记得有一少年名岑楼者，从东京来，自谓来北京负的是"暗杀"义务。同志留他住在《国风》报馆。且秘密运输炸弹，以备应用；中央革命，原非爆烈物不为功！我嘱托大家的话，精神全在于此。我何以定要回山西呢？一来因为山西南北同志和我都有密约，我不回去，怕大家不接头，且生怨望；二来外省同志，也算我交识较广些，我不回去，怕大家有些隔膜的毛病，便不好共事；三来若得机会，还想把社会革命，同时干起来，所以早下了一番决心要回去。且预定的计划，是山西最后再响应，不防备爆发的太快了。所以他们有密信来，也叫我快点回晋，好给大家定主意。闲话少说。我同姚、江二君从北京乘火车，向石家庄进行，中途过保定就有六镇兵上车的，听他们说山西革命军占了娘子关，现在吴统领还没到，尚未进攻。又看车中人的颜色，都是仓皇不定，好像逃难光景的多；也没功夫理会这些。到石家庄，三人下车，把简便行装亲自提着正要走，听见车中有人唤我，一看才是张君崇本凭定车窗摆手说："赶紧回家。"我说："我们要到太原。"他面带慌遽状，正要搭话，车已经开了；也可见当时人心不靖的光景。却说我们三人，找了一个栈房休息，占定了上房，茶水毕，又到外边看石家庄到底是谁带的兵。冒向一个兵问了一句，他道："是第六镇"，问："你统领姓甚么？"说："姓吴。"这便够了。我们回到栈房商议说："能在这里见一见老吴才行！"向栈房人打听老吴的消息，说："没听得人说吴统领来。"这真教人纳闷！石家庄到太原车已经不通了！若不见老吴，怎么能过去？正筹思中间，栈房的人来说："请三位暂受一点屈，移到箱房里；因为吴统领说今晚要来，差官来定占上房。"若在平时，这些话是很教人可恼的，保不定要反抗几句，在这时却成了一种喜信。我说："好罢！我们和吴统领认识，只要见他，情愿让出上房来！"栈房主人还说了几句客气话，才把我们行李移至箱房。我对姚、江二位说："这倒凑巧的很！我们若见了老吴，便不愁这路不通行了。"不妙！等了半夜，也没见有人到这栈房来，心里说："莫非转了栈房？或者没到？"第二早一打听，据办差人讲，才知道老吴（绥卿）昨晚下车，没停留，便乘火车到娘子关，和山西民军首领交涉去了。啊呀，这真是糟糕！怎么办呢？

小拿破仑翁　报告军情

到寿阳车站上，见有臂缠白布者，却不认得。知道是革命军里人员，便问他谁在这里？适逢火车刚到，车中有我认得的史正轩，我便招呼他，他说："先生来好了，篯甫也在这里。"说话，馈甫已到面前，狂喜！让我们上车，说："好极了！我们盼望你来好久了！你一来可敌十万师。"我便问吴禄贞近状，他说："已经在娘子关开始谈判，计划联合攻打北京！"我看馈甫这时威风凛凛，杀气逼人，随口赞了一句道："小拿破仑翁！"他嗔道："拿破仑翁就是了，何言小？"我笑了。史正轩，陕西兴平人，曾改良姓名，逃亡到山西。因交文案，牵连入狱。我在陕西曾函托太原诸友营救，得出狱，入了营盘，和馈甫、岐山最好。我于前回到太原，为《国风》筹款时候，才见了面；不料到寿阳车站，就先遇见了他，省却许多唇舌。事有巧合，往往如此。我到了太原，先见了润轩，他已经办起《山西民报》，标着中华民国年号。高兴极了！然后馈甫一直领我到谘议局——都督府，见了阎伯川、黄少斋诸友，皆在座。非常欢喜！他们见我穿的棉裤，破裂不堪，都笑说："梅九总不讲究。"是的，那里顾到这些事？若不是他们看见，我还不知道哩！他们问外边情形，我说了个大概，伯川主张教我在议场报告，以释群疑，并坚同志的心。于是召集都督府人员，议长、议员等参与其中的很多。大家坐定，我便登坛报告，说："我出京时节，南方各省独立者纷纷，清廷无力兼顾。吴统领是革命同志，决不打山西！我可以去见他，协定一切。此次革【命】成功，可操左券……云云。"大家听了，仿佛以为可信，面带些喜色。伯川对我说："清廷命吴绥卿为山西巡抚，怕他贪图此位，变了卦？"我说："绝不至如此，革命成功，他的位置，何止一巡抚！"伯川首肯说："你可同着仇亮君，再到石家庄去一遭！"我说："好，事不宜迟，我立刻便去！"于是告别了大家，借同太素、正轩、馈甫，齐向娘子关出发。

恶消息　吴绥卿被刺

我同着仇亮、姚太素、史正轩几个人，搭火车连夜赶到娘子关，到前敌总司令部办公处，商量进行办法。那时前敌总司令，是姚君维藩，是我的老朋友。他抱病到前敌，精神不大振作；然性情慷爽，对大家尚能畅谈。说话中间，至半夜一点钟时候，忽从石家庄来一电话，报告："火车站上有枪声，旗军兵变！"大家听了，尚不以为奇怪。因阎伯川曾与吴绥卿订秘密条约，令旗军攻打娘子关，晋兵迎其前，吴军乘其后，使旗军腹背受敌，可一举而歼之；并藉以坚决吴氏革命之心。吴氏虽未从其计，但对于旗军未免薄待。今旗军兵变，似乎是意中事。未几又来一电话，报告："吴绥卿被刺！旗军已向保定方面退却！"大家听见这恶消息，相对无言。仇亮君尤为懊丧，因晋军和吴氏交涉，全是他一人从中间说话。最后由我发言说："吴统制被刺，原因虽不明，但就旗军退却看来，或是满人暗遣刺客行凶，也未可知？那么，军心一定振动。我们乘此机会，到石家庄运动第六镇兵，替他们统制报仇，同着咱们一齐革命，岂不是好？况且山西还有好些兵在那里，我们也应该去看一看！"这段话，仇亮君听见了非常赞成，说："是，这个计划很好！我一定去的！"我说："要去大家通去。"便征求姚君、史君同意，他们都慷慨答应。姚君说："可以带几个兵去。"我说："可以不要。"因为我这个时候，只记得孟子说的："自返而缩，虽千万人吾往矣"两句话，以及史记上"知死必勇"的说法。况且每当一番恶风暴雨后，必有一阵清明天气。吴氏一死，自不至再有纷扰。所以我才下了这个决心，情愿身无寸铁，同大家向石家庄一行。当时意气甚豪壮，中途仇亮君对我说："不意君投笔从戎后，有如此勇气！"我笑说："革命不是空谈的！"

遇何叙甫　开鸿门宴

大家到石家庄，下车后，看见六镇兵散乱在车站两旁，有些

臂缠白布的，那时到处革命军，都用白布为记号；我看见了这种
情形，心里颇觉有办法了。但苦没一个认识人讲话，正在没道理
处，忽见一人痛哭流涕，神气激越异常，我猜着这一定是和死者
有感情的，便向前和他说起话来，并说明我们来意，是要联合六
镇兵给吴统制报仇的。他听见了，很感动，说出他的姓字来，才
知他是何叙甫，福建人，充六镇参谋官。受吴知遇，今吴遭奇
祸，痛愤达于极点，所以有点"人忙无智"的情形。我问明吴
统制死的在车站一边，便主张约六镇兵同到那里，围定吴统制遗
骸，头已被贼割去，只余巨躯，其状很惨！大家便大声疾呼：
"非报仇不可！"我便道："军无主不行，今吴统制已死，你们何
参谋，就可以作你们的统制！"大家同声赞成。其热心出人意外，
可想见当时人心愤激的程度了。说毕，我们说找一个地方，再议
进行。忽遇见几个军官，里面有个年纪大的，兵士对他致敬，群
趋其前；并道是他们标统（官名不准，或是统领）。何对我们说
出他姓名来，叫吴鸿昌，一面绍介我们见他。我看见兵士亲附吴
之情形，知道军队中阶级关系非轻；但看他态度，非常冷静，不
及何氏之热烈。他并劝何氏道："兄弟！你脑筋静一静，不要忙
乱，他们大家既然来了，总有个办法，我们同到司令部再讲！"
于是同到一个栈房里，就是他们的司令部。时已过午，吴氏说：
"我们先吃了饭，再讲话。"于是让我同仇氏上坐，何氏与某军
官一旁坐，太素与正轩一旁坐，吴氏坐主位，其余副官等皆站立
桌旁。我心里想道："这大似鸿门宴，正轩要作樊哙了（因他携
带手枪故）；不知能唱一出好戏否？"却大吃大喝起来。吃喝中
间，来了一穿军服青年，进来向正轩谈了两句话。吴氏问他何
人，他说："是倪普香，来此投效于吴统制，奉命和晋军接洽。"
吴氏也不再问。后来才知道他那时却安排了一队山西兵，在门外
警备，想不到樊哙这脚色，才是他充当了。

电约张绍曾 运回绶卿心血

宴罢——吃饭以〔已〕毕，大家莫离座，便开始谈判，拟仇亮氏以晋军参谋长，我们皆权自命为参谋。我开口向吴氏说："吴统制虽死，但是他和晋军的联合计划，我们还应该继续实行！"吴氏问："我们的军饷，晋军能担任吗？"我慨然道："能，晋军不缺饷，即再增数万兵，也有力担任！"这几句话，却不是应酬门面，我心里有个筹款计划，以为定能办到的，所以毫不含糊的答应了。吴氏见我答应的慷慨，便道："好极了！有什么意见都可以发表。"仇氏主张先发一电，给张绍曾氏，请他由奉天发兵，直攻北京，第六镇为声援，何参谋拟【定】即发，并主张发令先断南北铁路两段，以阻清兵南下，而解武汉革命军之围。此项命令亦由吴氏许可，由何拟定发出。我到石家庄，才知绶卿招忌在截留向汉口运送的德国造枪炮子弹数百万，所以当席发言曰："吴统制截留之子弹，可移存娘子关，较为妥适；恐此间军队如一旦开发，恐不能携带故。"吴氏也认可。仇氏主张由吴氏集合六镇兵，由我们集合山西兵，为吴统制举哀，并誓师北伐。吴氏也没说别的。此外还有些小问题，都解决了。并邀他先到娘子关一行。说话中间，时已垂暮，于是大家抬身，要分头去集合军队。我又向吴氏说了两句话道："兵贵神速，若乘此机北上，大事可成！"吴氏却说了一句不中听的话道："怕我们的兵不开通！"我更不向他应酬了。对仇氏曰："吴某靠不住！"仇氏曰："有约在，且何参谋可以监视他。"我们大家到车站，集合晋军，正要说明为吴统制复仇，却久不见吴军消息。少顷，有人报告说："吴氏集合军队，向正定方向退去了。"问何参谋，他说："他为发电报，不防吴某率队走了。"这真败兴！但是那几百万枪炮子弹还在，大家商定运回娘子关。有人说，怕吴某回来见怪，我笑道："他若是回来，又何必走？且定约说明此项炮弹，应存于山西，怕什么？况这是吴统制的心血换来的，我们怎能不给他放在安稳地方！"大家听这话有理，才命兵士，一箱一箱的向货车上搬，兵数不多，有些百姓，也帮着搬运，不多一阵，把几百箱枪弹炮弹——榴霰弹等，齐转上货车，还有十几包大米，也装载上，还有些军装兵士外套，都分给各兵士穿了。这一切都弄停当了，只差一件，没人开火车。真着急！因这时天已黑，野风四起，冷气逼人，大家又冻又饿，有些不好受。我发了一个口令道："有能开车的，每人赏银二百元！"呵！真灵验！转眼便找到几个开车的来了，把一辆机关车，从火车房中登时运动出来，将客车、货车，一齐挂上，汽笛一声，向娘子关发动。这时在车上却觅不见那位何参谋，问仇氏，仇氏说："刚才还见他到车上来，或者他到别处去了。"我说："不是，他是预备棺木收殓绶卿死尸去了罢！反正，明天还要派兵到这里来搬运的，如今顾不得他了。"当时饿肚子，实在难受，感觉到面包问题来；因为那时同车人，都没精打采的。几点钟已到娘子关，大家才找到饭吃。别的话，都顾不得讲了。姚君听见把枪炮弹运来，自然欢喜。一面命人搬运下来，一面又派杨钱甫君到石家庄，查看断绝铁路的情形和何参谋的下落。第二天，他们一同载绶卿骸棺回关。钱甫报告，已断绝东西铁路数十里，姚君曰："我今日始得安枕了！"我问钱甫曰："石家庄还有存留晋军否？"钱甫曰："无！"我说："不妥！应该多留兵分守附近桥梁才行；但折断几条铁轨无益。"他说："山西那里有兵可派，我们回去再讲！"我无法，只得回去。但我当时也有一种痴想误了事。

罪案中心　分兵计划

你道我有什么痴想？我以为石家庄一番停顿，使南北交通中断，清军在武汉前敌者，必发生慌恐，民军乘势可以得利，则武胜关不难下。一面张绍曾念同仇被刺，直以一军拊北京之背，则中央必生绝大风波，同人在内响应，成功有望。且北洋军队，多汉人主帅，当此种族主义昌明，必有一番觉悟，不肯替满人出力，自残同种了，还有什么仗打？嗳，大错特错！那知道这些奴才们，一点觉悟也没有，仍是一肚子红顶花翎，但想借同胞髑髅，作升官发财的资料呵！所以他们不但不和革命军表同情，而且要极力破灭民军的实力。当石家庄铁路中断了数日，山西并未继续出兵，固然是兵力不敷，以及统军者精神不振，也由于我主持不力（即误于痴想），以致让袁世凯得乘隙入北京，遂不能彻底澄清，遗恨何限！此实为种族革命时代罪案的焦点，终身莫赎此耻了！写到这里，实在不想再续下去。但前车之覆，仍足为后车之鉴；况失败中夹带着无限同胞血泪，有不忍使之埋没在"表里河山"间者，故只得忍痛叙出，以供世人的指摘。袁氏入京，姚君亦痴望其能藉众力以覆满清，不至再与革命军为难。谁知袁氏心怀奸诈，既想利用民党，复灭清室；又想制服民党，归依一己；故入京不久，即遣第三镇到石家庄，谋攻山西。我曾亲身查看娘子关阵地，如所谓南天门、雪花山都走到了。但见重峦环抱，障蔽天成，和海口大炮台的形势，一般无二，若得十尊大炮镇守，虽敌有百万雄兵，未易飞过。可惜山西新军，炮兵独缺，有可守之地，无能守之器。我曾谓守者曰："此不能恃吾之能守，而恃敌之不我攻，始可！"是以当日回至太原，和伯川商量南北分兵计划，为秘谋曰："娘子关终不可守，一旦失败，非南退必北进，今不速图，将来恐北不能过雁门，南不能逾霍山，我辈必进退失据，奈何！"伯川深然之。乃分派兵于南北，预为退军地。适续君西峰有函来报告："将由繁峙绕过代州，直趋大同！"我阅此大喜，曰："如此，则雁门不攻自破矣！"

筹款　提起社会问题

　　我当时于分兵建议外，尚有一重要建议，即筹款。因我自石家庄归来，颇感晋军实力不充，非多加练新军，不敷分布。时赵次陇君，亦参密要。一日议及兵饷，我说只有一法，向太原有名富豪家通借，千百万金不难立集。座中有人谓，恐有扰民的嫌疑，我道："此次革命，不但解决种族政治问题，并社会问题也应该一并解决。山西富豪，家资敌国，乘此机会，一为平均之，乃是革命要着，不惟筹款而已！"赵君极赞之曰："梅九说是！我们就实行起来，先向最便家，派人去借好了！"伯川听从此言，教大家先公推几家。于是第一便推到祁县渠楚南家；再次太谷某家，再次榆次常家。但说到常家，我想起一件事情来，就是前边叙过的"竹杠失败"的笑话，我所敲的正是常君，今天若主持向他家借债，恐人讲咱藉端报复，乃特别提一议道："我听说榆次常家，近已中落，可以不向他借！"伯川答应了，却不知我别有这段心事。至于向渠家借银，我主张命姚太素、李梅峰，率学生军一队去借，伯川许可，即时命人拟就公事，派大家去了。我密告姚君曰："至少百万始可！"过了两天，有电来说："渠家准借四十万现银，先解二十万来。"伯川回电照准；实不满我意。然因此军需运用已灵，市面金融，也活动起来，兵心也一振，新招之兵，也不愁无饷了。据筹饷学生说："初到渠家，楚南的父亲，尚思闭门谢客，学生等乃向其门口，空放了几枪，渠老先生大恐，央人说：'再不要放枪！家里小孩害怕，我早想帮助军饷的！'于是引大家到存放现银的房中，听大家照数去取。"好笑！财主家的老少，胆子都太的小了。当时有直隶同志绕道来晋，说："想在保定一带运动民军起义，为牵制敌人攻晋军队，并可放刺客入北京，实行暗杀。"我力主张，并向渠家为筹生金二十锭与之。伯川也说："这一方金可当十万金用。"

政事部长 朔方兴讨使

革命军初起，意在破坏，故无人留心政治者。我入晋后，参与军事进行，对于分兵筹款等事，亦曾积极主张。虽在石家庄，自命为参谋，其实并无名义。及二次到晋，颇有人欲位置我，伯川乃命孔君繁蔚及仇君亮商议取法于湖北军政府的组织，于都督府中，分设军事部、军需部、参谋部、政事部……邀我共订章程。孔君颇斤斤于诸部权限问题，又言军事时代，以兵为主，政事可以不要，我亦谓然。但他的意思，仿佛说我有心揽政权。我乃大笑道："我是主张无政府的，你莫拿这些玩意对我剖析，况且大家还不定几时滚蛋，有甚么争论的呢？"这几句话，把大家说的没话了，就照当时通行的军政府大纲，组织起来。以副都督温静庵君充军事部长，以黄少斋君充参谋部长，以我充政事部长，以陈汉阁君充军需部长，大略如此。我即组政事部，内分内务、外交、交通各司，以利进行，规模三日即大定。外交司对于保护外侨颇得力，我特别组织——参议部，邀请同志自由议政。我当时却想到一旦分向南北进兵，图谋大举，过路知县官，非先换成同志不可，于是派了几多知县官出去。惟有作为的同志不肯去，结果仍被好作官的人抢去了，因而更讨厌了政治！我当时随应承长政事，每日仍参与军事进行；且各省同志到山西来的，以长于军事者居多，又和我素日有些来往。最著的如从前说过的楚馆主人孔庚（文掀）和李敏、王敬轩诸位，于吴绶卿死后，也由石家庄乘机到晋，我特别介绍见了伯川。文掀慷慨陈辞，大骂袁世凯，说："此奴万不可信！绶卿之死，有疑袁遣人刺死的。若拥戴袁氏，则民党可谓无人，山西可谓无人！"伯川大赞许，聘为高等军事顾问。时议分兵北上，出雁门解大同之围（因续君已率偏师入大同），请孔君主其事。我给他想出个特别名称，为历史所未有的叫做"朔方兴讨使，"意在兴师讨罪，为李子高诸同志复仇故。伯川也没驳回，就照办了。

发挥种族主义的一封书

仇亮氏自绶卿死后，居恒郁郁不自得。一日听说袁世凯与黎元洪有议和消息，对我道："袁世凯欲利用和议，懈怠革命军进取之志，黎元洪本非民党，恐由此让步下去，革命大事必至失败！我有心到湖北亲见黄克强，力阻此种和议，坚持我辈宗旨，非打破北京，目建共和，绝不罢休！你以为如何？"我说："君言极是！但此间借重君处很多，伯川恐不放君行！"仇君极言其心已动，再留亦不益，终至痛哭流涕以求去！我不忍阻他，乃商之伯川。伯川闻其去志甚坚，无法挽止，乃予以代表晋军名义，请其到武汉一行。同志荣子文说："当由伯川与黎宋卿一函，表明我辈的决心。这封信非你自己下手不可！"我受此鼓荡，且对于当时革命大势，亦有一番感慨，乃启墨伸纸，执笔直书，真所谓"文不加点，一挥而就"，把肚子里种族主义发挥了一个不亦快哉！其实并不以为得意，但同志却推为革命时期中有数文字。今全录于左曰：

宋卿大都督麾下：锡山本山右武夫，不识天下大计；惟念炎黄神胄，沦于异族，几三百年！古云："胡无百年之运"，兹乃过倍，斯诚汉族男儿之奇耻大辱，无面目以见天下者也！曩在倭岛，与二三同志，酒酣耳热，论太平遗事，未尝不痛恨于曾、李诸奴罔知大义，自戕同胞！而洪、杨亦失雄图远略，死守金陵，无北伐志，为自隳光复之大业也！自时厥后，汉家儿之谋兴复旧物者，断脰陷胸，相继流血于赤县神州。今岁广州之役，黄花岗山长埋七十二雄鬼，实吾党革命以来之最大牺牲也。其在满虏，以吾党势力，仅能达粤土，经此败挫，当为不复燃之死灰。不图麾下，奖率同志，倡义武汉，克定南疆，旬日之间，天下响应。三晋健儿，闻之鼓舞，于前月八日，纠合同志，乘虏臣不备，攻陷太原，树汉帜于并州城上，随将进兵井陉、获鹿之野，实欲断虏师后路，以为我南军之遥援。惟自审军力单薄，未克大举深入，乃与吴帅禄贞谋，将联直军为北上之计，事为旗奴窥破，戕我元戎，引师北遁；吴军亦半溃于中途，图北之策，为之一阻！锡山诚愤懑填胸，拔剑斫地，誓欲联合南北义旅，灭虏朝食，以复我同胞大仇也。奈邮电隔绝，谣诼四起，谓麾下已与袁世凯订约休战；且有要求满虏改制共和之说。锡山且大惑不解！夫汉族与满虏不两立，爱新觉罗之子孙，率孱弱无能，今所恃以抗我义师者，仅袁奴一人，奚足为虑！（后有媚袁者，将袁奴句，改为汉奸一二人，可哂）麾下诚能张皇六师，长驱北上，则败清师，易于摧枯拉朽也。且改制共和，我大汉民族自主之耳，何要求协议之有？休战议和之说，实懈我军心！（仇君观书到此，曾鼓掌赞之，与其意相和故）锡山闻三楚多奇略智能之士，未必无谋至此！特惧千虑一失，故敢贡其蕙言。为今之计，诚宜命水师，由海道直攻津沽，与齐鲁之众联合，扼其项领；大师由陆路北上，锡山不敏，亦且躬率晋军，偕同秦、豫之师，西北燕郊，据其腹心，务使虏众首尾不相顾，则成功真旦夕间事也！用遣一介之使，略陈鄙衷，且问大计。昔人有言："楚虽三户，亡秦必楚。"天而既厌满德矣，虏岂能与汉争乎？（两句融化盲左，自是得意辞语）兵贵神速，亦贵果决。（记得续君西峰，将以偏师攻大同，曾来一书，密求我同意，传语者且曰："非见梅九话，不出发。"我说："那有此事！"然不可无一言，因大书，"兵贵奇，奇贵速，速贵果"，三熟语付之，亦一纪念）若迟疑不断，则晋军孤悬一隅，师久无功，将使中原父老，望断汉家旌旗也！临颖神遥，即祈倖盼！

此书颇为一时传诵，而山西革命文告，见于当时报章者，只此一篇，故虽违本心，亦觉有录载的必要。

函拒段祺瑞　欢迎刘越西

袁氏入京后，命第三镇进军石家庄，闻统军者曰段祺瑞。我曾代阎伯川致段一书，略云："朔风凄厉，未审君之涉吾境也何故？尝闻中原名将，首称段、黎；今黎已高举义旗，声动寰球，君胡不自振，以与争功名于史册耶？我军屯次苇泽，愿与国人共解时局。此地为淮阴拔赵帜树汉帜之地，望阁下能一张吾汉帜而媲美于古英！"这封书由常君子发带去，偕同贾某见段。段轻笑，且曰："可劝伯川取消都督，再休胡闹了！"其气焰逼人太甚。子发对我说："如能捕段，必拿他的态度作报复！"我知北洋军官，尚未觉悟。一旦到娘子关亲访前敌状况，在张星斋所率营中闲坐，忽有兵士领一穿北洋军服的官长来见，我见其人魁伟英爽，即知为同志，大喜！与之握手扳谈。他道："我乃第三镇炮兵营长刘廷森字越西者，与何叙甫同学，曾入同盟会，存心革命有年；今率队来此，于早晨命本营炮兵登火车向娘子关进发，意在将所带炮兵一齐运动到此，和晋军联合革命。及车过五里铺，兵士看见情形不兑〔对〕，命火车停住，我乃向兵演说革命，请大家跟我过来，无奈他们胆小无知，不肯下车，并催我回去。我说：'大家不革命，我一个人也要革命！'便跳下车，孤身到这里来了！兵士和我还有些感情，不肯伤我，惟向空中放了两枪，就退去了，可惜！"我听了非常感动。晋军无炮队人才，可惜所载大炮未能带过来！又我们在石家庄运来的炮弹，有弹无炮，真没法子想。但刘君这一来，敌军情形，我们便知道个大概，不用放什么侦探；（曾派兵扮僧人探敌）且敌军失一将才，也要顿挫一下，革命军便可进行。我亲介绍刘君见了姚君，并带他到太原见了伯川。伯川便命他到雪花山领炮队。刘君到娘子关时，赵次陇君亦在彼，很服刘君的勇感〔敢〕热心，密谓我曰："兵法，大将去于军不利，是我军之得也。"

山西像一把刀　一片死气

越西亲临前敌，叙甫在省城主练新招民兵，七日连成，并自编革命军歌，发扬蹈厉，使人兴起。叙甫心太热，几欲练成十万精锐，亲自率之，直趋北京，为绶卿复仇。尝指山西地图对我说："山西省像一把大刀，临北京之颈，欲斫倒北京，非山西这把刀不可！"真快语。一日他正在金营外教场练兵，我偕李岐山君往观，（是时岐山从河东来，欲自成一军南下，联合诸军，东出巩、洛，以乘清军之后。伯川不许，岐山密与叙甫、钱甫相接纳，以谋大举）刚走到所谓万寿宫后，遥见叙甫指挥亲兵，东西疾驰，有狂飙卷地之势，兵俱灰服，一望如云，我不觉冲口而出曰："一片死气！"岐山曰："非也！一片杀气！"我乃点头，连声曰："好一片杀气！"当我说一片死气时，心中融化着"有死之心，无生之气"两语，率尔出口，岐山以为不吉利，改曰杀气，未免有心掩饰，非眼前自然现象。我也回想"死气"不祥，然又自知无心说出，不在好处，勉强跟岐山说了一声"杀气"，而终不释然。于是同叙甫说了几句鼓励兵士话道："有此劲旅，可以出奇制胜，乘敌不备，一试其锋！"叙甫慷慨自矢，愿效前驱。时娘子关风云正紧，我原主张，"与人乘我，宁我乘人"。当越西归来，敌阵未整，我极力劝伯川出师。并曰："处则娘子，出则获鹿！"是由"处如处女，出如脱兔"来，自拟为名句。且乘势突出，未尝不可以侥幸万分，总强似死守一关，奄奄待毙。伯川不听，且以我轻听叙甫诸人愚计，将误山西。我则因南北道通，进退绰绰，胜固可长驱中原，获鹿巨野，败亦可北渡雁门，再谋卷土。时戏与友人曰："我若得统帅，早上出师表矣！"时越南阮鼎南氏在晋，亦赞成出师说，我并从容与议及革命成功后，将助越南恢复故疆，鼎南君笔答我曰，"一语令人万感！"每思此言，不禁愧恧！

推袁作总统　幸不是劝进表

外报不至，娘子关外消息，完全无闻知。其时南京已下，孙中山由海外归来，革命军声势日振。袁世凯氏，且藉以恐吓清廷，希报往日削职之仇，并图帝位。而一般人，则力倡共和，绝非袁氏所欲。此事由刘君芙若从北京来，始告我知道。芙若名为受袁克定氏委托来晋疏通，实则欲入甘肃，对回族宣布革命共和的利益，使他们赞成，以免兵祸。及到山西后，对我说明外边实情，略谓："昔日主张君宪的人，如范源濂辈，都极力提倡民主共和。袁克定密联民党，也劝老袁颠覆帝政。我曾与克定氏约，若项城主张共和政体，我可以劝山西民军首领，承认项城为第一任总统，并以不攻山西为条件。否则恐山西不能让步。"我听了这话，意谓果能藉此免目前战祸，不妨暂且承认。因密与伯川议，伯川也赞成，命我作一咨文。我乃同段君砚田两人，俱到农林学堂一秘室中，提笔写成一张契约体文字，略道："古今中外历史，已证明君主专制，其后世子孙必招灭身亡族之惨祸（便是当头一棒，以醒其皇帝梦）。是以最近各国革命，改易政体，皆以共和民主为归趣。阁下如能协同民军，颠覆专制，然后敷政共和，与民更始，则第一任大总统舍公其谁？须知咨者！山西都督某。"

文成，笑告砚田曰："幸不是劝进表！"砚田也笑起来，并道："是一篇惊醒痴梦的文章，未免太潦草了。"我又笑曰，"算了罢！买菜乎，求益也！我便是这种意思。"于是携到伯川处，教他看过，他也没驳回，就命人另誊出，使常子发君协同芙若前往。芙若说明来意，欲走甘肃。伯川说："你先到北京辛苦一趟，回来我教乔子和君同你到甘肃一行；他系回教徒，比较有利益。"芙若听此话有理，乃答应和子发同入北京。

娘子关失守　决意南下

芙若既去之第二日，即有第三镇曹锟率兵，进攻娘子关警报。我对伯川说："袁奴远交近攻，欺人太甚！惟有一战，不可退让；胜则长驱北上，败则分兵南北，另作计划。"伯川曰："然，我亲赴前敌一看，请君留守。"我一面答应了，一面到中华民报馆，和润轩计议，说："此战必不胜，但娘子关内节节可守，不可不预备接应；等岐山由太谷回，看筹得枪炮若干，再议。"午后一时，有电报来，云："刘越西在雪花山拒敌，派兵一队，夺得敌大炮一尊。"我对润轩云："他们道越西不可靠，今何如？但得炮一尊，何济于事？怕刘君有失！"未几又得电报云："敌炮火甚烈，我守兵不能敌，纷纷退下！"我曰："败矣！但不可张皇，等伯川回来，商议退守策。"未几姚君即由娘子关回太原，我方疑其退兵过速，一时阎、黄俱返，神色仓皇；但云："刘越西君，苦战雪花山，身浴炮火中，很勇壮！但不能当敌炮火连发；且命中甚准，弹已落前敌司令部，故我辈不能再守！"我道："宜镇定，勿张皇！我拟一文告安人心，彼军未必敢入关。"阎不答，我即辞出，到政事部拟安民文告成，张贴街市。然阎已出城北走，人心不靖，此固预定计划。但如此慌迫，实违我心。我因到报馆，对润轩说："他们走了，不要紧，我们守城，效死勿去！"张翔之君强拉我去陆军学堂，见杨篯甫，杨方推胸痛哭，曰："我对不起山西人！"一面说，一面以手枪自拟，周耀武君连忙抢过来，从杨手中夺下手枪来说："要死大家死在一处，现在他们走了，我们把军队整顿起来，还可以自守，为什么要死？还没到死的时候哩！"我很壮周君的话，也劝了籛甫几句。时岐山已从太古来，说他共得枪数十支，和娘子关下来的军队联成一气，还可以革命。他又对我说："南下军队和我有旧，且陕西民军，都和我们有关系，南下可与联合下河东，出河南，再谋大举。"这几句话很使我动意，因我正念并勿幕故。温静庵君亦主南下，我乃劝周君牺牲意见，同到南路再讲，并道："你们可以率队前行，我率学生队保守辎重车殿后！"

以退为进　王一山来

我和翔之、润轩诸人，最后出太原城，想起傅青主"我之愁郭瑀之愁也"的话，回首望并门曰："不知何时见汝！"此时心中最不安适者，就是越西、叙甫未返，政事部诸友未别，在我们觉得出城独晚，在他们还要怪我们出城太快哩！步行至徐沟，倦极，学生军有二十余人同行，为觅一破店休息。我教润轩对学生说："此次南下，还要联合诸军，或东出陕、洛，或卷土北上，乃'以退为进'的办法，并非败溃可比。我们必须整装，押定子药车，徐徐而行，不要忙乱！"润轩道："不错，我对大家说知好了！"此时忽有人来讲，有陕西朋友来访，我连忙接见，乃是王一山君，自然是欢喜极了。问他何以到此？他道："陕西革命军起，和太原应联合一致，所以我和两个弟兄到此，和大家商议联军事体来的。"我便把晋军最近状况告他，并说明我们南下的主意。一山很赞成，说："我们南下联合诸军，还可以下河东，重张旗鼓。"我说："最好！我们同行。"一山说："那是自然！"我绍介他见了润轩，又谈到陕西革命经过，他说："同盟会同人全数出马，李仲山、邹子良并出死力，我领陆军学生保守藩库，颇得罪土匪，翔初充都督，曹允侯独树一帜，向乾州御甘军，勿幕亦自成一军，守渭北，潼关连失连得，陕军勇气百倍，可以支持，还可以分兵到河东来！"大家听了，大有眉飞色舞情形。一山次日与岐山相遇，我请他们先行。我们到祁县时，城门四闭，乃停车关外。此时围视的百姓，足有数千，他们见我们很整暇，都竦然环立不动。我命学生阎寅、卫鸿志向马号借马，并要官车；初不肯与，我乃吩咐一用强硬手腕。阎、卫乃拔刀指挥，他们连忙答应，意思好像说："赶紧送这些神走罢！"于是拉出几辆车，并几匹马，让我们使用。乃整队押定子药车南走，很觉得堂堂正正，非同儿戏了。此时也有从娘子关陆续下来的兵士，我们也收容到队里；里面有一个姓刘的，说是安邑人，他最好空放枪；我很警戒他，叫他休随便费子弹，他虽听话，心里终不肯改，我也不理他，只严束学生军，勿乱放枪而已。

汉阁遇贼 诸葛亮神签

次日到平遥，城门紧闭，但从城内供给军食，由城上缒面食等送出。傍晚，郭琯卿偕陈汉阁君亦至，相见甚喜！郭君言路遇匪人，夺去行李，几不免。因汉阁眼光，至夜间无灯月时，与盲目无异，所以行路极不便。我约与二人同行，并告以学生军。路过徐沟时，曾遇渠子澄解第二次款入省，乃命令兵士均分，兵士不听，乱攫去。幸阎、卫两学生，拔刀阻止，截留元宝十余枚在此，尚可供我们使用。汉阁此时虽已放心，而精神不大振，我很替他担忧，想教他回家将养。他讲："到洪洞再说。"这时仍有从娘子关退下来的说，敌人并未入关，我也知道，但此时一心要到晋南，看看河东情形，没有返回太原的心思了。只缓缓而行，并不是"以五十步笑百步"，实在知道敌人攻山西的用意，不过因老袁要示威民党，命他们进攻一下子，原无深入的必要。且他们深入山西，反与南方民军以北攻机会，绝然是不肯的。我曾对润轩说："若敌人全数入关，占据太原，后路必空，南军必乘势北上，这也算我们退军的策略！"润轩深以为是。及到介休，张之仲为知县，他自然是开门欢迎；因他是政事部放出的官员。大家有在衙门休息的，有在城外休息的。我同润轩、道卿三人，到介休城外散步，远远望见一座小庙，离城不远。因到那里一看，才是一座孔明庙。我心头很奇怪说："这里怎么会有诸葛亮庙呢？"进到里面，有看庙人迎待，果然有泥塑诸葛像，像前有一大清皇帝万岁牌，润轩取下来折碎了它，对庙祝说："大清已亡了，还有什么万岁！"又见案上有签筒，润轩有点迷信，恭而敬之地求了一根签，妙极！签语忘了，但标题有四个字道："以退为进。"

润轩笑对我道："你看！这四字，不是你讲的么？怎么可巧这签上就有他呢？可见凡事都有一定，或者你就是诸葛！"我笑道："诸葛倒像，就是把街亭失守了！"在介休更无别事，还记得大堂上一幅集联很好，便是："三公不易其介，四方惟乃之休。"妙语天成，这先生自命也不凡呵！

灵石城下避丸　阮步兵

由介休退至灵石，共学生等同住破店。想起虬髯公传来，听说此地有英雄奇遇处，就是本李靖红拂虬髯遗事附会而成的。于是又想到谷芙师在长安时，曾撰一联云："感怀灵石道中，儿女英雄王霸业；放眼太华顶上，泾清渭浊终南低。"不觉动一片怀古念头。对学生卫鸿志谈古今革命事业，断不是侥幸成名，其间必有几个奇人，如虬髯、红拂一流，能使后人闻风兴起。曾记某君灵石道中怀古诗中有"傲岸容从妆镜得，不平情为蛾眉留；相逢一妹唤一兄，山河犹增无限黛"诸句。以及王霞举先生的"中原有主做不得，掉头去作夫余主"，皆能写出当年情事。我曾想作一出古派新剧，使人演唱，尚未着笔，当目下实行革命时节，更说不到这里了。卫君曾问革命后，以什么政体为好？我道："政治没有什么好的！比较起来，共和似胜过专制；但也不算很好，还须实行一番社会革命，一直到无政府时代，才好哩！"卫君听得"无政府"三字，很是惊讶，但他没有往下追问，我也没深谈。然而他却把这句话牢记在心里，到革命成功后，我在报上发表无政府主义时，他才提起旧话来问我，也是一个纪念。再说灵石曾遇险，因为温君静庵，向灵石县要官马，城内不与，温君颇怒，有命学生攻城的意思，我和翙之、润轩不主张，因我辈目的不在此，所以到次早，整队出发。不料温君的马弁，和城上人冲突，因向城上开枪。这时灵石城内，有什么巡防队，便集合队伍上城，向城下放枪。温君下马，命学生立定还击，一时快枪弹纷纷飞下，其声清以越，有人高呼道："是快枪子弹，是快枪子弹！"我那时只屹立不动向城上看，见人数不少，中间杂着百姓很多。那位好放枪的安邑刘某，在我前面举起枪来向城角一击颇命中，城上人哗然退避，我心中才放下。同时刘某中弹倒地。又一弹从我耳际飞过，有人拉我向山拗避丸，我乃侧走。城上一时停止枪声，润轩乃收队，扶刘某上车，徐徐退入霍山，至山坡知敌不敢来追，大家乃谈笑而行。有人与我一根长枪，我负之登山，心里说："我而今成了阮步兵哪！"

李大哥来援　行军都督

将夕，退至山腰老张湾，有几家店房，能容下我辈几十个人及车马等；我和翙之、润轩共占定一窑房（即穴居）。吃过午饭，谈了些闲话，走的困了，大家早早休息。睡到半夜，忽听见有军马声，奔腾自外来，大家惊起，怕敌人追至。我说："没有的事！"即听见有人嚷道："自己人，自己人！"我笑曰："必李大哥也！"开门迎入，果是岐山同一山偕十数骑至，相见大笑。岐山说："郭琯卿慌慌张张地来到霍州，见镈甫报告你们被敌人攻击，不知生死。镈甫嗔他报事不明，几乎要杀他，他说：'请先解大家围，再杀我不迟！'我便告奋勇，同一山前来，并谓如梅九有失，必踏平灵石县！"我很感激他的盛意！一山背负马枪，气象雄纠，我问他："何从得枪？"他说："从军中借来的，因赤手不能解围；况且说是救你，莫有不肯借的。"我又问军队情形，他们说明天到霍州再说。岐山问有受伤者么？我对刘某受弹告他。他去看过，回头说："甚危！此地苦无医，到前面再讲罢！"次早大家同行，过仁义镇，即至霍州，镈甫已率队去赵城，遂同至赵城，刘某已不救，为殓其遗尸，寄棺一庙中，由卫鸿志一人经手，并标明刘长贵之枢，此为南下第一牺牲者。我见了镈甫，并谢盛意。他问"子药车全来否？"我说："走过徐沟时，失去一车，特命学生卫鸿志回头去找，我们行至祁县，在店中候他。不至，心甚焦急。至半夜忽报告卫君回来，我非常欢喜；但他未找得那一车子药，未免可惜！那时只幸他无差失，顾不得别的了！"镈甫说："不要紧，保得一车来，已劳苦了！"此时四川同志公孙长子、吴汇之同在军中，议整顿军旅，以镈甫为行军都督，静庵颇不愿，我也觉此名不妥。但大家已经改定，很不好意思取消；况当下只论实事，这些名目，却是随便的，所以未竭力反对。长子能文，汇之善军，皆军中能者，我曾另眼看待，恐因无味的争论伤感情，所以行军都督的旗帜，由他们制造起来了。

霹雳一声　惜哉刘汉卿

在赵城关外小学堂驻军，张琦玉出城见大家，问省城近状，并言："衡玉五哥从陕西归，现卧病家中，未能和大家相见，一切支应，都由我备办。"正讲说中间，忽闻枪声一起，窗棂震动。

馂甫变色，欲躲避。周君耀武阻之曰："慌什么！有乱子也不要紧呀！"我也劝大家镇静些。少顷，有人来报告，说是霹雳队中弟兄，因口角冲突，至开枪伤死一名，现由队长弹压下去了，大家才放心。提起"霹雳队"三字，也是我创造的名称，因岭南健儿，惟洪洞、赵城两县为最夥，曾由某君招集多人到太原，静庵不主张扩充队伍；他的意思是说："山西没枪，但招些空手兵有什么用处？"极力主张遣归。当时我出了一个主意，对静庵说："革命党以炸弹为唯一武器，山西虽缺枪炮，然炸弹还可以自造，不妨成一独立炸弹营，定名霹雳队，可以壮我们革命军声威！"这几句话，却打动了静庵，立时认可，说："好极了！这很可以组织起来！"于是霹雳队遂出现于太原城内。南下时，此队随馂甫同行，一路也闹出笑话，就是到赵城，才霹雳一声，自残同队，我当时心中觉得很可恼，又很可笑，引为自造的罪孽！但此队中人，毕竟有勇气，到后来还为革命出了点力量，这且不提。当日因这点骚动，人心稍稍不安，琦玉劝大家速离赵城，馂甫也急欲到平阳，和第一次南下军队会合，所以立时发命，拔队向洪洞进发。不料到洪洞后，有一个极失望的军情，就是被民军一度占据平阳府，重新退让于敌人，所有军队全退至平阳府北一镇店上，先前和民军外面联合的清军，皆翻脸不认帐了！最痛心的是前锋营长刘汉卿君，击敌隘口，屡得胜利，某日独率一支队，进攻某山头，而援队不至，遂陷于敌手，被杀，死状甚壮烈，是为第一次军中最大损失！且我更有特别伤感，因送君出发时，我亲身与君珍重告别，君曰："不下河东，誓不回首！"我曰："壮哉！"今竟中道殒命，能不惨怀！

两军合一　鲍参军

军驻洪洞关外，大家听得平阳失守，即开会商议办法，都说："如今只有使二军合一后，再作计较。"商定，我道："第一次南下诸人，我认识人很多，我同人去接他们去！"大家赞成。于次早我乘一轿车，向某镇店进发，中途见有数人迎来，我猜着是民军人，于是下车招至前面，果是第一次南下军中某君，我问他何在，他道："在前面听得省城民军南下，不明真相，所以前来侦察的！"我道："好了！你赶紧回去，对大家说我们通来了，带的兵不少，打算二兵合一，请他们把所有军队全数带到洪洞为要！"说毕，某君自去，我由中途折回，报告钱甫诸人，等到天将晚的时候，前敌兵全数退回，将官同来司令部相见。商议，仍以钱甫为行军都督，使统全军；并请他会合两军，重申誓令，命兵士皆歃血为盟，人心一振。然后开军事会议，议攻平阳与否。我曰："平阳城坚，且我军初至，主客势分，攻之必不利，不如绕道至河津，打听秦军消息，能渡河与秦军联合固好；否则，乘机攻陷河东，亦上策也！"大家赞成。恐平阳镇截击我军，我曰："我军虽新来，彼不知虚实，但听我军又增厚援，何敢攻我？"某君云："有某与谢镇有旧，不如写一书送去，说明我军目的，以免意外为好！"我赞成此说，即提笔草一纸书。略云："革命军目的，在攻取燕京，以定大局，我军将东出巩、洛，与中原义军相会，明日即行开拔，请足下偃旗息鼓，勿自惊扰！我辈决不攻平阳也"！写毕，令某送去。正议进军计划，公孙忽仓皇来告曰："清军已入太原，现派大军南下，向某县扣兵车数十辆！"我不俟其语毕，即呵止之，曰："断无此事！何得信这谣言？且令即有此事，我辈也应镇定，不必这样张皇，以扰军心！"这时声色俱厉，吴汇之极力赞成我的议论，说："梅九言是，越危险时，越要镇定才是！"公孙自认失言，也不提了。于是大家决定从容行军。最有趣是公孙受我一番抢白，和汇之诸人议军制，无法位置我，乃曰："以梅九为总参谋或参军。"我闻之笑曰："阮步兵又变鲍参军了，我不作参军！"

博士斩关 龚定庵妙语偶得

也妙！第二天从平阳城外整队通过，城上果然偃旗息鼓，静悄悄地若空城一般。转入某村，村人争出观看，也有惊讶的，也有指笑的，妇女们躲在门后边看，小孩儿乱跟着跑，没有怕惧。问村名，仿佛听说叫成功村，大家欢叫起来，大吉大利，此行必得赢得胜，这自然是从大人迷信地名来的。我此时已借得一匹老马骑着，颇形迟慢。吴汇之看见道："梅九骑的是太上皇。"我心里忽然触起摄政王来，自笑道："挟妓挟的摄政王，骑马骑的太上皇，也够阔的了！"从此这马便受了老吴太上皇的封号，许多人都称它为太上皇，笑话了！当时全队向襄陵进发，赶日落未接到前卫报告，大家便一直前进，到襄陵城外，听说城内无兵，但城门却紧闭不开，有呼开城的，里边也无人应声。大家急了，一天没吃饭，关外又没店房，天气又冷，在这站着，很不得法，便又主张攻城的。这时前队有一少年壮士，名张博士，性情激烈，不耐烦，看城门下有缝，便脱衣伏体，匍匐而入，头已入足不能进，呼人从外脱去其裤，乃赤条条的爬进城门内，由城缝递进一把刀去，博士便举刀用力斩关，而城门开矣。我似乎听见城内放了两枪，这时也无暇理会这事情，大家一涌而入，直向县衙门奔进。那位县官，躲避不及，慌忙迎接大家入衙。我给他介绍钱甫道："这是我们行军都督！"又绍介岐山给他道："这是我们将官。"大家坐定。岐山便厉声责问他："为什么不开城！"他觉得真要杀他似的，站在旁边，连忙说："我教他们拿钥匙去开城，这些混帐东西们，他们误了时刻，不是兄弟不开城，兄弟是很欢迎大家的！"言未毕，岐山哼了一声又道："你要小心预备一切！"他连忙道："是是！""你要笼些火来给各营送去！""你要速吩咐给各营送粮草！""是是""你要怎么，你要怎么……"

"是是是！"我在旁边，但觉得好笑。心中想起在日本和仲虑共看龚定庵词有二句妙语道："便千万商量，千万依吩咐！"眼前真有此种现象，不过那是对付情人，这是对付革命党，太难为他了。我给他解了个围说："不要害怕，大家都是同胞，绝不忍伤害你！"

放囚快举　太平攻未下

襄陵知县忙乱了一阵，给大家预备饭吃。这时就〔旧〕同学刘顾庵，已经从陕西还家，听说我们到了，他亲到县衙，见了我和岐山、润轩，通认得，很替那位知县解了这个围。知县听见顾庵说我们都是熟朋友，诸事好办，自然放心下来。我和顾庵又谈了一阵旧话，夜半听见一声枪响，疑又有赵城之变，出门，才是一个学生的枪走了火，于是吩咐他们小心些，便睡去了！第二早晨起来，忽见井某仓皇人衙，大惊小怪地对我说："不得了哪！有人把狱门打开，囚犯都放出来了！"我听了，心里好笑！这先生连革命的意思，还没懂得，破狱放囚，是革命军打开各州府县城时，第一要做的事体，他反慌起来。我微笑："不要紧，我亲自看去！"我便和润轩、岐山一同到监狱，真是黑暗的地方！有几个囚犯，争的向外跑，足镣还没有打断的哩，脸上都煤黑，一望如鬼，在那惨淡面上露出笑容来，见了大家就磕头。我们含笑挥之去！我对岐山说："此中如有健囚，愿从军者，必能致死力！"岐山首肯，教人去问，后来听说共有一两个愿相随的。我曾和岐山讲到监狱能完全撤废固好，不能，至少也要大改良一番；这般地狱式的监牢，不是人住的！岐山曾说："监狱改良，怕人都喜欢坐监，恐有囚满之患！"我说："人性极好自由，就是把监狱改成天堂，自由人也不愿意到里面去！"岐山很以为然，因他曾被安邑知县龙璜关押过多时，虽是优待，也觉得不自在，所以我这话，还入得他耳朵里。在襄陵休息一天，向太平县进发，先到固城关上。那个镇店，倒很大，生意也不少，市面未因革命摇动，大家分头驻下。这时打听太平城有巡防队，生意人讲，还有一个大路可以绕过太平。静庵极力主张绕行，岐山当时气壮，乃说动钱甫，自率一队攻取太平，王一山君愿同往。次早往攻，至晚方回，曰："城坚不易破！"一山曰："岐山真勇敢，可以率军！"此役虽未得手，而岐山之勇敢善战，为兵士欣服，为后来接统全军的张本，也不算无益之举。但听见一句笑话是："太平城当初李自成都没攻下来，何况我们？"

端溪忆家　全掌快谈

太平未下，终从静庵计，绕道而行，和过平阳一般；所不同的，过平阳是从城跟绕，而城上悄寂无声影，过太平是距城五里有余，却远远听见太平城上的炮声不断，可笑已极！不知他目标何在？真所谓虚声恫喝的意思！大家缓缓而行，绕过太平，到苏村打尖。适逢商集日，卖吃食的不少。都停车息马，吃喝了一顿。我问段端溪曰："还想家么？"端溪说："昨天因太平不下，我倒有心回去；但既和大家同行，岂容舍伴？今天自然是丝毫不想了！"因端溪家在襄陵，到襄陵时，他和顾庵商量，想回家去探望一遭，也是人情；因汉阁到洪洞，归家养息去了，李梅峰也没随来，所以端溪忽动了这个念头。惟岐山很爱端溪的沉静有谋，且善谈论，当端溪向岐山提起这话时，岐山说："人人都有家，如君要归家，大家可以从此解散了！"这两句利害，顾庵在旁听见，接着说："语说不到这那，端溪！你跟大家去罢。你家里事，有我照应！"端溪更没话讲，说："如此甚好！我决心同大家前往。"记得岐山还从怀中取出些散碎银子，托顾庵转致端溪家，所以我有这一问。端溪和我交情尤密，山西大学同学中，端溪最少，而甚重感情，其回家念头，不但是思妻，且是思兄，因其兄多病，故不放心，我尝题咏其弟兄在太原话别相片，中有"久病怜兄瘦，怀归念弟单"两语，颇能道出当时情态。端溪至感泣，并云："单字别生一解，最妙！"闲话少讲。大家由苏村进至全掌镇，俗读掌为章诺反，音如酌上声，河东人读阳韵字，多归药韵，故有此变。初听不解为何字，及问明乃大笑曰："天下事全归吾辈掌握中矣，更何愁？"岐山曰："我只望此军全入吾掌，运用一番，以张我革命声威！"我说："莫性急！这容易办到；因钱甫病衰，静庵素日和军队不接近，舍君其谁属？"这不是戏谈，当日实情如此。在全掌寓卫姓家中，此地有高、卫两富家，卫姓招待甚好，且借与军饷数百金，钱甫与约，革命后奉还，我却想均其产于众，特此时未暇作这种事情。

龙门直渡　忆司马迁

自洪洞决定入河津，及到稷山曾探得巡防队，在绛州、河津无敌。于次早由稷山拔队，仍向预定的地点河津进行。彼处绅士，欢迎民军入城，即据小学堂为司令部。当晚集议，静庵提议整顿军旅，重新组织。次日大家同到一讲堂内，商定办法，王乾三在黑板上，用粉笔写了几条，大家略讨论一一通过。某某司令，某某参谋，某某队官，皆定妥；仍推静庵为副都督，我为参谋长，公决，举我们和王一山诸人入秦，联合秦军立借子药，我们答应了。次早即偕数人西行，诸留守者，亲送我们到龙门渡口；将入山时，行板桥上，直通禹王庙，桥下见百姓担挑河水的，络绎不绝，另是一番风味。禹王庙建在龙门岸旁，气象崔巍，不似当年卑宫室的样子。从庙侧望见黄河东去，龙门山屹立两岸，峭崖相对如门柱，石上有斧凿痕，想见凿龙门时的神工鬼斧，真令人惊叹不置！禹治洪水，以凿龙门为第一功；否则水不得由其道而行，必泛滥无已时，到此那得不徘徊延伫？问土人曰："对岸为韩城境界，原有渡船来往，现有船否？"曰："有！"问"有水手否？"曰："可以去找！"随即命人去找水手。一阵工夫，来了几个水手，推放一大舟于河岸，我们便一齐登舟，放舟中流。是时朔风凄紧，河内流细冰块，两岸有新雪，望之如画，幸遇顺风，欸乃一声，直达彼岸，回视送客者，渐远渐小，想惆怅欲归，大有易水送客的感慨罢！这时顾不得他们了，舍舟登岸后，人马备齐，各乘马沿岸而走。中途登一坡，闻坡上有祠，是司马迁庙，并云墓亦在此地。因思韩城本是古龙门地，太史公故里，或在此亦不定。但河津人一定要说他是山西的龙门人。曾记北京三晋西馆有一副对联，上联云："吾乡素富史才，汉宋以来两司马。"即指司马迁和司马光说，可为一证。凡古来好人，后人都喜欢拉他作同乡，以为光宠；要是坏人，一定没人争这枯骨的所在地了。好人到底是当的，虽在当时吃点亏，如子长受腐刑，却能以史才留名千古，使后人倾倒至此，也就罢了。这是我对一山在路上说过的话，录之以志一时感想。

路遇拳师　改咏卷耳末章

记得未到韩城，在某镇店中一宿，和一山快谈心事，说到陕西民军，多赤手空拳，执白刃以冒枪弹。但他们多会拳棒的，遇交手战，很得法。说时，指跟他来的那两位道："他们拳术很好，攻满城时，很出力。"说话中间，那店房掌柜来，我听他讲话像河东人，问他，他说是万泉人，我便和他拉同乡，他很喜欢。问我们往哪里去，我把革命的情形告诉他，他说："我年纪大了，若年轻，定要同大家去的！我爱习拳棒，我的徒弟，投入革命去的很多。"我们才知他是拳师，同他讲起武术来，他还色飞眉舞，大有顾盼自雄的意思。记得他还举荐了一个人，同我们第二早起走了。走到韩城，看见那座城，正在四山里面；因想在四面山顶筑起炮台，固然可以御外军，若外军占领了四山，用大炮俯射此城，一定是全城粉碎玉石俱焚。这种思想，自然是这革命时节容易起的，若在平时，绝对没有这种思想。进城后，本处绅士请大家到公所茶饭，并道："昨日接到三原司令部来文，说传闻有晋军西渡，教处处防御，才是大家到此，可见消息不通，易生误会。"我们请他们据实从速回复为是。又谈了些不要紧的话，我们便告辞走了，向合阳进发，记不大清楚了。有一日，走到天晚，上一个长土坡，形势微陡些，俗名瞪眼坡。大家努力上登，正当冬月，朔风凄紧，十分凉冷，登至半坡，体热顿增，不觉汗流浃背，骑马的人，早都下了马。我听见有人喊道："马也出了汗哪！"忽然触动我的心思，想起《国风·卷耳》的诗来，改了那末章三句，因高吟道："陟彼坂矣，我马汗矣，我仆倦矣，云何叹矣！"一山听了笑道："好！真能手！何减晋人风味！"

郃阳阅报　奇怪官衔

从韩城起身，向郃阳进行。途中过一堡，远远望见，堡墙上站的人很多。静庵猜着是因在韩城听得那误传的晋军渡河谣言所致，吩咐马弁勒马缓行，勿卸负抢，以致墙头人惊恐，再惹起灵石城下的恶剧来。大家听了静庵话，都缓缓从堡墙下进行，墙头人看见我们来人不多，且不像军队和土匪的样子，也没惊扰。我们走到堡门口，我独自下了马，命阎虎臣跟我进堡。堡人看我单人进堡，自然让进来，里面生意不少，我托言马缰绳断，买了一条缰绳，藉着这个时候，无意中把山、陕革命的情形说出来，表明我们来意，并说大清已倒，大家不要慌恐，安心做生理好了。说毕问明道路，没耽搁时间，便动身了。到郃阳有学界人认得我，欢迎大家到劝学所，问明来意，不错，也接到溃军渡河谣传。我在桌上，忽然看见一张小报，拿过来一看，是陕西省城的报，记载民军胜利情形，并有宋伯鲁一首五古，只记得几句，什么："岭云飞千仞（此句不准），威风亦高翔……两贤岂相厄，二日宁相防！"首两句指张云山和张翔初（名凤翙），后两句是调和两人意见的意思，却暗寓着挑拨。我便笑问郃阳某君云："此诗影响恐不佳。"答曰："不错，两张因此诗，意见更闹得大了！"原来张云山是哥老会中人，勿幕曾和他联络，但未能达改良会党的宗旨。革命起，会党以张云山为首领，张乃自拟一官衔云："见官大一级，听调不听选，天下都招讨兵马大元帅。"（传闻异词，首二句确有）我说滑稽戏词中的"有为王出京来，比官还大，思一思想一想，王是朝廷"便是"见官大一级"的意思。"宁教山头望廷尉，不教廷尉望山头"便是"听调不听选"的心理。

遇子文同渡　我的光光

在郃阳打听得勿幕率军渡河，将下河东，心窃喜，乃急催马向朝邑进发。到朝邑遇见些旧朋友，才知勿幕和崧生、李仲山、严小泉等……确已渡河。我便和一山、静庵分手，请静庵独到翔初处借子弹，我和虎臣同着秦军后队，齐至河上，遇见同志纪子文，甚喜。他说："这队伍全是勿幕部下，其中勇将很多，有一个绰号黑脊背者，就在这队中。"乃对我指明那条好汉，看他正在那里支配一个渡船，我便和子文登了那个舟，又见黑脊背自己鼓棹撑船，船随棹动，气力真个不小！我看这队伍快枪很少，有些拿铡刀作兵器的。子文讲："陕军铡刀队，很有名，清军最怕他们。这一队还算枪多一点，其余更不齐整，但战斗力俱不弱！"虎臣听见这话，很有些羡慕意思，对我说："我看铡刀队就不错！"我心里说："执铡刀以冒枪弹，和张空拳冒白刃一样，不过勇气可嘉，绝不是常法！"渡河后，听见仲山守蒲州城；我和虎臣骑马进城，也没人问，便一直到蒲州大堂上，下马令人报名求见，仲山万不防备我能到这里，一听见说我来了，立时跳出来叫道："我的光光！（秦语惊喜词）你怎么能来呢？"我笑道："你们真胆大，连守备也没有！"仲山说："这里没敌人，我们军队都扎在城外，我这里有几尊铜炮，中用的很！"我见仲山还是那样亢爽，便和他快谈了一阵。他对他们伴当说："梅九也扬的很（秦语"扬的很"，有沉重托大意），譬如现在说有敌人已到大门口了，他还能够丝毫不惊动！"这自是知己语，但我那能当此。惟此时已听得勿幕下了河东，心里好生欢喜！更不能久留，告辞连夜的走去。

高唱《满江红》　勿幕年岁

同虎臣乘马出蒲州，趁着月色而行，正是阴历十一月十四夜，将满的月轮，涌现空际，四野无人，万木疏冷，高咏岳武穆《满江红》词，至"三十功名尘与土，八千里路云和月"两句，中怀慷慨无限，因是年我正三十岁故。虎臣疑我发狂，问我唱什么？我说："唱古人词耳。"虎臣说："我不懂，但觉的很有兴味！我们且计划明天到解州歇不歇？"我说："不要歇？直到运城好了！"虎臣家在解州，自然动思家的念头，但也有过门不入的气概。第二天午后到运城，我听说道台余槊已逃，勿幕在道署，便直到那里去寻他。他见我来，异常欢喜！给我绍介见了陈树藩。并道："这是陕西灶君，你两人可拉同僚"。陈字伯生，是那时将官之一，其人短小精悍，我不知勿幕何以说他是灶君，大概因他不讲究外表的缘故罢。我和勿幕又说了些闲话，曾笑对他说："你快二十四岁了罢！"他说："你如何记得？"我说："项羽起兵之岁，周瑜统军之年，如何能忘记！"勿幕不觉大笑。又看见道署墙上，挂着一幅画，画的是几条鱼，上面题几句道："大鱼化鹏，小鱼饱鹜，依旧大江红树！"我笑道："大鱼是余诚格，在湖南跑了；小鱼是余棨，应教鹜吃了，怎么也跑了呢？呵！'鹜'变成'鹜'字了，鹜的十分快，所以说饱鹜，此词可作他爷儿们两人的谶语！"勿幕笑道："你真善附会！休谈闲话，看灶奶去，我保护他在女学堂内哩！他很受了些惊恐！"我当下告辞便走，到了女学堂，看见玉青。玉青说："虎臣说你骑着牛来，我问为什么连马都没有？他说你骑的马和牛一样。"我笑道："他们称他作太上皇，自然牛得很！"

玉青革命失败谈

我在河东女学堂见玉青，说话中间，我的仲弟敬之也来了，手足相见，其欢可知。这时我却有一奇异观察，就是敬之比往日对待玉青好得多了，并劝我就在女学堂住宿，因为这时女学堂早放假，上学还有些日子哩！那里空房很多，住在里边，没有什么不相宜，便答应了。自然没有工夫回安邑探视双亲。因秦军初到河东，和地面很有些接洽事情，勿幕既是什么节度使的派头，我在运城，诸事自然好办的多，玉青也能帮着办些事情。却说当日，有许多朋友，听我来，纷纷顾谈，他们说杨篯甫已离河津，岐山接统全军，改称五路招讨使，我很喜欢。整整忙乱了半天，好容易有了休息工夫，我才问玉青河东革命的详情，他说："说起来话长，当陕军未到之先，敬之一日来学堂，和我商量，说虞乡有几百民军，可以攻运城；但须我们作一个内应，我想以学堂为内应根据地！我说很好，现在学堂虽未放假，学生都回家了，只一个看门的在堂里，还有个女役。不要紧，就说你们来此和我商量给崇文办亲事（娶媳意）。敬之得了我的同意，回家还禀明了双亲，双亲也许他做。"我听到这里，截住说："这是敬之错处，固然老人早已明白革命是应该做的，但毕竟有爱子的意思，若有阻碍，岂不误事？"玉青说："因他对老人家说的很完善，所以才答应的。那一夜敬之同着十余人，陆续到学堂，预备破城的兵器和破城后一切事情；不料等到半夜，城外还没动静，急忙命俗号飞腿的某人，从城角缒下，前去打探；可巧那一夜下雪很大，打探人回来说，今晚不成功了，他们因雪阻不肯来！敬之很不爽快。当侦探未回时，敬之每听见个响动，一定叫一声嫂嫂，你去后面看一看，又叫嫂嫂，你快预备白布条，预备什么，什么……我当时心里笑着说，敬之把一辈子的嫂嫂，一夜要叫完哩！本然这事体非同小可，城内还有些巡警兵和巡防队，我们就只十几个人，想夺一关，作内应，'临事而惧'，是当然。但我那时胆子很大，前前后后，都由我一人跑腿，一听见外兵不来，自然也把兴头打回去了。我便对他们说，只好等机会再干吧！你们穿短衣能跳墙的，都到后院出去，穿长衣的，我明早送你们由大门出。敬之和三弟、戊辰、郭光烈几个人穿长衣，全等到天明，我才送他们出走，幸而没人看见。但这时已经有点风声了，我还没注意，一心等他们约好了外兵再干。过了两天，毫没音信，忽一天早饭后，守门人来告我说：'道台派队伍来搜学堂，请你出去！'我知道事情不妙，正在那里写信，一面便拿了枝铅笔和日记本，一面赶紧到学堂门口，看见来的队伍不少，但不好和他们答话。便问守门人道：'你方才报告什么事情？'他说：'人家说奉了道台命令，到女学堂搜革命党来的'。外边军队便接着说：'我们奉了大人命令来，搜查革命党。'我才接着厉声道：'胡说！这是谁造的谣言！我们学堂，那里会有革命党！'那些兵便道：'你不教我们搜吗？'我接着道：'你听清楚！不是不教搜，我这是女学堂，不能教你们随便进来，要搜，或三人，或五人，把名姓给我说清！'这时我已把日记本展开，手拿铅笔，作个要写他们姓名的样子，接着道：'我好写在日记本上，听你们进去搜；若搜出一点革命形迹，我万剐凌迟，愿甘承罪！若搜不出革命党来，坏了我学堂名誉，谁负责任！'一席话把那些兵丁都说呆了，一个人也不敢答应，半晌才勒马回头，说：'咱们回禀大人，人家不教搜。'便一齐走了。我又骂了几句说：'太混帐了，我还不答应小余哩！'一面说，一面回身，命守门人关了大门，然后到后面把那几卷白布烧了，刀枪都埋到操场里，这才放了心！"我听了他这一片话，只一句评语："你们真算侥幸！"

拔城队之发起　真吾儿也

岐山自率队攻平阳，焚东关，鼓勇先进，敌炮火太盛，不得近，乃令围之，屯兵尧庙。我曾一度和端溪到前敌探望岐山、翔之、耀武诸人，只听平阳城上大炮隆隆不断，心里好笑，并无人攻城，放空炮作什么？我对岐山说："须募敢死士，作为拔城队！"岐山曰："已组成，当再一试，此城过坚，且敌命百姓守城，我不忍击之。今惟欲其坐围，君仍与端溪返襄陵，预备一切需用，并编制续招的兵士！"我和端溪当日返襄陵，已有人招得新兵数千人，衣服褴褛若乞儿，我心里很惊讶说："那里来的这些贫民！"随即命人编练，先使他们换服装。此时岐山招旧友王丹青来，丹青见此，大不以为然说："招这些讨吃的来做甚么？"其实革命时代，随时募兵，这种情形，是必不可免的，所以各省民军，都有这样情形。陕军破运城，据一当铺，分取衣服，穿妇人衣的很多，令人想见汉赤眉军。此时只论精神，不论形式，我赞成岐山多招人，以壮声势；只是一件，就令服装整齐，也是空手队，因为革命军最缺乏的是军器。先是李阁臣君南下，招集夏县、曲沃一带会党，最著

者，为钟仁义、王进魁。钟见我于襄陵，大有儒者气象，不类
江湖派，而坚强有骨气，能得人死心，乡里服其侠义，皆乐道
之，是郭解之流也，我命见岐山。王进魁为人粗豪，一望知为
好汉派。阁臣领他到襄陵见我，共计所部，不上百人，然皆敢
死的勇士，倒还有些军器。崇友儿亦在此队中，是年十岁余，
背一短枪，穿十三太保军服，能驰马临敌，我见之大喜曰：
"真吾儿也！"编于拔城队中。一夕誓师，与岐山约，合攻平
阳，士气百倍，及渡河，岐山忽命人传令，曰："可缓攻！"我
心里好不快活！但岐山既不主急攻，此一队绝不济事；且军依
令转，大家听见此令，都主张归襄陵再作计划。然我以此举为
"攻平阳不下"之兆！

体亭雪战死　赞乞儿

　　大家看到这里，一定要"替古人担忧"，所以不能不交代明
白。第二天顾庵找我说他们老爷和他认识，请把他们交付他去安
置。我自然答应，面子上还要说两句排场话："他们是要犯，应
该送到运城去，老哥讲情，暂且饶恕他们，由你带去好了！"顾
庵把他们安置到友家，以后的事情，我再莫过问。因平阳未下，
每日为前敌筹谋，听说子药不足，我亲自到尧庙见岐山，说：
"闻军中子药不足，怎能应敌？我要到陕西借些子药回来，再
到河东招些劲伍来帮你！"岐山赞成。那时营长韩体亭，是一
员勇将，我很敬服他．临走告别时，岐山说："没有多的盘费
给你！"我笑道："到陕西通是熟人，还带什么盘费？一两银子
也不要带，我到河东，自有法！"体亭说："子药是军中第二生
命，请注意！"我说："记下了！"当时偕同几个兵，骑了一匹
好马，离了平阳府，连夜向运城进发。途中遇一场雨雪，在马
上指点眼前风物，和护兵谈些雪的故典，自然谈到狄青雪夜破

昆仑的事；说要趁这场雪打平阳，或可得手，那知适得其反！后来听说平阳谢镇派兵乘雪出城袭营，韩体亭奋勇迎击，城兵退却；但体亭亦中弹身亡，又失一大将，极可痛惜，正是我拟〔离〕平阳那一天。此事亦因岐山率兵向韩侯岭御敌，留守人未加防范所致。此是后话，暂且不表。一日天明登程，见路旁早有几个乞儿，跪在那里，喊叫："行善的老爷！发财！"我戏对护兵说："中国亡不了哪！你们看讨吃的，都这样勤勤！天不明就出来在这里要饭！"说的护兵笑起来。其实因为河东盐车夜行，他们习惯早起等候，并不是为等我们。可怜这些乞儿，全是残缺人，应该受社会公养，不应该叫他们路乞，我反笑他们，真罪过！

勿幕班师的动机　阎景相遇

回到运城，正遇见一件难解决的事情，就是虎臣在解州用我名义招兵，半月招集七八百人，实生派张士达去接营长，兵士不服，驱逐士达，坠马逃归运城，见实生说虎臣好多坏话。实生听我回运，请我商量这件事，并云："你的人乱闹，借你名义招兵，又把我派去的营长打回来了，现在领兵不知去向，你怎么办法？"我说："虎臣既假我名义招兵，我不能不担任一份沉重，我自然能找他回来，听候发落！"实生以我的话为满足，我告别了他，去见勿幕。勿幕曰："潼关战事愈急，我要班师回秦！"正说话时，参谋某君忽张皇来对勿幕说："东兵已渡河，我们不能久留此地！"我心里笑道，这又是第二公孙！便对勿幕说，"不要着慌，要班师，商议好再说！"勿幕悄告我说："客兵久扰河东，我心不安，乘此机会，全数退出，可免许多交涉。"我很承认勿幕这几句话，但说了一句，以后再见罢！我当时返回女学堂，见玉青，说实生要我截回虎臣，我连夜要走。玉青很瞒怨虎臣，我劝了他几句说："不要紧，虎臣就是回来，实生也不能怎么样的！"吃了晚饭，便同两个护兵，乘马趁月色出城，向猗氏方面进行。路过一村中，到一个窝铺内歇足。窝铺内边有两个村夫向火，他们是村中冬夜更夫。我和他们坐在一处谈话，很觉得亲和，随便问了他们一句："你们莫听说，有军队从这里过去么？"一个说："有的！听人说是有个阎大人，率兵到万泉去了！你们和他认识么？"我说："不错，是要赶他一同走的。"一个说："怕离此还不远，你们要赶，还能赶得上！"我听了很喜欢，立时呼护兵备马，又踏着月色走了。到第二早晨，又过几个村庄，越打听越近了，最近有人指与我们道："就在前边阎景村驻扎！"我心里说："妙极！阎和景相会阎景村，真是预定的！"催马到阎景村，虎臣已晓得了，连忙排起队伍来，分向道旁成列站定。我在马上看见那些兵士，都雄赳赳气昂昂的，有的举枪的，有的执长柄铡刀的。心里说："这是在河边羡慕铡刀队的结果！"虎臣亲到马首，举刀致敬，一直引我到学堂门首下马，入内坐定。怒责虎臣曰："私招兵，逐营长，作事这样荒唐还成么？即日将队伍编好，同我回运城领罪！"虎臣唯唯，辨别并无驱逐张士达情事，张自己不敢接收队伍，并道他意思领兵到平阳助阵，有人说我到运城，所以在此驻扎，派人去打听，刚才有人报告说我来了，他赶紧迎接。我的气早消了，便对虎臣说："陕西要班师回秦，河防空虚，此队可以接防，明天回去，有我作主，不要紧！"说毕，我又带护兵乘马回运，入城已经初更。我便没去见实生，在女学堂休息了。

台林一是何官　共和告成

共和宣布，清军与民军休战，并送子药若干于河东，表示成了一家的意思。我和岐山同归运城，报告清皇退位，民国成立，南北一家，五族共治。实生即据此出了一张告白，以安人心，百姓也不知什么是共和是民国，但听说不打战了，真是喜欢到万分。这时有一件可笑的事，就是我到安邑，遇见几个村夫，都迎着我道："听说天下太平，全是你的功劳，所以大家推你作'代理一'。'代理一'是什么大官？"这句话把我蒙住了，我心里说怕是要推我作一代表，以讹传讹成了代理一。我便笑说："代理一是什么？我不知道。"一个人说："告示都出来了，你老官衔是台林一，不是代理一！"哈哈！我明白了！原来实生告示只说据台君林逸和我的报告，台君名守民，时充温静庵参谋，江苏人，河东人不认识他，所以听见人讲台林逸、景梅九报告，把台林逸三字当作我的官衔了，又音转为代理一，你可笑不可笑！这也是因为革命时，有些随便的官名，什么招讨使哪，大统领哪，节度使哪，运粮都督哪……好些不经见的玩意，把一般人弄糊涂了，所以才有好些笑话出来。却说我到运城，即往女学堂，见玉青，实生和子毅诸人，也同时到女学堂看我。我对大家宣言道："我们乱七八糟闹了半年，才闹出这'共和告成'四个字来，也算有了结束。破坏已毕，建设开始，后边戏还长哩！"玉青说："这叫'完了辛苦，成了盼望'，不能不恭贺一番！"我笑玉青还未忘福音，便道："辛苦还没完哩！我恐怕陕西民军还不知道这种消息，我们须去报告他们才好！"大家很赞成我的话。

辛亥革命文献四种

陆大声 整理

　　以下四个有关辛亥革命文献：《劝告国人反抗伪立宪文》、《武昌起义檄国内响应文》及《告满洲留学生》均为同盟会1911年于辛亥革命前后在日本东京印发之原件；《云南留日本同志反对清政府借外兵文》则系抄件。由老同盟会员、曾任同盟会东京支部长之丁石僧先生保存近半个世纪。丁氏名怀瑾，号石僧，云南宾川人。早年追随中山先生革命，1905年同盟会正式成立时，受任与宋教仁氏共同负责外交事务，后改任东京支部长。1956年11月全国纪念中山先生诞辰90周年时，在云南被推为筹备委员会委员，出其珍藏之有关辛亥革命文献史料公开展览，受到各方重视。同年12月丁氏病逝昆明，其夫人李毓英女士乃将以上文献连同丁氏遗存之其他史料托余送交中国国民党革命委员会云南省委员会代为保管。特照原文抄录，以供研究辛亥革命史实之参助。

　　　　　　　　　　　陆大声志　1957年元旦　昆明

云南留日本同志檄国内
反对清政府借外兵文

哀启。我四亿七兆三十余万同胞足下：呜呼！滇省之危，非伊朝夕。今清廷因平滇乱密借外兵，所谓盗憎主人，复开门而揖盗者，是耶非耶！原其处心积虑，必使我禹域神州尽陆沉不起而不止。顾念我皇汉同胞既为彼之顺奴，今彼且不悦复转卖而俾奴隶于列强，东三省之惨祸不远矣。谁无心肝，谁无血气，当此祸急燃眉，灾切剥肤，视祖宗先人之庐墓将被践踏于敌兵，父母兄弟本身妻子亦将为敌人之上马蹬玩弄物，伤心者莫此为甚。昨阅比京来电云，外部密借法兵平滇乱，事甚确，祸迫速，吁国人并电《云南》杂志社。此电已载《神州日报》，凡我同胞，当无不见而心惊胆裂者，悲夫悲夫！云南云南！爱书已确定，死刑已宣告，夫复何言，夫复何言！然而云南者非仅云南人之云南也，汉族之云南也，中国之云南也。云南人既处此不能不死绝、不可不死绝之时与地，则吾云南人惟有实行死绝会之手段，以达死绝会之目的。凡云南人有一人未死尽绝尽时，则云南人绝对的不受清廷之支配，亦绝对的不受他国之干涉。且清廷为偷目前之小安，而促列强瓜分中国之惨祸，则云南人虽至最终之失败，不能保云南全土，亦必为游侠，为刺客，怀枪挟弹分途并进，誓杀尽卖我云南、辱我云南之丑类及官吏而后已。盖吾云南人之决心，与其伈伈伣伣为犹太，为埃及，为缅甸，为越南，为朝鲜，何如轰轰烈烈截铁斩钉竖独立旗，撞自由钟，成则为荷兰七州之一，比利时十州之一，美利坚十三州之一，败则为菲律宾，为杜兰斯哇，必血战而后亡，为亡国之雄，虽亡亦足增历史光。夫明季中国之亡也，终于云南，今后中国之再亡也，亦必先于云南，天演如环，云南固无所逃此公例。行逆水之舟，不进则退。今我云南人之自觉自决，金以独立为唯一无二之目的也。顾或者谓外部惧革命军声势盛大，密借外兵以平滇乱，虽于文明战争法例小有出入，则亦未可厚非。滇人即欲阻止，亦宜先电清政府或各省督抚，而阻止之可也。又或谓云南一省万难独立，即欲独立，是未免自弃于中国也。呜呼！是等论说，皆无意识，无肝胆，计个人私利，惟恐斯事举行害彼前途之言，非正当防卫关于祖国前途之言也。夫清政府之欲断送云南于外人也，久矣。藩篱尽撤，路矿悉卖，官吏尽放一群豺狼，边防无一壮兵利器，致革命一到，势如破竹，如入无人之境。彼无可如何，遂使其狡计，密借外兵，将云南一十四万六千六百八十方英里之土地，一千二百数十万之人民双手捧送法人，以图换取革命党数人之头颅，丧心病狂，是岂可以天理人情喻者。今有人途过一强盗恶丐，以掌擎面而骂之曰，否而母婢也，胡敢呼予为父者。则其人虽至愚无耻，亦必惭悔而退，毋复奴颜婢膝以乞怜者。况彼强盗恶丐，匪惟骂之击之，而更虏之以卖于他人。呜呼！此虽豚豕亦不能忍受，而况于人乎，而况我轩黄遗胄之云南人乎。今对于清政府若出于电禀要求阻止，则云南直犬豕之不若，是不特羞死云南，且羞死我各省皇汉同胞也。尚何目的的立于地球之上耶。故清政府盗卖云南，与云南断绝关系，云南人即宣告独立，与清政府断绝关系。此固理之至顺，情之不能已而势之所必至者。我各省皇汉同胞，油然有伯叔兄弟之思，翕然有亲戚故旧之谊，戚然有兔死狐悲、唇亡齿寒之痛，当无不被发缨冠，同心协力援救而赞助之，以成就云南独立。成就云南独立，即为成就中国独立之基础。盖云南者汉族之云南也，中国之云南也，非满廷之云南，亦非清国之云南。清国为满廷之代名词，非中国之代名词也。中国被并吞于清国，汉族被征服于满廷。今满廷罪恶贯盈，我汉族起而驱逐之，以恢复我中国，固古今东西凡有教育之文明国无不许为大义之所宜，而人道之所重者。况今复天夺其魄，妄借外兵，以平内乱。我云

南与彼断绝关系，尤为名正书顺，气壮理直，虽刀锯在前，鼎镬
在后，亦何畏之有。盖云南之举独立军而宣告独立，实对于清政
府而宣告也，非对于我皇汉同胞而宣告独立，非对于中国宣告独
立，此界限甚严明，非可迁就混淆者。惟我云南独立义军所到之
地，即中国主权恢复之地，若有助清政府以抗拒我义军，或助清
政府而进军入我云南境者，无论中国人、外国人，皆与清兵一律
敌视。若其他教士、商人之生命财产，我云南独立军皆加意保
护，若有意外损害，则我云南担负赔偿之责。惟事体重大，愿我
各省皇汉同胞共抒热诚毅力、宏谋伟策以辅导我云南人士。使云
南独立为中国独立之基础，则将来堂堂华胄飞跃于亚东大陆，要
皆今日各省皇汉同胞成就云南独立之所赐也。呜呼！血已尽矣，
泪已竭矣。我各省皇汉同胞忍与云南死别否，是则我各省皇汉同
胞之所自择耳！

　　陆按：《云南留日本同志檄国内反对清政府借外兵文》为老
同盟会员、曾任同盟会东京支部长之丁石僧先生生前所保存辛亥
革命文献之一，原件遗失，此系抄件，自丁氏遗稿中得之。此文
乃同盟会为声援河口起义于 1908 年在日本东京印发者。其时，
革命军占领河口后，云南烽烟四起，清廷惊惶万状，乃有借驻越
南法兵平乱之议。同盟会留日同志闻讯，草此檄文，印发国内，
主张云南独立。1956 年 11 月，即丁氏逝世前一月，适值全国纪
念孙中山先生诞辰 90 周年，曾出其保存之辛亥革命文献多件，
公开展览于昆明，并为笔者叙述辛亥革命前后史实甚详。除念念
于 1903 年临安起义外，对 1908 年河口起义之失败，亦不胜其遗
恨之情。据云：镇南关之役后，中山先生决定作云南起义之经
营。丁氏于 1907 年奉中山先生命与吕天民等同志自日本东京趋
越南河内，抵达后中山先生示以云南地当边陲，清廷鞭长莫及，
但能一举拿下河口，即可进图蒙自，以取全滇。命滇籍同志从速

潜入滇境，一则联络临安起义失败后流散之众，预布于滇越铁路两侧，以为接应；一则设法运动河口督办署巡防各营及警察而为内应。至攻取河口之主力，则命黄明堂率镇南关之役失败后退入越南之众秘密潜入滇境任之。当时参与其事者，尚有黄克强、吴玉章、黎仲实、胡展堂、居觉生、何劲秋、杨志如等。中山先生布署既定，遂转赴星洲筹款，以济军实。其时，清河口督办王玉藩有巡防四营，兵力不弱，惟因革命事业已深入人心，故王之守备熊通暨管带黄元贞一经党人运动，即表示愿投效革命。1908年4月29日（夏历戊申年三月廿九日）午夜二时举兵，河口督办署之警察，果杀管带蔡某以应。旋熊通杀王玉藩，河口乃全部底定。党人占领河口后，按照原定计划，派关仁甫、张德卿分途率兵北上，会攻蒙自，继克南溪、坝洒、新街、蛮耗等地，长驱直入，军威之盛，震动中外。而滇省各地响应者，有遍地烽烟之势。清廷仓皇失措，已感不可收拾。除电令川、桂、黔各省赴援外，并以秘密外交方式，企图密借驻越南法兵平乱。同盟会留日同志辗转获致确息，乃传檄国中，倡云南独立之议。正当革命军之盛也，不幸遭接济断绝之厄，清云贵总督锡良复遣兵三路合击，加之法方见革命声势大振，基于帝国主义之利益，一改原守之"中立态度"而助清廷。在此情形下，负责军事之总指挥黄克强即于河内返河口，途中被法方递解出境，造成革命军"群龙无首"状态，终于事败垂成。慷慨赴死者数百人。惟经此一役，人民革命声势更日盛一日矣。

陆大声记　昆明　1957 年

劝告国人反抗伪立宪文

（石僧注：此文为同盟会 1911 年于日本东京印发）

果然不错，立宪这一个名目，不过愚弄国人。请看近来四省铁路事件，也不由资政院议决，开口就说铁道国有，直等发布出来，四国借款的条约早已成就了。广东商人反对要回换纸币，反说格杀勿论。湖南谘议局反对，请都察院代奏，求立斩盛宣怀，一月二月只是不批不答。那两省人无用，也就迁延了去。独有四川人向来没有威名，赵屠户的软话先骗不倒，周善培的强硬手段也骗不倒，一激再激把那匹小猴儿杀了，藩司也自杀，镇统也自杀。赵屠户一把尖刀正愁他没用，当时把谘议局员、保路会员捉来囚禁，听说又把议长杀了。那副议长正在回京，刚到汉口，就被端方、湍澂拿住。诸位试想，铁道国有这件事，还没有等资政院议决，就向外国借钱；谘议局员本来不是手刃周善培的人，也不审讯，就用屠户的手段当猪一样圈住。这还是真立宪么，假立宪么？本来立宪不是十分美事，不过补苴罅漏，比如船已破了，水要进来，拿一块烂手巾勉强塞住。现在连补苴罅漏的名目也是骗人，唉！我们大众向来睡熟，被政府摆布，一种神头鬼脸上了道去，到现在事已败露，还不快醒，和那耶稣教的信上帝，红灯照的信洪钧老祖，有甚么差别。到底不是个个不醒，不过像四五岁的小孩儿一样，当时醒了，还觉得梦中所见的神头鬼脸毕竟有几分实在。兄弟也不是身体长足的大人，不过曾经听得大人说过，梦是假的，所以把这一场立宪大梦破解给诸公听听。能够把梦中的神头鬼脸排遣了去，馇儿饼儿也自然吃得下，游戏也自然高兴。但谁人是最能排遣的呢，或者有三种人，所以把三种人特提出来劝告劝告。

第一是劝告议员。当议员的自然奉宪法为牢不可破，自然看自己是监督政府的人。这些意见不论他的是非，只像俗语说的做一日和尚撞一日钟，也像唱戏一样，大面自己认是大面，小旦自己认是小旦，既当了这宗职业，不由你不这样承认。现在政府所行的事，都是任意妄为，资政院要临时开议，总阁了不答应；一时要见内阁军机，又是托病不见。这个资政院，明明是个空名，再有什么法子可以监督政府。请看前代六科给事中还有封还诏书的权柄，像现在资政院议员比前代六科给事中权力大小不是相差很远么。外面谘议局议员势到穷极，不过打几个电报或派几个代表进京，要知道你的电报不是一把霹雳火，可以把太极殿震穿；你的代表不是楚霸王、张翼德，可以瞋着眼睛叱了一声，使他人个个吓倒。在略爱体面的政府，原是可用说话商量。无奈现在这个政府，是顽钝无耻、浑钝无窍的东西，这一张纸、一句话，那里在他的眼里耳里。更可笑的湖南谘议局，自己没有反抗政府的手段，借着革党会党的声名去恐吓政府，说甚么"伏莽滋多，抚绥犹恐不及"。请问湖南诸位议员，你自己是伏莽啊，不是伏莽啊？如果自己不是伏莽，你尽反抗政府并不能借得伏莽的势力，政府何曾怕你。如果自己也是伏莽，何不竟把伏莽的事体明白做出看看，或者政府倒还有几分胆怯。现在只借伏莽的虚名，凭空挟制，果然两个月三个月政府不理不睬，湖南也并没有伏莽起来。这些讼棍吓诈的手段，就一无所用了。只有四川人办事还算成一点儿气候，究竟不是谘议局员的能力，只是靠着民心公愤干得事来，谘议局员只在里面覆雨翻云，推来转去，反被屠户拿去当猪宰了。诸位要想，一省的督抚可以做得屠户，各省的督抚也都可以做得屠户；一省的谘议局员可以当得猪宰，各省的谘议局员也都可以当得猪宰。自己的生命尚且有了今天，没有明天，还能够监督政府么。唉！真是苦！这一所资政禅院、谘议草庵，自己认做和尚，别人却不许你撞钟。这一副资政班头、谘议脚色，自己认做大面小旦，别人却不许你唱。不但不许撞一声，唱一声，飞亮的刀子，马上晃到眼前来。奉劝诸位，惟有衔枚杜口，不发一言，到太没意思的时候，取一件极小极碎的事，向着政府纠缠几句，也不必崇奉宪法，也不必看自己是监督政府的人。在京城当议员的可以自称高等清客，在省当议员的可以自称无上地保，只说每年混得几百龙圆，做吃饭穿衣的费也就罢了。如果心里不安，左右横竖总是死路，何不去想别的法子，只管在一个铜钱眼里翻来倒去，有甚么用。请看现在四川人攻打成都的事，何不趣步后尘。不要说两湖、广东和四川同受患难，应该出力帮扶；其余南北各省和北京资政院，若有一个议员崇奉宪法，看自己是监督政府的人，不学四川人办事，还有甚么别法成就这个志愿么？奉劝诸位议员，议员本来是百姓，不是官吏，就有几个曾经做官的人，或现在在位的人，走入资政院谘议局里面，依旧还我做百姓的身分。百姓总该和百姓联络，能够与百姓联络，就不是单身的议员，还怕政府怎么。只愁崇奉宪法的人，最爱虚名，虚名最能摄住他的胆气。眼见近来四川的事，政府必不说他是争路，必定说成革命，说成谋反。这个谋反的虚名，是崇奉宪法的人看了就心惊肉跳的，还敢步他的后尘么？那倒不然，虚名本来可用虚名打消，现在铁道国有这一件事，未经资政院议决，任意妄行，已算政府不是。况加筹借外款，又用别的权利抵押，无端把权利抵给外人，就是政府谋叛。政府会把谋叛的名加与百姓，难道百姓不好把谋叛的名还赠政府。政府谋叛，这就不成政府。百姓所反抗的只是一班谋叛的人，也不是真实的政府，还能够加上谋反的虚名吗。有说谋背本国、潜从他国，才唤做叛。现在只把一班权利抵给外人，不能当做十成的叛。啊！这是甚么说话，不见新近的有个陆军学生把东三省地图卖给别国，按律处斩。论起来，不过卖去一张纸片，也没有谋背本国，潜从他国。但据大众公论，不是给那人一个叛的名目么。卖纸片尚算是叛，抵权利反不算叛，是甚么道理。如要咬文嚼字说去，那么谋危社稷才唤做反，就把政府剿灭尽了，何曾倾动社稷坛一点。纵算社稷是政府的别名，现在像四川人所做的事，何以见得是谋危政府呢？要知道，虚名不过强加，本来可以随口转换，尽用种种法律语言规定，到底以矛刺盾，没有不败。不过崇奉宪法的人，一向被虚名束住，吃的总是画饼，走的总是鸟道，所以略略破解几句。

第二是劝告军人。军人原是用来抵制外国的人，不是用来抵制百姓的人。假如用来抵制百姓，只成一种手拿枪炮的刽子，在官吃粮的盗贼，在人类中间就算最下级了。向来倡优隶卒看成极贱，今日有军国民的声名，又看成极贵，这是甚么原故。抵制百姓，就是极贱的倡优隶卒；抵制外国，就是极贵的军国民；只看军人自己愿走那一条路。好在近日习练新军，都有几分知识，不愿走极贱那一路去。无奈旧军知识未开，自己还看成刽子盗贼，一任政府牵来挽去；看自己同国的人，只像鸡鸭牛羊一样。那一班人冥顽不灵，只该用李自成"剿兵救民"的话，一概杀尽，更不必劝告一句。但兵丁只听将弁指挥，将弁中也该有一二通达道理的，或者可以对他说一句话。现在人都说，军人第一要服从命令，就这句话看来，抵制百姓也是上官使我抵制百姓，不由自主。这句话到底不然。有了圆的头，方的脚，名称是人，总不是和傀儡一样。服从命令，原是看可行不可行。假如上官要我取太阳，也该从他的命令去取么？不要说太阳是不能取的，就是办得到的事，能够种种服从命令吗？比如本省的总督要杀邻省的总督，派我带兵出战，应该服从命令呢，不服从命令呢？或者上官派两部军官自相攻战，杀尽为度，难道也该服从命令不成？照这样看，当了军人依旧要用心思计虑，不是就变成木头石头。现在的世界，民是不可愚了，只还有种种愚兵的政策，像日本人只要军人归敬天皇一句话，就把军人的魂魄钩了去。他们本是酋长国宗教国的人民，自然思想褊陋，容易裹住。我们中国人断不是迷信酋长、迷信宗教的人，提起宪法上"皇帝神圣"四个字，早已把人嘴都笑扁。其实连"神圣"两个字自己还不会说，只是舞弄笔头的人涂出一张宪法草案，教他自称。譬如我教鹦鹉画眉自说自己神圣，你就信鹦鹉画眉当真神圣吗。你们当兵吃粮的人，只要认自己的职业是抵制外国，不是抵制百姓；政府使我抵制外国，就该服从他妁命令；政府使我抵制百姓，就不该服从他的命令；不管他神人、圣人、聋子、瞎子，只看事理该行就行，不该行就不行。几句说话，直截了当，不用碎烦。现在政府只要用兵压民，就像目前四川的事，新军或是袖手旁观，或是协力攻战。协力攻战的，我们应该敬他的高义；袖手旁观的，我们也该谅他的实情。政府明知道新军不肯出力，回想起湖南、湖北几个老将军来。这一班老军人，原不必劝他协力攻战，只要袖手旁观也就算他们还是人类。仔细想想，服了反逆政府的命令，去打百姓，自己有甚么利益呢？不过骗得红顶花翎，或则改成外国装束，一件金线衣，一枝鹭丝毛，酬你杀人行劫的功劳就罢了。遇着将帅不和，一边看做有功的人，一边正是要杀的人。不见李准部下营官搜寻刺客，被张鸣岐拿去杀头么。况且现在军功保举，没像从前曾国藩、左宗棠的公平，多半是把自己的私人列在最上，真正冲锋陷阵的人反沉在底下去。假如敌军首领被一个小小营哨官拿到，非但保举不开，还兼性命不保，本来服从上官命令，出力杀人，那知并不能讨上官的好意，反要取你这个驴头。你们旧部军官仔细想想，得利不过一分，得害倒有数分。何苦妄杀良民，自取其害呢。至于部下散兵，一发无谓，杀了人，占了城，功劳一概送给他人，自己并不得甚么酬报；过了几年，年纪老了，退了伍了。政府要用你杀人的时候，当做刽子看；政府不要用你杀人的时候，又当游勇办。两眼看着别人登坛挂印，自己并没有半分光荣；以前看平民是牛羊鸡鸭，临了自己也做牛羊鸡鸭。古人说得好，"天网恢恢，疏而不漏"。我真要替你旧部军人一哭。到底吃粮当勇，不过为衣食，本不是为美名；政府遣你抵制平民，只要观望不前，未必失了饭碗；如果发愤为雄，不能倒戈相向，还是散去做强盗好。强盗虽是恶人，无非是虏掠奸淫几件事儿，比那借政府的权力去干虏掠奸淫的事，倒还略胜。如略有人心的，应该把这件事想想，可以当下了然。但兄弟更有一句话要劝新军。从前新军中有熊成基一班人物，抱着不平的思想，要与政府抗衡。

他那起事的地方，原没有十分恶政祸及生民，所以独唱寡和，不能成事。目前四川的事变，原是叛逆政府，挑激民心。想那四川民气和平，性情柔顺，原不是好与人争斗的；闻得演说铁道事件的时候，聚会一万多人，只是声泪俱下，并没有慷慨凌厉的风；一直等到要求尽绝，才想出围城诛吏的事来，也算可怜极了。那晓得政府又派两个穷凶极恶的张丫姑爷、岑三苗子去。张丫姑爷入蜀，恐怕是张献忠复生；岑三苗子入蜀，恐怕是李特再现；真个要使蜀土士民，绝无噍类。这一件事非但两湖、广东人应想川人可怜，政府可恶，就合全国二十几省的人，那一个不想川人可怜，政府可恶。这时候并不比熊成基倡义的时候了，尽站着袖手旁观，还做甚么。奉劝各处新军将弁兵士，发几分悲天悯人的思想，赶快龙腾虎变，做出经天纬地的功业来。一面是扫荡叛逆政府，一面也为四川暂解倒悬。旧部军人如果迁延退避，尽可置之不论；如果还替叛逆政府出力，抵制平民，就一概诛戮，也不为过。到底不是专为四川一省，实为全国四万万人。

第三是劝地主。当地主的人，每岁纳粮，本来说是永不加赋，现在政府把这句话赖了。或者经费不足，出于无奈，还有几分可以原谅。但现在加赋也算极重，不过六七年，全国收入的数，比以前顿加三倍。那钱真正在政治用去么？近几年民穷财尽，盗贼横行，虽然天灾流行，到底比不上加赋的害。因为天灾不过偶然，加赋方是永久，所以加赋是民穷财尽的根源。从前李自成讨崇祯皇的檄文说道："征敛重重民有偕亡之恨。"算来崇祯征敛不过六千多万，现在却有三万万，此崇祯时候就是五与一的比例，就使彗星下扫地球，把政府人民一概扫尽，也还情愿，何况寻常"偕亡"的事。但现所感慨的，倒是铁道一案。广东还是商人集股，湖南、四川只是随粮带征。现在改名铁道国有，商人的股票或者取得几成转来，地主的随粮带征，就像流水落花，一时飘去。可怜，自称盖世英雄的湖南人，徒有虚名，毫无实济，平日只是会运动人，不晓得会运动人的人处处反是受人运动。以前打几个虚骄使气的电报，后来不知不觉被南洋猪仔郑孝胥暗中运动了去，同乡京官一齐开口，说愿把铁路归还政府，一句话把谘议局搅哑了。四川人因为不肯相让，闹出天大的事来。看来世上最贵，人间最要的，只是金钱米麦，所以偷一个钱，抢一升米，数虽极少，到底称为盗贼，该受刑诛。政府做极大盗贼行径，按律处治，本是死有余辜。四川人这回对政府还算从轻发落。不想政府自不伏罪，反敢贼伤事主。若全国地主不肯起来反对，将来政府把残害四川的事顺水推舟，一直行到别省，世界都被大盗包围，再没有警察可寻，捕班可唤，怎么得了。要知道凡事须要杜渐防微，不可临渴掘井。各省人对四川人就没有甚么恩爱，自己的身家财产难道也是视若陌路。不要说我这一省谘议局颇有权力，政府不敢奈何。现在四川事件出来，明明把各省谘议局看个榜样，教他们不要多言、自投死地。谘议局的人已是自顾不暇，心上总有几分退缩的意思。只要民气刚强，谘议局还有援手；若自己意气消沉，靠着十几个空口说话的人，有甚么益处。诸位当地主的，人数最多，大概伏处乡间，不大和外边人聚会，闻得政府有立宪的新话，总想有几分奇怪。甚么叫做立宪，本来是日本人起的半通不通的名号。要求他的真义，宪字只是契约的意思，譬如买田卖田都有契约。以前政府要兴铁路，随粮带捐，一张钱粮串上都把事由开上，这一张串就是政府写给民间的契。现在连这张契都翻了，那些无影无踪谈神说鬼的宪法条文，还要说他甚么。要知道谘议局人自己受了牵绊，不得不说宪法。一班地主，本来没有牵绊。宪法原是政府随便撰成，又不是和百姓商量定的，何必当他宪法看。说甚么"当兵纳税的义务"，只当是道士画符，疯子说鬼罢了。做地主的反抗政府，第一是不纳税。一个人不纳税，知县会派差人地保前来摧逼；个个人不纳税，知县更有甚么法子。中间或者也有几个因此受累，只要公众□扶，自然无患。切不要看向来习惯，以为纳税是理所当然。那句永不加赋的话，怕不是向来习惯么。现在政府已把习惯翻了，百姓还要守着习惯，也是可笑。落得多屯几石米，多藏几串钱，为自己吃用的地步。况且现在盗贼横行，有财产的也耽忧的狠。若把纳税的钱，掉转来施与贫民，就盗贼也不会来看相，还要感我的恩惠哩。诸位试想，一样都是盗贼，有衣冠顶带的大盗，方才引出穿窬发箧的小盗来。小盗还是我的乡邻，大盗就是我的仇怨。与其送钱给大盗，大盗仍要杀伤事主，何如送钱给小盗，小盗总说我是善人。那个大盗没有赋可收，自然坐困，等他周赧王逃上高台，就是百姓安乐的时候了。其实全国人民并不止此三种，不过官吏是无可劝，男女学生是不消劝，商工人等总是听地方议会的话，劝劝议员，工商自然知道。所以特特提出三种人来，说些实在反抗的法儿。前说立宪欺人，果然不错，若能真正办到反抗，也要说兄弟的句话果然不错。

武昌起义同盟会檄国内响应文

（石僧注：此文为同盟会 1911 年于日本东京印发）

满洲以东胡贱种，入主中原。残德相沿，几三百载。淫威虐政，未皇具论。然以神明华胄，而戴此犬羊遗孽以为宗主，是亦旷世之奇羞，绝代之巨耻也。我鄂军都督黎元洪，激于公愤，赫然振怒，义帜一张，全军索应；半日之间，三镇詟服。足见人心思汉，天下乔诘卓鸷而不甘雌伏于建虏之下者，已非二日，比如顺风而呼，声非加疾，其势激也。乃伪政府不知天命，反肆行抵抗，调将遣师，水陆并进，甫一交锋，俱遭败北，陆师则退保信阳，水军则几遭沉没。瓦解之势已成，倒戈之期日迫。我义师一方却敌，一方保民，外教外商尤为周密，故世界愿认为战团，各国皆目为义举。曩者之宪党人，动以革命招瓜分之说，俯张天下，以便其韦脂突梯钻营奔竞之私。屡加辩正，辄肆伪言。今见革命将成，翻然变计，昌言革命，颇不乏人。党人无行，至于斯极。俯仰今昔，能勿愧乎？此真天意厌胡，而汉族复兴之一机会也。然湖北居天下之中，当四战之地，进取则有余，保守则不足。是故一军出河洛以达宛平，而辽东三省可以檄定；一军出宜昌以攻成都，而西藏可以遥制；一军趋衡岳而连百粤；一军下九江而扬子江下流诸省悉归掌握。大功之成，易于反掌。但义师崛起，兵力犹孤。进取之军，或不足以供遣派，则恐时机一去，而大局全非。汉族兴亡，间不容发。昔者洪杨之役，湖北旋得旋失，此诚便于进取，不便于保守之故也。现在巴蜀义民，犹知抗敌，武汉上游或无足虑。然而河北无响应之军，江东无兵马之助，我义师内无接应，外无声援，水陆交攻，腹背受敌，鄂军纵强，其如寡不敌众何。即幸而不败，亦不能克日荡平，已深足为诸父兄之患。况鄂军一败，则汉族全亡，而中国无复革命之望。时乎，时乎，不可失也。愿各省父老昆季，一垂詧焉。河北为燕赵故都，人民率多豪侠，讨贼复仇，此皆诸父兄之所优为，而今日未皇计及者也。夫畿辅之下，压制森严，虐政流传，诸父兄殆受之而不觉。庚子之乱，受创尤深，究其祸源，皆政府失职之咎。昔者父兄先民，多借交报仇以伸民困，岂有身受切肤之痛而作壁上之观者乎，窃为诸父兄所不取也。山东文物之邦，夙明大义，孔孟之遗风，朱家之豪侠，毕册流传，口碑载道。春秋复九世之仇，当亦父老昆季之所稔知。今者义帜已张，国基已立，稍加协助，便可奏功，尚何惮于一发耶。至于江东子弟，越国君子，皖江志士，向以仗义闻天下。鼎革之初，故老遗民屡图恢复，天不佑汉，忍辱至今。吴徐之暗杀，熊赵之义师，盖闻风而兴起者也。故革命较各省为先，受祸亦较各省为烈。扬州嘉定江阴之屠，此皆诸父兄先民所之身受，而不能一刻忘者。鄂军起义之初，逆忆响应之军，当首推吴越，盖结怨深而思报切，此人情之常，而不料竟失之于诸父兄也。两广为百粤故地，地边胡，数被寇，人民多激刺。抚其邦者，向多酷吏，人民乔诘不堪，屡思起义。天国功败于垂成，广州计疏于仓卒，此皆诸父兄之所深痛而急思报复者也。云贵地近南徼，瘴雨蛮烟，伪政府早视为化外，故不恤割其土地，以饷友邦。片马割让，尤其末事。为今之计，非革命告成，恐终难保其故土。前者曾组织敢死队，以抗外邦，而何以竟疏于恕无可恕之建房耶。至于关中健儿，勇于战斗，龙蛇起陆，大动杀机，豪杰建功，固当如是。湘淮旧卒，亦当杀贼致果，以功赎前日惨杀同胞之罪。至若长江之哥老、北地之三合、东三省之马贼，夫汝本良民，因胡性苛刻，致汝于穷，迫于饥寒，流而为盗。房吏不恤，加以匪名，横加屠戮，实非汝之罪也。故汝党之魁，立气齐，作威福，结死党，劫夺豪民，戕杀污吏，以立疆于天下，慨然有古游侠之风，其谊有足多者。今者鄂军起义，汝等当蜂起相助，攻城先登，陷阵却敌，斩将搴旗，以销宿愤，而除公敌。大功告成，当锡汝爵，无功者亦收为良民，而同安畎亩。惟行军之中当知纪律，凡戕杀外人、焚毁教堂、劫夺良民者，杀无赦，望稍为留意焉可也。要之湖北当天下交冲之地，尤汉族兴亡所关，凡我同仇，均当协力。长于权变者，以参军政；富于资财者，以输军饷；勇于敢死者，以从军事；精于战略者，以司军令；结天下之盟，作国民之气。统率义师，宣言北伐。执彼房魁，投之遐塞。伏望同胞闻风兴起，石勒倚啸于东门，陈涉辍耕于垄上。草泽匹夫，犹怀大志；神明贵胄，忍作胡奴。此真英雄用武之秋，豪杰建功之会也。特此公布，以告天下。

告满洲留学生文

（石僧注：此文为同盟会 1911 年在日本东京印发）

满洲在东留学生诸君鉴：武昌义旗既起，人心动摇，贵政府岌岌不皇自保，君等滞在海东，岂无眷念，援借外兵之志，自在意中，此大误也。所谓民族革命者，本欲复我主权勿令他人攘夺耳，非欲屠夷满族，使无孑遗，效昔日扬州十日之为也；亦非欲奴视满人，不与齐民齿叙也。曩日大军未起，人心郁勃，虽发言任情，亦无尽诛满族之意；今江南风靡，大势将成，耆定以还，岂复重修旧怨。东方一二妄人，志在兼并他人土地，妄作莠言以动贵政府之听。不知贵政府之旧交，首在俄罗斯，其次则欧美诸国，与彼国交通使命建设商场，不过三十余岁，借口旧交，其实安在。彼国旧交之域，无过高丽。今观彼之待高丽，他日之与满洲可知也。贵政府一时惶恐，亦或堕其术中。君辈满洲平民，于此真无利益。抚心自问，满洲人之智力能过于高丽人乎？若在彼国钤制之下，监察森严，一举手，一动足，而不可得，君辈虽知识短浅，何遽不念是哉？若大军北定宛平，贵政府一时倾覆，君等满族亦是中国人民，农商之业，任所欲为，选举之权，一切平等，优游共和政体之中，其乐何似。我汉人天性和平，主持人道，既无屠人种族之心，又无横分阶级之制，域中尚有蒙古、回部、西藏诸人，既皆等视，何独薄遇满人哉。四年前曾说肃王，晓以此意，肃王心亦默知。彼爱新觉罗之皇族，犹不弃遗，何况君辈。惟是编氓，何所用其猜忌耶。诸君对于此事，不须忧虑，幸各安怀，明哲自爱。阳历十月日。

四年前与肃亲王书给与阅看

肃亲王左右：仆向与都人士语，知营州贵胄，首推贤王。中更多难，陷于凶人，天诱其衷，俾无陨越。怀抱革命之志，宜不与贤王外交，虽贤王亦或以虺蛇豺虎视之。虽然，岂效氐羌狭隘，以部落相残为事者，劳心鞅掌，只欲复我主权，过此则无所问。员舆甚广，宁一物之不容。榆关以东，王家故国，积方面五百万里，视英、德、日本诸国且二三倍，雄略之主，足以回旋。

昔人所谓划玉斧、标铜柱者，仆辈常矢此志，未尝渝也。若其淹滞神州，不以东归为乐，八旗诸姓，犹同视为国民。昔北魏辽金之胄，同化中国者众矣，亡人若得归国顺民之志，统一齐州，岂于珠申一族，而当异视，版籍权利同符汉民。今日言此，不啻息壤之言也。驰说者不察斯指，私拟吾党，以为欲如王家高宗所为，斩刈淮噶尔，使无噍类。狭隘之见，非文明国人所应效。种族革命之义，岂云尔乎。仆申此义以为无忤贤王，所以奋笔驰书而无祚也。方今边疆多事，东亚阽危，王家所谓大帝国者威灵所及，不出方隅，濒海诸州，既为他人宰制。比闻西藏开放之议，谨然载涂，此土大遥，度王家亦未能远驭，空弃五百万里之金藏以资他人，此仆辈 □□□□□ 心愤气者。以是观之，□□□□□□一大帝国者，非独王家所不能镇抚，虽以亚历山德、成吉斯汗处之，犹不可以终日，瓦解之势速于逝驹，粲然明矣。贤王以世嫡冢孙，代为藩辅，未尝于中国得尺寸权藉，遭时多故，惕然不宁，重以仁心为质，胸无畛界，度越常人，固当千万。故仆敢以二策为贤王陈之。一为清室计者，当旋轸东归自立帝国，而以中国归我汉人。此非仆一介之私言也，日本有贺长雄尝于日露战争时，从军辽左，记其所见于书曰："今日欲使东三省保其秩序，无受外侵者，惟返清帝于奉天为可。不然，虽鞭之长，不及马腹。他日复失，未可知也。"何者？八旗口籍，不逾千万，其人才亦至乏矣。今时所谓英骏者，特于陆军有步伐驰骤之长耳。政治之材，犹其所短，既欲羁制汉人，使就轨范，而又当分布于东三省，譬如千石之粟供百万军，其势固不能遍给；纵令得志蒙回卫藏之属，犹不能及。与为他人蚕食而有之也，孰与满汉分而有之。若能大去燕京，复辽东之敌国，外兼蒙古得千四百万方里，其幅员等于中国本部，然后分置郡县，务农开矿，使朔漠不毛之地，化为上腴，地小则人才不忧其乏，势分则民族不忧其讧，其贤于兼治中国万万也。文政既成，申其军实，南与中国，东与日本为唇齿之同盟，谁复能睥睨东亚邪。夫德意志联邦以民族相类，合之则强，此满蒙之势也。奥大利与匈牙利以民族相殊，兼之则乱，此满汉之势也。今而后知撅落以为大者，无宁辑安同族之为愈也。二为贤王计者，贤王于宗室中称为巨人长德，固与方域之见殊矣。革命之业，贤王亦何不可预。昔露西亚皇族有苦鲁巴特金者，爵为上公而作无政府党之首领，声施赫然，光于日月，此犹其未成者耳。事若获成，则米拉保巴德利显理辈曾不足比其一发，何者，以民而抗政府犹云为已，以皇族而抗政府，则明其为博爱大同之志也。吾党所持，革命以后，惟建设共和政府，二王三恪之号虑不足以辱贤王，要使千载而下睹其史书，瞻其铜像，然后贵耳。迩者吾党声气骎骎日骤，日本、露西亚诸党人多有交臂请誓者，湘粤之域小有折伤，要不足以损毫发。贤王于此，其能入我同盟也。如上二策唯所取携。要之必以一身主动，而后国家之事从之。王家庆邸既怯懦无果断，陆军兵柄之争，又令北洋阴怀异志，失今不图，而令发难在彼，贤王虽智力绝人亦安所发舒耶。投会抵隙，今其时矣。书此达意，非敢以口舌取人，亦以结同德之好也。某白。

　　此信去后，肃遣其幕客致意云："不愿入盟，愿相扶助。"其后数月，日本人加藤佗夫为革命党致书于肃，要求西藏，肃即与诸王公开议，事虽未就，足以知其从善服义之心。然二书本兼为彼此利益，非以权谲诱人，若满政府早从此策，亦自居于最安之地矣。附志于此。

云南陆军讲武堂的概况（节录）

素 庵 适 生

编者按：关于云南讲武堂，据朱德元帅《辛亥回忆》（见 1942 年 10 月 10 日《解放日报》）说，讲武堂教官大部分是从日本士官学校回来的留学生，参加了同盟会或受了同盟会的影响。讲武堂第一批学生毕业，分配到军队中工作，"在士兵中间散播着革命种子"。可见云南讲武堂对于辛亥革命的关系很大。本文叙述讲武堂的概况，对于研究云南辛亥革命史有参考价值。

云南陆军讲武堂，是 1909 年创设的。那时封建统治者在所谓"发奋图强、救国雪耻、收复失地与主权"的幌子下，建立新军，向外国购买军火，企图加强武装力量，巩固它的反动统治政权，镇压人民的反抗和扑灭孙中山先生所领导的革命。

由于需要人才，就以公费派遣留日学生。留日学生有学工业的、学农业的、学政法军事的……其中以学军事的为最多。如李根源、张开儒、顾品珍、叶荃、赵复祥、唐继尧、黄毓成、庾恩旸、禄国藩、邓泰中等都先后进了日本士官学校。

留日学生虽是清朝政府公费遣送的，但大多数参加了孙中山先生所领导的同盟会，接受了新的革命思想，在日本创办了《云南》杂志，鼓吹革命。

1909 年留日学生回云南，学军事的一部分分发在新军中充任中级军官。当时云南编制的番号是第十九镇（相当于师），下设协（相当于旅），协下设标（团），标下设营，营下设左、右、前、后队（队相当于连），队下设排，排下设棚（班）。新军中的中下级军官，多为北洋学生（山东人）、江北学生（川、湘两省人），其次为留日学生（云南人），因而分成南、北、滇三派。各派由于畛域观念，造成地方系统，经常明争暗斗，互相水火（见刘存厚《云南陆军沿革》）。一部分被分发筹办云南陆军讲武堂。

云南陆军讲武堂未成立之先，曾办过武备学堂（1899 年）、新操学堂（1901 年）、陆军速成学堂（1906 年）、陆军小学堂（1906 年，系预备送湖北陆军中学，再到保定军官学校升学的）。这些军事学校，是训练下级军官的，既不正规，设备也很差。

云南陆军讲武堂于 1909 年 8 月 15 日成立，校址在昆明承华甫。它的组织机构是：督办一人（云贵总督自兼），总办一人（先为胡文澜，后为高尔登），监督一人（李根源担任，1910 年4 月继任总办），提调一人，队官一人，排长四人，执事官一人，军医长一人，军需长一人。学生分为甲、乙、丙三个班，又分为步、骑、炮、工四个兵科，计有学生 420 人。学生的来源：甲班系调选云南陆军十九镇的管带（营长）、督队官（付营长）、队官（连长）、排长 120 人。乙班由巡防营管带、帮带、哨官（连长）、哨长（排长）100 人。丙班系招收普通中学以上学校学生入校。

1910 年，随营学堂（系由部队中选拔学术科好的军工和上等兵，有一部分普通学校学生）200 人并入丙班，全校共有学生620 人。由于当时需要，由丙班及随营学堂中选拔优秀学生百余人，编为特别班（即第三期）。

学习期限：甲班一年，乙班一年，特别班为二年半。特别班学习普通科学及军事学的小教程一年，计学国文、伦理、器械画、算术、地理、历史、英法文、步兵操典、射击教范、阵中勤务令、工作教范。术科有制式教练和野外演习。一年后分科，专门学军事学科，如地形学、筑城学、兵器学、军制学、卫生学、马学；各兵科又学各种的典、范、令；术科仍学制式教练、野外演习。

学生入校，见教官们（留日学生）没有留发，很多人受了《清议报》上《辫发史》的影响，不约而同的将辫发剪去。在那时候，剪发是叛逆行为、造反举动。云南提学使叶尔恺密报总督李经羲，李经羲认为不得了，企图将学校解散。经监督李根源解释：因辫发妨碍操作，并没有其他存心，不能认真，权当政府多养一个兵。这样才免于解散。

刚开学不久，适值滇越铁路通车，通车典礼在昆明火车站举行。当天早上，监督李根源向学生们讲话，大意说：法国今天将滇越铁路修抵昆明，我们国家不惟修不起铁路，甚至将国家主权拱手送给外国人。我辈军人，有守土卫国之责，大家在学应该努力学习，将来誓必雪此耻辱。今天放假一天，作为纪念。希望大家牢牢记住今天，放假后可到火车站去看看。他的讲话，慷慨激昂，讲到痛心处，不禁痛哭流涕。放假后学生们都到车站去，见法国人耀武扬威，火车头上插着清朝的龙旗和法国的红、白、蓝色国旗，大家都悲愤交集。回校后国文课以《看滇越铁路通车后的感想》为作文题。这一天的印象，深深留在每个人的脑筋中，当时情景还历历在目。

学校中的军事教官、主任教官，如罗佩金、赵康时、方声涛、唐继尧等，他们都是同盟会员，经常利用精神讲话，在上课时间向学生灌输革命思想。以举例、暗示、影射的方式教育学生，使学生对清朝政府万分憎恨；其中尤以方声涛的宣传为最激烈。

当时的新书报，如《民报》、《天讨》、《国粹学报》、《汉声》、《汉帜》、《南风报》、《警世钟》、《猛回头》、《夏声》、《洞庭波》、《云南》，在学校中争相传阅，这些书报都是宣传革命的书刊，是当时统治者列为禁书不准看的。进步书籍在学校中传阅的消息，又被叶尔恺知道了，密报给李经羲。清朝官场层层节制，总督派云南知府调查，知府又派昆明县官到学校中检查，经过了几道衙门，风声早已传出。学校中得讯后，事先将书报分送密藏，到来检查时，一无所有。这样，一场风波才算平息。

讲武堂的学术科都是仿照日本式的，当时的教官们完全是日本士官学校毕业，他们将士官学校的东西全套搬了过来，有很多东西，当然不可能跟当时的国家实际情况相符合。但与不堪一击的八旗军和其他旧军队比起来，新的总比旧的好。

1911 年，云南革命党人积极策划准备起义，为了在新军中扎下根子，6 月将丙班学生田钟谷等 200 余人，分发在云南陆军十九镇的各个步、骑、炮、工标中去入伍，派这些学生深入到标营中去和士兵生活在一起，向士兵进行宣传革命思想工作。8 月将特别班学生董鸿勋等百余人分发到各个标营中去见习，见习军官和入伍生与部队中的革命党人，如七十三标的黄毓英、七十四标的梅治逸等互相紧密联系，协同进行工作。这样，部队中的士兵就被革命党人所掌握，给辛亥重九光复打下了稳固的基础。

辛亥年九月九日，云南起义，在新军中一致拥护，只有少数满人及高级官吏，如统制钟麟同、总参议靳云鹏、布政使世增、兵备处总办王振畿、参谋长杨集祥等人反对，但是他们仅能掌握少数部队，不能指挥大部分新军。他们指挥权力消失的主要原因，就在于军队中的革命党人及讲武堂学生，在起义之前做好了宣传思想工作。新军中的中下级干部，一部分为讲武堂学生，兵力大部掌握在他们手中，只听命于革命。

新军在起义时，分驻昆明干海子（马标）、北校场（七十三标）、巫家坝（七十四标、炮标）。旧历九月初九日午后九时起义，驻在昆明附近部队，七十三标三营管带李鸿祥、排长黄毓英率部首先发动，即向总督衙门、军械局（在螺蜂街）攻击。军械局中存放着当时以人民血汗向德国购买的新式军火，如克鲁伯山炮、曼力霞、六八步骑枪等。攻占了军械局，起义军队可以获得足够的新式械弹。当晚讲武堂在校学生与郊外部队相呼应，负责由城内开城门（见刘存厚《阵中日记》）。重九之役，讲武堂在校和分发在部队中的学生都起了骨干作用，他们英勇的、身先士卒的和敌人作战，在短短的 8 个小时即完全解决战斗。"是役也，同人一心，将士用命，人心思汉，大势已成。"（见李根源《雪生年录》）云南和全国各地一样都光复了。

讲武堂对学生守纪律、爱百姓的教育很重视，也很严格。在重九起义作战中，对居民秋毫无犯。老百姓都说："这是军队夜间演习。"当时滇军之所以具有较强的战斗力和较好的纪律，这和讲武堂学生在部队中所起的作用是分不开的。

云南陆军讲武堂从 1909 年至 1928 年，共办了 19 期。每期学习时间：一年半至二年，分步、骑、炮、工四个兵科。步兵占学生总数的 80%，骑、炮、工科占 20%。第 15 期收有回国华侨、越南学生在校学习。各期中以第一、二、三、四期学生对辛亥革命、护国之役作了应有的贡献。其中对革命有卓越贡献的朱德元帅即第三期（特别班）的学生。以后各期的学生，也有对于革命有贡献的，如叶剑英元帅（第十五期）、周保中将军（第十七期）等。

1957 年 2 月 2 日于昆明

云南警告

云南留越学生

编者按：本书原为新闻纸铅印本，绪言三页，正文十六页，云南留越学生编印，出版时、地均不详。书中主要叙述法国对云南的侵略，号召人民进行反抗斗争，为辛亥前云南人民进行革命运动的原始文件之一。

绪　言

某等南游经年矣。日观强邻气焰，亡国惨情；北望乡关，祸在眉睫。安南恶剧，行演于吾人最亲最爱之邦。午夜焦思，且痛且骇，且愕且惧。窃忆以父老伯叔兄弟膏血，凑集巨款，遣派来兹；虽学无寸长，敢不以亲见身历者为我父老伯叔兄弟告，共筹一救亡策乎。屡欲叙越南亡国历史及法人治越情形，与滇对照，而为吾滇前途现一幅活影，因听讲鲜暇，迟迟不果。迩来法人谋滇日亟，其欲灭我而朝食之心，环球共见。吾国留法学生陈箓特译法人游滇记序，上告政府。某等得而读之，举疾首蹙额相告曰：呜呼！法人谋滇之手段，果如是其急且迫哉。是书也，不可不使我父老伯叔兄弟各手一册，以确见法人谋滇之急；而又不可不证以某等近见，以确见法人谋滇之真。不然，陈君上政务处书，前留东同乡已寄告我父老伯叔兄弟矣，而乌用是喋喋为哉。盖某等之所以复为是者，有三苦心：

一恐父老不信法人谋滇之急而不急发热诚，致蹈安南亡国覆辙；

二恐父老既信法人谋滇之急而不善用热诚，或出于野蛮暴动，以自速灭亡；

三恐父老既容纳某等之言而知善用热诚，然有时又存苟安心，存推诿心，终不能不爱钱不惜死之志，以救危亡。

此三者，诚至急至要之问题，我父老尤不可不触目惊心。某等由是先录陈君一书，后及某等意见，集资付印，以广流传。所愿我最亲爱最有热诚之父老伯叔兄弟，勿以某等真切之言为轻躁喜事而藐然视之，尤愿勿以某等区区微忱为空谈救国而漠然置之。如能采择实行，富者出其资，贫者竭其力，激发爱国热诚，共救桑梓危局，不数年后，吾滇其起死同生乎。是则某等所歌颂我父老伯叔兄弟之功于不朽也。爰缀数言于简端，以志缘起。

法国留学生陈箓上政务处 王大臣书论法人窥伺云南事
并译法人原序

法人经营云南，已有年所。自光绪念九年三月初十日云南铁路合同定议后，法人之前往云南者络绎于途。自光绪三十一年七月起，因摩洛哥之事，与德颇有龃龉，于是专派从前经营斐洲阿尔赛属地之经理人员、工程师百数十人，巴黎东文学堂学生念余人，前赴云南。近巴黎新出一书，名为《云南游历记》，系法人古德尔孟（Gourtellemont）所著。查光绪念七年今法国下议院首领都墨君（Doumer）任越南巡抚时，曾派该法员密游云南全省，查察形势，详绘地图，经年返国。今年夏间，《云南游历记》始出版。生近购而读之，观其筹画一切，深知法人之用心在必得云南而后已。生谨将原序译呈。序曰：

就日俄交战之风潮观之，令吾法人不得不留心于越南领土矣。吾人向不以东方政策为意，至此亦叹日本之勃兴，以验黄祸之不旋踵。盖其兵力实足令人惊且骇矣。越南防守诚为今日不可稍缓之问题。吾国之留心时事者，各贡一见，或谓当放弃东方而经营斐洲，或谓当以越南全土与他国易一易于防守之地。然所可与易者为何国，所当易者为何地，则非鄙人所敢思议矣。政界中人咸莫能决，其洞悉东方情形者，固已早有成见，且将来必遂其素志矣。然则将吾昔日游历云南及所调查一切编成一书，以飨当世，今正其时矣。吾之政策，当割取云南全省，然后方足以保越南。吾以吾书付手民，盖欲读者知云南之价值及其物产地理，以备指南。

吾法人足迹履越南，迄今四十五年矣，无日不惴惴焉以扩充势力保守长久为念。就今日之情形观之，其实有大谬不然者。

保守属地犹之培植树木焉，灌之溉之，不惜资本，使其有磐石之安，当先使其根盘错远土，达于甘泉。其未经开化之地，而又富有蕴积者，此正吾欧人所谓为甘泉，取之以培吾树木者也。英人之得印度，亦主斯义。于是陆续经营，卒至占领印度全土而后已。越南地势攻易守难，如以一军由云南南下，一军由海口进攻，一军由安南中断，海陆并攻，则越南首尾不能相顾。云南直据上流，形如天堑，若得云南，乃可厚积兵力，以保越南全土。

英人之经营东方，亦不肯稍有疏忽。吾法得越南时，英人亦于一千八百八十六年占据缅甸，以为吾法之抵力；今且侵及西藏一带，不转瞬间亦将注目于云南全省矣。不仅此也，中国近年以来亦渐自清醒。吾法于越南之政策，至于今日，实为不可稍缓之日矣。

攻守形势之外，云南之气候温和，尤似法国南境，于法人尤为相宜。其矿田之富，物产之饶，较诸越南，奚啻霄壤。借沃壤之余，以养瘠地之不足，此云南所以不独为越南之屏藩，而且为越南之仓库矣。美哉！云南也。

以异常殷富之物产，以生吾法人无穷希望之心，此云南铁路之成，所以可为吾法贺也。

俄之欲得满洲也，非其土地也，非其物产也，盖欲借满洲大陆以达于东方口岸，以为他日发达之计。德于山东也则不然，其矿产之富，早已动德人之心。然山东近于日本，而远于德国，颇难自守。中国自强之日殆将不远矣，一旦自奋，则华人将不复为吾欧美之鱼肉。不仅此也，彼且将收回已割之地为自养之计，此吾所敢预料也。如不幸而吾言果中，则中国政府必自山东入手，而德人之足迹将不复存于胶州矣。

至吾之越南，又非可同日而语。盖越南民智远不及中国内地居民，且久蒙吾和平之教养，当彼从前隶中国时被压于苛虐政府之下，鞭扑刑戮靡所勿至。一旦吾法加以复翼之恩，越南之民怀德既久，当自知所择矣。

兹当日本新役之后，财力空乏，休养为先，不能他顾。诚为吾法经营云南绝美之好机会。吾望他日火车游行云南时，吾法之权力随之而达于云南全省。吾尤望云南铁路告成之日，能在日本休养未足之先，则席卷云南，如探囊取物矣。

全书共二百九十五页，并附云南地图一张。生业览毕，因课务吃紧，不能备译。且作书者不准他国重译。书中所载，于云南地理物产最详。生细揣法人政策，将来必借保护铁路为词，以越南之兵移驻云南，以施权力，其患即在眉睫。生一得之愚，不敢自安缄默，伏求我政府大臣防患未然。而先发制人，尤为今日救亡之要策。刻间铁路已在蒙自一带开工，我政府自当于铁路未成之先，先以保护铁路为亟，派南北洋洋操兵二万人，常驻滇越交界之地，并蒙自一带，以厚兵力。则法人他日即欲派兵，亦难借口。一面在云南本省赶练新军二万人，为随时遣驻各段铁路之用。此举名正义顺，不独为预防后患之计，且可借以弹压土匪，免生事端，亦我政府应尽之义务，应有之权力。似不宜疏忽自弃，坐失机宜，以贻他日无穷之患，则中国幸甚。云南幸甚。（陈篆书已完）

醒！醒！醒！我父老叔伯兄弟。起！起！起！我父老叔伯兄弟。奋！奋！奋！我父老叔伯兄弟。法人于此取甘泉培植树木之主义，已决定实行。斯时在安南，器械已备，枪炮已足。日夜训练，水陆兼举。药弹之由法运来者络绎不绝，风潮一涌十丈，大有乘此机以席卷我云南之势。

当去岁春夏之交，某等到越未久，情形未熟，虽不能洞见其心，而游其印图所，即见其所印地图已将我云南边界及内地之一沟一壑，俱绘为行军指掌矣；游其磁器厂，即见其将我云南之一城一乡、一山一谷，均用泥作成，以备战时之指南矣；游其军医院，则见其战阵所用救伤器具，盈千累万矣。且时闻彼于铁路成后即取云南。某等闻见之余，初未之信，以彼文明强国，其武备之充实，其考查之详悉，固其本色。岂若我云南边防废弛，一军不练，一器不备，一事不实力整顿，蠢蠢然贪眼前幕燕釜鱼之安，而束手以待人之宰割，以云将取，或者其谣。

而岂知为日未久，为彼所派来考查云南边界以为进兵地步之兵部大臣华龙氏，已到河口一带布置一切矣。某等此时亦不甚介意。

及至今春，遂有越督鲍尔将往云南消息。鲍尔者，最富于野心，彼国侵略大家之一也。其往云南，虽曰调察路矿，实则司马昭之心路人皆见。某等一闻此信，不禁惊心动魄，发为之竖，股为之栗，相与顿足捶胸言曰：我云南遂从此成东三省矣乎？吾辈虽学成，究无家可归也。吾辈男儿，生兹末运，既无长策可以救亡，又安忍目睹我云南千二百三十余万同胞顶香炉，竖降旗，五体投地于异族马前,而为我中国十八省开门揖盗。遂欲奋志蹈海,一瞑长逝,以勿贻我神明先祖之羞。继思某等生于滇,长于滇,不能献身为滇牺牲,虽抱恨而没,而天职终有未尽。乃暂延死期,仍婉转从事,权电请大府严加防慎。然亦初不料彼如是之狠且毒,欲急就我云南川滇铁路未成,新军尚未萌芽时期,而为是攻其不备、一扫千里之凶恶手段也。

而兹得留法学生陈君上政务处书,阅其所载法人古德尔孟游滇记序,确见法人用心,于某等所见所闻毫无差异。(陈君书中仅译其序,某等现已访获原书,拟将全文译出,俾父老知法人之毒手)且近彼欲驻兵蒙自,又与陈君所料适合其符。则法人借保护铁路为名以扫荡我滇全省,即在目前,某等敢断言矣。

呜呼!我父老伯叔兄弟,谁无父母,谁无妻子,谁无兄弟姊妹,谁无坟墓田庐。行将被人宰杀,被人淫辱,被人芟夷,被人掠夺,举世世祖宗藏骨之区,皆变为人之殖民地。子子孙孙生息之所,皆变为人之牧马场。碧鸡金马,悉异旧观;洱海昆湖,腥膻满地。我父老思此,其能忍乎?其能受乎?

夫今日亡国,我父老亦当知非昔日之所能拟于万一也。昔之亡国,不过换一朝代,而土地依然,城郭依然,百姓依然。今之亡国,则国亡之日,即家亡之日;家亡之日,即种族灭绝之日。一亡即永堕地狱,绝无复生;一亡即沉沦苦海,终无天日。我父老独不见欧洲之芬兰波兰、非洲之黑奴、美洲之红人乎?以地球九万里之大,而彼竟累累如丧家狗,无国可归,为人奴隶,动被烧杀者以数万计。其远近亡国至今未及百年,而幸存者已寥若晨星,或仅供博物院之参考品。是不可惨哉!然宁独是数国而已,我父老又不见亚洲之印度及我藩属之高丽、安南、缅甸乎?印度等国之民今缚束于强权之下,受压制不如牛马,生齿日减一日。其所以不为美洲之红人者,亦将不远矣。然数国之远者且勿论,请即某等所亲见之安南言之。

安南亡国迄今不过二十余年，而人口减弱其半。且前此二十年，法人之待之也，尚不如今日之虐，以占领之初，人心未服，恐过激则生变，务先稍安之，使之勿动，而后制其死命也。今则稍强悍有势力者，已诛灭殆尽矣。即前为彼向导，卖国与彼，为彼之走狗者，今狡兔既死，亦已尽烹之矣。（越南人陈践诚、阮文祥等初为法人利诱，结为内应，事成即被诛灭。如此之事，我父老等谅已洞鉴其奸，我滇果有是人，当劝戒之，或同谋而锄去之可也）自余平民愚妇，则夺其生计，使之生同螝蛄，朝不保夕；虽有草泽英雄者出，亦无可揭之竿，以为光复计。于是法人益出其最剧烈之手段，而思有以并其根株种类而尽歼之，所以近十年来，越南税则之苛，日倍一日；罚款之重，年逾一年；禁令之严，亦日酷一日。其税则之苛也，有所谓身税焉（分为三等，上者年百余元，中者二三十元，下者亦不下八元），门牌税焉（上者四五百元，下者七八元不等），地税焉（一方丈年纳税二元），房税焉。开窗一，岁税金二；置厕一，岁税金五；蓄犬一，岁税金三；猫则半犬，鸡则半猫；等而下之，虽至细如葱韭类亦莫不有税。其禁令之严也，居城者不得入乡，居乡者不得至城。集会有禁，越境有禁。其罚金之重也，或盈千焉，或累万焉，视其家之肥瘠，而为一网打尽之计。故越人中有国亡时未为彼搜罗尽者，今亦靡有孑遗矣。哀鸿遍野，满地疮痍，男者为其牛为其马，女者为其婢为其妾。鞭挞随其喜怒，杀戮视乎从违。凌轹残踏，无所不至。某等眼帘触此，未尝不痛心蹙额，泪涔涔下，为安南人悲，为安南人惧。呜呼，岂知至今日其所以为安南人悲且惧者，遂将转而自悲自惧，并为我父老伯叔兄弟悲且惧哉。虽然，以我最有劲骨最有血性之父老伯叔兄弟，又岂甘下等越人，同为彼黄眦碧眼儿砧上肉乎！我父老前此之所以委靡不振，不出而谋地方公益，以为自保身家计者，盖未闻世界上有如此之奇祸，而以地方之事有地方官居其责任，不必越俎代庖也。而讵知同为一国民，同有一分责任，地方官不过一邑代表人，而不能举全邑之事以一身独任之，无须绅民之辅助，遂能举之裕如也。且地方官吏非生长于本省，其于本省之情形不熟，而于利害亦不甚关系，安能举事事办有成效，外焉足恃以为长城，内焉足恃以为保姆乎。我父老伯叔兄弟，自闻某等此警告后，其挺身而起，各出热诚，各愤赤血，同商救亡。其有机警慷慨大有力者，宜纠合同志，筹画方略，以预备所以对待法人之具，而不至如前此之出于野蛮。（庚子野蛮排外之举，损失若干利权，赔偿若干款项，杀戮几许头颅，其害之大我父老谅已知之矣。现今法人欲取我滇之心最急，其所以不遽动者，患无词耳。若我再焚教堂戕教士以予他人口实，是自速灭亡矣。且外人非野蛮生番，我又何必拒之太过。即使父老热心桑梓，以为我卧榻之侧不容他人酣睡，然亦当出之以文明，不可以野蛮举动行之。更不可因我地方有丧尽天良借外人势力以压制我父老伯叔兄弟之教民，而遂迁怒于外人，以至酿成无理教案。不知我酿一教案，赔款且不言，其如身首不保何，其如遗地方以莫大之患何。我父老伯叔兄弟有知，想万不出此下策也。此事留东同乡书中已详言之，而某等犹哓哓者，恐我父老伯叔兄弟不知外界情形，将一片爱桑梓热诚误用于野蛮举动，以自速灭亡也）其富有资财者，亦当乘此患难未发之先，尽出家资，以代谋地方公益，如铁路工商业之类。既有裨于地方，于己亦有莫大之利，亦何乐而不为。知其兵端已肇，祸机已至，则供给资粮，补助军需，不吝万金之产，转输千里之途，亦我父老应尽之义务。至于我辈青年英伟，尤当身投行伍，击楫枕戈，叱咤风云，现好男儿身手，以预备后日与法人驰骋于枪林弹雨之具，发挥我古代英雄征讨外族之国魂。而不至如前此甲午役之闻炮声而云散，以遗千古羞，且陷我子孙于越人之苦境，欲求死而不得其所也。

以上数者，即日本所恃以胜俄罗斯，美利坚所恃以脱英吉利，亦即意大利之所恃以独立。我父老伯叔兄弟果能具而有之，则虽十法兰西，举我云南一省之力亦足以抗之拒之，尽复我已失之权利。而令金马碧鸡横飞天表，又乌在悲安南之悲，惧安南之惧也。夫安南之所以为安南者，亦安南人自为之，非法人之能安南之也，云南亦犹是矣。语云："国必自灭，而后人灭之。"我不自灭，则将见人之见灭于我，更何必灰心短气，而为是杞人之忧也。我父老其起哉！我父老其起哉！！我父老果不以某等之言为妄也，则某等更请以千虑一得之见，就此时所宜急举者数事，略陈大概，以备施行。

一、我父老宜纠集三迤人民，乞师政府，为陈君后劲，以力拒法兵之入境也。夫法人欲驻兵蒙自，不过借保护铁路为名，其发难即在旦夕；若我无兵以为之保护，则终不能解释此问题。故某等一闻此警报，即电达政府，请速拨北洋新军二万，并选派干员，以资防卫。然某等势力薄弱，安能必政府之听而达此目的。是我父老亦不得不以一电继之。若不行，则再电之。再不行，则举吾全滇人民同为申包胥。政府之视我滇，亦未必秦于楚之不若也。此我滇迫不可缓之急务其一。

一、我父老宜速集股款，即时兴工，以筑滇川铁路也。一国命脉全在铁路，我滇路线，南已被法人劫取，西又久为英所垂涎；此时所恃以图存者，仅此东北一路。（此外如迤西缅腾之路，亦宜画归川滇项下，即时修筑，不然亦难保也）稍有血性者，宜如何踊跃集股，以期速成，为我滇延一线生命。何至今仍徘徊观望，集股寥寥，是岂我父老竟忍坐视吾滇危亡，而不求一救亡策乎？想父老未必死心若是。抑或父老未闻铁路利益乎？则近年以来，忧时志士哓音瘏口，呼腾国中，我父老必习闻之，而无待某等之赘言。又岂我父老欲一误再误，复将此路送入外人之手乎？则滇越路线之成，其祸害已不可思议矣。若我再不筑成此路，以取四川援助，吾恐法人朝发夕至，我既无相当之自备，又无可恃之奥援，则云南亡亦亡，不亡亦亡。即四川且投其漩涡，黔桂以两面受攻，亦瓦解矣。然则滇川铁路可不即时筑成，以为救药乎。此我滇迫不可缓之急务其二。

一、宜救〔就〕地征兵，自成一大镇也。南北洋新军虽不可不求之，以为救命之剂，然可暂而不可常。且其兵虽略有形式，而非我云南住籍，恐无桑梓感情，不若就地征兵之为善。此时暂以北洋新军为训练，为先导，俟征兵具有成效，然后谢之，移作保护别地之用，岂不较为着实哉？不然，一日不征兵，吾滇终无自强之日。无新军以为规范，则征兵终不能速成，其亦坐亡而已。此吾滇迫不可缓之急务其三。

一、宜续派出洋学生，学习陆军警察实业诸学也。夫此时而始续派学生，势将迫不及待。虽然，滇在一日，我滇人不得不尽一日防御之力。若既就地征兵矣，而又无将才，恐不能统驭其兵，则续派陆军学生为不可缓。既有兵矣，然无警察以助之，究不能杜渐防微，以补兵力所不及，则续派警察学生为不可缓。有兵矣，有警察矣，稍可抵制其有形之侵略，然犹不能御其无形之工商战力，而我滇终归天演淘汰。是不可不速振工商，以抵制其无形之侵略也。速振工商奈何，一面派学生学习其精深，一面购机器制造其粗浅，务使我滇一切饮食服用，皆不仰给外人，而后民得生机，不至困如涸鲋，同归劣败之例。此续派出洋学生，又为今日迫不可缓之急务其四。

一、宜团结一会，互相勉励，无用法人纸币也。法人经营东方，全恃纸币之力。举其一端论，如东京铁道，初以驾红河之铁桥，长十余里，款项支绌，不能蒇事。及一旦纸币发行，仅费三四金之印刷工，遂将全路齐举，而今且谋及我云南。我父老试思，纸币之害何如其大哉。且法人以片纸而当我千百万金之用，我父老亦何为而甘之也。夫我中国龙元本有实质，而父老且不肯广用，何乃用法人之纸，助其力以自灭乎？推父老用之之心，亦不过以其便也。（若贪其利而卖我云南，则人人得而诛之，恐父老未必出此，故亦不论）若果欲其便，我父老又何不多集股款，就川滇铁路项下，而设一银行，以行使自己纸币之为得耶？自行纸币之利，昭昭在人耳目。我父老有百万之银，可作四五百万之用，何乃甘让人之握我利权而己反为之行使也哉！我父老亦曾思法人可以纸当吾之银，则彼以十元纸本，不将吾全滇买尽乎？而更何必煞费经营，耗许多脑力也，我父老其亦休矣。自今以往，当各出天良，组织一会，相戒不用法人纸币。其有知而故用者，共出而对待之，食其肉以为同胞请命。则滇尚有一线生机可存。不然，虽练兵，虽兴学，终不免为虎狼之口头物矣。此吾滇迫不可缓之急务其五。

以上五事，皆吾滇今日力所能及，重大不可稍缓之问题。若我父老果能齐举行之，而又有宁死不愿为安南人之魄力，则法人知必抛若干头颅，而后得我尺寸之地，所得不偿所失，亦未必不望而生畏，而稍稍退步，使我云南再得延数年残喘，以为整顿时日。我父老亦由是卧薪尝胆，骎骎进步无懈，又安在独让日本之能挞强俄也哉。呜呼！我父老叔伯兄弟，事至今日，危迫极矣，千钧一发，一失不再。我云南之生而飞跃于大舞台上也，在我父老叔伯兄弟此时之举动为之。我云南之死而永堕苦海也，亦在我父老叔伯兄弟此时之举动为之。我父老叔伯兄弟盍急起而振作精神，以与虎狼决一死哉！（所谓决一死者非野蛮排外之谓也，阅者慎勿误会）我父老叔伯兄弟处此时势而不决死，恐过此以往，无死所矣。且我父老叔伯兄弟乘此时而决一死，或可以不死而幸生亦未可知，若不乘此时决死，则必死无疑矣。某等知我父老叔伯兄弟有宁死之气概，而恐不识法人用心之毒，不存一必死之心，犯百难，冒万险，事事思所以竭力维持之，以挽此危局。故特以陈君上政务处书介绍于我父老叔伯兄弟之前，俾我滇人咸知法人谋我之急。并赘数言于末，以与我父老叔伯兄弟同商救亡之

策。我父老叔伯兄弟果闻此而动于心乎，则某等此一篇警告，当
为我云南重见天日之檄文。非然者，即我云南十四万六千六百八
十方里之吊文也。痛哉！

某等谨顿首

留越学生同识于河内

辛亥革命时期的广西

耿　毅述

编者按：耿毅曾任河北省文史研究馆馆长，辛亥革命前在广西。自广西同盟会支部成立，至辛亥时期广西独立时止，耿毅都亲与其事，并且是辛亥革命领导人之一。所述辛亥时期广西的革命活动，均为亲身经验，可为研究辛亥革命史者参考。

辛亥前广西的概况　庚子以后，清政府被迫变法，停科举，兴学校，后又宣示预备立宪。这些虽是欺人的官样文章，但在地方上却因此有了不少变动。广西在这数年中先后成立了法政学堂、警察学堂、警察督练所、典狱学堂、农林学堂、优级师范、普通中小学、陆军小学、干部学堂（沿用日本名辞，系训练下级军官的学校）、陆军测量学堂等。谘议局也在 1909 年成立。

当时广西的巡抚是张鸣岐（1910 年调两广总督，沈秉堃继之），藩台是魏景桐，臬台是王芝祥（后魏景桐辞职，王芝祥继任藩台），后又添设了管教育的提学使、管警政的巡警道（王秉必）和管农工商的劝业道（胡铭槃）。为练新军又设立了督练公所，下分兵备、参谋、教练三处；最早成立的是兵备处，由庄蕴宽任总办，钮永建为帮办。

革命党人入广西　张鸣岐野心很大，在广西时引用了一些新人，其中有庄蕴宽、钮永建等。为办新军需要罗致人才，由于庄、钮的邀请，1908年王孝缜（勇公）、李书城、孙孟戟到了广西。张鸣岐并命王勇公到北京邀集更多的人才。王勇公是日本士官学校第五期的留学生，他的祖父〔曾祖〕王庆云做过工部尚书，父亲王仁东曾任四川粮道，叔叔王仁堪是福建的状元。他与庄蕴宽是世交，庄等以勇公是世家子弟，不会闹革命的，所以很相信他。而王勇公早已在日本加入了同盟会，是个急进的革命党人。王勇公到北京时，各省留学生正集中等待皇帝引见，于是约请了孔庚、雷寿荣、李浚（以上是湖北人）、丁绪虞、李乾璜（安徽）、刘鸣基、田家轩（河北）、覃鎏钦、钟鼎基、赵士怀（广东）、赵恒惕、袁华选（湖南）、杨曾蔚、韩凤棱（河南）、尹昌衡（四川）等，以上都是日本留学生。王勇公嫌人少，又与杨曾蔚到保定找了保定的革命党人孙岳、何遂，于是又约了一些内地的革命党人，如耿毅、刘建藩、吕公望、贺斌、林光斗、杨明远、杨卓、倪德熹等人。1909年我们这群满怀革命热忱的青年人，便来到了广西的首府桂林。

最初的混乱　青年人闹革命都很热心，讲感情尚义气，只是缺少组织和计划，也不甚团结。到了广西，留学生住督练公所，内地学生住陆军小学，因为职位上的关系，留学生与留学生及内地学生无形中闹了意见。王勇公很为难，对何遂说："请你开个头，平平大家的气罢。"于是何遂当了一等科员，耿毅当二等科员，王勇公当了学兵营营长，一场争执才平息下来。宣统二年三月军谘府令张鸣岐调查中越边防，张委何为边防调查长，耿副之。恰巧冷遹（御秋）因革命党的嫌疑，丢了陆军小学提调的差事，便随何、耿同往中越边境调查，并借此与云南、香港革命党人取得联系。

张鸣岐的阴谋与王勇公等离桂　张鸣岐中过举人，幕府出身，作过多年的文案，是一个老于官场的旧官僚。他虽然也谈维新，不过是为了提高自己的身价，对革命则是反对的。起先张对招致来的一般青年学生十分优待，常常请客，联络情谊。后来慢慢觉察到这群青年人有革命党的味道，于是常常说："你们不要心急，凡事都得慢慢地筹划，急了反而出事。"这话意有双关，表面上似乎指练新军，而实际又好似指革命。有一天，张又请客，席间以话套话。尹昌衡吃得半醉，不觉说道："要想中国复兴，清朝是不能存在的。"王勇公急忙用脚踢尹。张鸣岐觉察了，笑道："革命并非一件奇怪或可怕的事，本人有志革命、刷新军政，大家不要顾虑，畅所欲言好了。"说毕又拿出他新置的手枪给大家传观，说是革命武器。王勇公一时酒后兴起，接枪在手，连放数响，把窗上的玻璃都击碎了。张鸣岐连称壮士，壮士！又对尹昌衡说："广西小地方，不足以容公，将来四川有事，可以多多借重。"尹大笑道："世事难定，将来不知是谁借重谁啦！"张当时微笑不语，散席后每人还送安南刀一把，以示联欢之意。一般青年感情本易冲动，还以为张真能赞助革命，情绪愈加激昂。而张鸣岐则暗暗布置其阴谋活动。

清末一般贵胄极力主张中央集权。军谘府大臣请上谕各省，凡各省督练公所的参谋处总办均由军谘府委任；各省督抚亦可推荐，但非经军谘府考核合格再行任命不可。于是张鸣岐保举了前任陆军小学校长蒋尊簋（伯器）为参谋处总办。又调南宁讲武堂总办蔡锷（松坡）到桂林，以去王勇公等。蒋、蔡一到，张鸣岐便将原任陆小监督的雷寿荣和兵备处经理科科长孔庚先后拘捕，并扬言要开军事法庭进行审讯。一般青年志士才知道上了大当，一时大为不平。王勇公拿着刀要去杀蒋伯器，吕公望哀求乃止。吕又黉夜见蒋，长跪两小时，力求转圜。蒋说："大帅已吩咐下来，明天要砍几个脑袋给大家看看。恐怕不易挽回。"吕说："我辈在浙江时，闻秋瑾女士说总办是革命同志，所以热诚拥护总办。现在同志们有杀身之祸，无论如何要请总办援救。"蒋沉思良久说："我实在没有办法，你可去求求王芝祥，他的资格比我老，或许可以说话。"于是吕公望又连夜谒见王芝祥，苦求设法，并说："政府现在都不随便杀人，公等都是汉官，何必过于认真。"王芝祥总算答应，当晚与张鸣岐磋商，议定条件。第二天发表所有赴宴的青年（多为留学生）一律撤差，并特别指定王勇公、孙孟戟、杨曾蔚、陈之冀四人于三天内先行离桂。撤差札上写的理由是："浮燥成性，遇事生风。"于是王勇公与他约来的大部分同志，都陆续离开广西。但广西革命，经这班人的鼓动提倡，影响是扩大了。

广西同盟会组成　宣统二年七月（1910 年 8 月），我与何遂等由边防调查回来，同伴已大多走散，张鸣岐升了广西〔两广〕总督，巡抚由沈秉堃继任。张到北京引见时把蒋伯器带走了。兵备处总办职由蔡锷继任，陈之冀本为干部学堂监督，走后也由蔡兼，王勇公走后学兵营亦由蔡兼。这样，督练新军的大权都落在蔡锷的手上。

我们回来与留下来的几个内地学生刘建藩、杨明远等一商量，感到过去人虽多，没有组织和计划，乱说乱闹反把事情搞坏，于是决定组织广西同盟会支部。八月招集了干部学堂、陆军小学、学兵营几个部门的同志二十多人共同商议，大家推举耿毅为支部长，何遂为总参议，赵正平为秘书长，刘建藩为学兵营分部长，杨明远为干部学堂分部长，梁史为陆军小学分部长，蒙经（民纬）为谘议局分部长。并议定了会规，开始了发展组织的工作。

歃血为盟　当时规定，凡是入会的都要填写一个志愿书，上面写着孙中山提出的："驱逐鞑虏，恢复中华，建立民国，平均地权。"后来何遂说这是在外国提出的，不合中国人的口味，改为："誓同生死，志共恢复，此心可表，天实鉴之。"在广西这两种誓词都曾用过。入盟人写完之后，要刺破自己的手指，压上一个血印。主盟人和介绍人也同样要压上血印，然后把志愿书烧成灰，和入酒内，大家分饮，主盟人便宣称："从此又多一个英雄豪杰！"我是支部长，入盟的人多了，每天手上要戳上几针，肿得很大，怕被人发现，以后才议定集体宣誓。这样组织慢慢发展起来。五百多学兵营中有一百多入盟，陆军小学有50多人，干部学堂有30多人，连谘议局的议员中也有了10多人。

蔡锷离桂和组织的扩大 何遂等由边防调查回桂的路上，曾经越南的海防到香港，找到了同盟会的主持者赵声和黄兴。黄兴说南宁讲武堂总办蔡松坡也是同盟会的会员，可多与他联系，并写了一封介绍信，内容不过一般的问候，盖了一个黄兴的图章。我们回桂后，蔡锷正掌握了督练新军的大权，他是否革命就成很重要问题了。蔡锷从南宁到桂林后，满嘴官话，出门坐大桥子，很像个大官。我们觉得他没有什么革命味道，而且任用了许多他的学生湖南人，对革命同志倒挤掉了不少。我们想与他接洽，但又不敢把黄兴的信交去。于是另外附了一封信，大意说：我们从香港路过，遇到你的好友黄君，带来一封信，并有要事相商，请于某日晚九时到江南会馆前门一叙。把这封信与黄兴的信一块放在蔡锷办公桌上。到了约会那一天，我与何遂、冷遹在江南会馆等候，会馆前面是一带小湖，我们预备了一只小船和武器，准备万一有变，可以乘船逃走。从八点等到十一点还不见来，心想蔡松坡是不革命了，他和梁启超有关系，大概是属立宪派的，所以我们就设法对付他。

正好有个机会，广西是边防，本拟练兵一师一旅，但广西是个穷省，一年地丁和各种杂税收入仅305万两，连行政费都不够，由四川津贴20万、广东50万、湖南10万，这样才勉强够用。若练一师人需130余万两，当然不行。所以由一师缩为一混成旅。这样干部学堂培养的二百多军官就太多。蔡锷决定甄别一下，令学生考汉文，好的留下，坏的淘汰。干部学堂二百多学生中有一多半是湖南人。太平天国失败后，广西的官多是湖南人，故湘人迁桂的很多。湖南学生一般文化较广西学生高，考试结果，录取的一百二十多人中湖南人占九十多，广西人只取三十余。于是广西学生纷纷抗议，大为不平。我们也认为蔡锷不公道，通过同盟会的关系，到处扬言蔡松坡任用私人（蔡是湖南宝庆人），排斥广西人。动员干部学堂已录取的学生罢课，未录取的不走。陆军小学堂罢课、学兵营罢操、赵正平还做文章攻击蔡锷，提出："广西省广西人之广西，岂容蔡某排斥广西人……"虽然搞的轰轰烈烈，只是蔡锷不理也不走。于是我们又运动师范学堂、政法学堂罢课，由谘议局议长甘尚贤、副议长黄宏宪、议员蒙经等在谘议局弹劾蔡松坡，但蔡仍是不走。赵正平又运动了商会罢市，赵与《梧州日报》主笔陈太龙有旧，致信陈，请他帮忙。于是陈联络了梧州的学堂、商会、报馆，联合打电报给当时的护理巡抚魏景桐，要求蔡锷离桂。王芝祥一看乱子很大，对魏景桐说：还是让蔡走吧！蔡锷也自觉待不下去，这时云南总督李经羲有电邀他，他就到云南去了。

蔡走之前，请何遂等吃饭，对何说："你们何苦赶我，你们是革命党，我比你们更老。你们太年轻，浑身带刺，不小心，将来难免杀身之祸。我在此尚可以为你们敷衍，我走了你们更须自爱，养树要养大才有用，千万不可拔苗助长，我这是经验之谈呵！"说着在桌上取过一个炮筒子，放在何的面前，说："这个送你们作个纪念，成大事的人都要有个修养。你念过苏东坡的《留侯论》吗？所谓'骤然凌之而不惊，无故加之而不怒'，你们能作到这，当成大事。"

经过这一事变，同盟会的势力得以扩张，广西人种族思想本极浓厚，一经宣传，极易接受。从此商会、政法学堂、师范学堂都有了同盟会的分部，这些人多是广西人，通过他们又扩大了对各县的联系。在蔡锷离桂的过程中，方声涛（韵松）由云南到桂林。蔡与方相熟，蔡走时荐方为兵备处帮办，后由帮办改为学兵营营长。方是日本士官学校第四期的留学生，因闹风潮被革除，回国后入陆军部速成学校，在保定是同盟会的发起人之一，与我、何遂、刘建藩等都很熟习。他来以后我们的工作就更方便多了。

办《南报》展开革命宣传　同盟会组成后，我们曾在近南门租了一处房子，成立了"军事指针社"，与陆军小学的学生来往最密，起了一些宣传作用。后又租了福棠街二号的一幢二层楼房，作为活动的中心。并决定办报，开展革命宣传。在王勇公等未走时，尹昌衡、覃鎏鑫、杨曾蔚曾已主办过《武学报》，吕公望为经理，出了两期，王勇公走后也就停刊了。这时我们出版了《南报》，由赵正平任主笔，半个月一期，印两千多份。现在记得的大约有下面这些内容：讲中国上古时代黄帝伐蚩尤的故事，及汉族在黄河流域发展的情形。介绍过孙中山、黄克强的惠州起义、钦廉起义及其他革命活动。汪精卫刺摄政王事，曾登载过两次。赵正平译述过法国大革命时的一些情况，如描述把路易十六送上断头台的情形，十分生动。刊载过石达开的诗："扬鞭慷慨莅中原，不为仇雠不为恩。只觉苍天方愦愦，但凭赤手拯元元。三年揽辔悲羸马，万众栖山似病猿。我志未酬人亦苦，东南到处有啼痕。"赵正平并在该报封面上画的竹子叶里，暗暗的画成："民族革命"四字。旁边还有一个公鸡，像在啼叫的样子，题为："雄鸡一鸣，天下震动。"

《南报》是半公开的，各学堂都分送，也有来订报的，也有来捐钱的。巡警道王秉必知道是宣传革命的，但不敢封，因为办报的人都是些作官的人。就打发人来对我们说："《南报》必须在巡警道注册，受审查才准发行。"《南报》去注册，不准。我们改名办《南风报》，再去注册，批准了，便以《南风报》为名继续出版。

革命党人的生活　出《南报》一月要二百元，经费由哪里来呢？由大家凑。那时，赵正平每月赚九十元，何遂赚一百元，冷遹八十元，我八十元，刘建藩、梁史等都各有薪俸。这些钱都交在梁史手中，由梁经管称经理。我是支部长，谁要额外用钱都要经过我批准。当时大家的生活是很刻苦的。例如何遂除每月寄三十元回家养母外，剩下的都交经理，有一回袜子和鞋都破了，来找我要钱买鞋。我说："那怎么行，下个月再说，这个月钱不够用。"何说："你看我的脚跟都磨破了。"我看实在不行了，就说："床下有我的鞋拿去穿吧！"我的鞋很大，何也只好拖拉着穿。那时候大家都诚心诚意的革命，对生活上的困苦是不计较的。

干部学堂的招生与何遂跳桥　干部学堂的学生大多具有革命思想，因为我们初到广西时，正值干部学堂第二期招生，尹昌衡和我被派主持招生工作。除了测验学生的汉文、历史、地理、算术外，我又添了一次口试，口试时有意地问学生投考学校的目的。有的说，因为家贫出外谋生；有的说为了忠君爱国，我都说好，在名字下面画一个圆圈。有的言语间透露出对现实的不满，表现了革命的情绪；有的甚至直言出来就是闹革命的，我就说不许乱说，在名字下面画一个杠，凡画杠的都录取了。由于这个原因，学生都知道办干部学堂的用意，所以革命工作是很便于展开的。革命宣传是多样化的，有时也是很大胆的，如何遂兼任干部学堂教官，常在课堂上阐说种族大义。有一天上课毕时，命学生集合队伍跑步到郊外的大操场上，何便慷慨激昂地对大家说："兄弟们！大家可知道，我们现在做的是二层奴才。满洲人讲的是'宁失之外贼，不给家奴'。外国人只要一架炮，就能从中国拿一块地去。我们要让满洲人统治下去，不久就当了亡国奴，怎么能有脸立于世界，怎么对得起我们的祖宗。满洲人这样丧权辱国，我们白天走路连腰都撑不起来。兄弟们！广西是洪秀全的故乡，广西人是对得起中国的。今天我们有了枪杆子，就要誓同生死志共恢复。孙中山不是占了镇南关吗？我就是孙先生一伙的，孙先生的党徒遍于天下，只要我们中间有人起来振臂一呼就会天下响应。你们当中有敢当陈涉、吴广的没有？"学生们都高呼"有"。何问："有不以为然的吗？"谁也不说话。何忽见场中有一天桥，高约两丈，便爬到天桥上站立。桥已旧了，摇得厉害。何奋身从桥上跳下，指着桥对大家说："敢作陈涉、吴广的就跳此桥。"在场的72个学生全都从桥上跳下，其中还有一个安南人名叫阮焦斗的，也是我们同盟会的同志。

三月二十九日黄花岗之役 宣统三年（1911年）过年时香港同盟会本部派了一个姓唐的同志来找冷遹，询问广西同盟会发展情形，并告诉我们说四月一日将在广州起事，希望广西届时响应。是否响应呢？我们内部的意见也不一致，有的认为学兵营成立不久，陆军小学、干部学堂人数不多，起义的力量不够。有的认为广东既然要求我们响应，怎能畏葸不干呢。为了讨论这一件事，我们在峰洞山上开了一次会，到会的有张文通、唐之道、方声涛、何遂、刘建藩、赵正平、刘秉初、梁史、周亚杨和我。张文通、唐之道反对响应，其余的都赞成响应，所以会上决定了起义。

正月底二月初陆续从外省来广西的同志有陈更新，阎汉民，冯超骧，刘元栋，王印芗，方声涛的姐姐方君瑛、弟弟方声洞、四嫂子曾醒，大家住在福棠街二号。方君瑛、曾醒由香港来，谈及革命准备情形，并说他们如何化装送葬的寡妇，偷偷运送军火。二月中旬后，来的人陆续走了，我们也都要跟去。可是香港本部说："你们都走了，广西怎么响应呢。"只好留下。他们来信叮咛，要我们积极准备四月一日同举大事。可是广东三月二十九日举事失败了，从广西去的几个同志，都光荣牺牲了，只剩下阎汉民一人勉强逃回香港。

三月三十日，我们正开会筹划着起事，电报局送来一份香港打来的电报，电文是："何叙甫、耿鹤生、方韵松父已死，毋庸来港。"我们一看就知道是广东事败。正在难过的时候，巡警道派一个人来找我们去。说："巡警道见了一份电报，不太明白，请你们去商量。"我请来人等一等，和大家一商量，电报上三个人究竟那一个人的父亲死了呢？后来大家商定，就说是方声涛的父亲死了，在耿鹤生的下面掉了一个"转"字。又找了两个学生当马夫，准备万一抓了我，赶快回来报信。这样我去见了王秉必。王拿着电报问我："到底是谁的老子死了。"我说："是方韵松的老子死了，让我与何叙甫转交的。"他说："方韵松也在桂林，为什么要你们转呢？"我说："他在李家村离桂林三十余里，不常入城，平日有信都是由我们转交的。"王沉吟不语。我笑道："你大概怀疑我们吧！放心好了，我们都是当官的人，不会闹乱子的。"他想了一想说："好，你回去吧！"

不久，消息传来，知道果然广东事败了。方声涛时已驻学兵营，准备响应，听说姐姐、弟弟、嫂子都死了，十分悲痛，狂饮大醉，把队伍集合起来，要向桂林进发。刘建藩极力劝止，气才平息下来。这时真是风声鹤唳，每天有防营的兵在我们门前侦探。我们气起来就跑出去用马鞭子赶散。沈秉堃很想杀人，但又不敢轻易动手，不知革命党到底有多少人。外面谣传很多，都说抚台要杀人了。王芝祥暗示我们说："事情不好，要走的可以走。"我对他隐约的说："广东的起义失败不算什么，我们人多得很，杀不完的。铁老，你也是汉人，如今的政府亲贵当道，昏聩无耻，你能看得下去吗？你去对抚台说，大事化小事，小事化无事。广西是一个出乱子的地方，要杀一个人乱子可就大了。只要上面理谕，不会出什么事的。"王芝祥去与沈秉堃疏通了一翻，当时清朝的统治已是风中残烛，更加上亲贵当权，排斥汉官。所以一班的官都想粉饰太平混混差事，不肯把事情闹大，反受处分，沈秉堃也就不再深究。只是方声涛握有兵权，要以礼请走。于是方解职，往四川去了。

方声涛走后不久，军谘府派赵学远来任参谋处总办。学兵营改为混成旅，旅长胡文澜是一个官僚，但底下的人都没有换，连排长多是革命党。刘建藩是骑兵营营长，所以混成旅整个地掌握在我们手中。

韬光养晦 三月二十九日之役以后，我们成了嫌疑犯，经常受到监视。我们只好成天看戏游玩，无非掩人耳目。桂林最早的戏院是成立于宣统二年，名叫景福戏院，在凤凰街的横巷内。有一个唱小旦的叫做荣兰，唱得很好。我们看戏时常跑到后台去找荣兰谈天耍闹。回到家里也学拉胡琴、唱二簧，并且拜了把兄弟，冷御秋年长称大爷，我称二爷，时秀峰称三爷，刘松甫称四爷，何遂称五爷，荣兰是称六爷。后来刘建藩要加入，称七爷。以后许多人都来参加，乱七八糟地排了二十几爷，有许多都不是我们同盟会的同志。但由此混熟了，到起义时这些人都参加了革命。由于有人监视，我们的行动很不方便。常以看戏为名，租上一个包厢，有什么事可以商谈，或者开戏后由后台溜了出去开会，开完会后由后台回来，外人还以为我们又与荣兰调耍呢。七月何遂奉派到北京去参加永平秋操去了，这时风声已很紧张，我们联络各方力量，积极作起义准备。

与会党的联系 会党在广西有悠久的活动历史，广西的土匪也是很厉害的，土匪又多是会党中人，与我们经常联系的有柳州天地会首领刘古香和浔州的钟志南。梧州的《梧州日报》主笔陈太龙也联络了一批地方力量，常与我们来往。在桂林负责会党联络的是唐志仁和冼汉熙。

三月廿九日以后，我们住所的外面常常有人监视，我与冷遇出门背后常有人钉梢，我在开会时提出，决定找几个精明的会党分子在后面跟踪侦察。跟了两天，才知道是巡警道派出暗探。我很着急，不能出门怎么办呢？会党中同志说："这容易，把他们去了就行了。"我问怎么去呢？他们说："你只要把他们引到僻静地方，我们自有办法。"于是有一天，我故意鬼鬼祟祟地往水东门外走去，果然后面有两个人跟上了。出了水东门往大墟走是十几里无人烟的大道，我见前面有两个乡下人挑着担子，是我们的人。后面两个穿长衫的正是常跟我的暗探，再往后是好几个挑担子的，我们几路人大约隔着三百来步。出城走了七八里，前后不见外人，忽听前面一声吹哨，后面四个人加快了脚步，又听后面一声呼救，我回头一看，只见四个兄弟用衣服包着两具死尸，向路旁山坡奔去。前面的两个伙伴回来，把地上留下的血迹用刀子挑去。我们一行七人，又向前走了十几里地，才绕道走回桂林，从此身后不再有人跟踪了。

武昌起义消息传来 在电报局中，我们运动了一个名叫吴光×的，经常向我们报告一些消息。八月十九日武昌起义后，他很快就来告诉我们说："武昌革命党人起义，已经占领了武汉三镇。"隔了三四天，北京军机处的官报也来了。大意说：武昌起了叛匪，已派北洋精旅前往痛剿，现已占领大智门车站。见了官报，我们知道消息确凿，赶紧召开会议讨论响应。到会的有我、冷遹、赵正平、梁史、刘建藩、杨明远，商量结果：一、积极联络会党，扩充势力，通过刘古香联络柳州、恭城、梧州、浔州一带会党，在桂林则由唐志仁、冼汉熙集结会党力量。二、派张文通（四川人）到湖南、湖北调查起义情形，随时报告。张到湖南，被起义者误为汉奸，关了起来，广西独立后，才向谭延闿要出。

动员 新军改为混成旅后，约有二千人，大多数是拥护革命的。新军的枪炮装备很好，就是没有子弹，旅长胡文澜是沈秉堃的私人，胆子很小。刘建藩对他说："外面风声不好，土匪很多，旧军防营靠不住，新军没有子弹是不行的。请赶快发下子弹，以备万一。"胡本是官僚，信以为真，就把子弹发下来了。子弹一发，许多同盟会的士兵就知道快干大事了，纷纷把刺刀开了口。胡听说大吃一惊，怕有革命党，再也不敢到李家村去。于是刘建藩掌握了大权，下令把刺刀开了口，不许喝酒，每天练习打靶，李家村闹翻了天。

这时一切命令都以同盟会支部长的名义发布，一天刘建藩对我说："下面同志都想见见你。"我说："那好呀。"他说："你可不能这样随随便便，平日都以你的名义说长道短，必需态度有点威严，说话就带命令意味，才能服众。"于是约了一个星期天的晚上，刘下令同盟会的会员分组到郊外集合，集合完毕刘来请我。当时正是深夜十二点钟，伸手不见五指，刘高喊一声"立正"，用手电照在我的面上说："大家认识认识，这就是我们的支部长。"接着说："请支部长指示。"我问："一共有多少同志。"他说："七十多人。"我说："好的，都看一看。"就用电筒一个个照过去，看完了，刘又立正说："请支部长训示。"我命令大家围一个圈子坐下，自己立在中间说道："现在武昌已经起义，湖南就要响应了，我们广西要极力准备，革命就要流血，你们大家愿不愿流血？"大家齐声答道："愿。"我又问："现预备好了没有？"大家答道："预备好了。"我对刘说："赶快把子弹发下，让兄弟们好好地打打靶。"刘立正答声"是。"我讲完，刘又说："支部长讲的话大家好好记住，齐心努力，共图大事。"于是抬过一坛酒来，大家举杯痛饮。与这种聚会类似，我也到干部学堂、陆军小学等分部作了动员。

九月一日湖南独立了，电报局的吴光×来报告，后来又见到武昌方面黄克强打给胡汉民的电报说，敌人的装备精良，火力很强，请胡汉民急速调广东方面的军队，多带机关枪、大炮去支援战斗。我们知道这情况，乃决心尽快地起义。在商量中大多数赞成，只有一二人恐与旧军相比，似乎稍弱。因为当时王芝祥怕省中有事，把巡防兵八营都集中到桂林，以一营五百人计算，就有四千人，所以有的同志怕力量悬殊，主张暂缓起事。后来侦知，旧军队一营才三百六十人，数量虽较新军多一些，但战斗力却很弱。我们除新军外，各分部都有一些力量；而且当时聚集在桂林的会党已有四五百人，都是些勇敢善战的绿林豪杰。于是起义的意见一致了，并决定在初九动手。

起义和意外的挫折 桂林城约有一丈五尺高，是石头砌成的，十分坚固，爬城是很困难的，学兵营和干部学堂在南门外，陆军小学在文昌门外，师范学校靠西门外，政法学校在北门附近。于是决定九日晚九时混成旅由刘建藩率队出发，十二时到达南门；我率一部分同志开南门接应；冷遹时为陆军小学提调，开文昌门迎陆军小学进城。师范学校、政法学校同于十二时正，分别由西门、北门入城，会攻抚台、藩台、巡警道各衙门并镇压旧军。一切都准备就绪了，九日的上午在紧张中命令都已下达，到了下午四点钟的时候，忽然下起大雨来，雨愈下愈大，到了晚上八时，城内的街道已成了河；城外的道路也被淹没。九点雨更大了，刘建藩打电话问我："城外水大，粮食还运不运？"我知道他用密语问我是否出发，就回道："已经命令下了，非运出来不可，十二点一定要赶到南门。"于是在大雨滂沱中刘建藩率队出发了。可是走到将军桥，平地的水已六尺深，桥早被没过了，徒步是过不去的。刘跨马飞跑回旅部，给我打电话说："将军桥水已深过人头，如果过去粮食就被冲没了。"我当时很着急，说："事情已经定了，非运不可。"刘说："将军桥水急，没有船不能过。"这时，我们支部有几个人在身边，有赞成叫来的，有赞成改期的。刘建藩说："我无论如何不能把粮食掷到水里，要么我不干了。"这时大雨如注，我只好说："好吧！改期再运吧。"当时已经十点半钟，急忙向各处通知。各部知道改期都不赞成，有

的立时跑到我这里来，质问为什么改期，下面人很多，通知不
周，出了乱子怎么办。大家闹得厉害，我只好把各分部长都请
来，时间已是十二点了，好在各处都没有动。这时大家意见纷
纷，拼命争吵，幸亏雨下得很大，没有闹开去。

　　第二天清晨，雨小了，刘建藩骑着马，让马凫水，自己扶着
鞍子过了将军桥。各分部的人也都聚在福棠街二号，开了一个紧
急会议。态度激烈的质问刘建藩为什么不带队过河？刘说："如
果当时过河，兵都要淹死了。"谘议局的甘尚贤说："广西兵都
习水性，只要下个命令都能游过河的。"会上有骂的，也有为刘
辩护的，刘无法只好申请辞职。大家又来质问我，我也承认自己
指挥无方，引咎辞职。会上有赞成我们辞职另选的，也有不赞成
的说："今晚不成，明晚还可以干；如果支部长、分部长都换了
新的，再搞就不行了。"大家投票表决，赞成不辞职的多。这样
又议定十一号晚上起义。可是尚不很一致，决定各分部回去看一
看情况再最后决定，会议暂时散了。回去的人有的还在吵闹，我
们这样人来人往的，巡警道已经注意，在我们住地的门口都布上
了警察。

　　谈判　王芝祥是个较开明的官僚，常讲些维新的话儿。他从
小跟着姐姐长大，并随着他姐夫刘人熙念书。刘人熙也是清末的
候补道，思想甚新，对于王船山的学说非常悦服，曾将王著《黄
书》和《俟解》印送他的弟子与同僚。王芝祥手下有一个文案，
名叫薛家骏，就是刘人熙弟子，也有民族思想，薛书画均佳，并
且会唱二簧，还编了两出戏，一是《地理图》述说列强占据各
地；一是《明末遗恨》，常与我们来往。另外，还有一名叫刘洪
基的，是日本留学生，在日本加入同盟会，也是我们的好朋友。
但是他与王芝祥很好，恐怕他泄漏消息，所以革命组织的内幕不
愿教他知道。九日起义未成，事情倒闹得不小，刘洪基也看出我
们的动作了，要准备起义（刘曾为了买军械的事情，讨过王芝祥

的人情，并拜王做老师，关系很密）。他看情形不对，就去找薛家骏，说："看样子现在革命党就要起义了，大概主要是新军，要是和藩台的旧军冲突起来，不知要流多少血。可否与铁老商量商量，早些宣布独立，也省得事情闹大了。"薛同意，于是去找王芝祥，对王说："现在革命党准备起义，看来力量很大，靠着我们广西的湖南和广东听说都独立了，无论如何广西还是宣布独立的好。"王芝祥很犹疑说："你们看革命党的头子是哪一个呢?"刘说："大概是耿鹤生，我们常来往，看他那里的人很多。"王说："好罢，你们去请他来，我们可以商量商量。"

于是，刘洪基来找我说："三哥（我弟兄三人，我是行三，都叫我三哥）你们的事我都知道了，广西旧军也都明白。如果一干起来，双方都不免流血牺牲，我已经给铁老讲了，铁老很赞成革命，请你去商量商量。"我见他说破也很吃惊，只得说："你的意思很好，可是要与铁老见面不能自专。等我和大家商量商量，至迟明早答复。"刘说："你不要多疑，相信我好啦。"这样，我又很快找各分部长来开会，对大家说明了情况。会上意见很不一致，激烈的说："王芝祥是一个官僚，靠不住的。我们革命就要不怕流血，不必去理睬他，我们仍干我们的。"温和一些的说："见个面也不要紧，合式了我们就答应，不合式了我们还干我们的。"又有人提出："如果王芝祥是假的，你去了把你扭住枪毙了，谁能保这个险。"在起义改期之后，我的威信已不如从前，心里也希望有个了结，就说道："我讲一句公道话，我的威信已不足以服众，现在可再举一个副支部长，请冷御秋担任，我走后让冷御秋代理支部长。如果王把我杀了，御秋就指挥你们起义。我如果活着回来，还是我当。"这样，大家都同意我去了。

当天，找了两个会党打枪法极准的做我的随从，每人带两支手枪，四个炸弹，我也带一支手枪，两个炸弹。准备一旦有事就拼个死活。准备好，我坐上一乘轿子，直抬到藩台衙门的大堂口，下轿后，要往里去，号房阻住说："藩台请耿大人说话，请这二位兄弟在外面稍候。"跟来的两个同志把眼一横说："不行！"号房说："这是官厅的规矩，我们当差的不敢不听。"我说："好吧，你们两个就在外面等，我饿了就吃面包，我吃你们也吃好了。"于是把我请到内客厅，王芝祥已在等候，见了我寒暄几句。我两手插在衣袋中，一手持枪，一手握住炸弹，大声说道："听说你很赞成独立！"王说："是呀，三哥，我是汉人又不是满人，当然不会反对独立。可是，三哥，听说你们一定要流血，流血可就不好啦！"他见我怒冲冲地两手插在衣袋里，有些害怕，问道："三哥，你手里拿着什么？"我就把手枪和炸弹拿出来往桌子上一摆，说道："我们今天说好就好，说不好就是这个！"王吓坏了，连说："三哥，不要着急，不要着急，有话大家好商量。"我说："现在汉阳打得很厉害；闻广东、湖南已经独立，胡汉民、焦达峰都是都督，与我们都有联系。广西只要独立，我们这一班人决不呆在广西，我们要率领新军北上援鄂。广西的都督你们愿意给谁就给谁。"王说："你的意思很好，可是我不能一人专断，我得和抚台商量一下，明早再答复你，你们千万不要过急了。"我说："那好，我走了。"王起身送我，我心想一个人出去他外面有埋伏打死我怎么办。于是一手拉住王芝祥，一手握着手枪说道："铁老，你还送送我吗？"王连说："当然，当然。"一直到了大堂，轿夫和两个跟班的同志都在，我说："你们先把轿子抬出去。"一直拉着王芝祥的手出了大门，看到外面有我们二十多个同志在等候着，才放了王的手。王笑道："三哥，你太多疑了。"我说："不得不如此。"才上轿回来了。

我回去后，把谈判的经过告诉大家，说明我提出的条件是："广西独立，新军援鄂。"当时有赞成的，有不赞成的，最不赞成的尚甘贤说："广西是后方，要先打下根基，他们都是一般旧官僚，都督不能让他们当，都督一定要是我们的。"赞成的说：

"湖北战争很急，湖北是个脑袋，如果丢了湖北，广西也将不保，保住湖北，他们如靠不住还可以返回来打广西。"大家都争论纷纷。我说："你们愿意当都督，我可以保举他。"大家说："当然是支部长当都督。"我说："我不要当都督，我要去援鄂。"大家还是吵得一塌糊涂。到了第二天，王芝祥打电话来叫我去，许多人还是不愿我去，我不管，一个人去了。一见面就笑道："铁老，你说我不相信你，你看我一个人来了，身上什么也没有带。"他说："我已和抚台商量好了，我们广西决定独立。"我说："那很好，事不宜迟，明天开会宣布，你看如何？"他说："好，明天就明天，十点钟在谘议局开大会宣布独立。"我叮嘱道："明天开会，你们千万不要再戴红顶子花翎了。那是清朝的装束，大家一律穿便服戴便帽。"王说："好吧，我去和大家商量商量。"又谈好，宣布独立时新军参加二连，旧军参加一连。我回去，一面吩咐买了许多白布，写上标语，诸如"中华民国万岁"、"中华民国广西军政府万岁"、"革命党万岁"之类，一面把谈判结果告诉大家。大家议论一阵，起初还是反对，后来总算勉强同意了。

宣布独立的一幕　上午十时，各单位的代表都汇集在谘议局了，抚台沈秉堃和一班旧官僚仍旧戴着红顶子花翎、穿着行装，仅仅免了袍褂。谘议局的甘尚贤、黄宏宪、蒙经都来对我说："他们这不是假独立吗？你看他们还戴着红顶子哩！"我急得赶忙找王芝祥，质问他怎么搞的，王连连叹息道："唉！别提了，我们有些人还不知独立是怎么回事呢。昨天商量也有反对的，文道台说：这不是不要皇上了吗？回家去一气气死了。三哥，你就将就一点罢，大家还骂我忘了君恩，是革命党哩！"我只好算了。这时突然有人走过来问我："什么时候下手，我们都准备好啦！"我大吃一惊问道："下什么手呀！"回答说："营长说他们革命是假的，我们外面有两连兵已经上了子弹，只要你一声号令，就冲进来打。"我说："你赶快把营长叫来。"陶柏青来了，我问他：

"这是你的主意吗？"陶说："不是，这是议长和副议长的主意。"我又找到甘尚贤，问他怎么回事。他说："这是个多么好的机会，全省的大官都在这里，一下子全解决了。"我说："老甘，我看不能这样干，条件已经商量好了，不能毁掉失信于他们，叫一般人骂我们革命党无信义；而且现在广西的财政不能维持，库里只剩下四千毫洋，湖南、广东接济又不来，我们把事情闹乱了，不好收拾。"尚甘贤不听，咬定独立是假的，非动手不可。我急了，只好跑到外面，站在队伍前面喊了一声："大家注意！今天开独立大会，一切要听我支部长的命令，现在把子弹都退出来。"士兵们都退了子弹，我命令连排长检查一下，然后对连排长说："没有我亲自下令，不许乱动。"说完赶快跑去找王芝祥，低声说："铁老，赶快开会，快点散会，时间长了，会出乱子的。"这样，沈秉堃草草地讲了几句话，王芝祥与议长甘尚贤也都讲了讲，我怕出乱子没有讲话，就宣布散会，命令军队回防。像演戏一般，闹了半天，广西算独立了。

独立文告 当时发布的文告如下：

一、沈秉堃通告广西全省官绅军民文

现经官民协议，广西于今日宣布独立，速谕军民人等知悉，凡我同胞，一律保护，自今以后无论官绅商民，在广西境内者，同为广西独立国民，各项官员及行政机关均仍旧，务各妥为办理。原有军队皆改为广西革命军，营制、饷章仍旧，由原有统兵人主持，照旧章统饬所有府厅、州、县，钱粮、词讼均照旧办理。各关厂厘卡税员，按照原定税则征税，商民不得阻抗。洋商教堂责成地方官格外严加保护。如有匪徒滋事，或伪称国民军扰害地方人民者，经查属实，应即分别获拿惩办。

二、王芝祥通告梧州、柳州、龙州、南宁各属文武官吏文

近自川鄂起义，湘、赣、陕、皖、苏、浙、滇、黔相继独立，一呼百诺，天心人事可见一斑。闻滇黔由官宣布，万国历史

无此和平革命，尤见我国民程度之高。我辈同为汉人，均有种族思想，现由官民公推沈帅为都督，官绅、商、学各界，一律赞成，以本日宣布独立，诸公谊同手足，谅表同情。

剪辫子与防营兵变　宣布独立的次日，我对王芝祥说："铁老，现在宣布独立了，请你下令所有官兵人等一律剪去辫子。"于是王下令旧军队一律剪辫子。当时巡防营旧军大多是湖南人，还是曾国藩湘军的系统，思想比较顽固，听说要剪辫子，就哄闹起来，说革命党是土匪不能成大事，剪了辫子就是不要皇上了。不如抢点东西各人回家吧！十五日的晚上，抚台衙门的卫队首先放起枪来，顿时枪声四起。我那天与刘洪基、田稼轩住在藩台衙门的旁边，一听枪响，知道外面兵变了，就要出去镇压。刘洪基说："新军已开拔不少了，只北门外有一营，你没有军队怎么去弹压。"我说："我去喊他们不要闹，吃老百姓的，穿老百姓的，怎么还可以抢人杀人呢？"于是与田稼轩一起出去，刚刚走到藩台衙门的路口，呼呼飞来两颗子弹，把我的帽子打掉了。我也顾不得，一面叫不要放枪，一面冲上去和变兵见了面，有认得说："这不是耿大人吗？"另外一个说："耿大人让开！"呼呼又是两枪，把田稼轩打倒了。当时混乱我也没有觉察，心想这里太乱，往前走了一段，后面又打来两枪。正在进退两难的时候，看见王芝祥的一个马弁缪五，我急忙喊住，缪五见是我说："耿大人，你出来做什么？"我说："查街。"他说："哎！你快跟我走吧，外面乱得很。"于是我跟他一直走到谘议局，一路上看到被打死的人不少。

兵变后，王芝祥出来告诉变兵：要散的给钱回家，不然调城外军队进来镇压，一个也不留。王芝祥是以杀人著名的，乱兵听说才不敢乱抢。第二天兵变算平息下来，愿意散的兵每人发两个月的饷，遣散了。我次日回到住处才发现田稼轩身中两枪死在藩台衙门的路口了。

新军出师援鄂 沈秉堃、王芝祥和一般旧官僚都剪了辫子，表示革命。谘议局改为广西参议院，沈秉堃当都督，王芝祥、陆荣廷当副都督，甘尚贤任议长，黄宏宪任副议长，委赵恒惕为新军混成旅旅长，我为监军。我觉着监军名称不妥，请改为参谋长。王说改为兼吧，军士不服。我说：郭子仪率那么多军队，还要听鱼朝恩的。现在我是监军，只要你们听我的，赵也是同志，不能不听我的话，与我们合作。于是都督、副都督率领一班官员在参议院设宴为我饯行，大家商量广西今后的施政方针。那天到的人很多，大家推我讲话。我说："这回广西独立，大家误会很多，虽然兵变死了几个人，结果总算很好。现在沈都督、王副都督都剪了辫子，表示诚心诚意的革命，大家也就谅解了。明天我去援鄂，希望二位都督和二位议长和大众同心协力，治理广西。"王芝祥也说："我们都是汉人，当满人的官是不得已，有现在这样的机会，当然是拥护革命的，大家不要多疑。"于是彼此敬酒，互相恭维一番。沈秉堃走来对我说：他不是广西人，不愿在广西待下去，要回湖南，请我保护。我答应了。我也对王芝祥说："这回独立，广西人是不满意的，如果你在广西待不住，也带上一点队伍北伐吧！"王不以为然。第二天在一片欢送声中，我带着最后的一营队伍离开了桂林。

我走后不久，陆荣廷（时为南宁提督）率军到了桂林。王芝祥自觉站不住脚，便将旧军队编为六大队，率军离开广西到南京去了。陆荣廷便当了广西的都督。

贵州辛亥革命史略（节录）

胡　刚　吴雪俦

编者按：自治学社是 1907 年在贵州成立的一个革命团体。他们一方面与同盟会有联系，接受同盟会的革命主张，并联络会党、新军以增加力量；一方面又和同盟会有所不同。他们利用合法手段以便公开活动，在清朝官方立案，伸展势力渗入谘议局、教育总会各处。自治学社为贵州革命准备了条件，武昌起义之后他们在贵州推倒清朝政权，以张百麟为首的自治学社，从成立以来，即和宪政党进行着斗争，贵州独立后，政权终于为宪政党所夺去，而遭致了悲惨的失败。自治学社在贵州革命的历史，由于贵州经过多年的军阀统治，残杀自治学社的革命人士，销毁自治学社的文件，所以很少人能够知道其详细内容。有关贵州革命的记载，如尚秉和《辛壬春秋》，对自治学社肆意诬蔑，歪曲事实；邹鲁《国民党史稿》与冯自由《革命逸史》记载均甚简略，看不出自治学社在革命中活动真相；周素园《贵州民党痛史草稿》记载详细但仅有油印本，流传不广。

胡刚为当时参加革命者之一，回忆自己亲见亲闻的事实，并进行调查访问广泛搜集有关资料，撰成本文，对于研究辛亥革命时贵州情况，提供了有价值的参考资料。至于文中所叙事情与《贵州民党痛史草稿》有出入之处（如杨荩诚事）以及文中结论部分，则需要继续补充资料与深入研究。

乙　贵州自治学社的组成及其工作①

一　贵州自治学社与张百麟

贵州革命，成功于贵州自治学社。贵州自治学社的组织者和领导人张百麟，在贵州革命工作中起了主导的作用。

张百麟字石麒，贵州贵阳人，生于公历一八七九年（光绪五年），原籍湖南长沙。父亲名翰，以知县分发贵州任用，晚年生百麟。百麟从小就喜欢与贫苦儿童接近，没有当时所谓官宦人家子弟的习气。清末贵州的哥老会暗中流行很盛，所以百麟小时，又与哥老会中人常相往来。他的父母因为是晚年得子，又是独儿，也不甚苛责。十八九岁时，始觉悟学业未成，发愤自修。二十岁后，始拜吴嘉瑞为师，专心致力于新知识。光绪壬寅、癸卯年间，百麟年二十三四岁，其父任贵州坡脚（距今安龙县六十里）厘金局总办，百麟往安龙省亲，便道往贞丰访吴嘉瑞在任时所组织的仁学会各参加青年。时贞丰哥老会团体同济公已成立，贞丰青年多半加入组织。百麟遂得交孟广炯、邓金昶、傅佐卿、钟振玉、钟振声、饶成厚、胡刚、梁士荃、詹德煊、孔文钧、吴子循、姜瑞熊、孟广仁、刘希文等。这些人后来都成为自治学社的骨干。不久，他的父亲调任开州（即今开阳县）知州，百麟也随到开州任内，又结识了不少开州青年。这时百麟尚一事无成，他的父亲很担心他的前途，遂为他捐了一个通判。后来他的

---

① 本文第一部分"甲　贵州辛亥革命前的形势"略。

父亲死在开州任内，他又返回贵阳居住。这时维新思想正在贵阳公开传播，革命刊物，亦在暗中流行。激进青年多喜发起一种读书会性质的小组织，作为交换研究新知识的手段。百麟也与蒲藏锋、陈守廉、钟振玉等发起组织自新学社。此时百麟的思想，已逐渐趋向于革命方面，为着要在知识分子中多方结识同志，从事革命事业，遂与钟振玉入官立贵州法政学堂为学员，先后结识教员张鸿藻，学生张泽钧、周培桥、韦可经、黄人瑞等十余人。共同讨论，展转研究，遂酝酿自治学社的组织。

二　贵州自治学社的组织

贵州自治学社，发起于一九〇七年（光绪三十三年）阴历十一月间，在贵阳田家巷镜秋轩照相馆开成立大会，全体社员共三十余人。

先是张百麟久想组织一个政党式的团体，作为进行革命工作的机关。但他认为贵州当时的风气非常闭塞，他在社会上又没有声望，必须找一个声望隆重，引得起社会信仰的人物来负责，工作才能推动。他怀抱这种主张，首先去会晤唐尔镛，请他来担任领袖，唐尔镛立予拒绝。嗣后又去会晤周培艺，详谈以后，周培艺力予支持。及至百麟获得了张鸿藻等的同意后，才在镜秋轩开发起会，定名自治学社，由张鸿藻领衔，向政府请求立案。批准后仍在镜秋轩开成立大会，选张鸿藻为社长，张百麟负实际责任。全社工作，暗分为两大部门，一为干部会议名政交部（立法、议事），由周培艺任主席；一为社务执行部（主管行政），由张百麟兼管。从此，张百麟便脱离了法政学校，专心作革命的职业工作。社章全文如次：

自治学社社章

第一章　名称及宗旨

一、本社名曰自治学社。凡个人自治、地方自治、国家自治之学理，皆当次第研究之。同人认定个人自治为单位，务期人人有道德知识，养成善良品性，造成完全人格，以赞地方自治之实行，达国家自治之希望。

第二章　社　员

二、凡与本社宗旨相同者，无论何人，有本社社员一人以上之介绍，经评议部认可者，皆得为本社社员。

三、社员有自认能维持本社经费者，本社可推为维持员。

四、凡与本社宗旨相同，虽未入社，而能实力赞助本社者，本社可推为赞成员。

五、社员对于本社之责任，依社员规则之所定。

第三章　机　构

六、本社由社员中选举社长一人，代表本社。

七、由社员中互选评议员六人，组织评议部，议决本社一切事务。其部长由评议员中互选。

八、由社员中选举事务员若干人，经理评议部议决各事务。

九、本社事务员分掌各事如左：

1. 庶务课，设课长一人，课员二人。

2. 书记课，设课长一人，课员二人。

3. 会计课，设课长一人，课员二人。

十、本社有临时发生事件，由评议部推举特派员经理。

十一、本社职员任期，以一年为限，任满改选，但得连任。

十二、本社成立后，社员散居各地，必有一机关交通联络，共期社务之发展。每月定发行杂志一册，代表全社之意见。即以月捐为印刷费。社说之外，当将社务列入报告栏内，以便社员调查。撰述、编辑、经理、发行，均由本社评议部评议员、庶务员中选任。社外之赞成者及本社社员得抒己见。发表议论者，论文精确，当陆续载入杂志。

第四章　场　　所

十三、本社每月暂租湖南会馆讲演一次，俟社务扩充，支部成立，再定永久处所。

十四、本社事务所，暂时借用镜秋轩照相馆。

第五章　经　　费

十五、本社经费分为三种：

1. 社员入社费四钱，及月捐一钱。

2. 基本捐，任社员量力资助，当列入报告，以表团体谢意。

3. 临时捐，当视临时事件之需要，由评议部酌定捐款之数。若社员满百人以上时，每人捐款至多不得过一两。

第六章

十六、本社社员规则及评议部规则，均由评议部议决施行。事务规则由各课课长拟定，经评议部认可后施行。

十七、本社社章，以一年为实行期，期满修改，须有到会社员三分之一以上之提议，出席社员过半数之表决，方为有效。

十八、本社其他一切必要规章，皆由评议部起草议决施行。

附注：此社章经逐次修改，加入分社、副社长、增加评议员名额，及社长得先行处理紧急事件，请评议会追认各项。

上引社章，仅是一种公开的文件，至于秘密的革命工作，则由少数高级干部决定，暗中派员进行，并无文件规定，亦不能用文件规定，以免泄露。

自治学社成立后，不时有文章由周培艺持往《黔报》发表，又有定期公开演说，兼以社员们各方宣传吸引，社务逐渐开展，社员逐渐增多。彭述文的科学会也一体加入。又由述文介绍平刚，转介绍同盟会承认自治学社为该会在贵州的正式革命组织。

丁未至辛亥五年间，自治学社依靠了外县社员的努力，又派出干部张泽钧等到各县活动，兼以各县官吏和人民，迷惑于清廷筹办自治的欺骗宣传，对自治学社人员特别借重。因此，各县的分社遂逐渐成立起来。当时分社及分社的人员有：

安顺分社：方策、刘荣勋、刘镇、刘警黔、陈燮春、柳麤、黄人瑞、叶璧光、邓金昶。

普定分社：陈钟麟、华鄂、廖瑞熙、胡锡侯。

清镇分社：张绍銮、傅雨农、龙在清、龙在深、侯百铭、马焯、王聘麟。

安平分社：朱焯、陈康、伍英、王度、赵元鼎、袁士辉、罗乃宪、刘树帜。

永宁分社：张秀珊、杨肃安、陈元栋。

郎岱分社：安健、李赐甫、龙伯昌、刘汉初。

镇宁分社：李永蓁、张吉武、庞东平、姚石卿、平献之、陶淑。

兴义分社：张鸿藻、蒙养正、许可权、曾宪章、黄任侠、蒋开运、严寓宽、蔡正纯、蒋正钧、何应奎、王朝晟、周涛、刘瑞棠、赵协中、郭润生。

普安分社：冯乃斌、张文焕、曾光祖、龙为霖、董威伯、郭五鸣。

贞丰分社：钟振玉、钟振声、梁士荃、孟广仁、孟广炯、詹德煊、胡刚、刘辅卿、赵日晟、饶成厚、赵成璋、姜瑞熊、谭珍、陈守廉、王履端、傅佐卿、钟振彩。

新城分社：杨嗣绾、邹国玺、李宪文、曾应奎。

安南分会：王元藩、彭心德、彭墅、董大经、彭湘、龚象瀛、张维俊、帅文柄、王履初、甘祥云、刘全贞。

大定分社：谭冠英、简书、简忠藩、陈永锡、彭景祥。

毕节分社：宁士谦、宁建侯、朱正学、刘大名。

水城分社：李锡三、卢子高。

威宁分社：蔡奎祥、管龠、管汉夫。

黔西分社：毛仙樵、胡懋修、张凤诏、欧阳桐、童福荫、龙文翰、胡庆云、方人凤、钱为澍、熊朝源、黎秉田、蔡绍襄、毛点钦、禄尚质、陈铮、刘耀龙。

遵义分社：李泽民、谢师英、冉仲岑、张元熙、陈正谟。

正安分社：韦可经。

贵阳分社：杨昌铭、梁定西、余培年、杨寿篯、萧子有、黄献章、黄泽霖、罗祝之、卢燊、吕树森、桂少莲、孙定纲、张本初、冷用民。

贵筑分社：董德铣、漆运奎、黄理中、张绍铭、张家彦、刘嘉善、李宜治、刘文燊。

开州分社：钟昌祚、许嘉绩、蒋忠信、许嘉谟、李立鉴、陶汝羹。

贵定分社：凌霄、王德培。

修文分社：蓝辀、江德润、谢师光、官宗汉。

龙里分社：周凤文、陈树燊。

定番分社：陆钟俊、胡星五、胡德元、胡德圝。

石阡分社：谭西庚、夏茂德、夏景芳、王珏、徐瑞荣、方绍周、夏国光、罗耀彬。

龙泉分社：黄赞勋、唐化浦、任景云。

平越分社：刘锡琪、刘聘珊、叶本林、杨希龄、唐光表、舒开第、甘浩义、周德馨、周治国、向日升。

瓮安分社：刘启珍。

余庆分社：范元卿、张健之。

铜仁分社：余同善、杨菁华、徐圣基。

松桃分社：杨思森、黄元祚、朱文灿、涂绍尧、李应先、戴雅臣、蒋亦莹。

镇远分社：潘德明、萧家煌、万贤臣、李葆贞、王星阶、杨培凤、梁时宪、穆邦荣、王芷雍。

天柱分社：龙昭灵、杨应麟。

黄平分社：黄华、蔡檠、许荣宗、杨正元、陈德修、黄图开。

施秉分社：杨守仁、张顺清。

清平分社：徐炳仁。

都匀分社：张文林、叶家龙、龚文柱、张元培、何蔚霖、聂延琦、张吉藩。

独山分社：杨文瀚、黄祺元。

荔波分社：李培庚。

清江分社：陆邦荣。

思南分社：张光辉、杨穗芳、罗尚彬、陈伯渊。

安化分社：田广心。

印江分社：赵惠连。

黎平分社：周培桥、张德馨、周仲良、曾宪谟、程志鼎、王显忠、张明德、张静波。

永从分社：谢华轩。

当时贵州全省，府、厅、州、县共六十四单位，而自治学社分社，即占四十七单位，可见力量发展的普遍。至各分社的人员，仅就材料搜集所得，实际尚不止此数。总计全社社员，共一万四千余人。

总社方面：初期是张鸿藻、张百麟、周培艺三人共同领导。一九〇九年（宣统元年），张鸿藻辞职，钟昌祚由日返国，遂推钟为社长。又增设副社长二人，加推朱焯、龚文柱担任。至于张百麟，自一九〇八年起，名虽未为社长，实际已被全社同志公认为主干（领袖），主持全社事务的推行。

三 自治学社的工作

贵州自治学社的中心工作，当然是进行资产阶级的民主革命，但它的工作方式则与其他各地不同。辛亥以前，国内各地发生的革命运动，都是革命党人联络各方民众，组织地下武装，定期起义，向清政府进攻，谋以革命政权代替封建统治政权，完成革命的最后胜利。贵州自治学社则未取这一方式。它用在清政府的统治下面，公开建党，呈请政府批准，在政府的一切现行法令下，合法工作。表面采取与政府全面合作，以政府的支持，建立组织，吸收群众；暗地则布置一切革命工作，发展革命力量，等待机会，一鼓推翻现政权。因为它采取这种不同的革命方式，在当时的环境下，确实迷惑了清朝官吏，把它当做改良主义看待，而不加以防止取缔。这一作风，为什么能在自治学社中得到群众的拥护？第一，自治学社的成员，由张百麟起一直到全部社员止，大多数都出身于官僚及地主家庭，只有一部分出身于农民及城市贫民家庭，是封建社会中蜕变的资产阶级知识分子。因为先天上带来的软弱性，所以不愿而且怕采取尖锐的武装斗争流血运动。第二，贵州当时的环境，地方穷苦，交通不便，不具备武装革命的物质条件。如枪弹的采购，军队的训练，既无此项财力，亦无此项人力。第三，当时的自治学社，尚无深入群众，唤醒群众，联系群众，领导群众，作揭竿起义的革命技术。尽管人民大众对清朝的压迫剥削衔恨次骨，终无人敢于发难，造成如咸同时期大起义的第二运动。第四，当时的同盟会革命方略，是在沿江沿海交通方便人口集中的地方起义，对贵州地方认为条件不够，未直接派人前来指导组织，因而工作上得不到正确发展。第五，自治学社的领导人员，对于革命知识的来源，最初取给于康梁的维新学说，以后才转入同盟会的革命主张。表现于革命决策上也是软弱的，带有若干改良主义的成分。明了了上面几种原因，对于自治学社的工作必然要走的道路，就能充分了解了。

一九○七年，这是自治学社成立的一年。这年是清政府宣布预备立宪的第二年，同时是明令筹设谘议局的一年。贵州的巡抚庞鸿书是一个彻头彻尾的封建官僚，不知宪政为何物，为着迎合清室，讨好民众，表面上也装做努力推行新政，所以张百麟的自治学社能够顺利的立案。但此时全社社员，只有三四十人，尚在创建阶段，无甚工作表现。

一九○八年，这是清室颁布宪法大纲的一年。规定以九年为预备立宪期间。贵州清吏，亦同时假言推行新政，新设巡警、劝业两道，谘议局、审判厅两筹办处，一调查局。自治学社决定大力发展省、县社员，以便参加选举，夺取议席，作为控制谘议局的力量。除了发行自治学社杂志以启导教育社员，举行定期公开讲演以吸引社会群众外，并派张泽钧往省内各县，筹组分社，吸收人员。此时周培艺已为庞鸿书延入调查局及谘议局筹办处任文案，渐能运用政府职权，帮助社务的发展。是年年会决定组织宣传委员会，筹备开办日报，扩大宣传影响，补充杂志力量的不足；筹办公立法政学校，培养人才，以备社中的运用。

一九○九年（宣统元年），清政府假言筹备地方自治，由宪政编查馆奏定逐年筹备事宜清单。自治机构定为厅、州、县与城、镇、乡两级。共分七年完成。第一年颁布城、镇、乡地方自治章程。第二年筹办城、镇、乡地方自治，设自治研究所，颁布厅、州、县地方自治章程。第三年续办城、镇、乡地方自治，续办厅、州、县地方自治。第四年同上。第五年城、镇、乡地方自治粗具规模，续办厅、州、县地方自治。第六年城、镇、乡地方自治一律成立，厅、州、县地方自治粗具规模。第七年厅、州、县地方自治一律成立。这种假号召，虽是欺骗人民的东西，但对自治学社工作的推动，却发生很大的作用。各地知识分子都纷纷加入，社中的力量陡然增大。是年五月初六日（6月23日）社中主办的公立法政专门学堂开学，请吴嘉瑞为监督，社员宁士谦、钟昌祚、彭述文、谭璟、钟振声、杨寿篯等均为教员。官立法政学堂堂长欧阳葆真，教员李培元、钱良骏、朱幼岑等均来义务任教。不久，吴嘉瑞辞职，又请审判厅厅丞朱兴汾继任监督。

六月，社中筹办的《西南日报》出刊，张百麟自任编辑。从此，自治学社的力量，随报纸的发行而飞跃进展。八月，贵州谘议局召开第一次大会，咨议员三十九名中，自治学社社员占三十三名。选同情该社的乐嘉藻为议长（另一副议长牟琳属唐尔镛派）。常驻议员中，社员亦占多数。常驻议员办事处，周培艺为书记长，黄家琨、宁士谦、孙镜、钟昌祚为书记员，均属社员。又组谘议局全局委员会，钟振玉为委员长。于是整个谘议局已在自治学社完全控制之下。谘议局成立，改谘议局筹办处为地方自治筹办处，仍调周培艺为科长。巡警道贺国昌亦约周任警务公所科长。而张百麟亦为朱兴汾约往审判厅筹办处为科长。其余各社员，介绍入其他新政机关服务的纷纷不绝。自治学社的势力，又伸入了当时行政机关的各部门。

光绪、宣统时期，贵州民众团体中，以教育总会最有力量。它的行动言论，可以转移政府和人民的视听，而且掌握全省的学款学产，足以培养自己或接近自己派系的势力。其余商务总会、农务总会、工业行会，也在社会上逐渐有了地位。这些会，在当时都是属于以唐尔镛为首的宪政维新派手中。自从这年唐尔镛因唐飞的案件，被《西南日报》攻击，离黔赴京，他领导的教育总会就由自治学社推乐嘉藻继任会长。商务总会由马汝骏领导，周培艺辅佐整理。农务总会由于德楷领导，周培艺赞划一切。自治学社的力量，又伸入了民众团体方面。同时官立两级师范学堂，由乐嘉藻任堂长。贵阳各公立私立学校，由乐依据成绩分别补助。教育界的人士，又大多倾向于自治学社。

一九一〇年（宣统二年），清廷召集的资政院开会。自治学社通过谘议局推选刘荣勋为议员，前往出席。是年八月，各省谘议局代表在北京发起国会请愿同志会，向清廷请愿迅速召集国会，并电各省法团选举代表参加。自治学社选举蔡岳、彭述文、李泽民为贵州教育总会代表前往。岳到北京后，与孟昭常、方还等发起政务调查会。不久，北京又发起各省谘议局联合会，电各省谘议局派代表前往组织。自治学社举杨寿篯为代表前往参加。联合会中的谭延闿、汤化龙等复发起宪友会，寿篯应邀加入。清宗室载泽等，发起宪政实进会，自治学社派钟昌祚为代表前往参加。自治学社派这些人出外参加各种组织，目的在接纳外援，以广声气。同时暗中访问各地民党同志和同盟分会，交换革命经验，筹划革命联络。

在贵州，是年七月乐嘉藻为宪政预备会攻击，辞去谘议局议员和议长，议员由杨寿篯递补，议长由谭西庚递补，又选社员朱焯、龚文柱为副议长，递补谭西庚及牟琳被选为资政院议员去后的遗缺。这样，谘议局的正副议长，都全属于自治学社。谘议局办事处的书记周培艺为宪政预备会攻击辞职，遗缺由钟昌祚继任，仍属于自治学社。张百麟则兼任提法公所科长及禁烟局文案。

自治学社的教育工作，也有很大的发展。公立法政学堂中增办律师、监狱、法官、统计、法政、佐治六个专修科，一个检验传习所。张鸿藻、李泽民等筹办公立自治研究所，黄泽霖、张百麟等筹办司法讲习所，龚廷栋、宁士谦等筹办监狱专修科，都想以最短的时间，训练出最多的干部，供给革命上的需要。

自治学社认为政治、外交、教育、宣传的工作，本年都有了相当的基础，必须在军事方面谋积极的开展，以为革命的准备。它们把军事工作计划为两大类：一类是吸收旧的力量；一类是创造新的力量。旧的力量方面，当时贵州的兵力有：1. 新军步兵一标，计三营，每营五百人，共一千五百人，人械俱精足，由标统袁义保统领。外附炮兵一队（连），一百余人。2. 征兵营一营，共五百人，人械俱精足，由管带董福开统领。3. 抚院卫队一营，共五百人，人械俱精足，由管带彭尔坤统领。以上是贵州军队的主力。4. 各司道卫队一百余人，人枪不整齐，战斗力弱。

5. 巡防队分东、南、西、北、中五路，每路四营，每营二百四十人，由各路统领统率，人枪腐朽零落，有名无实。6. 绿营，号十二营，有名无实，无战斗力。7. 陆军小学，共四五两期二百余人，发有操演枪械。全部军队中，都有哥老会组织，学生中富于革命热情，新军中亦多革命分子。决定派廖谦、江德润负运动联络陆小责任；黄泽霖、周凤文、王炳奎、张泽锦负运动联络新军责任（新军、征兵营、抚院卫队）；派涂宝煌、萧家煌、方策、刘警黔、杨昌铭、关绍遗负运动联络巡防营责任；派陈守廉、李立鉴、谭德骥、黎克荣、吴冠、孔鹏负运动联络绿营责任。目的是把这些部队都吸收在革命方面来共同起义。新的力量，必须从头创造。由自治学社制订一个训练乡兵方案，以全省的户口为基础，每十户为甲，出壮丁十人为一栅，由甲长统率。五甲以上为一保，出壮丁五十人为小队，由保董统率。五保以上为一乡（城），出五百人为中队，由乡董（城董）统率。全县（厅、州）为一大队，由兼处长统率，等于标。全省设乡兵筹办处，各府、厅、州、县设办事处。省设乡兵干部教练所，训练乡兵干部。此案交由上年谘议局通过，呈准抚院札饬各属施行，并将旧有的团防一概撤销。自治学社则暗将全省划为五路，东、南、西、北四路，各设一指挥，中路由社本部直接指挥，办理各路的乡兵联系、运动、宣传事情。目的在创造乡兵成为革命的部队，作为起义时的基本力量。以龙昭灵为东路指挥，傅佐卿为南路指挥，宋仁瞻为西路指挥，廖谦为北路指挥。并动员各分社社员，尽量加入乡兵工作，以期发生掌握作用。（此案施行的结果，到辛亥革命时，多未达成任务）又各县哥老会势力，亦由各分社尽量联系组织，作为起义时的补助力量。

一九一一年（宣统三年），这是中国革命达到最高潮的一年。这年的三月二十九日（4月27日）广州革命起义失败，黄花岗七十二烈士殉难。清廷震于革命的威势，于四月间下诏提前组织内阁，希图以此再来欺骗人民。但组织内阁的是皇族奕劻，更惹动了全国人民的公愤。此时贵州自治学社亦加紧筹划革命的准备，一面通知上年派出省外活动的同志，蔡岳在上海，杨寿篯在北京，钟昌祚往河南项城窥察袁世凯的行动，以及久在日本与同盟会联络的安健，各搜集情况来报。一面加派彭述文到北京，黄人瑞到上海，张泽钧到湖南，加强联络调查工作。同时为着筹备秘密的革命动动，对于社中同志，须加以更严格的抉择，树立一革命核心力量。并合专办党务的组织、交际、文书三部门为书记处，调安平分社长陈康为常任书记，专管省内外关于革命事项的通讯联络。五六月间，杨寿篯函告：因奕劻组织内阁事，人心大愤，时局将有巨变。钟昌祚函告：袁世凯对革命态度两可，恐不为清朝出全力。蔡岳函告：上海人心极浮动，革命又将爆发。安健函告：同盟会在广州失败后，将有事于长江。一致催促百麟速作未来响应的准备。为转移社会观听，百麟命杨昌铭、杨寿篯组织宪友会贵州分会，陈元栋、涂宝煌组织宪政实进会贵州分会，作为革命进行的掩护。省内力量，全省自治机关领导人员中，社员占五分之二强。乡兵训练，已有三十余州县成立。哥老会党亦联系组织不少。惟作为革命发难的力量，尚无必胜把握。

社中决定：加速军队的运动，作为革命的中心工作。荐黄泽霖为新军第一标标统袁义保书记官，配合队官赵德全，书记官蓝鑫，司书生艾树池、马繁素，正目杨树清，见习饶成厚等在内鼓吹运动。张泽锦、胡刚、谭璟、彭景祥、陈康以友谊会党关系，在外联络接洽。新军征兵营以胡刚、姜梦熊用会党同事关系，运动联络。巡抚卫队以谭璟、胡刚用同乡会党关系，运动联络。陆军小学以校中同志教官廖谦、邝龙俊，助教江德润，学生萧规、史之培、程毅、赵龙骧、胡仁、毛以宽、莫叔莹、莫季莹、罗寅弼、朱鑫恩、陆又新、饶毅等，在内鼓吹运动。周凤文、陈康、胡刚等，在外联络接洽。巡防队中路统领宋绍武由关绍遗、杨昌铭，帮统胡锦棠由涂宝煌，管带和继圣由萧家煌联络接洽；绿营及其他巡防营，在安顺的由方策、陈燮春联络接洽。在各县的由当地分社及各路指挥联络接洽。此外省会警察，由周培艺联络接洽。各校教师学生，由谭璟联络接洽。张百麟起初很属意于袁义保，想起义时吸收他来领导军队，曾邀他在浙江会馆宴谈试探，但袁对革命力主镇压，并劝张发现革命党时，予以开导，因而会谈并无结果。其余各方面经几个月的努力，除巡抚卫队及巡防营外，新军、学校都一致赞成，愿为革命起义而奋斗。

四　自治学社与宪政预备会的斗争

贵州当光绪戊戌、庚子以后，仍旧是一个封建本质的社会。当时在社会上最有力量的，是所谓有"勋名""门第"的大官僚及大地主阶级分子。甲辰、乙巳之间，贵阳最有力量的绅士是唐尔镛、于德楷、华之鸿等。一九〇五年贵州官立师范传习所开办，唐为堂长，这是贵州第一个训练全省中小学师资的机关。一九〇六年唐尔镛、任可澄等筹办的贵州通省公立中学开学，唐为监督，任为堂长。一九〇七年他们筹办的优级师范选科开学，唐为监督，任为堂长。这时加入他们集团的有陈廷棻、何麟书等。又成立贵州教育总会，唐任会长。贵州黔学总会，任任会长。全省的学界势力，也即是当时的社会中心势力，完全在他们手中。华之鸿垄断全省食盐专卖，成为贵州第一个巨富，又掌握了贵州商务总会的领导权。于德楷掌握了贵州农务总会的领导权。贵州开办新政，唐尔镛兼任调查局坐办。唐尔镛、任可澄又兼任谘议局筹办处议绅。他们都是倾向于康梁维新主义的；所以一九〇七年张百麟等的自治学社成立时，在贵州简直找不着一块政治的地盘。自治学社既是革命组织，与唐等的势力，当然立于敌对地位，发生最尖锐和最残酷的斗争。经过戊申、己酉将近两年的战斗，自治学社的基础树立了，但唐系的势力仍旧保持他发展的趋

势。因此，自治学社方面，就决定集中力量，先从攻垮唐尔镛
着手。

己酉年（1909年）中，唐尔镛的从弟唐飞，被其父我圻枪
杀，暗埋葬于贵阳城外。这个消息被自治学社知道了，认为是绝
好的机会，遂在《西南日报》上揭露。结果，唐尔镛辞去一切
职务，避走北京。唐走时以其继承地位让渡于任可澄。而贵州谘
议局议员竞选，唐、任系又大失败。因此，遂集其党徒，组贵州
宪政预备会，以与自治学社相斗争。当时贵州清吏，巡抚庞鸿书
对两党无左右袒，提学使陈骥、劝业道王玉麟则袒宪政预备会，
巡警道贺国昌、审判厅朱兴汾则袒自治学社。两党在贵州的力
量，无法此击彼仆。自治学社的领袖，为张百麟与周培艺，任可
澄等遂决定从省外先倒张、周下手。初，一九〇七年时，周培艺
任《黔报》主笔，值贵州人陈夔龙调任四川总督来黔省亲，与
唐尔镛等酬酢甚洽，培艺在报上曾加以讽刺，陈甚不悦；后陈调
两湖总督，查封中西、江汉两日报，培艺著论指摘，他人又剪文
寄陈，陈对周更愤恨，曾函庞鸿书请设法诛除周氏，庞未照办。
戊申（1908年）李经羲调云贵总督，时陈为直隶总督，唐等以
周为革命党，请陈嘱李严办。李到湖南时，又接贵州人控告张、
周为革命党的词状多件。李到镇远以此案询吴嘉瑞，词色很严
厉。吴密函张等速避。李到贵阳，唐尔镛又往见面控。李询庞鸿
书，庞以两党党争相解，李遂不问。张闻此消息，亲见李经羲陈
说一切。李以张为人才，走时嘱庞鸿书重用，此案就此了结。此
为两党斗争的第一幕。

一九一〇年（宣统二年），宪政预备会认为上次控诉张百麟
案，为庞鸿书从中作梗未能成功，而贺国昌为庞总文案，贺又袒
张，必须除去两人，才能扫除前途障碍。遂设法买通清廷御史陈
普同，奏劾庞、贺"庸劣不职，纵属贪暴"，案交李经羲查办。
李派云南迤东道郭灿来黔查勘，因事无左证，复辩其冤。但又不

敢开罪言路，言鸿书驭下不严，国昌少年好事，均请酌予训斥。宪政预备会见情况将变，又由何麟书函请陈夔龙附片参奏。鸿书见环境恶劣，自请开缺；国昌被留职查看处分。辛亥四月，鸿书解职离省，以贵州布政使沈瑜庆升任巡抚。此为两党斗争的第二幕。

以上是两党斗争中比较带有根本性质的事件。至于其他方面，形形色色千变万化，直至辛亥革命爆发，尚无片刻的停止。

丙　贵州辛亥革命的成功

一　辛亥革命的布署及发动

自治学社准备革命的工作，上半年已渐有头绪，新军及陆小两方，已全部赞成。对会党、团防亦发出通告，起义时能招十人者授十长，招五十人者授小队长，四小队以上者授中队长，五中队以上者授大队长，大队统属于各路指挥。有乡兵的县份，如何起义，由各路指挥商同该县分社计划办理。预定八月十五日（10月6日）起义，先设法购储枪弹，并将自治学社年会提前八月召开，以便改组为起义的机构。随以子弹购储计划未完成，起义的期限亦打销，年会移在八月底召集。八月初，四川保路同志会发难消息至，十九日（10月10日）湖北新军发难消息至，百麟遂召集核心同志会议，作紧急的布置。先成立十人委员会，总揽起义的计划，以张百麟、黄泽霖、谭璟、张泽锦、陈守廉、陈康、廖谦、王炳奎、周凤文、胡刚为委员，分头活动，每晚在百麟宅汇报。又商得周培艺同意，以干部会为最高发令机关，百麟负统帅的责任。下设三委员会，一为军事委员会，指挥军事行动，百麟为委员长，黄泽霖、谭璟、陈守廉、廖谦、王炳奎、周凤文、胡刚、黄祺元、陈康、杨昌铭、江德润等为委员。二为民政委员会，准备建制规划等方案，周培艺为委员长，时霖、韦可经等为委员。三为交涉委员会，办理对外交涉事宜，谭西庚为委员长，朱焯及谘议员中一部分同志为委员。时巡抚沈瑜庆，因时局紧张，拟九月一日（10月22日）往南厂检阅新军，以备应付。百麟闻知，遂通知新军于是日枪杀瑜庆，即行起义，一面并布置各方接应工作。

南厂新军原为三营，是年四五月间，因第三营捣毁警察分局案件，全部遣散。八月初，四川保路同志会事起，川督赵尔丰来电请援，以第二营的一队加入征兵营，合编一营，由管带董福开率领，与鲁昌禧等的巡防营二营，开往四川援赵。又恐四川事件扩大，党羽进入贵州，以及长寨方面有"匪乱"消息，遂命第一营管带张进禄带兵一队往驻仁怀一带防边。另派一队开往长寨平乱。因此南厂新军，只剩五队及一炮兵队共约八百人。沈瑜庆微闻新军有不稳消息，九月初一日晨，命标统袁义保集合全队，收去子弹，始带卫队前往检阅。新军因无子弹，起义计划临时取消。张百麟亦临时通知各方，暂行缓动。

九月一日后，接湖南独立消息，人心浮动。新军因无子弹，通知张百麟设法接济。时大兴寺弹药库有枪枝子弹甚多，由巡防营派兵半哨（四十人）看守。哨官徐耀卿系自治学社社员，与胡刚、张泽锦很熟。先数日徐因口露革命语言，被其管带押送贵筑县礼房拘禁。胡、张二人，贿通守役，向徐索取库钥，得后，往商副哨长鲁达斋（安徽人）开库，鲁索银一千两作逃亡费，卒予五百。由九月初四至初八日止，连夜取枪五十四枝、子弹十七箱，运存各同志家中，后以大部秘密运济新军，一小部与陆军小学。

子弹问题虽解决，巡抚卫队尚未表示态度。百麟仍虑新军难成事，决最后游说袁义保，希望其参加起义。先函告以有要事相商，请其指定时间、地点会晤。袁回信约初五日下午在其金井街私宅一叙。百麟告义保：如各省纷纷起义，贵州恐亦不免。只有负重望的人出来领导，则地方少糜烂。为达到贵州和平独立，愿推义保为都督，如湖北黎元洪故事。义保以为贵州贫困，独立后协饷将断，军政两费，支用繁多，无法应付，辞不愿就。双方约定各不泄露而散。事后黄泽霖又单独写信激劝，义保仍无所动。

九月初九日（10月30日），云南新军起义电至。百麟正召集干部检查情报研究方略，闻电，群情感动，决定一面加紧起义准备，一面汇收各方消息。是夜忽得沈瑜庆纳宪政预备会建议，将搜杀自治学社八领袖以弭乱源的情报。因为从八月间起，自治学社将有革命行动的风声，便逐渐传播在社会上。清吏初尚半信半疑，宪政预备会则日收集情报相煽动，沈始决心出此下策。百麟等商议，次日命黄德铣代表谭西庚往沈处探查，并善为游说。初十日晨，黄见沈多方解释，并以谘议局担保平靖相许，沈始打消原意。初十日各方汇报，新军、陆小、会党、乡兵、警察、学校、安顺绿营，均已准备就绪，惟巡抚卫队及巡防营尚无把握。以问题无多，遂讨论民政委员会提出的各种章则法令，决定起义后对宪政预备会加以容纳。至于都督一席，众共推张百麟，张主留待钟昌祚，有人提出杨荩诚，未获通过。（杨在日本，与唐继尧、周骏、刘存厚、张子良等十六人发起组织演进党，众人不满）是日，蔡岳自上海归来。

九月十一日（11月1日），蔡岳以贵州革命，须自治、宪政两党通力合作，力主调停。遂邀集张百麟、任可澄、乐嘉藻、周培艺、杨昌铭、陈永锡、凌云、黄禄贞等，会于崇学书局，双方均表示化除成见，一致行动。十二日晨，又共往见沈瑜庆。蔡请沈作半独立表示，以维治安。百麟发见可澄与沈座间默契状，遂决心发难。午，沈命郭重光会各界组自保会，并将发给郭新组之保安营枪械，又召见谭西庚宣布自保会办法。晚得云南独立胜利电，及新军赵德全、蓝鑫密告沈命袁义保以非常手段镇压革命消息；关岭社员杨肃安电告刘显世带徒手兵一营，已到关岭，决心来贵阳助沈镇压革命消息。深夜，又得贺国昌、朱兴汾警告，沈纳调查局严隽熙建议，俟刘显世到省，仍将捕百麟等于狱。十三日晨，最后检查起义准备，均已完成。午，百麟等出席郭重光在谘议局召开的自保会筹备会。任可澄演说自保的意义，既不保清，亦不革命，集中力量，只图自保。并宣布十四日午再开成立会，请沈瑜庆讲话。晚，百麟开紧急会议，讨论起义日期。蔡岳主缓一周观变，百麟主十四日午在自保会上枪杀瑜庆发难，各同志均主十四日晨发难。依照最后一项决定，遂于当夜发出动员令。

初，沈瑜庆于辛亥夏间升任巡抚，鉴于庞鸿书的前例，转与宪政预备会人相结纳。劝业道王玉麟、调查局严隽熙、藩司文征均袒宪政会。惟巡警道贺国昌兼沈的总文案，及审判厅朱兴汾仍袒自治学社。任可澄建议委张百麟为黎平知府，使其离开省城，张不应。及自治学社预备起义的行动微露后，可澄迭向沈等警告。瑜庆惊惧，以后更倚重宪政会。九月初贵阳革命形势日显，沈纳任等建议，电兴义刘显世募悍卒五百人，徒手来省，发给枪械，镇摄地方。派郭重光办城防局，招募保安营兵五百人，共维秩序。初九日云南起义信至，沈嘱可澄一日三电显世，星夜来省；告郭重光催巡防营中路分统胡锦棠、管带和继圣率兵入卫，并有捕杀自治社八人的决定。十二日，蔡岳要求沈宣布半独立，沈为缓兵计，遂命郭重光组自保会，拟俟显世兵到，即逮捕张百麟等。不料十三日晚，贵州革命即突然爆发。

起义命令下达后，首先由陆军小学发难。陆小共有四、五两期学生一百余人，九月初亦被学校当局将枪弹搜去。张百麟以其非军事主力，故发给子弹时为数特少。是夜得到起义命令，学生群集理化室中，谋夺取校中枪弹办法。适值该校学长毛凤岗巡斋到来，伫足偷听，大惊！鸣笛集合，大骂学生造反。学生见情势急迫，遂一哄而起，追捕毛氏。毛逃出学校，往告总办姜文丞。

学生遂抢得枪弹，立时武装。排长邝龙俊见事已发动，急集合学生，布置工作，宣布攻守方略。总办姜文丞闻信，一面通知沈瑜庆，一面想亲到校中弹压。沈下令全城立时戒严，命胡锦棠率队包围陆小，严予监视。姜到校后，见情况严重，知非口舌能争，乃佯为赞成，多方譬解，取得学生允许，离校而去。张百麟闻胡部将攻陆小，恐校中子弹少，不能抵抗，命向多山携弹一箱接济，仍不放心，又命胡刚再带子弹五百前往，并嘱任务达成后，即到南厂知会新军，连夜运动至南岳山下，构筑工事，以防瑜庆派队往攻，其余仍照命令行事。此时，最后运动巡抚卫队的谭璟、陈康已获成功，管带彭尔坤已将安置抚院门前的大炮两尊炮闩缴来为质；萧家煌亦说动和继圣中立；涂宝煌劝胡锦棠撤去包围陆小军队，贵阳城门仍旧重开。

南厂新军闻陆小发动，赵德全、杨树清、艾树池等正集议派人探听情况，忽见胡刚由陆小到来，传达张命，遂命鸣号集合。时袁义保已睡，闻号声惊诧，呼与其对室的教练官（即副标统）杨荩诚起视情况。杨为四川秀山人，由贵州武备学堂毕业，选派留学日本陆军士官学校，到职才月余。自治学社派人几次劝其革命，均未承认。是夜亦已入睡，闻袁命，起身着睡衣靸鞋出视，见杨树清、胡刚等正整队集合，高声叱问何事。杨树清对众人云："是人极顽固，我们几次劝其革命，均见拒，决不可留。"遂向杨开枪射击。一击不中，再发，三发。杨急行至众人前，追问有何企图。众人云："要独立。"杨云："独立我亦赞成，何苦见逼。"众人云："汝真赞成，即请为我等指挥，以表真意。"杨云："可。"于是杨树清、胡刚二人，随杨入室穿衣。胡刚直奔袁义保室，袁已不见，床上被褥尚温暖，知已逃走。时电话铃响，胡接听，系贺国昌由抚院讯问南厂情况。胡云："南厂兵变，袁标统三枪毙命。"随即寂然。杨指挥全军，说明起义原因后，补充子弹，即开拔至南岳山下，布置作战。

沈瑜庆初闻陆小起义，即令全城戒严，并命胡锦棠派队包围监视。急召贺国昌、王玉麟商议对策。派人往视卫队，有叛状。唤彭尔坤，亦不到。检查院门大炮，已无炮闩。命贺国昌电话问袁义保情况，得三枪毙命消息。沈等惊惶失措，最后商决，派王玉麟到谘议局与张百麟、谭西庚商善后。王到谘议局与谭会晤，即派人邀张百麟。张得胡刚回报南厂情况，知大事已成，遂到谘议局，与玉麟商谈，结果缔五条件：1. 沈抚通饬文武官员，正式退位，交政于民。2. 民军保护官吏及其眷属生命财产。3. 库储、卷宗及一切公用房屋器具，悉数正式移交，不得损坏、隐匿或遗失。4. 教民、教堂、教士及外人生命财产，民军负责保护。5. 本件双方盖印钤章交换保存（民军借谘议局印）。玉麟持件回商瑜庆同意。条约生效，百麟命二同志往抚院接收巡抚印信备用。时天已黎明，汉字太白旗遂飘摇于民军临时司令部谘议局的上空。民军人员臂系白条，笑逐颜开，各奔赴自己预定的工作岗位。新军、陆小均以战斗姿式整队入城。时有布防的巡防军一小队，未得上级通知，与陆小相遇几起冲突，经过解释遂亦他去。全城人民从睡梦中醒来，闻革命已成功，咸大欢舞。清朝在贵州二百多年的封建统治，至此遂告结束。

二 军政府成立及全省的光复

辛亥九月十四日（11月4日）贵阳光复，百麟命新军及陆小分守各要地、仓库及城防。以巡抚卫队为百麟卫队，驻守谘议局，召集各政团、法团首领，开扩大会议，讨论军政府组织及人选。推平刚草拟军政府组织大纲。军政府采联立内阁原则，由各党派团体推选代表参加。在组织大纲未草定通过以前，先选都督作处理要事的负责人。当日各代表均一致推张百麟为都督，百麟固辞。十五日，改推杨荩诚为都督，张百麟为枢密院院长，任可澄为副院长。同时由枢密院提出军政府组织大纲，交都督审议。

十六日，杨荩诚提出对组织大纲的修正方案，经讨论通过，遂组成军政府如下：

（1）军政府合都督、行政厅、枢密院三部分组成。

（2）都督专管军事。杨荩诚为都督，赵德全为副都督。

（3）行政厅设总理，主办行政。下设秘书厅，民政、财政、学务、实业、交通五部。周培艺为行政总理；陈永锡为民政部长，涂月楼为副部长；蔡岳为财政部长，华之鸿为副部长；谭璟为学务部长，傅中藩为副部长；黄德铣为实业部长，孙定纲为副部长；孙镜为交通部长，刘镇为副部长；陈廷棻为秘书厅长（未就，周培艺兼）。

（4）枢密院赞划军事，指导民政。张百麟为院长，任可澄为副院长，暂设枢密员七人。张百麟由自治学社选出，任可澄由宪政预备会选出，平刚由贵州同盟分会选出，杨昌铭由宪友会选出，陈元栋由宪政实进会选出，雷述由政学崇实会选出（宪政预备会系），周培艺由贵州新闻界选出（后来陆续加入乐嘉藻、彭述文、朱焯、李泽民、周恭寿、刘显世、戴戡等）。下设秘书厅、军政、民政、财政、学务、实业、交通六股。

（5）都督府设参议厅，参谋、副官两处，军政、执法两部。陈钟岳为总参谋长，周凤文为参谋处长，黄祺元为副官处长，廖谦为军政部长，王炳奎为副部长，蓝鑫为执法部长。

（6）部长以上为政务官，纯尽义务，不支薪俸。

（7）军政府有效期间三个月，以后当依中央法令改组。

九月十七日改谘议局为立法院，仍以谭西庚、朱焯为正副议长。

十七日起，军政府派员接收各机关衙署，资遣退职清吏。

刘显世在兴义招募的徒手兵一营五百人，以王文华为前队队官，鄢鼎三为后队队官，王慎一为左队队官，袁祖铭为右队队官，是夜赶赴贵阳。十四日至清镇、安平间的芦荻哨，闻贵阳光复，遂致函军政府，略谓："革命大义，鄙怀早具，不意诸公，先获我心。显世兹来，甚欲观光上国。何如？候复！"并分函有关各方，代为疏通请命。蔡岳谓显世可以合作，准其来省最好。十八日显世兵到头桥，张百麟命胡刚、饶成厚前往欢迎，并指定其驻城外九华宫。显世以王文华领军，个人亲身入城。后百麟等以显世为枢密员兼军政股主任，又委兼第四标标统，并发其部队的枪械。

杨荩诚以都督职权扩编新军，委叶占标为第一标标统，辖杨树清、萧规等三营。萧鸿宾为第二标标统，辖艾树池、马繁素、赵某等三营。鄢元发为第三标标统，辖胡刚、郭润生、曾广义等三营。

起义后贵阳及各地哥老会组织的军队，陆续集中贵阳，既不能纳入新军，又不能遣散，遂收编为新巡防军，派黄泽霖为总统，指挥统辖。下分东、南、西、北、中五路统领，以谭德骧为东路统领，陈守廉为南路统领，孔鹏为西路统领，李立鉴为北路统领，岑鉴清为中路统领，黎克荣、吴冠为中军左右掌旗。又将旧巡防军五路，亦统辖于泽霖（贵州绿营及旧巡防军，当时决定成立屯垦区，逐渐转业于屯垦工作）。共约四五千人。

各司道卫队一百余人，由黄德铣收编，隶属于实业部。郭重光组织的保安营，仍许存在，并发给枪弹（此为宪政预备会武力）。龙里人陈开钊组织的铁血军一营，编入第三标，郭润生为管带，陈为督队官。

安顺自治学社分社方策、陈燮春等，闻贵阳光复，遂发动准备的力量，成立安顺军政分府，由贵阳军政府委陈燮春副署提督，方策副署知府。大定分社简书、谭冠英等，统率训练的乡兵队，宣告独立，成立大定军政分府，书为行政长官，冠英为参谋长（此二军分府，不久即由贵阳去电撤销）。黔东道吴嘉瑞驻榕江，闻贵阳独立，亦召集谢集林、傅佐卿、赵普扬、倪松农等成立军政分府，吴为都督，谢为副都督，傅为靖边营营长，赵、倪为参赞，并得贵阳军政府承认。

十九日，贵阳军政府召集贵州十三府在贵阳的同乡联合会开会。每府、厅、州、县各选代表一人，由军政府加委，携带文件、露布，回返原属，接收当地政权。露布全文如次：

贵州军政府为檄知光复贵州，公订约法事。

照得吾族为神明之世胄，中华为吾族之国土，中华主人当然吾族，有史以来，盖四千余年矣。间或异族占领，大都不久恢复。何物鞑子，竟盘踞至今二百六十有八载。其敢行暴虐也，如扬州十日之屠全城，南山一狱之戮千人者，何可胜数。其歧视汉满也，如满人生给口粮，而汉人永纳丁税。汉娶满妇则罪夫，满娶汉妇则罪妇等，亦何可胜数。即此贼民，应行革命，况其祸国尤有罪大恶极之事实。甲、不重屏藩：割去澳门、香港、台湾、澎湖列岛领土，一也。丧失越南、缅甸、暹逻、不丹、琉球、朝鲜、西土尔其斯坦七属国，又一也。乙、不固边围：西南划脱云南地万余方里，一也。西北划脱新疆地十余万方里，乌梁海地百余万方里，又一也。东北划脱黑龙江及吉林两省地三百余万方里，又一也。丙、不患心腹：租久假不归之租借地旅顺、大连等若干处，一也。开外资侵略之大商场上海、天津等若干埠，又一也。立不让予他国之卖身契山东、福建等若干省，又一也。放弃至重且巨之所有权，路、矿、航空、海关等若干事，又一也。丁、不节财流：乞和而甘认赔款十数万万两，一也。挥霍而滥举外债数千万两，又一也。总之对于各国专订最优惠暨极不平等之条约；对于吾族，抱定宁送朋友，不给家奴之恶心。祸国至此，敢不速锄！再延时日，亡国灭种矣。前有郑成功，革命不成而亡。继有洪秀全，革命垂成而败。今我民党，赓续起义，不辞万死，终圆一生。已于八月十九日，光复湖北。九月一日，光复湖南。为此，我黔中同志，已分头联系军界、学界，一致进行。于本日（按指九月十四日）在贵阳成立军政府，光复贵州，公订约法：1. 男子一律剪发。2. 家悬汉字旗（用白布制，大不过见方五尺，小不过见方二尺五寸，中书汉字）。3. 公务一律公决。4. 公务人员一律听候本军政府命令，不得擅离职守。5. 杀人者死，伤人及盗抵罪。6. 伪官属及旗人一律保护。7. 敢抗本军政府命令者斩。谨此七章，与我各色人等约。行见全国响应，直捣黄龙。组织政体，唯一共和。统治中国，唯一吾族。于万斯年，永永无极。露布中外，咸使闻知。此檄。贵州军政府都督杨荩诚，副都督赵德全，枢密院院长张百麟，行政总理周培艺。大汉黄帝纪元四千六百零九年九月十四日。

派往各县属接收的人，都能圆满达成任务。只有黎平府，在接收人员未到以前，当地自治分社周培桥、张德馨招集四乡团兵，意欲入城独立。清吏闭城坚守，纳奸人某绅士计，诳周、张二人入城订约投降，用绳系张入城杀害后，开城出击。周败至永从，卒被捕就义。大定军政分府成立后，简书等对府中吏胥役卒，欲予铲除。值新委接收代表陈鸿爵至，陈原为清吏，对简等作风不满。又值军政府派新巡防军管带何宾侯前往，何亦不满简等作风。吏役辈串通何、陈，借开会发动事变，杀谭冠英、简忠义（简书弟），简书被伤逃走。平越州清吏林雨教唆防军叛变，杀接收代表甘浩义。巡防总统黄泽霖派东路统领谭德骧带兵往剿，林逃往湖南去。独山接收代表杨文瀚，因接收时发生误会，被旧巡防军南路统领李有能所杀。此外，全省一律光复。

贵州光复后的首要工作是恢复秩序、开展政务，但最困难的问题是财政来源。贵州光复前全省收入，每年约一百二十万两，因为贵州为川盐销场，故年协三十万两，连同代征、包厘、抵税各十万两，赔款加价二十万两，缉私经费八万两，共约七〔六〕十八万两。全省丁粮杂税收入十余万两，百货厘金二十余万两。光复后四川协饷断绝，财政顿陷于绝境。接收时，仅劝业道存银十七万两，藩库存银三万两，共二十万两，实无济于事。赖财政部长蔡岳整理得法，四月之内收入银八十三万两，支出银八十一万两，始将难关渡过。在这一段时期，除各部门政务能经常推行外，立法院尚集中全力起草贵州宪法，准备作为三个月后贵州新政府成立时，交新立法院讨论通过施行。

贵州光复前，各县哥老会均由自治学社派人组织联络，光复后已成军的编为巡防军，其余的则在各城乡公开活动。各行各业，纷纷开公口，立山堂，头打包巾、身穿短打、背插双刀、额竖英雄结子的人，随处可见。各地哥老会中人，亦趁机大肆活动。地方秩序，逐渐呈现混乱。巡防总统黄泽霖，迭接各地请求维持秩序文电，已无法应付，乃纳北路分统李立鉴等建议，亦开光汉公公口，图以哥老会驾驭哥老会。宪政预备会见此情况，三天后亦开斌汉公，以陈钟岳、陈廷棻为龙头，共争社会力量。贵州哥老会遂成为全省秩序的大威胁。

三　军政府中的暗潮与援川援鄂出巡选举赴京代表的争执

贵州的军政府，从一组织的开始，就含有各种矛盾。自治学社与宪政预备会，不单精神上是对立的，形式上也是对立的。以杨荩诚为首的新军系，与自治学社和宪政预备会都不能完全合作。而杨荩诚与赵德全两派中间，也有很大的距离。自治学社中张百麟与平刚又各有意见。因此，军政府中的暗潮，此起彼伏，无时停止。枢密院中，平常负责办公的，只有周培艺、平刚二人，其余都不到院。都督府中，杨荩诚与赵德全随时闹意见，命令极不统一。只有宪政预备会的任可澄、刘显世、郭重光等，用心深远，遇事亦能合作。刘显世掌握枢密院的军政股，一切均不放松。所以他们的势力，表面虽不显著，暗中则膨胀甚速。

四川保路同志会事起，渝、泸两地相继独立，而端方在资州，赵尔丰在成都，互相犄角，与民军相持不下。接贵州独立电，渝、泸两政府，一日五电请援。军政府开会讨论，以川黔唇齿，利害攸关。川又为贵州协饷省份，感情素洽。自赵尔丰与川人为仇，来黔请兵，沈瑜庆派董福开、鲁昌禧带兵往援，川黔感情，曾受影响。今四川独立，正宜派兵前往，既可扩大革命，又可恢复感情。遂决议派黄泽霖统兵援川，以第一标标统叶占标率全军先发。叶到重庆后，替四川革命建立了不少的功绩。黄则因未出发时，端方、赵尔丰已败，兼贵州后防需人，停止前往。

杨荩诚与枢密院、立法院时生摩擦。杨首先扩充新军，增加财政困难，已为后两者所不满。而杨与赵德全之间，又不能融洽合作，且时受宪政预备会的挑拨，摩擦遂愈扩愈大。张百麟等为谋贵州政务的顺利推行，以及自治学社的政治主张能充分实现，遂决心诛除杨氏。张、赵等商筹就绪，定期在立法院开紧急会议，布置锄杨工作。一面通知任可澄、刘显世、郭重光等参加，借开会的时间，阻滞任等不得外出；一面准备会上通过锄杨议案，即刻下动员命，付诸实施。是日之晨，杨似微有所闻，特走告参谋处陈康，陈大惊。因锄杨之议，彼亦与闻，是日开会，彼亦参加。遂反问杨："如果有此事，都督将如何处置。"杨遂露亟欲求去之意。陈反报张等，以杨既愿退出，不必一定流血。时武汉方面，民军与清军作战，形势危急，黎元洪通电独立各省求救，张百麟正拟亲身往援。会中，众人既以杨愿退位，不如命其带兵援鄂，更属一举两得。次日郭重光等向杨提出调停，杨全部允诺。遂决定以第二标、第三标共编一混成协，由杨率领援鄂。都督名义仍旧，实务由赵德全负责。杨遂于十月间出师东下。

自治学社与宪政预备会，辛亥革命前，即为死敌。张百麟左右如黄泽霖等，均主张有机会时即予彻底消灭。光复前夕，自治学社绝大多数同志，又力持前议。百麟坚决主张两党合作，蔡岳尤持此议更坚。光复后，宪政预备会暗中积极扩张势力，培植党羽，对立形势又逐渐尖锐化。自治学社同志，以此归咎百麟。因而百麟一切主张，多不得同志的拥护，分离现象，日愈显露。百麟内感于同志的离异，外警于敌人的进逼，心中已悒郁不欢。时西路各县，因公口大兴，秩序逐渐混乱；又闻刘显潜（显世兄）在西路布置势力，别有企图，亦属重要问题，遂乘杨荩诚援鄂之后，省局暂时安定，决意西巡，借此恢复各县秩序，布置自治学社力量。旧历十一月初，带同南路分统陈守廉部及卫队彭尔坤营，由贵阳出发向安顺、贞丰一带巡视。

武昌起义后，九月十九日黎元洪通电各省，请派代表到武昌开会，筹组临时政府。不久，江苏都督程德全、浙江都督汤寿潜又通电各省，请由旧谘议局派代表一人，都督府派代表一人，常住上海，筹开全国性的国民代表会议。贵州此时早已独立，遂于十月十五日（12月5日）在立法院开会选举代表。都督府应派代表，亦请立法院代选。因选举平刚、乐嘉藻二人前往。乐辞不就，仍由都督府派文崇高担任。任可澄、刘显世欲代表属于宪政预备会，遂私用军政府名义，电云南都督蔡锷，云贵州无适当人选，请蔡代为就黔籍人士中推选二人。蔡回电代选熊范舆、刘显治，并代垫每人旅费三千元。时平刚在枢密院办公，得电大怒。次日召集各界会议，与刘、任等互相辩驳，最后由郭重光调停散会。平、文二人到南京，熊、刘二人亦由云南前往，审查资格时，以贵州既自有代表，云南代选的代表即作为无效。这是自治学社与宪政预备会在贵州光复后，第一次的正面冲突。

丁　自治学社的失败与宪政预备会政权的建立

一　贵州光复后宪政预备会的阴谋活动

宪政预备会未成立前，其领导人唐尔镛、任可澄等，均为拥护康梁维新的人物，但与康梁尚无直接关系。后因贵州人蹇念益、熊范舆、姚华、陈国祥、陈廷策、刘显治等留学日本，加入梁启超的政闻社，始介绍直接发生联络。蹇念益、陈廷策等更成为梁启超的重要助手。所以后来宪政预备会成立，便自然成为梁启超的组织在贵州的支部了。辛亥革命前夕，梁启超系在云南的力量，如蔡锷（梁学生）为三十七协协统，熊范舆为总督李经羲总文案，戴戡为个旧锡矿公司经理，刘显治等亦分布云南各界。九月十二日（11月2日）云南独立胜利，蔡锷为都督，云南全部力量均掌握于梁启超系手中。当时为着扩张梁系的地区政权，刘显治等曾建议蔡锷，派巡防军数营，由唐尔锟率领与刘显世共同光复贵州。随闻贵州独立，此议作罢。但夺取云南、贵州、四川，始终是梁启超等的基本政策。如贵州久落在自治学社手中，即增加了孙中山的民党力量，也即增加了梁启超的政治敌人。因此，如何消灭自治学社、扶助宪政预备会取得贵州政权，始终是蔡锷等的重大政治活动。

贵州光复后，宪政预备会的基本态度，表面与自治学社合作，暗地则扩大组织，培养力量，准备有机会时，即起来夺取贵州政权。从刘显世加入枢密院为军政股主任，又兼第四标标统，王文华营及郭重光的保安营获得枪械，算是有了军事的基础力量。贵州的军队援川、援鄂以及开驻外县剿匪，对宪政预备会均为有利的条件。四川的悍匪罗魁，窜据曾周马场（安平县属）一带，刘显世与郭重光主张招抚编制，暗地收为自己力量。罗魁到省被黄泽霖设计诱杀。巡防军东路统领谭德骥，光复初因一时得不到职务，对自治学社不满。后带兵平林雨之乱，军纪废弛，其部将唐灿章，抢掠民妇为妻，舆论愤慨。黄泽霖拟从严惩办，谭等更加怀恨。时兴义人王华裔，与德骥有旧交，又为其部下，刘显世等遂派覃梦松拉拢华裔勾通德骥，并派干弁雷铭九等入德骥军中隐伏煽动，又招收罗魁余党参加。德骥全军遂暗中叛入刘、郭手中。刘等更以银六千两交德骥，作组织死党、觅机诛除张百麟、黄泽霖、张泽钧等之用。这是他们军事方面的密谋。

郭重光组织的自保会，参加的多半是一般清朝官僚，即当时所谓的耆老搢绅。光复后自保会的名义虽然取消，但人与人间的联系，则更加密切。这些人多半厌恶革命，尤其轻视自治学社一般人物。郭得任可澄、刘显世等的支持，更扩大组织为贵州的耆老筹公会，作为一个合法的民众团体。军政府以本省宣布独立，首先发难之功，以陆军学生、新军兵弁为最，学生深明大义，曾宣言志在光复汉业，本军人应尽之责，不欲忝邀奖叙，将陆军学堂升为军官学堂。该生等着以正军校记名（详附件），升入军官学堂肄业，扩充军事学术，储成将材。任可澄以何麟书曾为陆小教官，遂命其组织尚武社，专吸收这些学生，作为宪政预备会的外围政治团体，后学生发觉，不愿受其利用，无形停止。任可澄的学界联合会，也吸收接近他的人物参加。连同宪政预备会、政学崇实会，号为五大政团，作为宪政预备会在社会上公开活动的政治资本。

哥老会为自治学社革命的辅助力量之一，也是自治学社政权中打乱社会秩序的最大因素。宪政预备会为着使这种因素扩大，冲决社会治安，好作夺取政权的借口，遂一面由郭重光等建议政府，准许全省公口公开活动。一面令陈钟岳、陈廷棻组织斌汉公以示提倡。并通知各县宪政分会，发起组织，借以吸收自治学社的势力，作为三个月后竞选新议员和新政府的准备。

贵州辛亥革命，自治学社固是领导的力量，其他各界人士，赞助附从的也为数不少。光复后除少数人得到相当安置外，其他人士，甚至连自治学社内部的若干人，均未得到适当的任用，这些人不免对新政权发生若干的反感。宪政预备会以此情绪为基础，从立法院起，至各机关、团体、学校、社会各方面止，尽量鼓吹煽动，挑起不满意的人对自治学社的仇恨。

二 "二二事变"与张百麟的出走

贵州自杨荩诚带兵援鄂后，由赵德全代行都督职权，军事上已感觉兵力孤单。自张百麟出巡，平刚赴京后，枢密院及行政厅由周培艺一人负责，行动上更感觉孤掌难鸣。而立法院中，党派复杂，意见纷歧，兼之缺席人数甚多，每一问题难获圆满解决。宪政预备会暗中积极布置势力，采取乘机观变。因此，整个政局已到了危机四伏、一触即发的阶段了。

民国元年一月二十九日（即辛亥农历腊月十一日），张百麟自西路出巡返省。因军政府三月改组期间即满，新政府如何组织，亟待研究讨论，三十日召开自治学社干部会议，讨论新政府组织时间。咸以全省正在竞选新的立法院议员，原立法院议员已无一半在省，二月一日改组政府，事不可能。决定再延期二月，俟全部选举完成，一切事项准备就绪，再行实施。惟贵州光复酬勋一案，外面舆论纷纷，不能等待新政府成立方予办理。决定将参加革命人员，分为首功、协助、附和三种。首功给一、二等功状，协助给三、四等功状，附和给五等功状。凡得各种功状的都可呈请政府审查，有才者量能授职，无才者按等给金。一、二等给金五年，三、四等三年，五等一次，由政府组考核局办理。其实施办法，由立法院规定。又在新政府未组成以前，拟改组军政府以增加行政效能。军事方面，推杨荩诚为正都督，赵德全为都督，另添设一副都督，以张百麟充任。行政方面，由张百麟充任行政总理，总揽行政事务。新增一司法院，由任可澄任院长。枢密院撤销，刘显世另委以军事任务。以后采分党分责制度，自治学社负行政方面责任，宪政预备会负司法方面责任，以救从前采用联立内阁原则办事掣肘的毛病。讨论至宪政预备会负司法责任时，一时异论轰起。多数干部认为宪政预备会阴谋日渐显露，不能再事优容，动摇根本。现自治学社尚掌握五营兵力，宪政预备会只有两营兵力，即行发动，犹可制胜，否则待其势力丰满，终将为所消灭。百麟坚持并容原则，决不让步，谓："为政贵于适应群众之需要，非在于排除对抗之政敌，如采排敌之消极政策，则去一敌，来一敌，靡有底止。可澄、显世诚顽固，但犹有经验阅历，如除而去之，以后一蟹不如一蟹。"众人闻言大愤，黄泽霖尤怒吼。终以尊重百麟意见，决定提交立法院讨论。会散，泽霖告人云："吾辈无死所矣，百麟真书生耳！"

一月三十一日，立法院召各界及十三府同乡会代表讨论自治学社所提改组政府案，意见极不一致，仅通过杨荩诚为正都督，赵德全为都督两项。其余各项，决定留待次日讨论。

同日，蔡岳置酒贵州银行，宴百麟、培艺、显世、可澄。岳说："两党合作，实贵州前途之福，不幸百麟出巡，发生种种误会。今刘、任二君在此，何妨面罄所怀。"于是显世质问换委西防将领事，可澄质问发给扁担山彝族自治学社徽章数千枚事。百麟逐一解释毕，岳说："二君满意乎？"显世说："释然矣！"百麟信以为真，遂不设备。

宪政预备会戕杀百麟、泽钧等的阴谋，决定二月二日（腊月十五日）实施。是日晨，由谭德骧派部队数十人，作为叛军，直趋田家巷百麟住宅，百麟起如厕，军队冲门而入。值彭尔坤来会百麟，闻声出外查看，兵等误为百麟，击毙之。检查不是，又四搜屋内，均不见人，遂抢掠物品而去。百麟妾杨氏，谓百麟已死，亦自杀。南路巡防统领陈守廉，闻警率兵来援。时百麟升屋藏瓦沟中，用梯接下，与陈共往见赵德全，请发兵讨贼。赵已先为刘、任等所欺骗，云百麟将为都督逼赵下台，因意存观望，空言安慰百麟，请其暂往省外，俟疏通各方后，再迎其来省。百麟怒而归，带守廉部及卫队出驻城外瓦啄坡。留一日，社中同志，无人前往，情况不明，遂退赴安顺。原欲设行营讨贼，因恐滇军即将到黔，又由安顺退贞丰。时刘显世已电知其兄刘显潜，率兴义团防数百人，来贞丰截击，相遇于滥木厂、龙场一带，交战，显潜败，退走。百麟亦率部经贞丰走广西百色，与当地政府交涉，以全部枪弹换款项一批，遣散官兵，自与陈守廉赴南京见孙中山先生。显潜于百麟走后，复回龙场，将百麟曾住宿其家的同志彭考丞父子杀死。其弟彭显丞，因与百麟同走，得免于难。

与攻击百麟同时，唐灿章等组织的别一队往杀黄泽霖。由雷铭九领头的刺杀队，一共十人，以二人作逃兵，八人作押解兵，持刀负枪押往总统署，请泽霖审讯。署中卫兵一连已买通，代守进出各口。时廖谦、王炳垄、陈康、黄祺元同往约黄泽霖到张百麟处开会，泽霖嘱稍待，俟案审后即行。刚出堂升座，叛军押人上，即开枪射泽霖，泽霖逃入室中取枪，不得，叛兵踵入，乱刀齐下，并分泽霖尸而去。后悉唐灿章办此案，共得银二千三百两，以一千两买刺杀队十人，一千两买黄卫兵连，自取三百两。刘显世为报酬唐的功劳，委唐为紫云参将。

别一队乱兵，则往杀张泽钧。值寓客田有光在，以为泽钧，杀死，未再搜寻而去。泽钧闻枪声逃藏，未及于难。

当事变发生时，北路统领李立鉴带兵驰援，为胡锦棠保安营所阻。西路统领孔鹏及其他部队，因无命令，未动。故乱兵等于事成后，得从容而去。

自张百麟因难出走，张泽钧逃亡，黄泽霖死，自治学社的政权实际等于瓦解了。

"二二事变"起，贵阳秩序一度混乱，赵德全提出辞职。当夜立法院召集各界开联席会议，对赵一致挽留。赵以事变前后，自治学社重要人物自行离职者，如枢密院议员乐嘉藻（乐为接近自治学社者）、杨昌铭、李泽民、彭述文，学务部长谭璟，民政部长陈永锡，交通部长孙镜、副部长刘镇，都督府王炳奎、陈康、黄祺元等，缺额甚多，无法递补，特向立法院提出改组政府案。经立法院议决：取消行政厅，以都督统辖军民两政。都督以下设参议长一员，佐都督赞划机要，以周培艺充任。都督府下原有参谋、副官两处，军政、执法两部仍旧。另增政务、财务两部，以严隽熙为政务部长、全懋绩为副部长，周培艺兼秘书长，蔡岳为财务部长，作为新政府改组前的过渡组织。

三　滇军侵入与唐继尧军都督府的成立

贵州光复后，宪政预备会与蔡锷等的联系非常密切，因此大小事故，云南都知道得很清楚。戴戡因父丧回里（戴贵州贵定县人），蔡锷命其便中侦察贵州情况密报。戴到贵阳后，任可澄、刘显世等推荐为枢密院议员兼军政股副主任，参与政府机密。时杨荩诚、张百麟、平刚等均外出，省中空虚。贵州公口林立，秩序渐乱。宪政预备会以耆老筹公会名义，密电蔡锷请兵来黔平乱，并推戴戡前往与在云南的黔人周沆共为代表，请兵随军回黔。时正值四川亦闹公口，也有人向云南请兵。蔡锷通电各省，略谓："四川哥老遍地，已成匪国，人民亟待拯救。又据贵阳绅耆迭电请兵，兼派代表赴愬。川黔唇齿，滇军不忍坐视，当分途扫荡廓清。"四川方面，后来蔡锷派李鸿翔带兵前往。贵州方面，赵德全接电后，即去电力辟前说，蔡锷回电谢过，师未成行。二月一日蔡锷又通电各省，略谓："闻贵州公口林立，有碍治安。兹编配劲旅一梯团，任参谋次长唐继尧为北伐司令，统率北伐。道经贵阳，便助镇慑。"时张百麟出巡回省，得电，准备次日在宅中开会讨论应付方策，因遭"二二事变"，自治学社首要死亡逃散，遂让其长驱直入。

当蔡锷通电派兵入黔行至杨林时，正值自治学社社长钟昌祚，与刘荣勋由北京远道云南返黔。至昆明闻信，往见蔡锷，力言贵州秩序安定，仅自治学社与宪政预备会闹意见，滇军不必过问黔事。蔡允许命唐改道入川。随又接得贵州密报"二二事变"消息，戴戡、周沆又复坚请，蔡仍命唐继尧续进兵。钟闻唐军至平彝，又函蔡力争。蔡回文，决停兵，黔事由钟等自行调处。但戴、周等催唐进兵更急，蔡又电黔询意见，刘显世等怂恿赵德全复电欢迎。于是钟等的努力，遂归无效。

民国元年二月二十九日（农历正月十二日），唐继尧率滇军入贵阳，贵州军政府招待甚优。唐云将休息三日，继续北伐。次日，滇军忽占据附城各山头，大炮机枪，均瞄准都督府。赵德全责询郭重光，郭指誓天日，保证滇军无他。并知会滇军撤退炮位。三月二日（正月十四日），滇军即开始军事行动，占领各机关。军政府事先未作抵抗计划，故无战事发生。赵德全只身逃走。滇军传德全命，令各军受编。巡防军北路统领李立鉴，带全队退守黔灵山抵抗，以力孤势弱，是夜亦散走。

三月三日（正月十五日），任可澄、刘显世、郭重光、戴戡、周沆、华之鸿、何麟书等，推戴唐继尧为贵州临时都督，组织军都督府，以戴戡、任可澄为参赞。下设军政、政务、警务、卫戍四部，以刘显世为军政部长、庾恩阳为副部长，周沆为政务部长，梅若愚为警务部长，韩凤楼为卫戍部长。政务部之下，又分为内务司，郭重光为司长；财政司，华之鸿为司长，段雨琴为副司长；民政司，朱一清为司长，塞先陶为副司长；教育司，何麟书为司长，符经甫为副司长；实业司，黄禄贞为司长。这一政府人员名单，除庾恩阳、梅若愚、韩凤楼三人为唐带来的军官外，其余都是贵州人，而且是宪政预备会，或与宪政预备会有密切关系的人。所以这一政府，很可以说是宪政预备会的政府。自从这一政府成立，一直到民国九年，贵州的政权都是宪政预备会的政权。

四 贵州革命武力的消灭

唐继尧的军都督府成立后，为着巩固政权，决定首先消灭贵州的革命武力。

贵州新军第一标，由叶占标率领援川后，驻防重庆一带。二月一日晚，贵州接得蔡锷命唐继尧带兵入黔通电，赵德全即电知叶部迅速回省。叶得电后，率部先后起行。殊至贵阳时，政局已变，唐继尧命其驻扎南厂，听候改编。叶与其部下第二、三营及炮队入驻南厂的当夜，滇军即四面围攻。叶率一部突围，向图云关退走，陷入伏中，叶战死，余部被歼。其余大部约七八百人未抵抗，次日由滇军押往附城螺蛳山下，解除武装后，用机枪集体坑杀。第一营杨树清部，半月后到省，驻南门外昭忠祠。唐继尧调杨为军警局谍查科长，到差时命梅若愚就局中枪杀。所部缴械后，亦遣散。

贵州新军第二、三两标改为混成协，由杨荩诚率领援鄂。除胡刚营因思南一带匪乱，艾树池营黎平清吏叛乱，调往剿办外；其余行至湖南时，武汉和议已成，黎元洪来电就近驻扎常德、辰州一带候命。时孙中山先生已在南京就任中华民国临时大总统。杨至南京谒孙，得发给饷械款二十五万元，并将黔军编为陆军八十三团、八十四团。杨在沪订购步枪一千五百枝、机枪八挺。又保席正铭为八十三团团长。至军队行止，奉孙命仍带转贵州。杨返常德时，贵州已政变，唐继尧命各界去电拒杨返省。杨复电孙总统，孙命黎元洪、谭延闿就近调处。黎、谭协议派湘军两旅，护杨返黔。杨拟俟所购军械到再行。不久，袁世凯继任大总统，任唐继尧为贵州都督，调杨到京另用。黔军进退失据，协同旅外黔人请黎、谭共同设法。黎、谭建议袁世凯，由湘、鄂派员会同黔军与唐继尧各派代表，会议处理办法。黔军派王鼎彝、刘世杰、萧健之，唐继尧派牟琳、吴作棻、张绍銮，黎派赵均腾，谭派危道丰，共会议于洪江。决定：1. 唐继尧既经中央任为都督，黔军一致拥护。2. 滇军回滇，黔军回黔。3. 由中央派宣慰使一员，率带黔军回黔，以免误会。袁随派赵均腾为宣慰使，并改编黔军为四十二旅，任黔人周燊儒为旅长，随赵回黔。戴戡等闻悉，怂恿老官僚刘春霖电袁世凯反对。一面函塞念益、刘显治、陈国祥等游说袁世凯，云黔军入黔，必有战争。袁不愿以小事丧失威信，于赵均腾请示方略时，暗示以不必勉强入黔生事的意思。塞、陈等亦恐吓赵均腾，如强去贵州发生危险，贵州将不负责任。赵遂停留汉口，终止入黔。黔军久待无结果，军心愤怒，决自动返黔，公举八十三团团长席正铭为黔军总司令，陈开钏率队为前锋，于民国元年十月，由常德出发，向贵州的松桃、铜仁推进。时唐继尧派刘法坤为巡按使，何麟书为巡按副使，陈钟岳为东路清乡督办，均驻铜仁。十一月，黔军抵松桃，大败滇军，歼其大队长黄子和，进围铜仁。铜仁滇军欲退，陈钟岳受伤，仍聚乡兵助战。城将陷，忽陈开钏中炮死，滇援军亦到，黔军遂败退秀山，饷弹均尽，闻唐继尧又约四川派兵夹击，全军遂散。周燊儒统率八十四团残部到湘边，招收流散七八百人，与唐继尧交涉，愿带回交其改编。唐见黔军已无作用，亦准许。军到贵阳，除愿遣散者外，官长调入干部学校受训，士兵补充他军。

新军第二标的艾树池营，因光复后黎平清吏戕杀周培桥、张德馨案，军政府命其率队往剿，事平，驻防黎平。唐继尧入黔，命吴传声大队前往诱歼。艾闻信，率队入湘，至三眼桥平茶地，遭吴兵伏击，败走。入湘后，随席正铭攻铜仁，又败退秀山。军散，艾亦他去。

新军第三标的胡刚营，于辛亥十月调到思南一带剿匪，唐继尧到黔后，曾五次电调进省改编，各府县议会电唐挽留，唐怒，扣发给养，由地方筹款供给。民国元年八月，唐又令胡缩编为贵州东防国民军第七营，属刘显世管辖（新军每营五百人，国民军每营二百四十人）。并调部队四面合围，如胡抗令即围剿。胡被迫如令改编，仍驻思南。民国二年冬，袁世凯解散国民党，时唐继尧已调为云南都督，刘显世任贵州护军使，戴戡为民政长。刘、戴均以胡为民党，密函地方官注意。胡闻信，弃军走铜仁湘黔交界的大洞那朱砂水银厂避难。

新军第四标王文华营，因为是刘显世的部队，唐继尧优予补充，改编为大队，如滇军的编制，王为大队长。

全省新旧巡防营、绿营，一律接收改编为国民军，刘显世任司令。服从的改编，抵抗的消灭。北路旧巡防统领宋仁瞻，闻贵州政变，来省接洽情况，被捕杀害。

全省的乡兵队一律解散。如确认系由自治学社控制掌握的，枪械全部提走。贵州乡兵队以遵义为最好，由鲁平舟率领，驻防城内，维持秩序，成绩甚佳。解散令到，鲁得遵义民众的支持，未照办理。唐闻悉，命警务部长梅若愚带兵到遵，从严查办。梅见鲁平舟，意气骄扬，显示有加害之意。鲁遂就座中手搏梅杀之，并解除其部队的武装，派兵守乌江，断遵省往来。唐欲剿办，贵阳绅耆议抚，派人与鲁交涉。最后，鲁遂带领全队赴川，投入熊克武部下。

贵州的革命武力，不到两年时间，经唐继尧及宪政预备会的有计划摧残，终竟全部消灭。

五　贵州革命组织的摧毁及革命人员的杀害

唐继尧入黔，宪政预备会政权成立，首先的任务，就是解散自治学社，取消公口。贵阳方面，命梅若愚改组省警察局为军警局，按册捕捉自治学社社员，收集和焚毁自治学社文件档案。外县方面，由宪政预备会分会或宪政预备会分子，会同当地政府，如贵阳情况办理。因此，凡未被逮捕的自治学社社员均向四外逃走。自治学社文件档案，均收毁一空。已被逮捕的自治学社社员，重要的均加以杀害，不重要的或予拘禁、驱逐。自治学社的革命组织，至此遂全部归于消灭。

贵州的立法院，在滇军未入黔以前，已全部选举完竣，全院议员共一百四十六名，属于自治学社的占一百一十六名。滇军入黔时，新议员方集会，唐继尧不许，派兵鸣枪驱散会众。不久，全体议员仍自动集会，推周恭寿、余若瑔（均非自治学社社员）为临时正副主席，移书唐继尧质问。唐与戴戡、任可澄等议，改立法院为省议会，作为都督府下的咨询机关。一面并暗使人呈控周、余及自治学社籍议员，均予除名，以宪政预备会及接近该会的人递补，并以谷寅宾、欧阳朝相为正副议长。

唐继尧率滇军入黔，自治学社社长钟昌祚在昆明与蔡锷力争无效。昌祚等返黔至安顺，唐命驻安顺的巡防营管带张绰清（刘显世妹夫）将钟逮捕枪杀。

贵州都督赵德全于政变时，逃至扎佐（修文县属）其妻家避难。事平后，唐派人逮捕至毛栗铺（贵筑县属）将其枪杀。

此外，比较重要的人员，如《西南日报》主笔许阁书被捕杀于开州。镇宁分社李永蓁，因张百麟西走时，命同志陶淑送张到百色，均被捕杀于镇宁。铜仁府议长张文基、议员谭钟灵，被捕杀于铜仁。思南罗方林，因受席正铭委为贵州东路民团统领，率兵攻城，被捕杀于思南。巡防总统府队长平子青，队官田世雄，西路巡防管带何宾侯，黔军四十二旅代表萧健之，黔军第一标管带萧规，均被捕杀于贵阳。安平伍英，被捕杀于安平。关岭杨肃安父子，因张百麟出巡时办招待，被捕杀于关岭。贵阳李怀安出亡在粤，电龙济光捕杀于广州。其余被捕杀的，为数尚众。

一九一二年（民国元年）八月，同盟会合并统一共和党、国民共进会、共和实进会、国民公党为国民党，派黔籍党员于德坤、胡德明来黔组织支部。北京稽勋局为调查辛亥革命时出力人员的勋绩，亦派黔籍人员刘潜、徐龙骧来黔调查事绩。唐继尧、刘显世等，以当时贵州正奉梁启超命筹组共和党分部，不容他党染指。而稽勋局的调查，必然把自治学社革命的真相暴露于国内，均于唐等不利，遂暗命驻铜仁巡按使刘法坤、副使何麟书，于于等到黔时加以杀害。十月初，于等到铜仁，刘、何等虚与款接，并允派兵相送。十月十六日，于等行至田线坪，护送兵以前途为湘省界而返。十七日，于等行至潘家湾，突出化装匪徒十余人，拦杀于德坤、胡德明。刘潜、徐龙骧闻警不进，得免。事过，徐、刘前行至玉屏，遇刘的弟弟坚来迎其兄。又行至清溪、羊坪间的漫坡塘，仍突出化装匪徒杀刘潜。其弟急逃，匪追至东瓜坪亦杀之。徐龙骧稍后，闻警急与舆夫易衣而遁，得免，至北京控于当局。唐继尧委为湘界出事，系湖南匪所为。谭延闿派人调查，真相始暴露。时袁世凯袒共和党，置而不问。民国六年，平刚随章太炎到云南，询及此事，唐云系刘所为。

一九一三年（民国二年）春，国民党发动全国性的竞选运动，宋教仁派黔籍党员李鼎成以筹组全国垦植协会名义，到贵州活动。时李烈钧亦派叶铨到贵州劝说唐继尧拥护国民党。叶与唐至交，又说以利害，遂准李入黔，并予以相当援助。戴戡、刘显世见无法阻挠，因命唐尔锟、张忞加入，组成国民党贵州分会。但选举结果，贵州所出参众两院议员二十三人，除都匀选区自动选夏同龢一人为国民党员外，其余无一国民党员。李鼎成得张百麟的介绍，密结自治学社刘警黔、萧健初、董威伯等，意图复兴国民党。是年十一月四日，袁世凯下令解散国民党。时唐继尧已调为滇都督，刘显世为贵州护军使，戴戡为民政长，借机摧毁李的组织，跟踪追杀李于铜仁，捕杀刘警黔于安顺，逮董威伯下狱，萧健初逃往江西。一九一五年，萧由江西潜返安顺省母，七月十一日，仍被刘显世捕杀。自是以后，直至一九二〇年刘氏下台止，贵州始终无国民党的组织活动。

除自治学社人员以外，唐、刘等对于贵州会党，更为大量的屠杀。会党中除宪政预备会派人组织和发起的不予干涉，对其负责人反加任用，如陈钟岳、陈廷棻等外，其为自治学社派人组织或发起的都一概不予赦免。派出各路清乡司令巡行各县，命各县地方官吏和宪政分会开出当地公口人员名单，按名捉拿，不加审问，一概枪决。贵州全省被这种罪名而死的不知若干人，流离逃散的更不计其数。清乡司令中如和继圣者，残酷更超过他人，所以全省人民有和屠户的称呼。

阴谋破坏，残忍杀戮，是宪政预备会采取作消灭敌党的两大斗争手段。

戊 结 论

贵州辛亥革命，是贵州人民配合全国人民，展开反封建反帝国主义的革命斗争，以求获得国家和人民独立、自由、平等的一种群众运动。贵州人民受了清朝封建统治和民族压迫二百多年，精神上和生活上都历尽了不堪忍受的耻辱、贫困与痛苦。在这二百多年中，贵州人民曾发动了许多次的反抗斗争，如雍正、乾隆年间反抗改土归流之役，咸、同年间反抗暴政之役连续不断。起义虽然失败，但是全省人民对于清朝统治无不愤恨，处处都在找机会找方略，准备作革命的再起。鸦片之战后，清朝对外丧权辱国的事实不断传来，对内压迫人民、剥削人民的方法更变本加厉。贵州人民为了争取自身的生存，为了不作为清朝灭亡于帝国主义的殉葬品，必定要起来推翻它的封建统治权。在反帝国主义方面，贵州人民从历来的教士传教行动中，从教堂剥削人民、压迫人民的经过中，从教案中，从外国货的倾销中，认清了在伪装下的帝国主义侵略分子的真面目，感受了这些分子的凶暴、残忍、贪婪、卑劣手段和作风的不能忍受，知道了帝国主义对中国人民是志在征服和奴役，对中国土地是志在占领和夺取。为洗刷过去的耻辱与消灭未来的恶运，不能不从革命中来推翻清朝，独立自强，以制止和取消帝国主义的剥削与压迫。所以在辛亥革命的时候，全省人民，不论是农民和城市贫民的小资产阶级，甚至一些封建的官僚地主，对于清朝以及帝国主义分子，无不衔恨次骨，对于革命的主张和理论，无不欣然接受。虽有少数顽固分子尚欲依附清朝图个人升官发财的出路，但大势所趋，已无人敢公开作保满勤王的行动。不幸辛亥革命，人民虽有充分的反抗帝国主义的斗志与决心，而领导革命的人却始终不提出反抗帝国主义的口号，并且对帝国主义的一切剥削权利更进一步予以强调保护。因此，贵州的辛亥革命，在推翻清朝政权方面获得成功，而在反抗帝国主义方面则无丝毫表现。

贵州自治学社是贵州辛亥革命的主导力量，它在全社的同志团结奋斗中，仅仅四年间，就完成了推翻清朝统治的重大事业。直至今日，它的功业在贵州人民中印象都是深刻的。它具备些甚么条件能够获得如此成绩呢？首先是自治学社成立的当时，革命已成为贵州人民群众的需要，自治学社能够认识这种需要，而把实现它的责任担负起来。这是它成功的因素之一。第二，资产阶级民主革命的理论与制度，在当时确是比中国的封建制度要好得多。阶级政党、议会政治、科学教育、新兴的机械工业等等，贵州人民本希望在改良派手中获得实现的。但经过戊戌政变、八国联军之役，这种希望已经毁灭了，知道不推翻清朝统治，决不能实现这种制度。自治学社既能采取革命手段，作为实现这种制度的目的，人民就自然的倾向于它。这是它成功的因素之二。第三，自治学社是一个资产阶级性质的政党，它的成员有的出身于官僚地主家庭，有的出身于农民及城市贫民家庭，但都是蜕化的资产阶级知识分子。他们比起同时的宪政预备会分子，有高度的革命热情，有勇敢冒险的精神，有平民的作风，有朴素的气派。因而在社会上，除了大官僚、大地主阶级的人对他们轻视不满外，社会群众是喜欢与他们接近的，是愿意团结在他们周围的。而革命事业所需要的，又恰恰是广大的群众。这是它成功的因素之三。第四，在革命的方法上，自治学社虽是采取了合法斗争的方式，表面赞成君主立宪，在统治阶级的法律许可下公开活动，但暗中对革命的进行始终是一贯的。同时也赖有此种方式，才较容易的发展社员，布置力量，运动军队，灵通联络，因而才达到了兵不血刃的革命成功。这是它成功的因素之四。但是自治学社的革命成功，不久便失败了，由它建立起来的革命政权被宪政预备会彻底的篡劫过去。这其中又有些甚么因素呢？第一，自治学社的内部，意见时有纷歧，未做到最坚强的统一团结。而政策的制定，也未经过全社充分民主讨论，求得见解上的一致，因而实施起来便不能完全彻底，达到预期的功效。第二，没有很好团结和依靠社外广大群众，作为社的坚强的后备军，仅仅靠社中的同志孤军奋斗。所以一遭失败，便无群众的力量来支持，便无再起的机会。第三，作为一个革命团体，而没有自己的革命武装，这也是极危险的事。自治学社革命的成功，全靠使用新军。但严格说来，新军并不是自治学社的队伍。所以革命政权成立，新军的领导者就与自治学社对立，新军的全体对自治学社也无服从的关系。贵州的新军既不多，自治学社又不能绝对指挥，而援川、援鄂、剿匪更全数调遣出去，因而唐继尧以一梯团部队入贵阳，革命政权便为之全部摧毁，这是一种多么脆弱的表现。第四，宪政预备会是自治学社的政敌，在辛亥革命前，已经展开生死的斗争。革命成功后，对这种反对革命的政敌，应当予以消灭，免为将来之祸。张百麟等竟采兼容并包的虚名，曲予容纳。明知不可合作，明知这种作法足以招致革命的彻底失败，但毅然不顾，强行到底，这是一种重大的错误。结果，自治学社也因此一举而全军复没，造成贵州革命上的重大损失。第五，运用哥老会力量虽也是革命过程中的一种策略，但在运用之先就要熟计利害，于革命成功后，如何安顿这种力量，改造这种力量，使不致动摇革命的基础，影响社会的秩序。自治学社对于这方面并未作到适当的处理。因而革命后，全省哥老会盛行，公口公开，既未迅速设法制止，反而采取以火救火的办法，以速哥老会的蔓延。贵州公口盛行，秩序混乱，人心恐怖，确是革命政权失去全省人民拥护的最大原因。尽管宪政预备会也在各地设立公口，但它在当时始终是个未当权的政党，很容易措词掩护自己的缺点，取得人民的原谅。综上所述，自治学社在贵州革命运动中，有其伟大的功绩，但也有其相当的过失。这是研究贵州革命历史的人要深切注意的。

宪政预备会是一个改良主义的政党组织，同时也是康有为、梁启超的保皇组织在贵州的一个支部。从它成立时起到辛亥革命时止，始终是以拥护清朝政权、实现君主立宪为目的，所以在本质上是一个反动的组织。但在介绍资产阶级民主政治的学说，以开化人心，也尽到了一些启蒙的作用。它的成员，多半是大官僚大地主阶级的子弟，讲究门阀世家，在当时是统治社会的中心力量。他们虽是由封建阶级中蜕变出来成为资产阶级的知识分子，但一切作风，仍旧未全脱封建阶级的范畴，由其对待自治学社的野蛮残酷手段就可看得出来。他们利用自治学社的弱点，勾结外兵，夺取政权，树立了他们在贵州的统治，其行动是无足称道的。

附记：贵州辛亥革命，距今虽只有四十五年，但史料的搜集，已感觉非常困难。一因当时唐继尧入黔之后，对于自治学社的档案文件，尽量搜集销毁，致使革命纪录几全部归于澌灭。又对于自治学社的革命真实史绩，尽量加以歪曲捏造，散播民间，更使革命真相为虚假的各种恶意流说所代替。二因当时自治学社核心诸同志，避难出奔，一切档案文件不及携带，虽事后各凭记忆有所记述，究嫌只及大略，难期详尽。而贵州政权自唐继尧时起至民国十二三年止，均属宪政预备会或出于该会系统的人员所掌握，亲故交游，互相曲庇隐讳，对贵州自治学社的革命史实，多半采取抹杀态度。虽有少数自治学社人员欲图纂辑旧闻，公诸社会，亦为当时环境所不许，老死寝寻，遂使当时革命真相亦随逝者以俱去。本篇内容，根据作者之一胡刚当时参加革命时所身历或见闻的回忆，再加以各方搜求访问所得而写成。其中尤以陈纯斋先生数十年来所搜集的各种资料，对史实的补阙，裨益尤多。惟史料的来源既属杂凑，真伪矛盾不一而足，经过整理分析，详细考订，辑为是篇。作者识力有限，错误漏落之处在所难免，尚望各方同志多多提出意见批评，以备修正。

石叟牌词叙录

谭人凤

编者按：本文为谭人凤自传，系陈光崇先生抄寄。今删除一点无关史实的文字（如南京风景之类），增加几条小注，其他未予更动。

陈　　序

此书为新化谭石屏先生自撰，历述其参加革命之实事，至第二次革命后为止，皆所亲历之事，确为信史。石屏先生逝世后，曾伯兴先生董理原稿，倩人汇钞，尚未装订，此稿流落书肆中。余以重价购归，重加整理，诚革命文献之重要史料也。

石屏先生秉性刚直爽快，于当时同志有错误，辄直言抗争，故于同志中多违言；然其心无他，同志亦多能谅解，事过仍一心一德，绝无芥蒂于胸中。石叟与章太炎均以好骂称，然一骂之后，毫无成见。此书自中山、克强以及同事诸君，殆无不为其所骂者，而仍和好如初。惟于别具肺肝破坏革命者，则始终无恕辞。

石叟自述初居乡里时，方费脑力于帖括之学，不知国事，遇邹价人先生代藩告以国情，始憬然于国家存亡之大，以救民救国之责任自负，是盖坐言起行者。然实事亦有不能径情直行，不能不委曲期成者，亦有当时确实同志错误者，当分别观之可也。

先生参加革命，年事已长，同志中推为老辈，而先生知无不言，故身后人皆敬仰。此书为其再度亡命，居日本之菅公庙避地时所作。抑郁无聊，借牌词以抒其怀抱。每牌式之前，有词、有叙、有评，盖虽欲借卮言以自晦，而叙与评，则仍直言无隐，盖其性刚直爽快，终不屑为婴婉之言以自贬也。

是时余邑李燮和先生柱中，早从事革命事业，余亦奔走其事，然书中尚未骂及余者，殆以余尚属青年，先生爱护青年，思有以匠成之。余今阅此，尤不胜感触。

遗稿传写，错字甚多，曾以朱笔粗校，功仅三分之一，复请赵曰生先生续为校正。古人有言，校书如扫落叶，当非一二次校后即可峻事也。

井中《心史》，明末始发现于天宁寺。此书终必流传于世，阅者幸勿以稗词野语等量齐观。

己丑（1949 年）新秋安化陈浴新识。

后　记

一九五一年秋，偶于湖南大学图书馆中见吾邑陈浴新先生所赠石叟牌词钞本一帙，乃新化谭石屏人凤自叙之作也。

书虽以牌词名，而实则牌史也。每一牌式，有词、有图、有叙、有评，而叙则缕述辛亥史事颇详，前后亦连贯成文，盖全书之精华。因手自摘抄，并加标点，题曰《石叟牌词叙录》，仍旧称也。实则命之谭人凤自传可耳。

书中文字，或以形似而误，或以音近致讹，大抵皆出抄胥之手。浴新先生既为校订一过，余复普为厘正，既非古书疑似之间，不复别加校注，要皆还其初貌，未敢妄易一字也。

石屏事迹，略备于此，而首尾不具，因录章太炎所为墓志铭于篇首，取便检证。

1951 年 11 月安化陈光崇识于岳麓山寓所。

前长江巡阅使谭君墓志铭

章炳麟

君讳人凤，自号石屏，湖南新化人也。少病喘，病作即梦游天际，失足踢地，已乃大汗，病有瘳，如是者数矣。稍长能文，不屑意生产。尝以事赴讼，为吏所侮，发愤欲摧折之。值义和团乱，清主逃西安，言光复者始起。君闻之曰："锄去非类，斯吾志也。"始设福田村学，渐就县治设小学，招学子俊悍者教之，欲以集事。后知其道迂，改与会党耆帅游，数作小册散之。自宝庆达辰、沅、常德，和者甚众。隆回耆帅刘纲领以数百人来属，皆伉健有精采，君分遣赴永、郴、桂阳，北及衡山，皆乐听命。自是会党言光复者，辩于湖南矣。始善化黄兴居会城，谋光复，未尝识君，所部多学子，及是渐与君并力，势浸寻及江西，其随营学兵皆附焉。已又率两部入广西，亦随营学。广西故多洪杨旧部，闻有言种族革命者皆距跃乐为用，故岭左右耆帅秀民多宗君。尝沿江下上海，到旅舍失箧中银币二千版，方搏髀詈骂。须臾，窃者自归，其德信及人如此。后任新化驻省中学堂监督，适宝庆部众起麻塘不利，吏名捕甚亟，皆奔就君舍。事泄，乃东渡日本避之。时黄兴先在，君因是入同盟会，识香山孙公。同盟会得君以为重。部众复起浏阳、醴陵间，亦不利。君风操骨髓，好任侠，不甚喜海外学人，尤厌清谈，与孙、黄好尚异。独重桃源宋教仁，以为隽才。自同盟会起，声气甚盛，清廷惧，要日本政府禁勒；孙、黄相次走交趾。其后拔镇南关，袭河口，君皆奔赴，欲与规画，不能得要领。往来极南岛陆间凡二岁，无所就，返至日本。孙武自湖北、焦达峰自湖南、张百祥自四川皆来会。闻孙公设南部同盟会，专力广东，经略不远，皆不悦。以君楚士，欲与规长江上游，君与兴力解之，卒不应。归相延设共进会，与孙公分。其后君与教仁亦分，设中部同盟会云。会丹徒赵声以标统处广州。赵声者，军中言光复有显名者也。君潜往为计事，事觉声亡，抵香港。居一岁所，与兴谋集敢死士发难广州，以新军防营应之；事即成，兴率一军入广西，声率一军入江西，以湖南属君。议既定，君潜入长沙，部署稍就，复赴香港。兴遽起袭两广督部，败走。诸兴、声所为，广东人胡汉民及弟衍鸾辄挠之，以至于败，声发病死，君始知广东人不足与，北归到夏口，遇焦达峰及子二式，中部同盟会始成。初，武、达峰及胡瑛、蒋翊武，第八镇所隶蔡济民、吴醒汉等皆有部曲，聚于武昌，不相摄。君年长能断大事，修髯精骍，行止有威重，声亢阆如急弦，诸豪杰皆严惮君。君辩〔遍〕走诸部调之，得相应。复下说九江、江宁诸军，令奉约束。于是有武昌倡义之事。事起，孙、黄在海外，皆出不意。君方以病卧上海，亟抵武昌。达峰亦定长沙，君亲往湖南镇抚。湖南将吏有异言，达峰死，君愤甚，遽返武昌。是时黄兴来守汉阳，汉阳陷，兴与都督黎公谋东行，且移军械九江。君诘兴曰："公不留武昌待援，将何之？"兴谬曰："仆赴广东，以机关铳来御寇耳。"君曰："广东水陆军，李准、龙济光主之，安得机关铳与公？无已，则往上海，谋速取江宁为根本。军械当以其半授我。"兴曰："持械安往？"君曰："持以守岳州。"兴笑曰："人皆向外走，公独向内走耶。"君怒骂兴曰："洪杨之役，武昌尝三陷三复，非湖南谁为援者。今江宁、成都皆未下，湖北失，不守岳州，湖南相继失，两广、云贵亦不支，九江尚足恃乎？公往广东，且为虏矣！"兴卒去，黎公亦趣葛店。以君为武昌防御使兼北面招讨使。当是时，微君武昌几殆。事稍定，黎公返，君亦以议和代表东下矣。民国元年任川粤汉铁路督办，已又任长江巡阅使，予陆军上将衔。明年，宋教仁被杀，江苏、安徽、江西、广东、湖南皆起兵讨袁氏，旋悉败退。君里居，吏踪迹至君家，君已去。初，清安徽巡抚朱家宝，云南人也。武昌兵起，下江清吏皆慑伏，独家宝拒命。云南系其家属，君驰书释之，故家宝德君。及是，家宝为言于袁世凯，令吏士缓追君。君得逸去，复走日本。时孙公、黄兴及诸失兵都督皆在。孙公厚怒兴独自矜伐，置中华革命党以摈异己，同亡者皆大恨，兴走美洲。君数谏孙公，无所向背，故孙公不甚恶君。世凯败，得归。六年张勋以故清主复辟，君闻不胜愤，上气几死。而孙公就广州建军政府，君以人材乏寡，方镇又素骄，事不易就，亦不与其议，寄居上海，督诸孙读书。时应人亟，亦他往，率不过二三月归。九年四月卒于正寝，年六十一。子男四，长德申；次即二式，二式以七年死难安化；次德揖；次德遗，君殁一月生。孙五人。君素刚。民党独君最长老，在武昌功尤高。自黎公及兴、教仁名位已显，君面数其过，皆唵默不敢校。晚节诸义故多废死，移柩西南，莫有知君功者，君愤世亦益甚。时或谓君过，然以君刚果成就，而世莫用其策，捐忘旧勋，以兵多寡为雌雄，君之发愤宜有不能已者。抚循将校不如黄兴，然信于人民过之。若夫见利思义，见危授命，久要不忘平生之言者，唯君一人而已矣。君始尝斥余狂，余亦以君泰憨，其后更相下。复辟之变，余自广东走滇蜀间，遗弱妇稚子屏处上海，知友或不相闻，君时时来问燥湿。既归，宅舍相去财百步，常相过道公私事，语尤顾挚，虽稚子亦知君可亲也。君未殁时，余适病黄疸，君入视，叹曰："君不当先我死，我平生事，君职当叙次之。"余曰："以年，君宜先，精力吾不逮君远甚。然今病黄，未死也。"未七日，君病遽作，又十日而君殁矣。君死，吾惧不得久长，亟承君志而志其墓。以交深，故言不文。铭曰：江汉之兴，郁何垒垒；收合遗烬，非德孰绥。大哉元功，赫若云雷；既缮以贞，无有曲隈。恺易字人，又如柔韦，体备坤乾，龙德而摧。黄河有涧，昆仑或隤；众雌无雄，直道其衰。（《太炎文录续编》卷五下）

余卅六岁前尚泥于试帖词章，未究时事。乙未年（1895年），馆于村内义学，偶遇邹价人先生经过，款而留之，谈论皆古今中外大事，瞠目无所对，心甚恶焉。丙申年（1896年），聘为村内教习，余亦师事之，思想因之一变。丁酉（1897年）、戊戌（1898年）、己亥（1899年）三年，购阅《时务报》与《新民丛报》，感触愈多。拳匪乱后，邑中留学诸子，感受刺激，假期归国，盛称道日本之强，由于倒幕后，施行种种新政；革命之思潮，遂蓬勃而不可复遏矣。

癸卯（1903年）、甲辰（1904年）二年间，余于邑城文场内办小学堂，时奉集勋、罗锡藩、曾立三、曾乾伯等任资江速成两校教习。暑假时戴石屏由日本归，寓余校，密告以有力者谋于省城举义（即黄克强、宋教仁、刘霖生利用马福益之事也），询可与共事者，余以奉、罗等对之。旋邵阳李洞天、萧立诚，武冈唐镜三相继至，并称宝庆（邵阳）教习李燮和热心。遂约定萧、李任邵阳，唐任武冈，燮和任安化，吾邑则公推周叔川君为主任。周君大同团巨绅，创办学校有年，留学生多出其门下，且近约奉、罗二人在该团与洪家结社，故群奉之。通信机关则暂设余校，兼印就章程、党证及显浅讲义，遣洪家首领谭恒山携赴辰、沅一带通声气，此甲辰秋间事也。迄冬季，会商继续办法，公议余与叔川任奔走，戴、曾、奉、罗续任资江教习，约提半薪为交际费，议定后，余校遂解散。

乙巳正月十日（1905年2月13日），偕叔川由隆回赴辰沅，下常德，沿途接洽颇称心。叔川趁船赴东京，余返照料。抵家时，已四月中旬矣。适隆回主任刘纲领遣人来邀，再至，党员已达数百人，体躯健壮，奕奕有神。盖刘为该地富绅，故效果速而地方亦不惊也。

六月赴广西。时李经羲为巡抚，郭人漳统带防营，冀改新军，禀办随营学堂。李抚调蔡松坡为总办，湘中士子争往赴焉。广西警察学堂总办曾叔式君，余莫逆友也，五月杪同松坡电余赴桂。余因广西与湘有密切之关系，且随营学生多同乡俊彦，可资联络，因以隆回、辰、沅各处交接，委托谢君介轩、毕君春深主持。盖二人均同志，特聘为村内小学教习兼司机关者也。于是带罗儒烈、彭笏卿、邹元和三学生往。至则学生均插班，余亦住堂作食客。询悉教员、学生多同志，心甚喜。偶夜深与松坡、叔式、梅霓生等谈心事，英雄肝胆，披沥相陈，颇幸遇合非偶。九月杪，闻警报云：唐镜三、李燮和等舆马入隆回，久住骚扰，顿起谣言，魏午庄（两江总督魏光焘）由南京开缺归，恐破坏，急思驰归，郭、蔡劝留听消息。余以事关重大，断无局外旁观之理，因谓郭、蔡曰："万一不能寝息，势无可为，还当直趋广西求救济。"郭、蔡感余诚，均首肯，临行赠手枪二十支，郭派卫兵四人，荷枪护送；蔡亦遣教员岳森同归。半途遇唐镜三，告以被逼失败，心甚痛焉，挽同回，不可，遂独入宝庆，返新化，诣资江，商拨款善后。时戴已避风潮赴广西，奉称支空，罗称须照派，前约顿成画饼。余由是东挪西借，独力维持，日趋困境矣。

隆回隔余村不上二十里，地属邵阳，故事败后多来投奔。余安置近邻，邻人亦为代秘密。及来者日众，谣诼渐兴，时有差弁来村内公局查访。司局事者族兄叔吾先生也，忽一夜遣人三次报警，谓宝庆已派兵勇至罗洪，诘朝将抵舍围捕，促速避。余感焉，然不敢谓其无事惊扰，遂仓卒避同族学生有寄家。时乙巳十二月二十八日（1906年1月22日）夜也。次日叔吾同彭宝卿、夏锡龄携酒肉川资来赠行，询尚无兵至，颇不愿远行。然来者皆挚友，殷勤奉劝，遂于丙午年正月二日（1906年1月26日）出境。

　　方余之由广西抵家也，曾君叔式尾随至，称别后松坡禀放城门，日夜率学生操演行军，准备以待。及闻事败，特请星夜驰归，邀再赴桂。心甚感焉。故此次出走，先赴维山访叔式，次及大同团。大同团者，周叔川开化地也，同志甚多；叔川东渡后，谢映山继为主任，其侄介僧因隆回风潮由村内小学避走，亦未得晤，故往访焉。均不遇，居周君潜夫家，留候及十日。叔式有贤母，潜夫有贤父，两叨厚待，故特志之。

　　元宵（2月8日）后抵宝庆，岳君尧羹以余去岁会商时，颇有死灰复燃之意，故已召集百余人，在郡待后命。余因广西已无接济希望，城内现又驻扎重兵，不敢再蹈复辙，遣人星夜驰归，托叔吾、宝卿等向村内富家代借数百金为遣散费，幸如愿。适谢介僧自长沙赶至，亦得于伊家公开之人和庄提出百余金，于是命尧羹率赴洪江、辰、沅一带散处，邀截烟商。内有良明才者，向属镖客，则给以快枪，命带数人赴湘潭承揽带哨，为里应外合计。孰意尧羹为纨绔公子，不几时，旅费耗尽，人渐星散。明才在湘潭亦无开帮信息，而此事遂成泡影矣。

　　二月至长沙，寓草潮门新化中学堂，权任监督。犹谓隆回事余无名在案，风潮稍息，当可即归。不意余出后，有兵弁冒充党人，前随侍广西之不肖侄误以为真，尽举所知以告，并带往近邻之卢逢泰家与寄住之二人会。来者悉党中秘密，故二人亦不甚疑。迄次日，突来兵勇围捕，遂送二人命，荡人一家。余亦不便归矣，于是嘱家中典质公产，作东渡计。此丙午年五月间事也。

　　七月杪（9月中旬），次儿二式送到银圆百余枚，遂于八月初偕谢介僧去长沙，沿途览胜，骇目惊心，往日抱一部落主义以自雄，至此则爽然若失矣，因就其所见志之。

　　方余之由湘起程也，有同志岳达生者，借用旅费，约至南京完偿。南京为建都之区，亦思乘便流览，故登岸暂留焉。时同邑罗汉藩在南京办法政学堂，邀入堂帮任教务，留月余。时赴各处游赏。一日登北极阁，俯瞰全城形胜……越日，复游皇城，城内居民无汉人，盖已将其地划归旗人管业矣。巡视一周，昔日规模，概化为荒烟蔓草，凄凉满目，凭吊歔嘘，遂不胜感慨系之矣。

十月到上海，适族叔靖廷久病中国公学，因留侍焉。察看上海商场，租界内与租界外恍有天堂地狱之别，感慨良深。后靖廷卒以不起，备棺殓寄，遂放洋行。

余颇有冒险性，闻人言航海颇苦，曾不介意，及抵黄海，狂风大作，船随浪播颠，闷极，始信人言之由于经验也。时同伴谢介僧、谭献侯、晏孝荃皆呕吐，余亦昏晕不能起，瞑目静卧者及二日。迫近长崎，风平浪静，神始爽。由长崎至神户系内港，安稳如长江。但至东京，尚须经过太平洋，则稍有虞心矣，于是换乘火车。到东京时，寓麹町区玉井静，早晚有小儿照料，尚不苦。日间小儿赴校上课，独坐寓中，语言不通，如聋如哑，则大烦闷也。

先是余在家时，闻革命大家孙先生淹滞横滨行医，经黄克强约各同志邀赴东京组织同盟会，旋由陈天华邮寄《民报》及所著《猛回头》，得悉颠末。曾博九寄友人各函，于革命事亦说得天花乱坠，颇倾慕焉。到东时，适届同盟党员开周年纪念会，入场观察，祝词颂语，多涉夸张，莅会者不下千余人，实极一时之盛。余以为在海外虚张声势，于实际无补，大有失望意，伫立片刻，即归，盖已等闲视之矣。后唐镜三三次相挽，始与克强晤，畅叙至二小时，情颇洽，遂亦加入焉。余之从事于同盟会从此始。

居东未久，即有浏醴起义之一事。时克强挽余与周道腴、洪春岩、何弼虞、宁调元、胡经武等归谋响应，余慨时势日蹙，亦亟思有机可乘，于是偕同返。周、洪担任驻省办内应，余与何、宁拟直赴浏醴，胡则留武昌运动军队。及到省，事已消灭，无计可施，乃重赴东京，入法政学校。而宁与胡则一被逮于岳州，一被逮于武昌，两遭监禁矣。此丙午年十二月（1907 年 1 月）间事也。

余是时插入法政五期班，党务不曾过问。即倡保皇立宪之梁启超，经《民报》痛斥之后，隐匿横滨，亦尚未敢入东京一步。自杨晢子（杨度）取媚清廷，创办新报（《中国新报》），博得五品京堂，梁启超官兴勃发，大出风头，结合腐败官吏与一切卑鄙近利之法政生，而有宪政党之组织。时同盟团体犹未涣散，而又有舌战之张溥泉君为各拳战之领袖，故每当其开会之际，一言不合，即起而惩之，辄不免抱头鼠窜，而彼因以暴徒名色诬蔑我同人矣。

时清廷惧党人甚，要求日本干涉，日政府派交涉员劝中山出境，送以程仪万金，中山受之；并于神户巨商铃木处借得万金，遂去日本①。临行之际，招重要党员宴会于歌舞伎座，颇尽欢。后章太炎先生闻中山得日赂，去时引党员宴会，以为一去不返之保证，颇不平。幸同人调停解释，表面尚得曲全，惟同志之精神，则由此稍形涣散矣。

中山去东后，谋于广州起义，未果。适钦廉因抗捐肇乱，两地皆与越南毗连，事败后，壮士多窜逃。中山思利用之，因偕胡汉民往越南，于海防、河内两处设机关，召商再举。旋克强亦由中山招往焉。迄十月，电告防城已破，《民报》布发号外，同志喜其由鼓吹时期进于实行时期，皆距跃。越半月，又电告占领镇南关。余以镇南关名颇赫濯，而能占领，必大有可为，遂以小儿官费折抵借百金，偕林海山、李植生往，至则已成往事矣。询问

---

① 孙中山在《孙文学说》第八章叙述革命原起云："时清廷亦大起恐慌，屡向日本政府交涉，将予逐出日本境外。"并无日政府送程仪与向铃木借贷事，其他书籍亦无此记载。本文所记，似不足信。

情由，系子弹缺乏。满腔希望，顿化烟云，此时之感想为何如耶！

先是防城未发时，克强赴钦州运动郭葆生。郭自褫职以来，郁郁不得志，恒思一逞，且前在广西已由克强运动入同盟，因相与定里应外合计。郭带兵巡防城附近，冀与义军合后，乘夜入城，克强则留郭营，率兵巡城，以便接应。计如得行，庸非幸事。执意防城难作，钦州提督秦炳直，侦郭按兵未进，知有异，即将城内郭兵遣出，另换心腹带队巡城，且于城上设燎张灯，戒备严密。克强乃仓皇奔避，郭亦不敢再动，防城事遂息矣。镇南关之役，因中山印刷赏章，散布各处，内载带械投降者赏若干；杀一长官率队归顺者赏若干；献一城一地者赏若干。闻者贪赏，往镇南关试探守兵口气，守兵欣然诺之，遂借以为功，转报机关处。时当事诸公固未知镇南关为如何情状也。迨克强随带数十人往，守兵迎之入，查察关上无粮无械，且无水，仅有废炮数尊，已不中用。次日清晨，龙济光即遣派数营围攻，克强射击颇准，随行者皆善战士，且据形胜，故逼进前者辄死。相持至四日，毙数百人，关上未伤一卒，龙军颇寒胆。克强以其非可守之地，遂退焉。此当日两处之大概情形也。

克强此时之雄心壮志固犹未已，特以子弹无来源，颇焦灼。适余至，因与郭有旧，遂往求救济焉。时丁未十二月廿五（1908年1月28日）夜也。廿六深夜，抵郭行营，谈颇洽，次日相随入城，适省报道衔复职，贺者盈门，态度忽变。戊申正月六日（1908年2月7日），郭率两队赴原防，余相随返防地，隔越之芒街，仅一小溪。芒街多同志，且郭随带之队长排官，均与余在广西有旧，拟就近图之。忽一夜，郭遣人邀余，至则曰："革命事败矣，奈何！"出省城所发二辰丸事电报见示。余阅毕，喟然叹曰："天不佑汉，受此损害，事诚可哀。但所购之械不止此，尚有一二船，当不至一误再误。其实此事究不知为何人购办也。"

郭惊讶者久之，问越南现有军费多少。则曰："不过数百万。"郭闻之，心复活，状颇真挚，而余之前念遂息矣。次日，遣其侄朴存随赴越，余遇各同志，即介绍此系郭统领侄，则皆会意。故郭侄有所问，概称道兵如何多，饷如何足。至夜，克强招郭侄小饮，复铺张表示，席间连接四函，两系报告准备攻取龙州各军情，钤以第一、第二军印信；两系法文，由舌人译述，则谓某处某处汇寄款若干万也。郭侄色舞眉飞，无复疑义。次日邀余送返，一一据禀，且极力怂恿，无俟余饶舌。郭遂允如所请，拨济枪弹，约定地点交过。孰意余返时，克强已入内地，急往报告。有广西陆军学生何光夫等六人同船行，携带军用品，在镇南关发现，均被扣留。郭惧挂误，乃悬赏缉余，并召归委派驻越之学生王德润，杀之以灭迹，事乃又成泡影矣。越四日，关吏遣兵送余等至海防，意收监。移时，提讯履历，余以未犯该国法律，疾声厉色拍案抗之。监官骇异停讯，往询警厅，乃许由侨商具保外寓。时余所带文具用物皆日货，寓主谓监官警吏皆疑余为日本老侦探，殆因此欤。过数日，遣送出境，余于越南事遂告一段落矣。

正月（2月）底返香港，怅怅无所之，悬念克强险阻艰难，孑身无助，因留港观其究竟。阅港报，时载党军战胜敌军，知尚在积极进行，深佩其毅力。然僻壤荒区，难成大事，是又焦虑之一点也。迨王和顺、关仁甫突起于河口，报载虏军望风而溃，声势熊熊。王、关本两广绿林中有势力人物，河口又为滇省要冲，且闻蒙自亦有人谋响应，蒙自一下，即可进窥省城，诚最好机会也。余情不自禁，乃割须改装再往，至则又烟消云散矣。时克强已走越南，胡汉民则隐匿不面。向各同志叩询底蕴，始知胡汉民派遣王、关等时，曾有军饷不足虑之说；迨河口要求预发军饷三万金，汉民无以应之，按兵不肯进，乃请克强去指挥。时克强尚在粤边，士卒相依为命，不令行。各将领有家眷在海防，海防同

志刘岐山以危言吓之，声称不顾大局，扣留克强，必先杀其家
眷；克强始得出而驰赴，然亦不用命矣。克强随返，冀召心腹士
再往弹压，被法人干涉出境，事遂渐归消灭。呜呼！造物弄人，
两次奔驰，均成虚局，能无慨然！

　　方中山之初至越南也，法人颇表钦敬之意。据海防同志告
余，谓往日法人待华侨，倨傲无礼，稍有所忤，辄以杖击之，近
则顿改常度，一遇华侨，则脱帽行礼。迨防城、南关两处失败，
乃于丁未十二月（1908 年 1 月）令中山出境，余与克强则于正
月六日（1908 年 2 月 7 日）相继被放逐。虽曰碍于国际交涉，
毋亦因其事近儿戏欤。越南沃野千里，一年三次丰收，闻前此拥
有数十百万家资者，更仆难数；自困于法之种种苛税，多一贫如
洗矣。就余所见，由海防至河内数百里，两旁茅舍，无一木扉；
所遇居民，衣则褴褛，面则黧黑，大都奄奄气息，呈露一种悲惨
形容。迄今回溯其苦状，犹历历在目间也。

　　七月（8 月）抵东京，克强已先我至。时同志中有焦达峰
（湖南人）、孙尧卿（湖北人）、张百祥（四川人）、赵伸（云南
人）等十余人，以中山舍广义而取狭义，组织南路同盟为大本
营，而于东京本部从不过问，殊不谓然。拟结一有势力之团体，
照绿林开山立堂办法，分道扬镳。刘霖生极表赞成。适克强与余
先后返，克强不甚同意，余以为反文明而复野蛮，尤力持不可。
然渠等之意志已决，卒印刷章程条例，奋励进行。内地之有共进
会，盖即由此时分出者也。其在南洋方面者，尤极端反对中山，
并指数其罪状，由陶成章、李燮和、柳某、陈某、胡某、易某等
八人联名发表，并函请东京本部改选总理。陶成章者，以光复会
首领加入同盟者也，于南洋荷属亦颇有势力。经克强逐条辩护，
从事调停，余亦驰函劝顾大局，卒无效，亦遂分裂焉。而其原
因，则由于越事败后，昔日赴义诸士逃窜南洋者，不下百余人，
其素享田园而不能苦工要求中山招待者，亦实出于万不得已。闻

中山概拒绝之，且有召英捕干涉之一事，故起而抱公愤也。未几，《民报》以被日人干涉封闭，同盟会由是日衰落，而宪政党遂愈猖獗矣。此戊申（1908年）秋冬间事也。

时克强以本党事务所久经停办，《民报》又被封，冀重组一机关，邀各省分会长商议，月费沿照昔日会务报务办法，按各省在东同志摊捐，由各会长汇缴，比多赞成，遂于水道町赁一屋，名曰勤学舍。时余提议延一二法学家住舍，草创建设各条文，公同研究。克强以事体重大，俟异日合全国人才厘定之，遂仅作为俱乐部。当成立之初，人心犹为踊跃，至己酉（1909年）春季，同志以无重要事磋商，遂忽视之，而月费亦不缴矣。克强勉强支持，专恃高利贷应付。高利贷者，借用百金，先扣回利十圆，以后当须按月照纳。迄冬间，遂难乎为继，而勤学舍又解散矣。时克强避债于宫崎家者及两月，余病其苦，代借官费生三折，于林肇东处抵借千金，得敷衍，始搬寓大久保与宋教仁同住，即光复后日人所摄影之桃源是也。

当是时也，汪精卫偕其夫人陈璧君来东京，寓于桃园后面，慨党事式微，难成大事，连日与克强密议，决计牺牲一己，惊醒国民。克强比亦存此思想，故未梗议。惟福建林君时爽，则极力谏阻之，拒不纳。遂于十二月（1910年1月）偕夫人，邀同黄复生、喻培伦、黎仲实北上。及次年二月（1910年3月）间，其夫人偕喻、黎两人返东，添购药品。汪与黄闻摄政王莅朝，必由什刹海桥经过，乃将炸药潜运桥下安好。一夜，黄君往安火线，忽一犬惊吠，黄君驰去。一东洋车夫见之，疑神疑鬼，邀人往看，发现，报告步军衙门，探悉颠末。越五日，两被逮捕。……

方精卫之去北京也，克强旋亦得香港电促，约余往，盖因广州新军将克期举事也。吾党运动军队革命从此起。先是戊申（1908年）冬，粤督张人骏调遣赵伯先（赵声）为新军第一标标统，士兵官长，咸受教育，多爱戴之。郭人漳知赵君有大志，恐将不利于己，深忌之，己酉（1909年）春季，告密于张，遂撤委而畀以陆军小学堂监督。旋监督又开缺，已成闲散矣。然新军与赵君之感情已如磁石之引针，粘连不断。夏季，赵君遣其密友倪烈士炳章（倪映典）往各营联络。至九、十月间，两君皆运动成熟，事大可为。胡汉民谓须等中山款到，且议以绿林先发难，新军应之，派其弟毅生携带多金，往顺德运动陆领兄弟，盖将贪天之功以为己力也。迁延两月余，新军迭次请期，经赵君逼迫汉民，乃定除夕绿林、新军同时并举。因来电知会焉。时克强方负债累累，向陈犹龙借得千金，始得去。余亦接踵往，至则十二月廿六（1910年2月5日）矣。时汉民以中山约汇之款未到，拟改期元宵后。克强以命令既发，持不可。胡毅生横卧榻中，傲岸插言曰：“君欲马到成功乎？数月来无异，何急躁为！”克强默尔息。廿八晚，倪烈士由省来，报告急迫各情，胡氏兄弟始有惶遽状。然粤人习惯，岁终之际，停船不行，已不能赶及矣，乃改定庚戌正月六日（1910年2月15日）。元旦日（2月10日）倪、赵二君驰赴，至则军士已届期与巡警冲突，特无将领，故又按住。李准以迅雷不及掩耳之手段，勒将一标兵士枪械机子卸除，仅旗人管带两营尚完全无缺。倪烈士驰入，出手枪将两旗员毙之，率队据险。烈士一战死，兵遂溃。时赵君寄书其父，有“不孝罪大，不能终养”等语，盖犹冀陆领再举也。余驰往劝慰，陆领无甚准备。赵君不得已返港，事遂寝。而新军一标旋亦被遣散矣。惜哉！

事败后，克强留港，余仍返东京。时在东同志概灰心，党事已无人过问。宋钝初亦拟避人避世，遁迹烟霞。余极力慰留，冀与谋补救。及七月，适中山闻桂太郎入阁之说，潜与克强来东，赵伯先亦相继至。余晤中山，责改良党务，中山颔之。不意钝初往商，乃曰：“同盟会已取消矣，有力者尽可独树一帜。”钝初问故，则曰："党员攻击总理，无总理安有同盟会？经费由我筹集，党员无过问之权，何得执以抨击？"钝初未与辩，返告余。余颇愤。次日复同钝初往，仍持此种论调。余驳之曰："同盟会由全国志士结合组织，何得一人言取消？总理无处罚党员之规条；陶成章所持理由，东京亦无人附和，何得怪党人？款项即系直接运动，然用公家名义筹来，有所开销，应使全体与知，何云不得过问。"中山乃曰："可容日约各分会长再议。"不意越数日，暗地而来者，又暗地而去，余于是亦遂大不慊于中山矣。因与赵伯先等商改组，以长江为进行地点。伯先极端赞成，于是约张懋隆（四川人）、林时爽（福建人）、李伯中（四川人）、陈勤宣（安徽人）、周瑟铿、邹永成、刘承烈、张斗枢（湘人）会议于宋钝初所寓之寒香园，盖钝初亦倡议之一人也。同盟会初成立时，本有五部名义，乃议作中部同盟会办理。惟议虽决，苦无款进行，故尚须与南部磋商也。时伯先偕患难同志佃渔于香港对岸之九龙，须归照料，旋即返。余以代克强担负债务，月需百余金纳息，力不胜，亦于九月间往商，兼向克强索款。及晤时，克强无别意见，惟谓须有款项方可。汉民则谓："东京一勤学舍尚不能维持，何足言办事？总理特暂时假定耳，因改组而又将有无谓之总理问题发生，非笑话乎？"余怒极，责之曰："本部在东京，总理西南无定踪，从未过问，总于何有，理于何有？东京经费纯仗同志摊派维持，并未向各处招摇撞骗。汝等以同盟会名义，掣骗华侨巨款，设一事务所，住几个闲散人，办一机关报，吹几句牛皮，遂算本事冲天，而敢藐视一切耶？"几欲赏以拳。时伯先挽余谓之曰："各行其是，理他何为！"余怒始息。次日，招伯先、汉民饮，以一卮奉伯先曰："愿为国自爱，毋过激过郁。"以一卮奉汉民曰："劝君放开眼界，天下事断非珠江流域所能成。余往返香港三四次矣，请从此别。"盖深恶而痛绝之也。是夜遂趁轮返。

　　余从香港归时，克强经济亦困，尽筹得三百金交余，不够偿欠利息，因仍向官费生借折续抵。日夜奔走，改组事因之搁置，然恐人心易涣，因组织一谈话会，每周一聚焉。及冬间，债台日高，万难敷衍，乃以《比较财政学》版权渡于林肇东。是书主持译印者余，编辑则宋钝初也。钝初亦前有林款千金，除坐还钝初借款暨余前少渠利息外，尽余数百金，尚难为继。于是以前抵林处之三折，嘱学生投使馆报失，利金因得以不缴。余之为此事者，盖因所纳利子已浮本金，而林肇东盘剥学生亦殊可恼，故问诸心亦觉无愧也。惟当日经历之苦况，则实难以言尽耳。

　　先是余之由香港返也，克强、伯先旋亦赴南洋，拟筹备小款，入云南为最后之一掷。中山担任赴美筹款，谓粤省途经熟悉，不如仍在粤省运动之为愈。时南洋同志愤粤事之败，亦颇狂热，黄、赵得募巨款，返港设统筹部，黄为部长，赵为总司令。腊月底，函招余与林时爽。余因八月已与汉民决裂，不愿往。林时爽病，谓系黄、赵作主，劝余先往助之。乃约谢介轩、刘承烈同归，嘱往湖南准备，余则于辛亥正月六日（1911 年 2 月 4 日）抵香港。是夜询问各情，得悉所拟计划，先由同志召集敢死士八百，负发难责任，而以新军防营应之。得手后，黄率一军入桂，赵率一军入赣，余率一军入湘。向各处联络，则仅南京九镇派有郑赞丞驻沪，设机关从事运动。余以两湖当冲要，非先示机宜不可，黄、赵韪之，乃于次日带二千金返。临行，钝初在上海《民立报》，嘱黄电招臂助。黄因钝初素与汉民意见不洽，颇有难色，赵则极力赞成。余抵沪时敦促往，钝初诺待信到行。余遂溯江上，由沪抵汉。因克强谓湖北方面居正可负责任，乃以六百金与之。孙武前办共进会，武汉江湖士多在其团体中，于军界亦稍有接洽，势力远胜居正，惟所带经费无几，故仅与以二百金。因入湘，先有谢介轩、刘承烈归，同志曾伯兴、龙铁元、龙云墀、洪春岩、文牧希、谢宅中、邹永成、唐镕、周岐及马标队长刘承烈之弟文锦，四十九标之文案吴静庵等，早已闻其事，余到时，约与密议，均颇热心。于是委托彭庄仲负机关责任，辅以曾伯兴及周岐；吴静庵、刘文锦联络新军方面，辅以唐镕、谢宅中；绿林方面拟责成焦达峰主任，辅以谢介轩、洪春岩；文牧希担任刺探官情；二龙担任补助经费；惟刘承烈颇近浮浪，则以前备购之炸药暨制造各器，嘱携归益阳赶造焉。时焦达峰不在省，留候数日未至，即行，盖因来时黄、赵约余二月中旬必返也。到沪时，钝初因无信到，尚未行，乃促之，因同往。至则重要人物由东先后到者，已有林时爽、林尹民、林觉民、陈与新、喻培伦、李恢、周来苏、熊越山、何晓柳诸人。何晓柳前由黄委托驻东办外交涉，后欲其代招卫队，且嘱其带同盟会秘书文件及誓约证书归毁，故亦招至。以外由上海至者，则有熊克武、但懋辛、宋豫琳、石云诸人。由南洋、越南至者，则有李燮和、陈方度、胡国梁、柳聘农、刘岐山、方汉臣诸人。文武趋跄，颇有风云际会之盛。惟因孚将军（孚琦）被炸后，省城非常戒严，故尚按住而未定发难时期也。

三月中旬，黄、赵以不便再缓，乃集同人开全体会议。由黄报告：自任攻总督署，赵攻提督署，胡毅生攻将军署，姚雨平攻小北门，张绿林攻龙王庙，陈竞存（陈炯明）、朱执信、莫几彭攻旗下街及督练所警察署。列席者数十人，无异议。余以为当有一人居指挥调度地位，不应同告奋勇；八百敢死队，语言不通，街道不熟，合则势力大，分则窒碍多；将军已死，其署与督练处无关重要；往岁之败，由李准握有重大兵权，所当注意者，李准而已，不如先日将李炸毙，次日合击总督署，赵率新军由城外夹攻之，较为妥当。黄谓："将军被炸后，搁误及月余，今若先炸李准，城内益加戒严，不又将遥遥无期乎？"余谓："同志先时入城，随时可发，何恐他戒严？"争论者久之。黄挽余入别室曰："此是久定之计划，同志视吾辈之勇怯为勇怯，请勿再持异议，免同志生恐怖心。"余只得默尔息，然心固大不以为然也。黄乃示期廿八（4月26日）发动，嘱各率所部临期前一二日入城。越数日，黄因赵识者太多不便去，乃先往。及廿六，同志到省已及三四百人。胡毅生、姚雨平、陈竞存称城内加紧戒严，且准备未就绪，请改期。黄无奈，乃下令将已到同志遣返。廿八，又电催各同志往，盖因先夜有巡防兵两营入城，姚雨平谓其已经运动成熟也。伯先、汉民接到此电颇惶骇。时香港尚有薄荷枪三百余枝，伯先主张率同志带往，上岸时倘被检查，即开枪攻击。汉民以彼此不接头必误事，请余先往，谓无论如何，必须压住一日。余登时起程，次日日中到，比不知黄住所，走访竞存。竞存仓皇告余曰："不得了！毅生、雨平均无备，余亦仅有七八十人，克强人数不满百，刻将出发，奈何？"余谓："何不谏阻？"渠云："已极力阻之矣，其如不听何！"余即请伤人送去，则克强装束已妥，正在分发枪弹。请休息片刻接谈，不听。再据各情形劝阻之，克强顿足曰："老先生毋乱军心！我不击人，人将击我矣。"余见其状类狂痫，乃谓林君时爽曰："各方面均无备，香港同志与器械尚未来，何所恃而出此？"林曰："先生知一未知二，现有防兵两营表同情，一切可不靠矣。"余曰："防营可恃乎？"林谓已接洽两次，决无虞。余乃整装向克强索枪，克强忽平心静气曰："先生年老，后事尚须人办。此是决死队，愿毋往。"余曰："君等敢死，余独怕死耶？"克强知余志不易夺，乃以两枪与之。误触机子，发一响。克强将枪夺去，连声曰："先生不行，先生不行！"即派人送余返竞存家。余时惭愧已极，盖恐事由我败也。且因竞存云："有七八十人冀促接应。"乃返，竞存已失所在，仅有一人持锁将锁门。余时进退失据，盲走了一刻，入一店，借笔书写托代雇一舆，始得去。时已五时一刻矣。前闻事发时，有几处纵火助势，因伫立城外望之。及夜分，仅一点火光，不久遂熄，已知事败，心甚痛焉。然犹未知其惨状如何也。后闻整队出发时，势甚猛烈，巡警四匿，无敢抵抗者。及入总督署，该署宽敞，四散搜寻，张鸣岐杳如黄鹤。克强纵火后，匆匆率队出，多有落后者，适遇巡防兵邀击，林时爽弹中额死，克强手指亦伤，队遂分散。克强率十余人驰近南门，又遇军队围捕，几不免。方声洞掷弹毙其队长，各兵围捕方，克强乘间入一店中。店中惧株连，急拣衣服使更换，并指示走路，乃出南门，买舟过河南，入某机关部得免。其他队始尚有五六十人成一队，熊克武、但懋辛、喻培伦、林尹民、林觉民等均在焉。比拟攻督练公所，夺取器械，未觅得其处，转攻观音山，三次扑上，终以人数太少而退。由是三五分离，彻夜巷战，或饮弹，或被擒，存者遂寥寥无几。呜呼痛哉！此三月廿九日（1911 年 4 月 27 日）之惨剧也。

次日，伯先由河南带克强血书返港，内痛斥胡毅生揹械不与，居心莫测；姚雨平负心爽约，军队表同情之说，纯系捏谎；陈竞存作壁上观，临时规避；而于张鸣岐之出走，则因胡毅生前言陈竞波有侦探形迹，故疑其走漏消息，而连累及之。同人不胜愤恨。适陈竞波来港，遂嘱洪承点带赴九龙僻处杀之。胡毅生隐匿广州不返，同人益疑忌。汉民乃代辩护曰："成则归功于己，败则诿罪于人，庸非笑话？"伯先拍案斥之曰："胡毅生甚么东西！"汉民由是悻悻去，诸事不理矣。时财权在汉民私人李海云手，善后各事，急需款料理。次日，余因往商，适汉民接省报，有胡衍鸾被杀之说，卧床痛哭。李海云、林植勉二人，亦跪床前涕泣。余问知其故，因责之曰："七十二烈士，无一非我辈兄弟，未见君堕泪，何闻汝弟噩耗竟如是之悲伤？且报纸多谣言，何足信！"汉民泣对曰："彼负不白之冤而死，与人之取义成仁者异，是可悲也。衍鸾是乳名，无人知道，必是亲供，决死无疑。"余谓："是尤可异，果被捕，认党人足矣，何必供乳名？有无不白之冤，自当水落石出，暂可不管。善后事要紧，请往总部商议。"强之起行。至则伯先与之握手曰："我辈血性交，直率之言，请勿介意。"伯先真可人也，而孰知其愤气之郁结，遂致满肠绞痛而病哉。当初病时，与余等言善后办法，并敦促钝初将临时各约法继续编成（钝初到港时即任此事），其雄心固犹未已也。不料病势日剧，两次割肠，卒以不起。呜呼，痛哉！时克强早已到港，余等投函慰劳，劝其暂时静养，未尝以事扰之。及是时，始邀商后事。克强乃谓同盟会无事可为矣，以后再不问党事，惟当尽个人天职，报死者于地下耳。余苦口劝之，谓当以一身担负死者之责，断不宜讲个人行动，冒死轻生。卒不听，后且竟不面矣。有夏寿华先生者，吾湘耆硕也，在广州办警察学堂，克强之子一欧，湘人李燮和、陈方度、胡国梁、柳聘农皆仗保护得去，挂误开缺来港，克强亦不接见。而各同志之鸟飞兽散，未得领承方略，更无论矣。越数日，遣人送余与钝初旅费各百余，谓粤政府已与港督订有条约，将逮捕党人，劝余速去。问克强将何往？则曰："于日内往美。"余叹其无可为也，乃投函要求香港所存之枪械带入长江。克强复以未经手，转托当日办理庶务之巴杰臣问汉民，巴君则曰："胖子与汉民同住，何必再问汉民？"余乃心志俱灰，与钝初同返。钝初仍入《民立报》，余则决志归家，不愿再问党事矣。

五月初过汉口，适遇焦达峰、杨晋康、谢介僧、刘承烈、刘文锦、邹永成、李安甫、曾伯兴及小儿二式等，愤广州之败，在汉与孙武等会商，盖将乘湖南铁路风潮相继暴动也。余力持不可，且告以灰心之故。焦达峰慰劳而力阻之，谓湖南风潮险恶，断不可归。事在人为，何可抛弃前功，使我辈进退失据？务仍仗主持云云。余不得已，乃嘱取消暴动观念，规画后事。是夜晤孙武，得悉前曾派邓玉林在黄土岗开一同兴酒楼，从事联络，以经费不接停止；颇怪居正无所事事，谓余前不应意存轩轾，予以多金也。次日，孙武约同志蔡济民、高尚志、邓玉林、蔡汉卿、徐万年、潘公复、李作栋、王炳楚、杨玉如、杨时杰、居正等与余会议。居正除两杨相识外，尚须一一问姓名，始信孙武之言为不谬。时湖北先有共进会、文学社两派。共进会，孙武、邓玉林等组织之，江湖士占多数。文学社，蒋翊武、刘复、蔡大辅等组织之，军学界占多数。余劝其和衷共济，相辅而行，卒得按照同盟会章程，重新组织，而湖北中部同盟分会遂得成矣。湖南方面议分三路进行，焦任中路，杨任西路，谢、邹任南路。惟邹尚留，拟与邓玉林往取蕲州三角庙金佛，熔作进行路费。此时同志之艰苦奋斗，亦可想见矣。越数日，偕曾伯兴沿江下，停寓九江，遇炮台上兵士曾某等为同邑人，带往参观，得接洽数人，以言话之，颇激昂慷慨。次日，来寓拜访，乃备席约于湖口庙上相叙，均愿书誓约入盟，并担联络各方面。居四日，入皖城。时皖城经熊成基事败后，警察颇注意外来生客，亦无门径，停一晚即行。及至金陵，有同邑万仁山者，充当第某标庶务，以意示之，得邀集中下两级军官邱嵩、侯成、邱伯衡、鲁涤平等秘议，极表同情。于是返上海，嘱钝初草定中部同盟会简章，分总务、党务、财务、文务、评议五部。假北四川路湖北小学校开成立会，到会者二十余人，公推宋钝初、吕天民任文务，杨谱笙、潘祖彝任财务，余任党务兼司联络军界事，总务部则虚其位以待贤能。部务取合议制，凡事须经评议后始执行，陈英士、范鸿仙、谭价人、谈宅赐等，皆被举为评议员入会参议，推余为议长。此辛亥六月间事也。旋南京支部亦相继成立，定宣统五年为大举时期。盖恐各处过于急躁，故有此宣告也。

闰六月至七月间，四川铁路风潮日趋险恶，川督赵尔丰抑压专横，清政府又命端方为铁路大臣带兵入川，大有屠杀川人之势。余等虑同志罹害也，商援助。适陕西同志井勿幕等，派张奚若赴日购制弹机，过沪，谓陕西军队已联络好，惟枪弹不足，俟此机到后即可发表。并介绍该省富商白某某允捐万金，当交半数为本会筹备费。同时有彭寿松者，则得友人荐，入端方之幕，索给炸弹，担任乘便图之。益信天与人归，时机已至。于是请李君伯瑜归通消息，一面促各处准备援川。时湖北同志猛勇进行，大有一日千里之势。彭寿松到汉时，同志以其为端方随员，可免人疑也，乃于汉口法租界汉兴里租一屋，挂名彭公馆，作为机关，一切事遂渐就绪矣。七月中旬，彭寿松函告湖北情形极好。廿间，同志复电催促往主持，时余适病，于廿八日（9月20日）开会报告，谓有人代劳去，当入病院，否则惟有带药往。钝初以余病重，承认八月廿日（10月11日）往，余遂于廿九日（9月21日）入虹口篠崎医院。比接湖北电报，称已派代表来，钝初乃留候。时克强亦有电至，并电汇三百金，约余同赴云南。余始知其尚在香港，即修书请吕君天民往，促其速来沪。八月四日（9月25日），杨玉如、居正二人到，得悉大概情形。杨仓猝返，居留购手枪，状颇闲暇。又适胡经武遣人来索炸弹，钝初询问各方面情状，茫无所知，遂犹豫而欲留待克强矣。余确信湖北事急，因于十二日（10月3日）复开会，促钝初往。责让钝初未经公决，即以炸弹与经武来人，倘彼此不接头，或因个人行为，破坏大局，咎应谁司？钝初颇惭谢，并允过中秋（10月6日）决往。及临期，又以于君右任不在报馆难摆脱告。余愤极，乃带药饵出院，于十七日（10月8日）会议后，即入南京，约各同志，以湖北情形嘱谋响应。十九日（10月10日）始由南京与居正同轮赴汉，到九江，而黎元洪为都督之名义已喧嚣于耳鼓矣。

廿二日（10月13日）抵汉口，询悉起义各情。缘十八（10月9日）夜，孙武在汉口宝善里机关部配制炸药失慎，伤及手足头面，被俄捕抄去名册、文件、印信、旗帜、徽章等件，人人自危。彭楚藩、刘复基、牟鸿勋、蒋翊武等，于小朝街张廷辅家会议发难，经侦探报知被捕。同时，杨洪胜亦因潜运炸药至家爆裂，为巡警捕送督署。蒋半途逃脱，牟由问官陈树屏保释，彭、刘、杨三人同时被杀，人心益愤，乃于十九夜更号四起时，一齐举发。届时廿九标二营排长蔡济民命杨选青鸣号笛，吴学斌、汪正海、李耀东等随发排枪，长官尽走，蔡即率全营兵士奔楚望台，占领枪弹库。同时吴醒汉、徐达明、王文锦、马明熙等，由卅标率队至；熊秉坤、马蘩等由工程营带队至。时守该库者，工程营队官吴兆麟也，先本未与谋，惟事至此，不得已亦表同意。于是以吴兆麟指挥混成协炮、工、辎各营，布置库前；吴醒汉、蔡济民一率兵由水陆街，一率兵由王府街合攻督署。时孟华臣、陈国桢、邓玉林、蔡汉卿等，亦率炮队入城，据蛇山。督署架有机关枪，守易攻难，临晓尚未下。先是义军恐伤民居，未忍开炮，至是不得已，乃火附近小房，嘱楚望台、蛇山两处炮台望火射击。督署火燃，瑞澂偕张彪由文昌门走，藩署旋亦被毁。汉阳则由王宪章、祝制六、黄镇中、俞凤齐等光复，并占领兵工厂。汉口则由戈承元等光复。武汉三镇一日皆入于民党手中，诚可谓踊跃矣。时统率无人，乃拥黎元洪为都督，旋即避匿，复由张振武等拥入谘议局，以陆军学堂学生监视之，木偶尸居，不画一策，盖有惧祸之心也。武汉起义之情形，大概如此也。

　　二十三（10月14日）早，渡江入武昌，遇蔡济民，形瘵声嘶，大有劳顿状，执手慰劳之。同人都督府谒黎，黎现一种可怜之状曰："革命二字，从未之闻，今强制我于此，岂非意外之事。"余以大义责之曰："名义业已发表，即欲效忠清廷不得矣。不如持以决心，尚得转祸为福。现张彪率残兵驻扎刘家庙，为肘腋之患，且闻开封新军业已到千余人，宜急驱除，而以重兵据守武胜关，方无后患。"黎俯首不复语。退察府中内容，虽有参谋、庶务、军事各部办事，规则均未厘定，喧器拥挤，忙乱非常。乃命居正照《革命方略》大旨草各机关条例，开会于教育总会，决议重新组织，始稍有头绪。惟黎则意存观望也，连日促下令击张彪，以外交团禁止十里内开战卸责。及廿六日（10月17日），荫昌统率南下之先锋队又到。余焦灼甚，邀孙发绪及海军将校入议场，告以现在情形危险已极，今晚请一致迫其下动员令，倘再犹豫欲为虏廷作留守，当以手枪饷之。是晚提议时，又适有海军舰长某某至，谓萨镇冰可以胁从。黎乃曰："有海军表同情，可无虑矣。"于是由孙发绪起草，致函萨镇冰，并照会各国领事，申明开战事。次早，杜锡钧、姚金鏞等率步炮各队渡江，会同驻汉标统林翼支沿铁道线进击，河南军及张彪残兵据停车场附近应战，胜负未分。午后，集中竞马场附近，进攻江岸停车场。敌军退却，追击之，有清军舰施以激烈之炮弹，始收兵退。时武汉商民欢声雷动，满街燃爆，并指定十余处酒席馆，邀待军士晚餐。铁路两旁居民，男则执斧携锄，毁坏铁轨，女则送面包、糜粥、茶水，犒劳军士。人心之踊跃，真可敬可爱也。有此一战，黎剪去豚尾。廿八日（10 月 19 日）占领江岸停车场。廿九日夜袭七里沟之北军，破之。九月一日（10 月 22 日），战于滠口方面，压迫北军于七里沟第三铁路桥以北，不追击而退，致北军再出而据第二铁桥，以滠河为界；则民军之失算也。是夜焦达峰克复湖南电至，民军气愈旺。次日，复占领第二铁桥。黎颇喜。余则以敌军未扫荡，且因湖南绅士擅权，颇有虞心。前到汉之际，即派人归，嘱光复后推黄泽生（黄忠浩）主持。黄是夜被戕，难免变故。乃于军务处领快枪二千枝，子弹二百万[①]交由任震装运，余则于初三夜乘轮返湘。时各国领事团已于先日宣告中立，承认我军为交战团体矣。

　　九月五日（10 月 26 日）抵长沙。都督府组织一参事会，总揽全权，都督欲拍一电，亦必经该会盖戳，始得发行，为会长者，即谭延闿也。参谋部亦与该会联，不归都督节制，焦达峰特一笼中之鸟而已。询问该会理由，则以焦被举为都督时，滥发私人委任状。余议其处理失当，焦即出示取消，亦可谓舍己从人

---

　　① 另一抄本作三万。

矣。惟副督陈作新（字振民，长沙人）本一无赖子，种种悖谬行为，实足扰害安宁秩序，余比商之谭延闿，亦拟杀之。谭延闿以其于军界中有联络，未敢发。余以外援事急，亦姑忍之。七日（10月28日），王隆中（字慎仙，武冈人）率四十九标出发援鄂，商界赴河干然爆欢送者，达数百人。八日（29日），任震运械归，有鄂军一排护送，开会欢迎，焦于会场中力辞都督，愿赴前敌，合座慰留。九日（10月30日），开会于谘议局，商议都督府各机关之组织，各重要人物均在焉。时草定之条例有二：一有参事会，一则无之。会众赞成其无者，参事会遂取消。孰知次日梅馨（字植根）部下之兵，即因此将焦、陈杀毙，而谭延闿遂为都督矣。此九月十日（10月31日）事也。焦死后，杨晋康（杨任）前组织军政分府于常德，相继被杀。谢介僧同邹永成光复宝庆后，来省接洽，路过湘乡，亦被拘，幸余在省，得未死。谭督不惟不问罪，且赏杀焦督兵士五百金，不得谓非奇异之事也。参赞军事者为向厚甫（向瑞琮，字厚甫，宁乡人）、危道丰、余钦翼（字葵生，常德人）、梅植根辈，以焦之部下编成一旅，委甘新典带之离省。名为赴援，实则恐在省或有他变也。余以驱此未训练之众送死，不惟生命可矜，亦恐于大局有碍，力争之，不听，益恨彼辈之自私自利，难与有为也。适有岳州绅士李绮等，请余坐镇该地。商之谭督，授以委任状。余以岳州本重要地点，上可屏蔽湖南，下可援助湖北，承认往。随挑选壮士一团，编成卫队。军务、参谋两处心存忌惮，迁延十余日，不给枪枝。余遂辞委。时光复各省电商各派代表，会议于湖北，余与邹价人、廖笏堂、刘霖生被举为议员，乃于十月二日（11月22日）去长沙。

十月四日（11月24日）抵汉。河山如昨，风景已非，繁盛商场，概成焦土。回忆商民之狂热而遭此浩劫，涕泪潸然。旋由招待员邀寓武昌盐道署，询问前线近状，得悉荫昌所率之直隶、河南军队，于九月四、五两日（10月25、26日）渐次集中，其先队与滠口北军合。五日（二十六日）午前六时，开始进击，应战者多新募兵，无抵抗力，而汉口第二铁桥失，进攻第一铁桥占之，民军退守江岸停车场。午前十时，复弃而溃走。午后二时，武昌、汉阳援兵至，企图恢复江岸停车场，炮兵机关枪阻碍前进，退据大智门停车场。日暮，中止战斗。六日，民军之青山炮台与八舰队交换炮火，双方无损害。适黄先生是日至，军气为之一振。次日，登坛拜将，授总司令之职，偕蔡济民、吴醒汉、吴兆麟等，过江主持军事。次早，博一小胜，卒以兵不中用，约同济民返武昌，挑选旧卒，而以汉口指挥事暂委胡培德。相持一昼夜，至九日（10月30日）遂遭焚掠而为敌有矣。于是集合精兵，保守汉阳，设司令部于汉阳归元寺附近之昭忠祠，构成坚固之防御阵地于龟山、赫山、美娘山、仙女山一带，另以一队监视制粉所附近之渡川场，武昌亦布置哨兵于江岸。固青山之炮垒，以扼武昌之咽喉。两军相持，北军乘胜不前追。适湘军陆续至，士气顿振，决取攻势，计以一军由兵工厂附近渡河，先夺龙王庙及招商局之炮垒，冲敌军之后背，以为牵制。而以本军由舵落口渡河，以右翼夺玉带门左翼，占领刘氏堤防，取包围之势，定廿六日（11月16日）午前二时为总攻击之期。本军已全向汉水前进，牵制之支队指挥官杨选青违误不至。及黎明，对岸敌兵猛击，已不能渡河。于是克强决心单独攻击，下令进行。右翼湘军急速前进，北军排列机关枪猛射，湘军一齐扑地，克强疑其死也，顿足吁天。迄射击稍停，湘军突起跃进又跃进，夺水电公司，压迫敌兵于桥口，大有歼敌之势，克强鼓掌称快。忽左翼鄂军与甘新典之兵畏缩退却，牵动右翼亦退，功败垂成，良堪痛惜。午后三时，全军渡河，毁坏舟桥，又有炮队追击，幸罹害于敌军者尚少。湘军愤左翼各军怯懦，失千载一遇之机，次日仍欲冒险渡河进击，经总司令饬守阵地，未果。由是北军意气飞扬，大起运动，以一军自孝感迂回，经蔡甸沿湖畔而进，与民军左翼接触于三眼桥。一军架桥于琴断口及舵落口两处，攻击仙女山下民军之阵地，由汤家山、仙女山、赫山、梅子山、龟山各炮垒同时轰击。而降服之军舰海容、海琛与武昌蛇山、凤凰山之各炮垒，亦轰击江岸之停车场及刘家花园附近之各炮兵阵地，以为牵制。连日剧战，北军迭被击退，未得逞。十月二日（11月22日），北军一队自美女山断崖下架桥潜渡，汉水方面本军见之，相继进占领四平山之半部。民军以密集队抑止，北军不能进。五日，李纯率第六镇之混成旅团占据美女山，进夺仙女山。同时北军之右翼团架桥于琴断口、舵落口两处，攻陷锅底山、磨子山，湖北、江西联合军望风逃溃，而精锐之湘军，亦遂陷于包围中矣。余购备酒肉，本拟次日去犒军，时在司令部，闻湘军力已竭，且有怨言，因驰往慰劳。临行，问王、甘两军驻地，克强告以王军驻花园，甘军驻所嘱向王询问。跨马带卫兵向导，沿途二十余里，扛伤兵者络绎不绝，心甚伤焉。二更后到花园，王隆中仓皇失措，挽余入别室告曰："现已不能收队，天明此地必不能保，先生宜速返。"余谆嘱勉力支持。返团部晤卿衡，有兵士三五归者，放枪倚壁，即仰地卧。余谓之曰："累君等劳苦甚，同乡诸公已备酒肉，明日来营犒劳，特遣我先来奉知。"军士答曰："此却可不必，惟我等连战七昼夜，实已精疲力竭，务请司令官另调军队应战，稍得休息方可。"余睹其状，聆其言，不胜恻悯。随返司令部商之克强，无兵可派。天甫明，王军全数返，鄂军与甘军相继溃，克强率副官参谋等驰往邀截，已难收拾。北军亦因连日疲劳，兼须补给弹药，休战未进。适刘玉堂带湘军一团至，即时驰往前线。刘本老军务，甚骁勇，激战半天，卒死于敌，民军遂绝望矣。此十月七日（11月27日）事也。午后克强退入汉阳城，汉阳知府廖定山尚议守。克强以事无可为，决计焚弃粮草，卸除龟山炮闩，微服出城，过武昌。时王军已休息两昼一夜矣，且闻十里铺备有铁网濠坑，为第二防御线，敌人尚未至其地。因与邹价人、覃理鸣等赴王军中演说，鼓励军士再往。有督署顾问李国塘者，指新到之船谎言曰："购办之机关枪已由此船运到。"军士磨拳擦掌，欢声雷动曰："有机关枪，再去，再去！"及跟问情实，则大骂曰："可恨湖北人专顾自己性命，骗我辈送死！"气又颓然丧矣。是夜探报赫山失守。复商之黎，悬赏五十万，持往激动。军士亦多有被利动者，卒为各管带压住。其实北军不知虚实，未敢轻进，八日午后始占领。入汉阳则九日午后也。昨克强已趁船下上海，北军据龟山炮击武昌。十日（30日）督署被毁，黎遂拟奔葛店，盖因前开军事会议，曾议决退守九江也。旋由张振武等追及，阻止于洪山外口里之某地。

　　方黄、黎之议出走，并议将军械移九江也。余闻之，驰晤克强，阻之曰："君不留武汉待援，将何往？"克强曰："武昌已不能守，俟广东率兵多带机关枪来，再议恢复。"余谓："广东水陆两军握于李准、龙济光手，断不可去，万一不愿留，宜驻上海，速攻下南京为根据地，方为得计。惟军械须分一半与我。"克强问："将何往？"答："运守岳州。"克强笑之曰："人止有向外走者，先生乃欲向内走乎？"余怒极，斥之曰："君何出此言！洪杨之乱，湖北三失三复，非恃有湖南乎？现南京未下，四川亦未光复，湖北失，不守岳州，湖南相继失，两广、云贵亦难支，九江尚足恃乎？广东见风转舵，君去且成擒，有何恢复之可议？"卒不听，竟于次日行。时会场已移于租界，余亦因赴议过江。及黎走，武昌总稽查处派苏成章、高尚志等过江，邀余为副都督。该处当时在武昌，盖颇有最大权限也。余谓事由我辈起，自应城存与存，城亡与亡，何须用副督名义。但军队须由我调遣，财政现状何若，须使我知。苏等诺之，因相随入武昌。到城时，市街黑暗，商民转徙一空，军士弃械逃者，尤不知凡几。比赴总稽查处会议后，即用武昌防御使兼北面招讨使关防晓谕，并召绅耆嘱劝居民无恐。人心惶惶，大有悲惨难堪之状，使当日北军侦悉，仅遣一队渡江，武昌垂手可得。时袁世凯欲借民党势力压迫满廷，以遂其篡夺之欲望，托外交团调处，停战三天。冯国璋未会其意旨，提出严酷之三条件：（一）革命军所有军舰宜置于列国保护之下守中立；（二）引渡武昌官军；（三）不修战备。经民党峻拒之，准备开战。袁乃撤冯归，而以君主立宪为讲和条件，亦经民党驳复。于是自十三至十六（12月3~6日），更自十六至十九（6~9日），复有两次三日小休战之约。先是蒋翊武继克强为总司令，孙武觊觎之，两将决裂，并以总司令一职委余兼之。于是昼出洪山，夜归武昌，防御诸事，渐有头绪，人民亦安堵矣。至十九日，继续停战十五天之议定，黎乃于廿一日（12月11日）返武昌，而以余备作使署之东路中学堂为都督府。越二日，遣人赍公文一角、银元百枚来洪山曰："请先生为议和代表。"余返诘黎曰："朝令夕更，是何用意？南北议和，都督有全权，胡不去？"时在座之人代答曰："都督有守土之责，议和大事，先生与各省熟识，故请往。"余谓："即有守土之责，日前出走何？如使我为都督，带二三兵船，装载数百兵士，沿江巡阅，不较走葛店为威武乎？"盖恶其有疑忌心也。是夜士绅来盐道署挽留，余以大局已定慰之。次早遂行，时十月廿四日（12月14日）也。

十月廿七日（12月17日）抵上海，长江悉底定，光复者已有十余省。前十二日苏、沪、浙、粤各联军攻下南京后，即拟分兵两路，一援鄂，一由徐、淮北伐。沪督陈英士为军事统一计，邀各重要人物，于十四日以大元帅一职推克强。湖北人因各省代表既以大都督奉黎，不应再有大元帅，表示反对，浙军司令朱瑞亦不赞成。于是仍以大元帅推黎，降克强为副元帅，代行大元帅职权。克强辞不就。时适议和唐使南下，军事之行动遂尔停止。而各省代表之在南京者，亟亟临时政府之组织，又拟以临时总统推克强。时马君武为中山运动甚力，克强知中山之将至也，亦意存推让，惟余则极力反对之。盖因黎既冒首义功，自应俾之过渡，而后可移湖北地位于党人，加以中山不悉国内情形，临时政府初起事艰，决难胜任，不如以全权大使历聘列强，备为异日正式选任。比赴南京商之各议员，亦多有然余说者。主黎者十之六，主黄者十之三，主孙者十之一二而已。迨中山到沪，于十一月八日（应为十日）开选举会，一致推举。越三日就职。改历为民国元年。举国若狂，余则独抱悲感，即时返沪，仍以北面招讨使名义组织北伐机关，临时政府事，未尝过问也。

一礼拜后，南京政府已具雏形。惟军事方面极复杂，余往商之克强曰："君现职颇困难，无主兵，命令难行；练主兵，人又将议为拥兵自卫。请俟饷械筹足，由我编练一师何如？"克强比亦以为可。孰知后日请饷请械，概不给与。电告六合有一营学生军，上海有三营敢死队，愿归余节制，克强反调入南京另编。余派夏醉雄、唐镕、周岐等赴北方运动，报告烟台可为根据地点，由余已由湘调到小儿二式光复宝庆之兵士二营。关外都督蓝天蔚在烟台，电促余往援助，请克强拨船运送，不与。旋遣胡经武率李协和兵往任都督。揣其用意，得毋即余反对中山之结果欤？不然，似不应如是之不近人情。迨至宣统退位，提出皇室优待条件，余曾极力反对之；然孤掌难鸣，又无实力盾其后，致留此前清奴隶时倡复辟之祸胎。迄今思之，固不能无遗恨也。

方中山之被举为大总统也，袁世凯大失所望，翻悔和议，声言南北协约，以君主立宪为前提，唐、伍两全权擅定共和政体，逾越职权；且协约未决，南人先组织政府，公举大总统，有悖协约本旨，遂罢唐氏全权，大有决裂之势。时南军援鄂者，有沈秉堃率统之湘桂联军，马毓宝移驻九江之赣军，南京派遣黎天才之滇军。唐牺支、王政雅光复荆襄，重庆、四川亦已光复，鄂固无虞矣。南京方面，柏文蔚率滇粤军驻临淮，扼由徐入皖之路，扬州徐分府合皖军屯宿迁，扼由京入浦之路，正阳、六合等处亦有军扼守，以防由豫入皖之路。其集合于南京城者，有浙军、沪军、光复军、铁血军、卫戍军，以及固有之军队与新编之各军，合计不下十万余众。而广东、闽、浙尚议继续出军，兵力不可谓不厚，加之长安、太原早已光复，烟台有刘基炎等独立，河南有王天纵举兵，直隶有滦州兵变之一事，东省自牛庄发难后，关外都督蓝天蔚尚谋大举。使南政府毅然攻击，以援鄂各军出武胜关，直趋河南，与山、陕义军合，以南京集合各军分配前敌，三路夹攻徐州，分一枝捣开封，与鄂军合，一枝由京浦取济南，与齐鲁义军合，行见北方健儿群起响应，袁且将为瓮中鳖矣，岂能操必胜之算哉！乃袁奸险狡猾，一方断行组织内阁，胁迫皇室军费数百万，着着准备进行，而于休战期间，使倪嗣冲攻下颍州，为由安徽进攻南京之计划。一方与伍代表用电报谈话之创举，再请延期十五日，冀使民党师疲饷匮，易就范围。民党堕其术中，号令各军不许进击，决与议和，则大错特错者也。电报往返亘十数回，国体问题仍未能决，伍乃于一月十三日辞和议代表。袁更与孙直接交涉，复请延期两周。同时民党代表汪精卫、王宠惠与唐使少川、副使杨士琦会，结清帝退位后迎袁为大总统之密约，孙亦发电表示推让之诚心，和议始妥协。袁不愿离北京地点，复提议逊位诏下后，南京政府当于四十八小时内取消。孙始知袁别有肝肠，乃于十九日开阁议，决议四条电袁，袁不予何等之答复。孙复以大总统名义发表宣言，诉袁之不信于天下，袁亦置之不理。孙不胜愤懑，乃使伍廷芳于廿八日发最后之通牒，指斥袁不独民国之贼，抑亦清帝之仇。袁始使外务部于三十日诡词辩疏，种种阴谋暴露，南京政客无一人非难袁氏之行动者。人谓瞑眩于袁之贿赂，毋亦或有之事乎？迨丁字街炸弹发现，宗社党勤王派亦觉其奸，主战之说复炽。袁乃嗾段祺瑞冒四十将军之连名要挟共和宣布。至二月十二日，宣统奉隆裕太后之懿旨，下诏退位。十三日电达南京。十四日孙遂送辞表于参议院，附提议三条：（一）政府地点设南京；（二）新选总统到南京就任；（三）临时政府约法继续有效。十五日，十七省代表议员执行预定之计划，选举袁为大总统。廿一日，派特使蔡元培、宋教仁、汪精卫等迎袁南下。袁表面美满应承，密嗾各团体反对南下。蔡等不理。袁乃大施毒计，嗾北京第三镇兵于二月廿九日夜暴动，杀人放火。至三月一日，姜桂题所率之毅军及禁卫军等亦开始掠夺。越三日，外国兵示威游行，始渐归镇静。其逃窜之兵，又于二日扰及天津矣。自有此变，南下之议，遂作罢论。十日就任大总统。十二日宣布临时约法。十三日以唐绍仪为内阁总理，蔡元培、宋教仁、王宠惠、陈其美皆得入阁。四月一日，唐以总理资格代表南下接事，孙乃正式辞临时大总统之职。时蔡、宋、王皆北上就职，陈以沪督经手事未了，任王正廷为次长代理部务。方冀南北妥洽，新旧调和，或能收国福民利之效，而孰知袁不由内阁行使职权，唐蓦去天津，辞职不返。六月廿七日，依愿免官，蔡、宋及两王连带辞职，而中央政权遂皆入于袁派掌中矣。

　　袁之劫夺大总统也，以克强为南京留守，统率七省兵权，本系暂时敷衍手段，然使克强不自请辞职，袁即心存猜忌，未必敢遽动摇。而克强之急求去者，则以主张提倡国民捐，反对中央借款，以致所需饷项不便向中央请求，巧妇难为无米炊，迫将军队半数解散，犹苦拮据，乃作五日京兆之想。余时闻其有电辞职，驰赴南京尼之曰："阁员去职后，所恃以保障共和者，君一人而已，何忍放弃责任，博功成身退之虚名。军饷燃眉，可暂将八厘债票贱售维持，容缓当可设法。可由我以留守关系南方治乱、万不可撤各情电中央。"克强谓："府中不便发此种电报，请返沪发之。"随起辞行，叮劝勉为其难，克强亦佯诺。抵沪电中央，袁复电以"大局甫定，亟想借重，业已迭电慰留，并无裁撤之意，乞勿误会"各等语。余比因粤汉铁路事亦须就商，乃北上谒袁。寒暄数语，袁即援前电谓予曰："克强当代伟人也，亟思借重，迭电慰留。先生疑中央欲裁撤，误矣。"予因诘之曰："大总统既诚意慰留，即应代为解困，现统兵数万，无饷分发，奈何！"袁乃蹙额皱眉应之曰："此事累黄留守为难，殊深抱歉。但现时库帑如洗，请转达暂时勉强支持，俟有来源，自当竭力补助。"奸雄口吻，圆转如簧，袁真狡矣哉！越二日，克强辞呈又至，袁乃召予谓之曰："克强又有辞呈至，奈何？"予曰："总统之意如何？"袁曰："克强辞意坚决，不便强以所难，止得成其高尚之志耳。"余至此只怪自己多事，不便再持异议矣。克强遂于某月某日解职。

长江重镇，上为武汉，下为金陵，自克强解职后，黎又甘为袁之傀儡，袁遂渐无忌惮，为所欲为矣。蒙古自库伦活佛去冬独立以来，俄抱侵略之野心，乘机干涉我国主权，提出无理要求之条件。袁擅结断送主权条约。厥后英国援例要挟，藏卫亦因之而亡。张振武，湖北起义元勋也，性刚烈，结怨于孙武；恃有功，常指斥黎元洪之悖谬，取祸之道，即在于此。孙嗾黎荐之袁处为顾问，旋因湖北军心不靖，架以谋乱罪，电请袁就京图之。堂堂元首，承受黎元洪意旨，不问罪状是否属实，遽命步军统领军政执法，其随员方维一并逮捕杀之。此八月中旬事也。共和国总统开幕，即演此二剧，识者早知其不幸矣。独惜孙、黄受其笼络，无思患预防之心。方其赋闲沪上也，在京各界诸君希望南北意见融和，邀请北上观察，袁亦殷勤敦请，表示仰慕之忱。孙、黄诺之，订期北上。及期，将登轮矣，适京中同志因张振武事，电阻克强勿往，于是孙则行而黄止。先是为欢迎之准备也，上自总统，下至庶民，莫不郑重其事，一切布置整整齐齐，结彩悬灯，铺张扬厉，诚空前绝后之盛举也。孙到时，市民塞巷填街，观者如堵。政学绅商军警各界，排班列队，鼓舞欢腾，实极一时之盛。《京报》因黄未至，而又有电鸣不平也，捏情诽谤，谓张振武谋乱，克强与有嫌疑。众口铄金，积毁销骨，宁督程德全与第一师师长章梓乃代拍电昭雪之。袁复电谓谣诼无足介意，仍请劝驾，以释群疑。克强乃于酒阑客散之时，再赴宴会，景况远不及前此之热闹矣。惟袁氏带一假面具，勤勤恳恳，招待殷拳，较之对孙犹有过之无不及焉。昔人有诗云，"周公恐惧流言日，王莽谦恭下士时"二语，可为黄、袁二人持赠。经此一番款洽，遂皆入其彀中，孙有愿袁为十年总统之宣言，黄对于同人亦改变论调。袁其真有魔术欤？何被弄于股掌之上而不悟也？怪哉！

　　克强解职后，予始移粤汉路筹备处于湖北。先是袁以该路督办相界，予以其为虚位而又乏经验也，不愿承。时钝初特来相劝曰："此路于南方军事上关系紧要，极宜注意。即以目前论，亦可收容多数解散军队佣工，免流落为地方患。况大局难料，一旦有事，有款有人，尤可以应世变。"予以其言颇有深思也，乃勉承之。于是聘工界泰斗詹天佑为会办，委颜德庆为鄂局总办，冯梅丞为湘局总办。其余所需各分工程师及材料、机械、电报各处长，皆由詹君推荐，颇庆得人。计自设局以来二三月间，诸事稍以就绪，止待借款提到，即可积极进行。十月间北上与银行团交涉，妥议而返。即委熊继贞清算鄂路股款，委常某清查旧时购地，委谢吉士测由岳至湘之线，委苏日新测由衡交粤之线。全路计分四大段，每段于适中之处设一分局。大段之中，复拟分每卅里为一小段。同时招工兴筑，以期速成。不意黎元洪、黄克强从此捣乱，一切计划，遂成泡影。先是黎于予未到鄂之先委一流氓毕某为总办，经予裁撤后，两次代求改委，予未徇情。十一月，湖北铁路学生相率求位置，予答以尚未开工，嘱少待。该生等乘余往收湘路，大闹风潮，联名具禀黎元洪，谓专任私人，屏鄂人不用。黎遂据以达中央，湘路总办陈佩衡以运动承继原席拂望，借口股东要求现款，有意把持。经予以大义责之，唤各绅开导，已准备移交矣。适克强返湘，亦主张索现款，另修支路。陈遂假全省士绅名义，电向中央索款，复敢抗延矣。袁不悉二事情形，恐积不相能，乃拟调予任长江巡阅使。适克强部属亦有代其谋此一席者，袁因派人征求克强意见。克强乃命驾问予曰："路事情形如何？"予曰："将开工矣。"克强曰："无款何能开工？"予曰："已与银行团交涉办妥矣。"克强复曰："闻银行团不愿支款，鄂人亦多异议，奈何？"予曰："此无虑，外人重信用，已收我签押印样，存验支付，当不致反复无常。鄂人恃铁路为生计，急欲谋生，开工后，量能分任事矣。"克强始告予曰："昨日项城派人来，拟请先生为长江巡阅使，而以余承乏。"余时半嗔半喜，笑应之曰："我非想作官，其勉就斯职者，欲速成此路而已。数月以来，竭虑殚精，亦自信无忝厥职。今公既肯出负责任，我当组织军队征蒙，何屑为巡阅使。"克强去后，随拟以激烈手段，迫陈移交，以了此行之任务。湘督谭延闿从中斡旋，陈乃备文交出。予即返鄂，准备交卸。二年元日，遂移交克强。先是予之膺斯任也，由袁特任，银行团借款亦可由予直接支取，与交通部无甚关系。克强由交通部荐任，莅任后，始知权限位置，皆隶属于交通部，大不满意，迭次电争，未得解决，遂于一月八日以印交秘书看管，脱然而去。士大夫交口讥之。

胡汉民自传（节录）

编者按：胡汉民自写传记，从同盟会成立之前起，叙述到民国元年六月任广东省都督止。原稿由任中敏（原汉民中学校长）保存。1953年刊于台湾版《革命文献》第三期。小标题和括号中的按语，均为《革命文献》编者所加。

一　家世与少年时代

余父文照，为江西庐陵县延福乡青山村人。累世业农，至祖父宦游来粤。父治刑名，就幕州郡。母文姓，江西望族，能为诗，且解音乐围棋。余以千八百七十九年出生于广州番禺县。幼即从父母流寓博罗、茂名、德庆等县。父性廉介，其客州郡，稍不合，即拂衣去。生五子二女，食齿繁，故家常贫。母极勤俭。余幼时最见爱于母，既就学，记忆力独强，由是父亦爱之。幼年事无足述者。惟记于六岁时随父母至高州，途中雇挑夫，给以工资，辄为夫头干没，夫役咸咒骂，夫头方施施然从二烟馆出，各伕见之，复无如何，余甚怪各伕之懦。又七岁时，寓高州府衙，与老仆过衙中审讯处，适刑扑犯人，犯人号呼如豕啼，余急走避，数月不敢出。此二事印象颇深，故稍长亦未尝有叱责婢仆之事。其时太平天国失败，满清为中兴时代，仍以八股科举取士。余十一二岁时，日能诵数千言，遂尽读所谓十三经者，更及史记、古文辞之属。下笔为古文时，文俱斐然可观。一八九一年秋，父病殁，由是无力从师，仅自修于家。一八九三年母复病殁，凡两月始克举殡。家庭生计，盖有不堪言状者。

父教至严，而余则极孝。父患病以误信庸医者言，沉绵数月，余闻长兄进谏而为父所斥，则亦默然退。至父病革，余哀且愤，骤入厨取刀欲斫杀某医，叔父某掩入，夺其刀，举家以为将自杀以殉。母哭尤哀，余亦伏地哭，而某医闻声逃，十年不复见矣。母死，以家计故，与长兄清瑞各课徒糊口。兄与余友于最笃，兄治经最力，余不能也。余年始十六，门徒有十七八岁者。既课徒，复须自修，且时应考书院，博膏伙以赡养弟妹。尔时中国学子皆不识所谓卫生之说，惟夜继日，穷年苦攻。父母见背，而一兄一姊两弟，皆以医养不足，相继殂谢，以是常忧伤憔悴，而壮年体弱多病，俱缘于此。幸而知识欲颇盛，又能为诗，忧愁有所发舒，故不至发生厌世思想。十五六岁从旧籍中见顾亭林、王船山诸人著述，深感满洲政府以异族宰制诸夏之无理。适有中日之役，割地赔款，丧权辱国，使当时学界为之激昂，辄攘臂而谈时务，顾皆无要领，于余心未餍。独孙逸仙博士忽谋革命于广州，则以为空前奇举，然其时实未识孙先生为何如人，且无由与通；惟有间从耶稣教会信徒来往，稍知一二，因孙先生本为教徒。其时耶教乃官府所慑畏，间有秘密出版之书籍，亦由教徒密为输卖，教徒尔时常有同情于反对政府者。如是者十年，其后则反是矣。清廷败于日本，其腐败而无能力之弱点，无从掩蔽，少数较开通之官僚稍欲引进嗜新敢言之士，以与顽固者角胜，其动机亦缘于帝后党派之争。满清袭用中国从来宗法社会制度，西太后以女主握政权者二十余年，谓之垂帘听政。至光绪帝载湉既长，名虽归政，而在朝大官大抵为太后所任用。有翁同龢者，为帝师傅，欲拥帝而排斥后党，于是文廷式、康有为辈由是不次进撺。中日之役，以海军年费辄移入内务府为颐和园用（太后所居），为召败之一因，军事当局之李鸿章，亦抗疏言之。后党多老朽，既败于强敌，则亦稍敛，以让所谓维新变法之新进，此一八九六七八年政局之情形也。

二　满清钳制汉人之政术

满清本以少数民族宰中夏，盖乘明代内乱而以兵力得之。张献忠、李自成以饥民为流寇，惟事残杀，造成恐怖，明之诸王又皆脆薄，不足与满清抗，清之得中国易于蒙古。顾其钤制汉人之政术，则超出蒙古数等。自握政治中心，权不旁落。稍去明代之严刑苛税，以收民心（如康熙永不加税之类）。奖励儒学，多用汉人为文学侍从之臣，以平士夫之气。举族皆兵，如斯巴达之于雅典；且分以驻防各省，防止内乱。疆臣分管兵刑钱谷之事，俱受成于中央，故终满清之世，无有以封疆大吏能据地以反者。又大为宣传，其始为君臣大义之说，破古来夷夏之辨，冀以移易汉人民族观念；继则伪造故实，谓满族亦同源于诸夏。收天下藏书著为四库，其对于满清统治有反动者，列为违禁书目，严令摧烧之。康乾之间，文字之狱数见，戮尸夷族，以钳其口。然汉人民族思想，终不消灭，托为神诞，以纪念明亡。如太阳经之属，纯为崇祯帝而作，文极俚而普遍。民间死则着前代衣冠以殓，谓之生降死不降。明之遗民以文网不可犯，而士夫縻于爵禄，不可与谋，于是创所谓洪门，以反清复明为口号，成一种秘密结社，偏〔遍〕于南北各省，表面则取互相扶助之形式，下层社会争趋之，纪律甚严，刑赏必信。其作始之人，亦知此种会党仅能为革命之材料与其潜伏之势力，其发动必赖于英雄豪杰之指挥，故洪门又有待真主之言。清康乾间所谓白莲教造反，嘉庆时代林清之反动于北，王三槐等之反动于南，皆以会党起事。至太平天国则尤其彰明较著者。至满清末叶，重以帝国主义之侵掠，民生日蹙，清廷政治，惟有黑暗腐败，满族尚武之精神已衰，日趋于统治贵族坐致灭亡之末运。于是汉人民族思想日盛，以至于倾覆满洲。一八八八年所谓戊戌（按戊戌应为 1898 年）变政，其内幕为帝后之争。光绪帝引用康有为、梁启超、谭嗣同之属，杂取所谓西法者，以诏令施行之。其最重要者为废科举、开学校，余则纷然无复条理。谭嗣同等号新参政，后党已颇侧目，且其盘据已久，后之妹婿荣禄，方握重兵，颐指内外。于是康有为、谭嗣同等密谋以兵去太后。袁世凯者初亦与康、谭同为保国会会员，世家子，有干才，自高丽事件失败归，谭嗣同等说帝不次擢用之，袁亦伪与康、谭亲附。旋得掌荣禄所管兵之一部，康、谭乃假帝旨意，使袁以兵入京，便宜行事。袁索帝诏书，康、谭不能应，但谓帝意如此，且事系帝之生命，非此无以救帝于太后之手。袁伪应诺，而即驰往告密于荣禄。荣禄以告太后，遂一日尸谭嗣同等六人于市。康有为幸走免，梁启超方在上海，亦不及难。后仍听政，凡帝所行新政悉推翻，而袁世凯且日见任于后矣。康有为始为保国会时，犹放言"保中国不保大清"；而其后乃专言保皇，结保皇党于海内外，盖历史环境使使然。自其对于满清贵族的政治而言，亦为一种反动，而其实则代表新官僚阶级利益而已。其卒不能与革命党抵抗亦以此。

革命、保皇两党之领袖，皆出于广东，此为地理之关系。顾孙先生之谋革命也至秘密，其第一次举事，亦以会党为基本队，而学界无知其事者。康有为生长广州，聚徒讲学二十年，其得志前后，广东学界颇受其影响，惟余则素薄其为人与其学说。盖康居乡，为土豪劣绅之所为，热衷奔竞，行不践言；治学则剽窃武断，只以大言欺人，其徒相率效尤，高者当不逮唐之八司马。且是时余之民族思想已不可遏，康等由保国而变为保皇，其理论尤觉每况愈下，故当时对之绝对不生一种信仰。康徒每言尊王攘夷，笑应曰：王者孰谓？谓文王耶？

三 清廷之排外与媚外

余十九岁后，虽仍以舌耕砚耕为活，然生计已渐裕，交游亦渐广，日与社会接触，而受环境之刺激，益思奋起而改革之。一九○○年，史坚如埋炸药轰广东巡抚署，以应孙逸仙先生惠州之师，事不成，遇害。余故识史氏兄弟，且爱坚如之为人，惟是举则未与谋。此役以后，革命实行者俱远适他国，余常独居深念，以为非游学无以与革命党人谋，即个人学业，亦犹不足充所怀之志愿，乃决心为留学计。然其时个人经济尚不能达到也。

清末义和团事件，不独影响于清政府本身，且影响于全中国，影响于世界各国，即一九一一年辛亥革命亦受其影响。其总原因为排外，为受列强压迫之反动，然其内容颇复杂，其分子有农民、会党与清室亲贵及守旧之官僚，则各以其阶级地位而观点不同。帝国主义之列强侵入中国，以通商、传教为两大工具。通商则打破中国从来之自然经济，而内地失业落伍者日多；传教又挟有势力以压一切平民，则于信仰之外，更生反动。（耶教人常有怪佛教入中国不遭排斥，何独异于耶教者，此实自忘其面目。佛教固未尝有如耶教以帝国主义为其背景作其策援也。故满清末叶排外与仇教，几互为因果，各省闹教之案，几无岁无之，以列强为后援，其结果决无公平之判决，平民积恨已深）北方各省以交通不便，生计落伍者，自较有通商口岸之省为众。教士挟其公使主教之势力，而欺人民之无知，则亦愈横。瓜分海港，本为帝国主义列强预定之计划，为继日本割取台湾后之一定步骤。然表面则由山东杀一教士，而德国乃以为报赏及惩罚之条件，而据割胶州。一时旅顺、大连、威海卫、九龙、广州湾等，纷纷丧失。

列强更进而设置其所谓势力范围，声明中国某省某省不得割让于他国，如德之于山东；英国之于扬子江各省；法国之于两广、云南；日本之于福建等，俱就其已获得之地域，更延长之，为将来割据之张本。中国人民于是时，既惧且愤，故排外为义和团事件之总动机，为帝国主义压迫之反响。其在农民分子，此种民族思想之表现，于革命历史进行中有莫大价值，决不因后来帝国主义者之污蔑诟骂，而有所贬损。惟义和团之所以一败涂地，与为此次运动之最大缺点，则指挥领导者当全尸其责。会党首领既毫无政治常识，而以致粗劣之迷信为惟一武器，其智识能力，且远在张献忠、李自成之下，视洪、杨更望尘弗及。清室之端王、庄王、毓贤、刚毅辈，更蠢如鹿豕，只欲利用义和团之符咒有灵、炮火不入，以消灭外人之势力，回复清室之威严；且于新旧纷争之中，乘此淜除知识阶级维新革命之思潮与其潜势力。故在当时如李鸿章、刘坤一、张之洞、袁世凯辈，皆不敢赞同，即荣禄亦首鼠两端。其以汉大臣为大阿哥师傅之徐桐（大阿哥系清朝皇太子之号，其时以光绪帝无子，西太后乃援立端王之子溥隽）语人曰："人说洋鬼子利害，究竟不过东交民巷这几个鬼子罢了，弄完他，还有什么？"其昏聩可以代表一斑。刚毅、李秉衡之属，更作《封神演义》一种口吻，稍有识者俱决其必败。义和团又斥谈西法，能操外国语及用舶来品物者，皆曰二毛子，遇之殆无幸免，滥杀焚掠，无复制止者。至狙杀德国公使与日本参赞，围攻各国驻京公使馆，而八国联军遂向北京进攻，清军与义和团悉败溃，团众死者不胜计。清帝后出走，天津、北京备受联军之蹂躏。然联军鉴于中国民气之顽强，而在山海关等处，日、美之兵几致冲突；俄已进兵满洲，为久据之势，各国至此，乃知不能遂瓜分中国。乃仍与清政府言和，迫使惩罚罪魁，索赔款四万万，分年摊付，其总额乃为九万万。自是而清廷更慑服于帝国主义者之淫威，一意专心于媚外，而民间亦讳言排外矣。当时有"南革北团"之称，革命党以排满革命为口号；义和团则以扶清灭洋为口号，其目的绝对不同。革命为解放改造之思想，义和团则惟是野蛮复古之思想，二者更难相提并论。然皆以抵抗帝国主义之压迫而起，其动机如一耳。

清政府利用义和团以仇外，历史几无其例，惟前此六十年（西历 1866 年）朝鲜以大院君执政大杀天主教徒之举（死者二十余万），仿佛似之。俄国军舰自行引退，法舰两次进攻，以朝鲜有备，皆大败。大院君遂贯彻其攘夷锁国之主义于一时。端王诸人殆有羡于大院君，然其形势不同。端王等不修军备，惟符咒是恃，斯更不能望为大院君矣。

义和团之变后，清廷诸顽固亲贵多以此得罪见废，帝派之言维新者，稍稍复进前之。复以八股取士者，又改为策论。余已绝意于满洲之禄位，欲为人捉刀，得其报酬，为游学费。时方为广州《岭海报》记者，人以其议论纵横，谓必不谐于科举，不愿延为替手。余不得已乃仍自试，遂以一九〇二年举于乡。（是年尚用八股试士，余素不乐八股，交游皆知之。又有颇知余已持排满宗旨者，见余应举获售，都不解其故。余曰："无他，为贫而已。余自有其降志辱身之故，余不效康、梁以应举之事诿责以其亲也。"）（按举于乡，即中举人[①]。）一时始有能文之名。次年秋，余遂得为某氏兄弟捉刀，使俱获售，得金六千余，而数年谋留学之志愿以遂。

四　游学日本与退学归国

一九〇三年，余以学师范至日本，入弘文学院。是时清政府稍复使各省兴学校，粤总督陶模招吴稚晖、钮惕生（按即钮永

[①]　"举中人"当作"中举人"。

建）、董懋堂、陆伟士等至粤，使为计划一切，从其布置。粤人
梁鼎芬乃嗾张之洞劾陶，谓陶招纳革命党，其实只吴、钮有志革
新耳。余时独与吴、钮订交，尤喜吴之议论。吴、钮从日本至
粤，方怂恿东京高等师范校长嘉纳氏为中国人组速成师范班。余
苦求不得革命之方略，则以为从教育着手，使学界丕变，为达到
目的之唯一法门；更因吴之赞同，遂往东京入同文学校。其年余
已娶妇，妇小产未旬日，余即东渡。入校三月余，以校中所授课
殊不足副所期望，间与日本所谓在野民党领袖数人谈，亦无所
得，由粤偕行之同学，思想平庸，更无可与言者。时黄兴、杨度
俱在校中，杨以勤学称，黄未尝有所表见。留学生全体多不满意
于清廷之政治，傲然以未来之主人翁自居，然思想无统系，行动
无组织，保皇党之余波，立宪派之滥觞，亦参杂于其间。吴稚晖
于留学生总会欢迎会演说，亦仅能为痛诋西太后之言论而已。留
学生会馆则悬有湖北留学士官之谋武汉革命为张之洞所杀者四人
相片，然未有敢公然评论其事实之经过者。余时意志郁郁。未
几，吴稚晖等以保送私费陆军学生事闹于公使馆。公使为蔡钧，
人极胡涂，呼日本警察自卫。日本使警察逮送吴出境，吴自投于
河，为拥救不得死。余遂率同学反对清公使，反对日政府，提出
条件于日本教育当局，以退学为要求，日本稍缓和其事。而教育
当局更诱胁诸言罢学者。余本为广东同学之领袖，退学之议又经
开会而决定，顾同学多畏祸，则中变而私为悔觉书上于学校，余
益愤，遂单独提出退学书，径归国，从之者数人而已。

五　就任梧州中学总教习与宣传革命

　　既归，颇有以革命嫌疑中伤余者。陶模方卧病，亦置不问。
余遂应广西梧州中学总教习之聘至梧，锐意讲学；更改梧州传经
书院为师范讲习所，兼为其所长，日任讲义至八九小时；更以其

间为学生讲民族革命之要，学风骤变。梧之志士黄用甫、陆宠廷等亦起应为同调。英人侯岸得以探矿至梧，一日辱殴梧州中协某之卫兵，中协不敢问，学生则以书迫英领事使屈，侯岸得赔礼谢罪，梧州知府程道源则大惊。适梧州绅士以传经书院改学校，夺所凭借，而其所谓官绅合办之警察，又以不职为学生指摘，于是连衔讦余于两广学务处。其中有云："胡衍鸿随时演说，无非革命之莠言，以圣经贤传为陈言，以平等自由为时务……传经书院恭悬圣祖仁皇帝之御墨，该员则率尔毁弃之，其大逆不道如此……岁时令节，容许学生披洋衣以揖孔孟；又使其妻若妹，与某总理之十余龄少女偕学生同班听讲，废跪拜之礼，渎男女之防，败俗伤风，莫此为甚。"今日见此等文字，殆无有不捧腹绝倒者，亦可见若辈之龌龊卑鄙矣。以官绅一致反对，余乃辞教职离梧返粤，学生即全体罢学，举代表十人至粤，争之于学务处。时岑春煊督粤，为新官僚之一领袖。学务处以学生故，不敢与余为难，转浼学生哀余复职。学生以必罢去程道源为条件，学务处又不能从，于是学生卒皆退学。其后辛亥之役，广西从事革命者，多半余当日之学徒也。余知官立学校不易有为，则往香山隆都，为其地方私立学校校长。未逾月，学生毁校地旧有之文昌偶像，诸绅耆噪于校，其阻力不亚于在梧。余因悟于专制淫威之下，无教育之可言，即散布革命种子，其收效亦至微薄。革命应破坏旧有政治之势力，而从新建设之，自顾尚无政治学识，则无能为役。

六　再度游学日本与对梁启超之批评

适其时粤东派遣学生赴日学习法政，又闻留日学生愈有朝气，支那亡国纪念会与征俄义勇队之举动，虽甚幼稚，然皆为民族思想所表示，余遂决计再留学于日本。濒行，粤吏有举前事谓余为危险分子，欲泥其行者。余长兄馆于广州知府陈某家，力为余争，得竟往。时一九〇四年矣。

速成法政之组织，由梅谦次郎主之，学科设备一切缘于嘉纳之师范。校中以翻译讲授，余更稍习日文，即可阅参考书。同学多俊秀，亦非曩日之比。余尤与汪精卫、朱执信，张伯翘、李君佩（按即李文范）、古湘芹（按即古应芬）、陈协之（按即陈融）契洽，与共晨夕，为学问道义之切磋。汪、朱固有民族革命思想，余尚气敢言，而汪、朱器量之宏远，心思之精密，皆足以匡余不逮，则交益深。顾彼此极意探求，犹未得革命实行之要领。

是时留日学生约二万余人，以其地去中国近，文字易通，以同为亚洲民族，而倒幕府后维新变法，遂臻富强，则多慕之。俄为皇族专制时代，其侵掠中国最甚，义和团之变，进兵东三省，迄不撤退。而李鸿章未死时，犹为联俄拒日之策，清廷大臣袭用之，日本遂与英国同盟以敌俄。自日本倒幕时，西乡隆盛已有征俄之议，大久保利通、木户孝允、伊藤博文诸人稍持重，谓须先理内政，然后可以向外发展。西乡愤而挂冠归故里，以有西南之役。然吞并高丽，实日本之素志，甲午之战，纯为争高丽问题。中国兵败，高丽号为独立国，实则转为日本之附庸。然气吞亚洲之强俄，其声势尚足以压日本，而使其志不得逞。俄于中日议和之际，联德、法二国，迫日本吐出辽东半岛，日人当时不敢与较，而阴衔之，朝野皆有十年必报之志，内修武事，外结英国。英有其传统之外交政策，正欲用日以斗俄，则益为日助。俄焰方张，其君臣又不若日本之智，则不甚注意。日人更大为宣传，以同种亲善为口号，博中国人之好感，普通人视日本敌俄，几认为纯出于仗义执言之美德，则皆直日而曲俄。俄之败于日本，盖内外形势使然也。中国舆论既善日本，而又有地理文字之关系，于是求学者多趋日本。是时日本以其外交手段，亦颇善视中国留学生，留学界乃为空前绝后之盛况，为思想势力之中心。

吾人须知，从来中国所谓舆论非他，只读书人之笔与其舌耳。内地方始言兴学，无程度之可言，呫哔科举之俦，不足以当言时务者之一击。欧美政治文化与中土太殊绝，输入不易；且工西文者，其人自童而习之，不能兼治汉学，对于国人殆不能发表其意见。在日本，则愈为政治、法律、社会科学专门之书，即愈为中国人所易读。基此原因，故惟严复以能译《天演论》、《群己权界》、《群学肄言》、《社会通诠》及《法意》数书，而海内推为"学贯中西"之哲。（今日稍治社会科学者，当笑其弇陋陈腐，而尔时学界则几视为鸿宝）而梁启超辈一踏东瀛，即能裨贩日文，张其《清议报》、《新民丛报》之帜，其难易相去如此。严复初本治科举，其为文盖得力于管世铭，（视康有为之剽窃章金牧者略胜。至章炳麟谓严文旁皇于八家之庭庑，未免过誉）自拘于其所谓法度者，不能达原书之意，则篡改之。然只于《社会通诠》妄下己意，张军国而病言民族，以阴祖保皇派人；其余译本，尚无害也。梁启超能裨贩东籍，于是其宣传势力乃轶出其师康有为上，于《清议报》最终期，为《康南海传》有微词，盖有使人桃康宗梁之意。梁读书以剽窃武断为工，认识浅薄，至不能自完其说，则反复无常，而自夸为"流质尚变"。在日本尝一度与中山先生接近，大倾服之，则亦为革命之言论。其《新民丛报》初期"我不破坏人亦破坏"之论调，盖缘于此。及康有为闻其态度，大怒曰："卓如亦言革命，将置我于何地？"使党徒严责梁，梁又取消前说。其游美洲，以惧洪门会党之反对也，则曰："我名为保皇，其实革命。"既归，益专言保皇，至谓我游美洲，而梦俄罗斯也。（梦当时俄皇专制之俄罗斯）其反复可笑如斯。知识阶级之危险性，可于梁见之。梁为文较严复为放纵有胆，且工于八股家开阖取势摇曳生姿之术，而杂取汉籍成语与东译新名为词藻，其时人不习见，则多以为奇，或加以"文妖"之号，梁亦乐受之。然梁于时竟以其能文，屹然为保皇派之巨镇，而指挥海内外言论界之一部，不得谓非民族革命之一障碍物也。

七 初见总理与参加同盟会

其时破保皇而主张革命排满者，以章炳麟、邹容、陈天华为最有功。章炳麟《驳康有为书》，使康氏结舌，实影响于知识界有民族思想。邹容著《革命军》，更爽直痛快，无有伦比，一时畅行于长江流域，以其书易读，中下层社会皆欢迎之。陈天华之《警世钟》、《猛回头》，亦其次也。惟邹、章只言破坏，不言建设，只为单纯的排满主张，而政治思想殊形薄弱，犹未能征服留学界"半知识阶级"之思想也。余与汪、朱既研求政治法律之学，则颇有志于此。其时学生全体内容至为复杂，有纯为利禄而来者，有怀抱非常之志愿者，有勤勤于学校功课而不愿一问外事者（此类以学自然科学者为多），有好为交游议论而不悦学者（此类以学社会科学者为多），有迷信日本一切以为中国未来之正鹄者，有不满意日本而更言欧美之政制文化者。其原来之资格年龄，亦甚参差，有年已四十、五十以上者，有才〔十〕六七岁者，有为贵族富豪之子弟者，有出身贫寒来自田间者，有为秘密会党之领袖以亡命来者，有已备有官绅之资格来此为仕进之捷径者（法政学校更有为新进士所设之特班，殆如散馆之入翰林院，功令使然）。杂糅以上种种分子，而其政治思想则可大别之为"革命"与"保皇立宪"两派，而其时犹以倾向"保皇立宪"者为多（立宪保皇相表里，其名不同，其实一也）。亦有初至日本倡言革命，迨将毕业则极言保皇或立宪者。故日本留学界虽大有生气，然此二万余人者，乃复杂混乱，无所不有。

一九〇五年，余以暑假与廖仲恺同行返粤，挈妇淑子、妹宁媛往留学，仲恺则携其女梦醒往。途次闻孙先生已至日本，组织革命党，余与仲恺乃急返东京。至则中国同盟会已成立，盖先生以一九〇四年冬重至欧洲，揭三民主义，号召同志，首开会于比京，次在柏林，次在巴黎，然后更至日本。东京留学中觉悟分子欢迎先生于富士见楼，复于内田良平私宅开筹备委员会，于坂本金弥别庄开成立大会，即日加盟者数百人，除甘肃无留日学生外，十七省之人皆与焉。入会者必使书誓约，其词曰："当天发誓，同心协力，驱除鞑虏，恢复中华，创立民国，平均地权，矢信矢忠，有始有卒，如或渝此，任众处罚！"余既略闻其情，时方与仲恺夫妇同居，乃夜延先生至寓，是为生平第一次得接先生之丰采言论。先生为余等言中国革命之必要，与三民主义之大略，余等皆俯首称善。先生曰："皆已决心无疑义耶？"余与仲恺同词对曰："革命本素志，民族主义、民权主义俱丝毫无疑义矣，惟平均地权、民生主义犹有未达之点。"盖是时法政学校所讲授之经济学，实为资本主义学说，即所得参考书，亦不过至社会改良而止，因举所疑为问。先生乃更详析，辨正余等之见解，且言："中国此时似尚未发生问题，而将来乃为必至之趋向，吾辈为人民之痛苦而有革命，设革命成功，而犹袭欧美日本之故辙，最大多数人仍受痛苦，非吾人革命之目的也。"余曰："言至此，则无复疑问矣。"先生复言革命党之性质作用，党员对党之义务与牺牲服从之要求，则俱应曰："唯。"于是余与仲恺、淑子、宁媛皆受盟，同居之江誉聪、郑拜言亦使受盟。（江、郑皆幼稚，尔时惟为防其泄漏秘密，党律严无敢犯者）先生纵谈革命进行事宜，至于达旦。此为余投身革命党，从事实行之始。

孙先生为全党总理，置党本部于东京，以黄兴为庶务部长，其次则宋教仁、张继诸人也。任余为秘书，掌秘密文件，何天炯为会计，精卫为评议部长，复有执法部，专司纠察党员，而党中大事，悉秉承于总理。各省党员以省分自举分部长，内地各设党部，皆用民主选举制。余与精卫以职责所在，日与先生亲，亦日与各干部同志计划革命一切问题。每有会议，先生常听取众见，而后以己意折中处理之。遇非常问题，则先生发表其主张之要点，使人得涉从之津涯。余等未见先生时，几疑先生为汉高、明太一流，及亲闻先生之议论，与见其处事接物之态度，不涉矜持，而自然崇高博大，乃叹其素养为不可及。先生与人，从不作一寒暄敷衍语，而涉于革命各种问题，则教人不倦，辄忘寝食。人或有疑先生不解中国礼法人情者，余知先生于乙未举事之前后，实亲与各种社会周旋，社会情伪，殆无人如先生知之深者。知之而若是，盖欲矫正中国社会虚伪之弱点也。故先生对群众演说，博辨详明，遇同志质疑解答之，至其人彻悟而后已。而寻常晤对，乃似不能言者。余一日见有日本某名士携犬养毅之介绍书求谒，既进则极道其崇拜英雄之意，而语涉谀颂至数十分钟。先生仅微颔之，其人不能更有言，先生亦默然相对。久之，其人逡巡辞去。余询先生，先生曰："余不解其以何目的而来，余又不能伪与为无谓之周旋也。"余等常见先生于蔼然可亲之中有凛然难犯之节。余等真正认识革命之意义，实由先生之指导。先生为同志言一问题，必就实际上求其原因结果之关系，必言其所以然，而不仅言其当然。常谓："解决社会问题，要用事实做基础，不能专用学理的推论做方法。"人有疑先生为空想家者，实则适得其反，先生盖真科学的也。先生惟以如是之认识力、批判力，更自强不息，故无时不立于群众之先头，而为之领导者。而其沉毅果决，百折不挠之勇气，亦为其所固有。先生自为医，于省澳之间，已以能惠恤贫人苦力称。其第一日语余等，即曰"革命为大多人之痛苦"，其出发点于此，洵为中国有史以来所未有。上之所述，虽尚不足以尽先生生平之伟大，然余是时常从先生治革命工作，已得若干之印象感想矣。

八　编辑《民报》及与保皇党之论战

先生即提议刊行本党机关杂志，停一部分党所办之《二十世纪支那》，而采余之意见，定党报名为《民报》。党中推余为编辑，标政纲六条，前三者即民族主义、民权主义、民生主义也，后三者则为对外之手段。（以张继长于日语，能对日人交涉，故用其名为发行人，张始终未尝问《民报》编辑事）先是陈天华以曾作《警世钟》、《猛回头》，党中颇有欲推陈者。及见余在保皇派所开追悼戊戌庚子烈士会之演说，乃大叹服；且自承未深辨保皇立宪派之谬恶，取所为文就正于余，恣听删改。所谓追悼戊戌庚子烈士大会者，康、梁之徒用为吸收学界同情之工具，每岁辄举行之。本党属余往，经登坛为演说三小时，举康、梁保皇之历史与其谬误，一一斥之；次及立宪派之萌蘖，为同恶于保皇，更言不革命者不宜利用死人而欺骗生人，此种追悼之意义，为吾辈绝对反对。是日听众千人，拍掌狂呼，康、梁之徒皆瑟缩不敢置辩，即宣布后此不复开会于东京而散。余旋追录演稿于《民报》，另印小册子散布。批评康、梁一切，皆其真相，其中一二秘密，为当时人所不具知者，则余闻于先生；而梁启超当谈革命从先生游时，自泄于先生者也。余演说稿出，而梁启超等所著《戊戌政变记》等书，遂无价值，学界青年渐以容保皇为耻辱矣。《民报》序文，为先生口授而余笔之。是时先生恒使余与精卫为之执笔。精卫第一次为文于《民报》，题为《民族的国民》，从政治观点指出满族不能同化于汉人，而为专制宰割汉人之特殊贵族，陷中国于灭亡，国民对之，决无调和之可言。革命排满，非仇杀报复之事，乃民族根本解决之事。宗旨严正，而根据历史事实，以证其所主张者，至为翔确。师出以律，不为叫嚣跳踉之语，异于邹容之《革命军》，遂受学界之大欢迎。余为《排外与国际法》一文，历举中国在国际上所受之种种不平等，言国已不国，中国人为求独立自存，排外不得认为野蛮。而满洲政府丧权媚外，钤制汉人，故吾人非排满无以自救。文凡数万言。盖其时义和团变后，中国创巨痛深，清廷既一心事大，社会亦隐忍于列强之压制而不敢有言，欲申诉不平者，列强即指为义和团之变相复活。余故为此文，以矫正社会心理而促进之，亦民族革命之本意也。尔时列强间瓜分中国之声不绝，保皇立宪派人常挟此以为恫喝，谓革命即召瓜分，其言足以惑众。先生乃口授精卫为文驳之，题为《革命不致召瓜分说》，言列强惟不能瓜分中国，故维持均势，满政府之媚外的外交，任所取携，如割弃胶州湾、旅顺、大连、威海卫之故事，转足惹起瓜分中国；革命自治己事，外人不能干涉，其革命独立结果，乃以弭止瓜分云云。皆当时之重要问题也。

梁启超初以能为时文，轻视学界，学生之在帝国大学法科与早稻田大学者，又与结纳为立宪团（即章宗祥、曹汝霖、陆宗舆等），意气甚张。留学界间有发表反对保皇之言论，如《浙江潮》、《江苏》者，梁亦不以为意。及《民报》出，而梁始大蹙，于是为文肆力攻击，且造谣以诋孙先生。其要点则谓革命必生内乱，必致瓜分，中国不求革命，但求立宪。立宪以满洲政府开明专制为过渡，民生主义更是为乞丐流氓下流社会计，而破坏中国之秩序；革命党建民族、民权、民生三帜，适以自杀，不能有成。梁之文盖足为当时反对革命论之代表。余等知非征服此论，无由使革命思想发展也。精卫乃就革命与立宪之关系，及中国民族之立场，革命之所以为必要诸点，阐明其意义，而反驳梁所主张。驳梁即以为革命之宣传。余与执信、君佩则解释民生主义非无病而呻，斥梁拜金慕势，动言士大夫而不知有平民之可笑。梁始犹不缄服，再三反唇，如是者竟年，为《民报》与《新民丛报》之笔战，实革命、保皇两派思想之斗争也。革命党从民众利益立场，于客观事实无所隐蔽；保皇党则反之，其言仅以代表新官僚之利益，两者相形，已足使人听取其是非，而为公正之评判。梁于政治经济之学，犹甚茫然，乃由其党徒供给以材料。梁未通东文，只大胆抄袭，强不知为知，一度交锋，胜负已见。梁虽恋战，而其言曰："张之洞、袁世凯非汉人耶？吾视之若寇仇也。今上（指光绪皇帝，名载湉）非满人耶？吾戴之若帝天也。"其卑鄙既令人肉麻。又曰："不惜以今日之我，与昨日之我挑战。"其反复又令人齿冷。于是交战结果，为《民报》全胜，梁弃甲曳兵，《新民丛报》停版，保皇之旗遂不复见于留学界，亦革命史中可纪之战争也。（章炳麟由沪狱出，至日本，《民报》已刊行半年，余让编辑事于章。精卫与余等已足制胜保皇党有余，故章未尝加入论战。章喜言佛学，其言政治则等于汉人以经断狱。整理国故，章所优长，而章不善用之。顾其文能摹仿魏晋，故时人多重之）

九　对由日退学归国问题之意见

余既以党中秘书兼任《民报》撰述，又为留学生总会评议部秘书，幸余精力甚强，于法政学校功课仍无旷废，盖深知修学即为行事之预备，党未有动员命令，则吾人当两者兼顾。当一九〇五年冬，日本文部省忽颁取缔中国留学生所入学校及寄宿舍之规则，其原因大抵有二：其一，以当时人数过多，有不自整饬其行为者，俾日人有所借口；日人亦有以贩文凭为利之私校，其寄宿舍更不堪言。其二，革命党之组织成立，清公使馆当有所闻，则与日本交涉，日政府乃使文部省为此以敷衍之。留学界闻此则大哗，有径行归国者，同志陈天华（星台）至发愤投海死。同盟会党员对此，分为两派意见：宋教仁、胡瑛等主张学生全体退学归国，谓即可从事革命。余与精卫、执信、伯翘、湘芹、君佩则反对之，以为此事纵出于最恶之动机，吾人自可运动打消之，退学归国为下策；且本党新成立党机关报（《民报》），始发刊第二期，若一哄归国，无异为根本之摇动，使仇外者快意。至谓相率归国即行革命，尤属幼稚之见。惟是时孙先生方离日至美，黄克强则潜入内地，余等不及以党议决定此问题，且党中骤受刺激，倾于宋钝初（按即宋教仁）、胡经武（按即胡瑛）之主张者乃多数。胡经武被举为学生联合会会长，开学生大会时，两派辩争甚烈，不决而散。然各校已次第罢课。余乃与精卫及士官学校同志蒋尊簋、张孝准结江庸、蹇念益、何燏时、陈樾灵等为学生维持会，以诸人方在专门学校以上，将毕业，不愿归国，且能与各大学校长交涉，其实乃同床异梦也。余与精卫日为文辞主张退学归国者之非是，而说明学界对此问题所宜取之步骤；江庸等之交涉，亦得相当解决，取缔规则遂无形打消，学界以安。方联合会势最张时，竟宣布余与精卫之死罪于全体留学生俱乐部，女同志秋瑾尤激烈，范源濂避匿病院，亦为所殴击。一日，秋偕各省分部部长要约余与精卫谈话，二人方在维持会治事，精卫辞不往，余独见秋等，具言为本党立场，故吾人当置重革命之利益，其他非所计。秋与诸人皆折服，乃言当在党中更为一致之决议，庶不致因此而生分裂。余亦甚然其说。阅数日，党部开各省代表会，余首发言，说明本党对此问题之关系，不当以寻常学生之意气而牺牲革命之利益。众皆唯余言。胡瑛言其本意亦以为革命之发展，今党议如此，亦无反对。惟以联合会长之立场，则进退维谷，陈星台已以郁郁投海死，同志何苦相逼无已。将端方奉命来日本，或乞调解其事，则诸方面俱到。余愤然斥之曰："革命党员当知以求要挟其同志为可耻，至为个人体面而不愿服从党议，又欲乞怜于满洲官吏，此皆非革命党员所应有之意识，吾不料于革命党中尚闻此种言语。"胡瑛惭窘欲哭。是日遂通过余与精卫之主张，而使胡瑛等解散所谓"联合会"。余于是役颇察知留学

界一般之心理，其青年富有革命性则幼稚粗疏无复条理；其学业
将成而自命前辈者，辄畏言革命，且信仰至日本维新立宪而止，
遂挟其政治法律之知识，以为干禄之具，纯以个人利益为出发
点，则借功利强权之说以自文。幸其不能当吾党之一击，故大多
数青年不为所欺。然若辈方沾沾自喜，蹇念益尝从容说精卫，谓
革命不适于生存。金邦平于支那亡国纪念会时最激昂，以章宗祥
之苦劝而改，自比于章。精卫亦方利用蹇为学生维持会交涉，只
答以士各有志，不能强同，且询其何不以此为余道？蹇谓余阅世
比较深，不易转移。精卫他日以告余，且曰："蹇辈殆以为未谙
世故者易欺也。"同在维持会时，杨度已以畏学生诟骂避匿他处，
忽有书来，且附梁启超书，隐然有利用维持会之意。余与精卫见
之，大怒，精卫掷书于地，蹇等急取书焚之，且复书言维持会不
能涉党派事，戒梁、杨后勿尔。骞等自是亦知余与精卫俱不易与
矣。入同盟会以来，余与精卫共事至多，相亲逾于骨肉。

十　使用青天白日旗之决定

《民报》既刊行一年，革命思想充满学界，且输灌于内地，
清廷至悬金十万以购余与精卫之首。（余助先生，于党中工作秘
密不泄，惟《民报》作者则易为人知，余等所谓汉民、精卫，
只临文之别号，《民报》名行，原名反隐）内地军队会党之运
动，亦日起有功。余乃开《民报》一周年纪念会于东京，孙先
生莅场演说，听者万余人，欢声震天地。先生更为革命方略以授
党人，大旨分为军政时期、训政时期、宪政时期。军政时期用军
法打倒异族专制政府，扫除官僚腐败与一切革命障碍物。训政时
期则实行约法，引进地方之自治，为由军政至宪政之过渡。至宪
政时期，乃实施五权宪法（五权宪法亦为先生之创作）。其先后
施行顺序，且有精义。此具体之方案，惟先生能创之。倾覆满

洲，实只为先生半部方略之作用，亦正恨吾人不全依先生之方略，以致不能收其成功耳。清廷于时方欲假立宪以缓和人心，乃派载泽、端方、绍英、戴鸿慈、李盛铎五大臣出洋考察，以为仿日本维新故事。本党党员吴孟侠（按即吴樾）持炸弹炸之于火车，虽未达目的而身死，然清廷愈慑于革命党。其年复有萍乡醴陵之役，同盟会会员先后殉义者十余人。清廷知先生实为革命主谋，乃力与日本交涉，放逐先生。黄克强故与蔡松坡、郭人漳善，尝谋举兵桂林，不成。郭调广东，赵伯先同志亦以新军标统调广东。于是先生与克强皆决定离日本，使精卫起草为革命党讨满洲政府文，传檄海内。先生并令余与精卫随行。余与精卫已毕业法政速成科，入其专门部，且已为清廷购缉，故不能与执信、湘芹等归。余与精卫在党中常避领袖之名，而任事则无所择。先生不在本部，常以庶务部长代行总理事。克强行，则孙少侯（按即孙毓筠）、匡一等更代之。至是余将随先生行，乃辞本部秘书。从前党员之盟书皆藏余所，则移交何晓柳（天炯）。时余妻淑子生一女，不（按"不"字恐有误）育才三日，余以先生命语淑子，亦不以为难。盖天涯夫婿，已成惯例。淑子与宁媛在日本，且常助余保藏党中秘密文件，已了解党人之生活矣。此为余第一次与先生同行，精卫则与克强先二日出发。

濒行，议定革命军旗国旗。先生力主青天白日之徽帜，克强欲用井字徽帜，谓以井田为社会主义之象征。先生谓既不美术，又嫌有复古思想。党众悉从先生。克强争之不能得，则意颇怏怏。余既与克强分道行，克强犹有书致余，谓："名不必自我成，功不必自我立，其次亦功成而不居，先生何定须执着第一次起义之旗？然余今为党与大局，已勉强从先生意耳。"余当时乃只求革命，对于尝有为之流血之革命旗，则赞成用之。惟成功不居之说，则余与精卫俱觉克强持论颇高，此意不因所争而废，盖余辈于时犹有书生之见也。因余与精卫力为克强解譬，克强后此亦不复言。

一一 随总理赴南洋与亲历镇南关之役

余从先生往星加坡，绕西贡而至河内，余变姓名为陈同，赁屋从先生居。过西贡，王和顺复随行。日本同志池亨吉从香港为先生英文书记。河内因有同盟会分部，华侨同志数百人，其地界居两广云南，故会党游勇之头目多流寓于此，王和顺之外，黄明堂、梁兰甫、关仁甫、梁少庭等，皆出入边界，有声名，能啸聚者也。而李福林亦于其时走河内。河内同志以先生字逸仙为日新楼，为饮食营业，乃不啻招纳亡命之所。河内与海防华侨，多数赞成革命，尤以甄吉亭兄弟、黄隆生、杨寿彭、曾克齐、张炎池等为热心奔走。河内有巴维学堂，法人为中国学生设者，其学生亦多倾向革命。盖此安南东京之同盟会分部，乃集合有智识阶级、小资产阶级、工人无产阶级、流氓无产阶级之各种分子。余初对之，亦茫然不知所可，先生乃使余与精卫时时为诸人演讲革命宗旨，指导其各种任务。对于会党，则晓以革命军军纪，纠正其恶习，复审查其性质与所有实力，而分别使用之。遇有困难问题，先生更直接当其冲。

一九〇七年五月，徐锡麟杀安徽巡抚恩铭，以举事不克，死之。秋瑾同志以预谋，亦遇害。女同志之为革命流血者，以秋瑾为首。自是以后，同盟会女党员颇有继踵而起之志。

自先生至河内以后，有黄冈之役、惠州之役、防城之役、镇南关之役、钦廉之役、河口之役，皆直接受先生命令而发难者也。其事之本末大略，见先生自著《孙文学说》第八章《有志竟成》。黄冈、惠州之役，余从河内至香港，参与发动。计划既败，乃复至河内，而精卫则奉命至南洋筹募军资。镇南关之役，黄明堂已袭夺要塞，余随先生登炮台，实中宵从间道进，山岭崎岖，仰攀殊苦。余是日因胃病，空腹上道，跋涉六小时，亦只汗出微喘。乃至山顶，距炮台百数十步，众小憩，余忽觉冷风吹面，目遽眩晕，仆于地。先生就地使余平卧，徐徐起余足，余即苏醒张目，谓众宜速行，毋留视我，且误事。先生乃使余从弟毅生挟余入炮台下之小屋，取巨褥盖全身。余少卧，天已明，始登炮台，从先生呼同行之法国某炮兵大尉起（此人方吸鸦片烟），偕视炮兵发巨炮以击敌人。台中巨炮已失表尺，试发凡六七，始中敌阵地，远见敌兵四散。惟尚有一炮台为我军所未占领，其台更高且迫近，敌兵恃险则以步枪向我炮位肆击。幸我军无大伤害，只一炮兵去其指，又一兵则以纵身瞭望，弹中肺部，先生亲为扎缚其创处。先生微语余等，谓此人恐不活，即使人舁之下山。此为余在革命军中参与实战之第一次。先生亦云："反对清政府二十余年，此日始得亲发炮击清军耳。"既而黄明堂劝请先生下山，为筹饷械接济。余等料量黄部实力不足进取，则然其说。翌日薄暮，乃共由炮台下台之磴道，为火线最密处，余等则间续趋下。同行者克强、毅生、卢伯琅、张翼枢、日人池亨吉、法国某大尉皆无伤。复取归途，乃雨后倾滑，各人皆颠顿十数次（多者竟数十次）。入越南界，先生容貌为法警察所识，据以报告法政府，遂不许先生居留越南地。其后先生在星加坡尝询余镇南关之战何如？余曰："虽无成功，吾人乃得实战之经验，总觉甚有意趣。惟往复于狭仄之山径，设有敌伏，当无幸免，先生为党领袖，究嫌轻身。"先生曰："然则子尔时何恃而不恐？子于同行中最为文弱，且力疾而勇进，又何也？"余曰："党于党员，实有其牺牲献身之要求，吾人既矢志革命，所谓知死必勇，更不愿于其时提出顾虑，致他人摇动。"先生谓："此意自不差。然余则确知敌人新失要塞，决不能于此处设伏，故不事搜索而前进耳。"后先生又谓余已知将兵之道。余请其旨。先生曰："当战争时，为将者能屹立于战线最危之点，则众心自定。"法国报纸载此次战役，谓革命军有大将与小卒，而无偏裨干部，亦纪实也。

一二 策应河口起义

先生既往星加坡，克强旋率梁少庭等入钦廉，余独留河内，为之策应。既又承先生方略，使黄明堂袭取云南河口。是役先有布置，明堂亦经训练，行动颇有纪律，市廛不惊，法报纸乃极力揄扬，谓为中国在二十世纪之革命战，为法国从前所不及。先生亦自星加坡以电奖余有成功。然余剖析其内容，乃复电先生，谓就其素质与动机，恐无甚奢之希望。因此次以河口变军为主力，此军队实未受革党主义之陶熔，其变而来归，虽受党人运动，但只因其乏饷与内部之不安而煽动之，其军官向来腐败，尤难立变其素质，而使之勇猛进行。今为补救之法，惟有速令克强出统其军，更使知军事之同志助之指挥，庶可进战。先生来电如所请。其时克强已转战至上思，我军占河口十余日，克强始至军。既至，则悉如余所料，降军共五营，悉怯战，又不甚服从黄明堂。原部则力太弱。克强乃思从河内购利械，以同志组敢死军以劫持之，先使人以书告余。余已为筹备，克强遽从河口乘火车至河内，就余商榷一切。余见克强，诧其轻离军次。克强谓急欲得当以往耳。住一日，克强即复乘车行，及将过老开，法警至车次，询其姓名，克强操粤语答之，而发音不类。是时法人在安南最防日本，初见克强状貌，已疑为日人，则已蹑其行踪；聆其语音，益信，遂扣留克强。余急使粤侨同志杨寿彭等与交涉（杨为粤侨会馆帮长），始释自由。然谓其从革命军出，不能复经法铁道往，应使出境。铁道至老开，遂戒严检查。余虽购定军械，不能输送，克强所定计划尽失败，河口之军心益离。更守十余日，乃悉散走，且有窜入越南境，而以其枪弹暗资安南革命党者。余于理于势，皆不能禁。法人于是大忌中国革命党，使警察四出逮余，将逐出境。盖在安南之法国社会党人，先常力为余等助，故其舆论甚佳，政府守善意的中立。吾党屡次密购军械，皆不禁。播嘉公司以私售军械，曾为人揭发有据，乃仅罚该公司千元而罢。克强率梁少庭等入钦廉，直以白昼吹号过其汛地，其司兵者特密函告余，怪革命军卤莽而已。总警察长常语杨寿彭，谓甄壁辄于铺面造革命军旗军服，岂不惹警察注目，此等事当使为高级官者有伸缩余地。此皆河口以前之事。及河口败退，事涉安南革命问题，社会党人不敢有言，而政府官场一切，尽反以前所为矣。当始占河口时，滇越铁路公司及安南银行皆来言，若我军至蒙自，则如何如何相助，勿愁无军费；既形势不进，当然不成问题，余亦付之一笑。余此时之任务，乃在收束残败之局，党员之因此被拘者，必须营救之；即诸散卒无所归者，亦必设法资遣。余决不能为法警所侦获，使一切无人负责，乃先遣家人行，只身匿居黄隆生洋服店楼上，两月不下楼，使干练可靠之党员为余奔走料理。至各事俱就绪，余始微服出口，并假装船中侍役，搭某轮往港。越南例，中国人出入口，必须护照。余以陈同伪名，住居已年余，法人已认陈同为中国革命党领袖，为河口事件主动之人。护照须有相片，余更不能一露本来面目。幸某轮买办亦党员，故余得安然无事而行。此数月经过之烦闷，乃为余生平所未遇。余向不吸纸烟，既屏居，不常与人通，又局蹐小楼，寝食于斯，两月余有如监狱，只能以纸烟消遣，由此年始，至今不能戒。

一三　黄冈起义之经过

黄冈等事件之经过，亦有当补述者。黄冈之举动，为潮人余纪成，而许雪秋以同乡豪绅资格，余纪成乃愿听其指挥。许雪秋者，一浮浪子弟，其为人颇与郭人漳类，跅弛敢大言，既以豪纵倾其家，而结纳亡命，遂有异志。走南洋，华侨同志颇称之。许因入党，而请任潮州革命军事顾问，实胆怯畏死，又居余纪成为奇货，而阻其与余等通。黄冈起事前后，许之报告俱不实，余时时切责之。时党中竭力购得日械千余，以某公司船密运至汕尾，使许与余纪成部接收之，并资为他部之接济。余为具体方案，使许执行，许承诺担任。余使先期十日往预备，且如其所要求者，给以费用。及某公司船至，则驳艇伕役一切俱无；乃云方始着手。来船候之三日，许仍旁皇无措。适清兵舰过，某公司船乃驶避至香港口岸，事遂败。许辄往河内见先生与精卫自陈，而欲卸责于余。精卫以电话问，余乃以当时计划布置之详情，及许妄言无实不负责任之种种，具为报告书，凡万余言，且谓："余向来做事，不顾寻常千万人之诬谤，惟忧二三知我者之不谅。许不足道，兄乃见疑，实非所料。"精卫答书言："同时已得各种报告，知许言皆诬，前亦非有所疑，特欲急得来书，以斥其谬耳。弟知人之明，素不如兄，故同志间谓兄精明，而弟长厚。弟不愿以长厚者入于糊涂乡愿，亦企兄不以精明者流于刻薄寡恩。"余甚感精卫之忠告，时时引为弦韦之佩。尔时精卫察言观人，或不如我，而处事条理周密，我不如也。我露锋芒，而精卫蕴藉，故时人有精明长厚之评，即余原书亦殊有语病。惟对于局外反对者，可如是观耳。时时做一意孤行之想，不且与群众隔离耶？然尔时先生与精卫俱不以余言为谬也。

防城之役，发机于农民之抗捐，事连钦、廉两属，各团皆起，与清兵搏，而革命军应之，事理至顺，先生之策划亦甚周。而赵声、郭人漳二人，皆握重兵，乃踌躇相顾，莫敢先发。郭尤瞻顾，见革命军势力尚薄，则不愿以所部反正为援，故事之失败，东京本部同志破坏武器购运之计划者，当首任其过。盖是时先生与精卫在河内，克强入郭人漳军中，余在港策应潮、惠一方面事，宋教仁、章炳麟等居东京，左右本部同志。章、宋毫无军事知识，而予志自雄，以为所购枪为村田式，非最新武器，孙、黄轻举，事必无成，徒多牺牲，遂阴为阻挠。殊不知尔时两广军

队，除赵、郭所部及他一二部分外，其所用武器，乃悉窳败，不
如村田；又不知先生尚有其他计划，非只靠此千余村田战胜全
国，而持此迂谬之见，辄摇惑同志，以违反党魁之命令，破坏革
命军之大计，良可痛恨。余驰书本部同志力责之，且言当执行党
中纪律。旋由林时塽同志等返东京，禁制章、宋，使以后不得侵
与党中军事问题，惟未与以严重之惩罚，亦尔时之疏也。先生尝
曰：吾不患遇了无所知之群众，而最患遇一知半解之党人。盖指
此等事言。

一四　对杨度与刘光汉之批评

　　是时东京同志多已入内地，为革命实际之进行，革命思想亦
渐弥漫于国内，故东京本部亦不如以前之重要，其重心已移于香
港、南洋。先生在南洋，余与精卫则往来香港、南洋间，以其易
于策应也。梁启超之《新民丛报》停刊后，杨度为《中国新
报》，亦为反革命之论调，实则祖述严复所译甄克思之《社会通
诠》所标榜之军国主义，以反对民族主义也。杨自称为金铁主
义，合铁血与金钱企起垂死之中国，而谓满洲民族数千年前亦与
汉族同源，不必妄生分别，中国人民惟宜拥戴之，求得君主立
宪，即可励精图治。党人刘光汉适在东京，乃著论驳之，详考满
族之起源，如数家珍。刘素长掌故考据之学，文亦雅，余与精卫
甚倾赏之，杨度更不能反驳。时杨方运动归国，谋入宪政编查
馆，其为《中国新报》，自有目的，乃为满洲辩护，论据薄弱，
在曲学阿世之徒，殊不计此。论其根本，则精卫《民族的国民》
已成定论。民族革命，乃推倒以贵族专制之阶级，而使被压迫民
族得其解放，纵使皇皇华胄，汉满一家，清政府亦无存在之余
地。杨度辈向壁虚造，只属徒劳。然则光汉文出，遂无复言汉满
同源以惑众者。刘是时实为革命派好学者。其后乃因刘妇慕虚

荣，生活奢侈，挟刘变节，受端方金钱之饵，为作清客。生活环境足以致人堕落如此者。当时党中知识阶级分子内犯此病不止刘一人，余常举以戒青年同志。

一五　在南洋对保皇党之斗争

先生既在星加坡，余收束河口事件后，亦即由香港至星加坡。精卫是时已遍经安南、暹罗及英荷各属地。占领河口时，精卫方入八达维募军费，初欲得巨款，既则不如所期。精卫见余，即及此事。余谓安南华侨资助甚力，河口失败，绝不能以军费不给为解，其初已呈弱点，及克强被逐出境后，该军更无勇气前进，纵得多金，亦无益于事矣。余因与先生计划后此进行方略。余以所经验者证明会党首领之难用，与其众之乌合不足恃，谓当注全力于正式军队。先生曰："会党性质我固知之，其战斗自不如正式军队，然军队中人辄患持重，故不能不以会党发难，诸役虽无成，然影响已不细。今后军队必能继起，吾人对于革命之一切失败，皆一切成功之种子也。"余曰："先生所言，不啻革命之哲理，党人自应有必收最后胜利之确信。余察军队中标统（团长）以上官，往往持重，其部队未有革命之思想，则更无怪其然。军队运动，宜加注重于连排长以下。"先生深以为然，于是密下数令于党员之负有任务者。而先生使余与精卫仍不废宣传工作。精卫著有《外交问题》，余著有《立宪问题》，皆由先生口授意义。两书编印为极小本，各数万，散布于各地，以其时清廷已宣布预备立宪，其钦定宪法已颁布，同时海内外尚有不明瞭国际情形者，保皇立宪派人且到处煽惑华侨，阻其赞成革命。保皇党之至南洋也，在革命党之先，康有为、徐勤俱以雄辩称，有资产之华侨尤信之。华侨初以受所在地政府之虐待，企有所保护，咸有祖国之念。清廷使人以募款赈灾为名，持翎顶虚衔三代诰封之官照，诱华侨以出资，既为慈善，又得虚荣，华侨每好之。及康有为至，则自名载湉帝师，具〔且〕伪称奉有衣带血诏，谓"有从吾游者，吾能官之"。华侨富于虚荣心，乡人从内地来，苟为进士、举人，辄可以所书之扇面条幅博其酬赠，而况于康。盖华侨于种族问题、政治思想，皆茫然无知，清廷教以捐纳则捐纳，康党教以保皇更保皇矣，如是者可数年。先生往欧洲，尝数经南洋，华侨闻先生言论，乃稍稍觉悟。同盟会成立，邓泽如、吴世荣、陆秋露、陈楚楠、张永福、郑螺生、李源水等，则次第于星加坡、庇能、坝罗、吉隆坡等埠，成立支分部，而保皇派之势力尚未衰也。

是年先生乃使同志刊行《中兴报》，以与保皇机关报之《南洋总汇报》对垒，革命、保皇之论战，几若在日本之所为。然敌人较梁启超脆弱已甚，余与精卫只以余事应之，惟行文须至浅显，俾一般华侨认识耳。保皇派在星洲不敌，则急由美洲请徐勤至。徐亦庸陋，非劲敌，稿数续，不能终篇，托他故去。保皇军既墨，华侨乃渐趋于革命旗帜之下。余前此未尝闻精卫演说，在星洲始知其有演说天才，出词气动容貌，听者任其擒纵，余二十年未见有工演说过于精卫者。余亦时至吉隆坡、坝罗、麻六甲、芙蓉、庇能、仰光、日厘、坤甸，为各分部机关演讲。至仰光时，适吕天民、居觉生为《光华报》主笔。又从先生至暹罗，则陈景华方助萧佛成办《华暹日报》。到暹不旬日，清政府嗾暹罗逐先生出境。时暹罗警察总监为英人，先生面斥不应为无礼于中华民族之举动；其民部大臣相见，亦以是责之，皆不能答，惟言暹罗为小国，只能徇他政府之请求而已。

一六　劝汪兆铭勿行暗杀

先生由暹罗返星加坡，未几复被当地政府驱逐，先生乃往欧洲，而使余返香港，密与黄克强、赵伯先（声）、倪映典等谋广州事。精卫则先数月以整理本部及《民报》事，往日本东京。精卫自河口失败后，遂有行个人暗杀之决心，余屡规止之。及往日本，余为长函，力言暗杀之无济与吾辈所宜致力于革命事业者。精卫亦为长函报余，略谓："生平察事，自信不如兄，惟如事则如旋螺，弟已计到最末之点，更无疑义。兄主张军事行动，无大款何以能举？海外奔走，为效甚微，不有剧烈举动，何以振起人心？弟又不长于军事，既决志牺牲，只有惟所自择。"余再三致书阻之，以为各省运动军队，俱有成绩，满清终必覆亡，此时杀一虏首，失一精卫，等于以鼠首为殉，且不应弃所长，而用所短。精卫答书，惟言所志已决，他不置辩。既而偕黎仲实、陈璧君复来港，乃不甚愿谈此问题；固与之言，亦只漫应，而阴择地试验炸裂药，复密约他同志为之探侦。初欲入粤杀李准，港同志俱以为危。精卫亦知余等将有军事行动，不欲以此惹起敌人戒备，则与仲实、璧君、喻培伦、黄树中、方君瑛、曾醒等入长江，欲杀端方，而行程与相左。乃变计俱入京，谋刺清摄政王载沣。余得其濒行入京手书，仅八字，以指血写之，文云："我今为薪，兄当为釜。"盖精卫于第二十五期《民报》有《论革命之道德》一文，谓"革命党人只有二途，或为薪，或为釜，薪投于爨火，光熊然，俄顷灰烬；而釜则尽受煎熬，其苦愈甚。二者作用不同，其成饭以供众生之饱食则一"。其血书即约举此义也。余怀此书数年，及辛亥光复广州后，石锦泉部闯入水师公所，余仓卒中乃失此书，以重金购求，不复可得，余甚恨之。余等既不能夺精卫之志，惟有极力进行军事。余尤冀广州事成，精卫或可不死。

一七　任南方支部部长与策划广州
新军起义之经过

时先生已任余为南方支部长，支部费用，由港同志负担，林直勉、李海云则倾其家以为助；余更使同志分至南洋荷属筹款，而嘱邓泽如在英属综募军资。其时克强已由日本到港，赵伯先为清督抚所猜忌，去军职至港。伯先军事学甚优，且有经验，天资豪迈，能为诗文。其为陆军学校监督及将新军，辄以民族大义鼓励学生士兵，俱悦服之，亦以此为清吏所恶。江南、广东两省军界革命种子，大半伯先所培植也。余与克强、伯先在港规划一切，省中新军运动，则以倪炳章（映典）为总主任。炳章干才，不亚于伯先，而刻苦耐劳则且过之。一九〇七年冬，以兵与熊成基举义于安庆，不克，变名字，走南方，欲至河口革命军，而河口不守，乃入广东，因伯先得为新军排长，既长于煽动，又精力殊绝。其运动新军，乃进步至速，数月已与本团之连排长结纳。事为某协统（旅长）所侦知，褫其职。炳章乃更为秘密机关，与军中同志分组行事，展转运动，至一九〇九年冬（己酉），士兵加盟入同盟会者三千余人。时广东全省军队万余，惟新军有训练，器械精良，得新军则他军无难制驭。余与伯先、克强尚虞其不足，复使姚雨平、张醵村等运动巡防营之在省会附近者，又使执信、毅生联络番禺、南海、顺德之民军为响应。是年邹海滨、陈炯明始以执信之介绍，至南方支部。邹、陈皆广西法政学堂学生，执信、君佩等自东京毕业归，即为此校教授，故邹、陈受盟为同志。陈方为广东谘议局议员，好言事，颇有声誉，克强尤喜引与计事。

至旧历腊月中，倪炳章等至港报告成绩，于是决定于正月元宵前后发动（本拟以除夕举事，炳章言旧历年关商人停止贸易，则供给不便，遂改定十五前后），使各部分主任依期为准备。炳章等皆返省。新军二标兵士于旧历廿八日忽因刻印名片事，与警察冲突，风潮骤扩大，炳章不及制止，青年军人实躁急，且有主张乘机发动者。炳章急至香港，以其情告，且曰："此所谓小不忍则乱大谋，余料新军运动已成熟，经此事故，勿论如何，殆难抑制，应提前改期，勿待元宵。"余与克强、伯先审议久之，遂改初六，即时通知各部分同志之有职责者。复与炳章计划临时部署及发动后一切进行事宜，以炳章、克强分统新军巡防营，为出江西、湖南两路之准备，以伯先留守广东，推余管民政、财政，约余与伯先、克强初六上省。炳章于议事时，神气雍容，至彻晓不倦。

次晨以遇旧历元旦港轮不开，翌晚炳章始得行。既至省，则新军反形已露，张鸣岐、李准已严为戒备，协统张哲培等收士兵子弹，而八旗兵运炮登城，李准更以所部精锐趋牛王庙。新军在燕塘。牛王庙，由燕塘至省城之要隘也。炳章登陆，即入谘议局，不见同志，取手枪二支怀之，突入新军营垒，遇营长（管带）齐某，素反对革命者，炳章伪与贺年，即以手枪击杀之，遂吹号集诸军士。时众方扰攘，不知所措，见炳章则大喜。炳章即为演陈大义，及所处情势，计惟即举义旗，否且俱死，众然之，遂推炳章为司令，搜各团部子弹，仅得万余。众以为炳章所鼓励，无退怯志，遂从炳章进，欲袭攻省城。将至牛王庙，李准所部营长李某等三人遮道，欲劝止新军进行。炳章见之，识其皆为同盟会会员，即切责之曰："君等非革命党党员耶？革命军已起义，当即来附，毋踌躇！"李等则唯唯，谓某等初以为兵变耳，不知公已有部署，今在牛王庙者实某等新部，当听令惟谨。张哲培虽在，无能为，请为公前导，遂跃马去。新军将士有欲捕获李等三人者，炳章不可，而身自执帅旗，骑马率众前进。敌已有备，始抵山坡，炮与机关枪齐发，炳章中枪落马死，前锋死者多人，众悉溃。是役失败，非战之罪，炳章失策，惟在于事急时至港，致无主持之人。及敌已严备，我军复被给缴子弹，则势已无可为矣。然炳章之勇，实不可及，仓猝遇变，形势都非，犹能以大义感人，使之趋死不避，即其平日可见。初炳章弱冠在学校时，不悦学，而行又不羁，同学颇轻之。及与熊成基等同志游，

乃大改悔，折节励行，前后如两人。伯先才望，自顾素在炳章
上，后乃诧其进德之猛。炳章死，伯先挽之云："生平几个言能
践？死后方知君不多！"盖亦自叹为不及矣。是役除死事者外，
其素为党人入军中运动之干部，大率亡命香港、南洋，乃分别设
法为收容之。时孙眉先生（先生之兄）、邓三各佃有垦地于九
龙，遂就其地为耕作。事粗定，余乃与伯先、克强往南洋，为筹
款善后，且谋再举。

一八　设法营救汪兆铭

至星洲数日，遽得港电，言精卫、黄理君（按即黄复生）
谋刺载沣事被发觉，俱遇捕。余曰："精卫死矣！"与伯先、克
强俱流涕太息。又数日，得电则云："方严讯，未遽置刑辟。"
余以为精卫终无幸，伯先慰余曰："精卫已杀身成仁矣，是举闻
于天下人，且将有长厚者亦复为之感，是死一精卫，更将有百十
精卫为继起，何苦戚戚如是？"余固韪其言，然痛心良友沮丧，
至不能自解。既而余入庇能，璧君、仲实亦至，乃知精卫与理君
俱未死，而同下狱，为永远监禁之刑。时伯先见在星洲筹款无
效，一再与华侨同志张永福等晤对，亟厌之，谓此事非所长，遂
返香港，克强亦返东京。余既见璧君、仲实，则屏去他事，日以
营救精卫为第一任务。某夜召集庇能分部开会于璧君家园，余为
此事提议，企众赞助，众颇冷寞。余废然退，就寝，乃恍惚梦精
卫已被清廷宣告死刑，乃大哭。哭声惊邻室，仲实、璧君皆起，
黄金庆、陈新政等询知故，自省其凉薄之非是也，惭怍引去。余
复与卫五姑（璧君之母）、仲实、璧君、吴世荣出星加坡，乃稍
稍有资助者。卫五姑更罄其私蓄。仲实、璧君遂先返香港，派人
北行探视，余与邓泽如在星洲，尚续有所筹。一日，共往访侨商
卢某，卢盖新售出树胶园得资三十余万者。顾缕谈半日，卢极首

肯，且言当尽其党员一份之义务，取泽如所持捐册入他室填写。及余等将出门，始交还，谓已竭棉薄。泽如视之，则为某某捐二十大元数字。泽如恚甚，欲还责之。余反慰泽如，谓余辈自误，自始即不应认此辈为同志也。南洋大资本家如陆佑、黄仲涵等，凭借帝国主义，多方剥削工人以致富，其人自然恶言祖国，不知革命为何物。即其未至黄、陆地位，而欣羡崇拜其人不置，则亦如之。华侨固多念祖国，因而富于革命性，然非所望于此辈也。余当时不识马克思唯物史观，然以经验所得，则由物质生活而决定其意志者居大多数，有因生活太困而变节者，亦有因生活渐丰而变节者。大霹雳之余束纯更谓如曰："我非不知革命之合理，然我今非昔比，有百万以上之营业，何能效君等所为？"可以为此辈一般心理之代表，实不止华侨为然。

未几，余亦返港。时璧君、仲实、喻培伦、李佩书等赁屋于九龙城外，余亦时就其地密与商救精卫事。余欲一人京视察情势，璧君、仲实俱力阻，谓不特无益，且将为他同行者之累。此数月内，余思虑晦塞，为从来所未有。璧君偶言："无巨金则所事更难，近来筹措无术，闻人有以博胜致富者，我等盍不为孤注一掷，为精卫兄当亦无所惜。"余大然其说，即偕璧君、佩书往澳门博场。时璧君剪发作男子装，伪与佩书为少年夫妇，以所携百金作孤注一击，不中，踉跄俱返，真所谓愚不可及矣。璧君、仲实等旋入京，余送其行，执手言别，余诵叶清臣《贺圣朝》词云："不知来岁牡丹时，再相逢何处？"则皆泣下。

一九　筹划辛亥三月二十九广州起义

仲实等行后，余内自讼，觉党人当自求牺牲献身之路。孙先生尝云：惟积极始有善恶可言，消极则有恶而无善。余对于革命职责，断不容忧伤憔悴以死，余惟继续奋斗耳。适孙先生由三藩市取道檀香山、日本过港（按是年总理未尝过香港，而系在庇能），约余与伯先、克强等往商再举计划。先生一见余，即曰："我知子等谋营救精卫，我意再起革命军，即所以救精卫也。夫谋杀太上皇而可以减死，在中国历史亦无前例，况于满洲？其置精卫不杀，盖已为革命党之气所慑矣。子亦尝料满洲必覆，则不劝仲实、璧君诸人集中致力于革命军事，而听其入京作无益之举，中于感情，而失却辨理力，我不意子亦如是也。"余自承初实瞀乱，最近所见已不然，且能振奋如故。先生乃不复言。既会议，克强等亦因新败，且困乏，相顾有忧色。先生更举其生平历遇挫败未尝稍馁之状，以激励之。（盖余从先生久，每遇失败或至拂意之事，为他人所难堪者，先生常处之泰然。其视革命为当然不断之进化，且时综其全体，以为衡量，故以为只有成功，而无所谓失败，其乐观由深切之认识而来。余等每有乞灵于诗词小说之时，以为消遣；先生则正于其时取专门研究之巨著而细读之。精卫亦谓生平未尝见第二人能如此也）先生又言："国内革命风潮已日盛，华侨之思想已开，吾辈有计划，有勇气，则事无不成。"伯先乃言："果图再举，当恢复内外机关，且指挥各省同志分任进行，如是种种，实需巨宗款项。"先生然之，即集当地同志，勖以大义，一夕醵资八千。更遣同志分行劝募于各埠，数日之内，已达五六万元。

于是余与伯先、克强归，复设统筹部，推伯先为总指挥，而克强副之，余则为统筹部秘书长。惩于既往屡次之失败，共以为必有武装同志数百人，为之主动。盖自正月事变后，新军重行招集，党人虽仍参入其中，而警戒至严，且不给以子弹，徒手暴动，咄嗟为人所乘；巡防营与附近民军，则只可使为响应。故当首先发难时，须另有主干部队。伯先定其名为"选锋"，由伯先、克强、林时塽、熊克武、何天炯、姚雨平、陈炯明、张醁村、徐维扬、刘古香等分任召集，而以同志中之敢死善战者为合选，计四百余人。执信、毅生仍任民军响应事，新军则由雨平与伯先旧部继续进行。其时本部重要同志悉来港，会议结果，分为两种任务：一统筹部分科办事；一于长江上下游谋发动应援。陈英士、宋钝初、谭石屏（按即谭人凤）、居觉生等皆受约束而行。密输武器与布置机关，乃为事前之重要任务。运输之事，以毅生、仲实管之，运至省城，则以女同志任秘密配送之责，淑子、宁媛与徐宗汉等日为此奔走。又设制造弹机关于城内二处，喻培伦与李应生兄弟分任之。克强以伯先与余俱为粤人所熟稔而目，乃请先入部署一切，因决议于伯先未到时，由克强代行总司令职权。时为一九一一年四月（旧历辛亥三月）。是月月初，准备将完好，党员温生才突于初十刺杀广州满将军孚琦，其事至壮烈，然省港党部俱不预知，则此成仁取义之举动，转为革命军发动之妨碍。盖革命军一方面于仓猝中不能利用敌人恐怖之机，而敌军一方面转以此加紧戒备也。

克强濒行，已共定猛攻总督之策。同时以一部袭击水师行台，一部袭督练公所，使不能调兵相救。新军与巡防营之响我者，则使于最短时间内入城巩卫，传檄全省，计可一二日而定。克强既入，初使人密报，拟于廿五举事，旋确定为廿九。至廿六日，闻观音山之防营原已受运动者，忽被他调，而同志之机关有一二处泄露，幸未牵连。克强与在省干部同志会商，决定展期，即再报统筹部，并遣各组"选锋"暂先返港。至廿八日，统筹部复得克强密报，则又定于廿九日发动。余与伯先急遣"选锋"复上省（但多不及行者），而余与伯先以廿九晚分船上抵省，则船不得停泊码头，而清军舰派员至船检查，余知朕象非佳。时余与仲实、璧君、君瑛、佩书同船，以假辫系帽中，检查员并持有余等照相，乃熟视若无睹。旋登岸，亦有警察盘诘，余以普通话答之，乃不疑，遂共入海珠酒店。仲实先返其家，旋使其姑母来，具言："党人围攻督署已失败，死者甚多，现时缇骑四出，旅馆已布侦探，君等宜急避入乡间，绕道往港。"佩书闻言，失声大哭，璧君急止之。余曰："此非死所，宜急入城，我料必犹有未破坏之机关，则可据以杀贼。"璧君请试探能入城否，遂与仲实姑母去。约二小时返，言城坚闭，不许入，宜作他计。君瑛有戚魏某，为水陆师学堂总办，家在城外，姑往其家，或可因以入城。余然其说，遂偕往。至则魏某与眷属避匿，惟余婢媪。璧君遂令做饭。余等以日本语私商，共以手无寸铁，求死无术，不宜久留落贼手，遂登港夜船。船中已有警官稽查，惟视余辈乃似外省官眷之避乱者，乃不甚留难。船久之乃启行，在船中犹勉自镇慑。夜半抵港，淑子、宁媛乃以廿九夜返港者，至是候船，得见余等，遂同返璧君处，痛定思痛，惟有相对痛哭耳。

余尔时以为克强固绝无望，即以余等往复情形推之，伯先恐亦不免。迨翌日，伯先先归，并得克强手书，始知其未戕于敌。又一日，克强裹创与徐宗汉数人亦伪作避难者至港。（余知港中警察将逐户搜索党人机关，乃亟销毁秘密文件，而分别迁徙，余与克强即移居九龙）克强已断其右手两指，为述经过情状。盖初本决计展期，而姚雨平复来言，调防来省之军队乃比较而更有把握。于是在小东营党司令部更议进止。林时塽等皆慷慨主速发，且曰："余辈求杀敌耳，革命党之血，可以灌溉于无穷，事之成败，无足深计！"克强亦谓："展期则须避出，重入险地，乃至不易，谋之期年，全党属望，迁延退却，实无以对天下人！"列席者无一人言退，遂复取消展期之议。廿九日下午四时，遂以百余人持手枪炸弹猛攻督署，卫队管带金振邦当前抵御，击杀之，余兵皆逃。克强偕执信、林时塽、李文甫、郑坤、严骥等直入内室，遍搜张鸣岐不获，置火种床上而出。适李准大队至，与战良久，乃三路突围。克强率数十人走大南门，与防营遇，且战且走，回顾不见一人，乃以肩推一店门入而闭之，敌有近者，发枪击之，毙七八人。及敌引去，乃乘间出城。执信与何克夫本随克强行，及至双门底，枪弹已击，始避入友人家以免。而林时塽、喻培伦、方声洞、宋玉琳、刘元栋、李文甫等七十余人，皆死之。盖自有革命战争以来，吾党之损失，未有若斯役之巨者。中有被捕后始遇害者，使为供词，辄挥洒数千言，斥清政府之罪恶，而申民族革命之大义及所以为民众牺牲之由，意气凛然，从容就死！问其家世，则多世家子，而勤学笃行之士也。张鸣岐、李准等虽秘之不敢宣，而问官爱其文词，辄暗诵而流传于外。（其纯粹由工人出身者，则如王□□、郑□，由农人出身者，则花县徐氏十人）

克强伤心失败，而右手不得作书，乃口授余作报告，致海内外，泪随声下。且言雨平、毅生、陈炯明三人虚妄误事，罪皆当死。余时亦悲愤已极。克强固主持军事，且血战而出，固当悉以其言为依据，乃同署名。后执信、克夫出，更从各方面调查，则克强对于三人之批评，实有误会。然未几武昌起义，余与克强日在军书旁午中，不及改正。今此书原稿尚存，其述此役之本末，要为革命史中最有价值之材料。此役之败，以再三改期，致不能完全集中，减少力量。如同时李准亦受打击，则事未可知。又与防营通谋确实，其联络作战方法，临时乃不相照应。从军事上言，此两点不能无微憾。然为义而动，有进无退，诸烈士甘死如饴，至不复有成败利钝之见，以表示革命党牺牲伟大之精神于天下，时移代易，犹足使人感念不忘，顽廉懦立，而况于当时？由是而满廷上下震恐失措，民众万万愈有"曷丧偕亡"之志。至武昌振臂一呼，而天下皆应，则正以三月廿九之役为之先声！故从革命总体为之衡量，此役虽失败，而其功乃较战胜得地者百倍过之，今日已可定论矣。

余等未及报告，而先生自三藩市飞电来，文云："闻事败，各同志如何？何以善后？"电致港机关，而上无人名，盖尚不知吾辈何人得生还也。时国内报纸初有言余已死者，精卫在北京狱中见之，哭至晕去，悲吟三律，有"如何两人血，不作一时流"之句。数日乃知其不实。民国元年与精卫相见，始以示余。余与克强尚能支持，伯先则悲愤无聊辄痛饮，半月而病。病为盲肠炎，既危，始就港医院割治，内已脓化，遂不起。余与克强以严避省港侦探耳目，不能送其丧。其妻欲自杀以殉，赖其父救止之，同志护其丧归里。伯先少于余二岁，有大将才，且能以精神提挈革命青年，大江南北军界同志，尤倾服之。使不死，则南京光复后，绝不至任程德全、庄蕴宽为都督，洪承点、冷遹、孙棨辈，亦当奉令惟谨。余等虽不能前知，而感于革命领袖人物养成之不易，三月廿九以后又失伯先，其怆悼可知矣！

初图广州事，克强为人作书，书"丈夫不为情死，不为病死，当为国杀贼而死！"伯先辄引满称善，不虞其身不死于广州革命战争，而病死于香港也。克强于是谓余曰："此时党人惟有行个人暗杀之事，否则无以对诸烈士！"余曰："此不止为复仇计，亦以寒敌之胆，而张吾军。"克强乃密谕党人，积极进行。余初入同盟会时，即崇拜史坚如、吴孟侠之行谊。而孙先生对于暗杀问题，则不为绝对之主张，谓"暗杀须顾当时革命之情形，与敌我两者损害孰甚。若以暗杀而阻我他种运动之进行，则虽歼敌之渠，亦为不值。敌之势力未破，其造恶者不过个人甲乙之更替，而我以党人之良搏之，其代价实不相当。惟与革命进行事机相应，及不至摇动我根本计划者，乃可行耳。"故精卫谋刺载沣，余极不愿赞成。三月廿九失败以后，余则极端从克强之议，于是六月十九日陈敬岳、林冠慈以炸弹击李准于双门底，不中，林冠慈当场轰毙，陈敬岳被捕见杀；九月四日李沛基炸杀满将军凤山于仓前街。先是以李沛基与其兄应生、周之贞、高剑父等伪开一店于仓前街（以其地为由南门出城必经之道），备炸弹三，其大者重十七磅，为木板掩置檐际，板以绳曳之。是日晨报凤山将至，则令同志伙伴皆去，惟留沛基执引之责。凤山肩舆至店前，沛基即店后楼割绳，绳断，轰然一声，凤山与其从者十余人皆毙，店户倒者七家，沛基之店亦倒。沛基仆于后街，急起行，遇一四五岁小童，指之哗笑，谓是人乃满头泥灰也。沛基陡悟，则亟抱此小童，笑言我买糖果予汝，而一面自拂拭，遂偕赴市，市果予小童，从容逸去。论革命党行暗杀之成绩，无有过于此举者：受党令而行一也；歼贼而我无所伤二也；敌胆寒至不敢穷究其事三也。克强实主其谋，并得省中同志为助，而沛基是时年方十六七，临事镇定，从容如此，亦难能矣。凤山曾继袁世凯统北洋四镇，其来粤使命之重大可见。凤山亦骄甚，其先行官到粤，即扬言将整顿粤省军政，并弹参张鸣岐、李准去也。抵省时，张、李使人劝其俟警备已周而后入，凤山怫然谓其怯懦。经拥仪街入城中炸弹，半身已烬，惟一足飞数十丈外，尚可辨识。后此清大臣与各省疆吏，人人自危，不止张鸣岐、李准胆落已也。

二〇 广东之光复与出任都督

八月十九日，蔡济民、熊秉坤起义于武昌，推黎元洪为湖北都督。时余适在西贡筹款，乃急归港，而克强则已以应湘、鄂党人之请，由港启行矣。当三月廿九之前，统筹部已使英士、钝初、觉生、石屏等入长江，为广州革命之应援。广州虽败，各省以怖于革命党，已风声鹤唳，草木皆兵。党人进行武汉之运动尤力，武汉新军参半为党人。适遇铁路风潮，端方兵调入川，湖北总督瑞澂以最富于革命思想之步兵第三十一、三十二联队予之，以分散其势力，所余仅炮兵工辎等营，而子弹亦为瑞澂没收，每人仅余五颗，军中仍跃跃欲动。忽而机关破坏，捕去三十余人，并搜出党人名册。（时胡瑛尚在武昌狱，闻耗即设法止陈英士等勿来）士兵之投入革命党者已多，于是为自存计，迫不及待，是夜九时草湖门四马路民房失慎，城内工兵队熊秉坤等集合同志，弃肩章，各卷白布为号，鼓躁〔噪〕而出。队长阮荣发出阻，枪毙之。即袭楚望台，毙旗人百余，转占军械局，取子弹，攻督署；城下辎重队即放火响应，破城门入，与工兵会合。十时许，炮兵队已据蛇山，以机关炮助战。瑞澂命张彪等率所部御敌，而己则走避楚豫舰中，布政连甲等从之，张彪亦走汉口。夜半炮声止，全城已定，而吾党重要人员均未及期到鄂，蔡济民等不得已，拥清二十一混成协协统黎元洪为都督。湖南、江西次第响应，张鸣岐乃通电宣布独立，欲以缓和人心，既数日，又取消之。余急使同志密散传单，斥张罪状，一面运动军队逐张，而使执信、毅生潜入内地，起各路民军，以逼省城。

初，三月廿九之役，张鸣岐实只身走匿李准处，李颇挟功凌之，张不能堪，而惧夺其位，则奏调龙济光全部到粤。龙为张巡抚广西时之部将。龙至，则兼为广东新军镇统，位势在李上，李渐不平。余诇知其情，则使人离间之。李自被刺伤，虽医愈，然知革命党势力已大，不敢更与结怨，故为陈敬岳求免死；护送但懋辛等回里；中路清乡之任务，李亦以让之他人。张更疑其与革命党人通，遂夺其中路所统三十营，且收取虎门要塞大炮撞针，李益不安。然虑革命党不能容赦之也，则托其幕友谢义谦至港，徽探革命党意旨。义谦，良牧之叔也。十五日良牧偕与来见，余曰："革命党不报私仇，特为汉族请命耳。清廷大势已去，李当知之，李果能反正，而尽忠于革命，所谓以功赎罪也。李固识精卫，犹不能信革命党之行动耶？"谢归报。十六日，李又使电报职员黎凤墀至港，因韦宝珊求见。（当时同志颇有虑李不可靠，与之交涉不免危险者。余廉得其情，实知李已丧气，而又受逼于张，从其个人立场，必不敢存不利于我之念，余收李，广州即可不战而定，故坦然应接其来使）余见黎，即曰："今为李策，只有两途：若欲为满洲尽节效死，则当与民党再战；如其不然，则当即从民党。首鼠两端，祸且在眉睫，今但问其决心如何耳。"

黎谓："李已有决心，若不见疑，请示以条件，将惟公之命是听。"余乃要以：（一）李须亲书降表来，同时去满清旗帜，用青天白日旗帜，通电反正。（二）即逐张鸣岐，且迫龙济光投降。（三）欢迎民军。（四）李势力范围内之要塞、兵舰、军队，皆须交出，由革命政府处分之。黎如所教上省。翌日复来，则李果为书上同盟会南方支部，表示降服，愿一一依所开条件执行。

十八日，李以明电来，言"张鸣岐已走，谘议局开会，已举公为都督，盼即来省"。已而谘议局公电及省中同志陈景华、邓慕韩等电皆到，且言蒋尊簋（伯器）为副都督，于余未至省时，暂由蒋代理。盖谘议局先一日开会，宣布独立，举张鸣岐为都督，龙济光为副，舆论哗然，张亦不敢就。而李则直以电话告张，谓己已通款于革命军，四江兵舰之炮，实比他部队为利，即他舰亦已集中省城，请其好自为计。张得电，召龙济光谋。时云南已独立，龙亦已受李运动，故张问龙能即扑灭李否？龙告以不能。张知已陷于孤立，且得沪电，只"京陷帝崩"四字，而南海、番禺、顺德之民军渐逼，香山驻屯新军一营已变，南路、东江皆告急，张故立逃。于是各界再就谘议局开会，而限于革命党人为合被选举资格矣。其时在港同志尚有劝余不即上省者，以为李固新降，龙济光叵测，新军在省只两营，且执信、毅生尚未到省，手无一兵，不如且待。余曰："不然，此时革命空气已笼罩全国，广东屡起义师，且在凤山被杀之后，官僚尤为丧胆，吾人所恃，不仅在兵，若稍涉犹豫，适以示弱；况此时事机，顷刻变化，我辈为革命党人，万无持重求全之理，我意必速行。"遂与淑子、宁媛、君佩、良牧、应生、黄大伟、李郁堂即晚上省。（濒行，何启约相见。何曾撰《西法真诠》及《驳张之洞劝学篇》。余询以外交之事，何云："湖北首义，已以关税所入存贮汇丰，为偿还外债之备，因而得列国之好感，此可效也。"余此时无暇与何深论，但觉授人以柄，实开恶例。而何反以为得计，何也）余等抵省，果见省河兵舰悉已悬青天白日旗，同行者皆欢呼："中国人真见天日矣！"登陆，李以所部迎余，即步行至谘议局，受各界之欢迎，伯器即日交代。

谘议局在前清等于省议会，其分子纯为绅士。此时大会已非原有性质，乃为城市民众代表，萃广州之商会、善堂、报界、教育界及谘议局议员若干人为之。析其分子，则小资产阶级与知识阶级，皆属于第三阶级者也。满清盛时，以贵族官僚专制，绅士与官结纳作威福，竟若代表一切，而他无敢言者。迄于末造，经所谓维新变法及预备立宪，乃始承认商会、教育会等为合法团体，通都大邑贸易繁盛，商人渐有势力，而绅士渐退。商与官近至以"官商"并称，通常言保护商民，殆渐已打破从来之习惯，而以商居四民之首。（从前四民，谓士、农、工、商）斯时法律上固无工会，即实际上亦未有其萌芽。至若农会，乃知识阶级讲求农事改良之学会，与农民无关也。广东善堂为特产之慈善团体，初亦凭借绅士，继则附庸商人，其名义乃独立，而常与商会共进退。张鸣岐在粤反革命时，使七十二行商会、九善堂通电诋诟革命党，畅所欲言，指此为广东舆情之代表。及反正以后，而七十二行商会、九善堂又通电颂扬革命，惟恐不及，此亦可以见商人之性质矣。各省反正固以民族思想战胜为最大原因，而党人拼死进攻，使满清官僚日夜陷于恐慌之境地，而不敢与我抵抗，亦为制胜之由。

余受任之际，全城官吏尽空，等于无政府，余乃即日任陈景华为民政部长，先使理警察之事；任李郁堂为财政部长，收藩、运两库；陆军部长、参谋部长于十八日由新军宣布反正时所公推者，则仍之；创军政府雏形于谘议局，使君佩、汪宗洙等为秘书、参议；为安民布告，并通电内外。时财政问题颇形棘手，括全城官库，仅得万元（查知由张鸣岐临去时发龙济光部军双饷，而与属吏席卷其余以逃，且告人云：革命党即得广东，不能守三日也），而新军及旗营等部，立需饷二十余万。余乃使郁堂与杨西岩、陈赓虞等商借港商款四十万，许以三个月倍数偿还。一面将库存官钱银局纸币千二百万（此项纸币张鸣岐曾发行于市，及不能流通，发生纸币风潮，张乃借汇丰银行款收回存库）加盖军政府财政部印发行，而使商会承认通用之，嗣后乃不虞困乏。军事问题则更为复杂，新军全协向为革命之中坚，然此时则黄仕龙领一团在高州，留省之一团又分一营在香山，故其势甚孤。巡防营共六十余营，人数至多，但其武器与训练远不如新军，且散布全省。只中路三十营，向为李准所辖，张鸣岐削李兵权，仅留其六营，余则置分统二人，使直接于己。然统领偏裨为李旧部，故李犹有号召指挥之实力。龙济光以济军九营来粤，并合桂军三营，为十二营，视他军为集中，又新至粤，其受革命影响至浅。龙虽从李准反正，而实存观望；即李亦只以一时之利害归命于革命党耳。民军分子、赤贫农民与其失业而流为土匪者为基本队，更裹胁乡团及防营之溃散者，以成其众，其气甚壮。然仓猝啸聚，其军实固逊，其行列形式亦较防营为更差。民军以首义自居，视他军如降虏，他军则薄视民军为起自草泽绿林。余审察各部分之性质，因定计先巩固新军，使其居中不动，作诸军之监视，而张民军之势，以压迫降军与防营。时执信、毅生已到省，由二人平日运动之部分，如李福林、陆兰清、谭义、陆领、张炳、黎义等，皆极服从，则亟施以组织训练，并稍资以军实。其余如杨万夫、周康、石锦泉等，则民团督办处，使皆受成焉，而为之编练。（此着独无效果，因为民军首领性既跋扈，而余用刘永福为督办，何克夫副之，本意刘曾于安南抗法，及于台湾抗日，俱有名，为两广会党游勇平时所倾服；用刘，民军当易就范，克夫左右之，即能行党中计划。讵刘已老耄，用人复阘茸，克夫不能救正，治事一月，毫无成绩，因罢刘而以黄世仲代之。黄颇能操纵关人甫、王和顺之属，至民国元年二月间，乃竟欲使民军拥己而作乱。其咎由余用人不当致之）未几，李准以所部受人煽动，不能复制，遂走去。（李对于军政府，服从惟谨，而党人有扬言将为七十二烈士复仇者，李恐，遂住兵船，不复登岸。其部队益离散，或劫取所有而投于民军。李称病辞职，余亲往视之，李警卫甚严，双手持短枪，见余始释之。告余曰："党人殆终不恕我，连夜谋以水雷炸弹攻我舟矣。"余知其自受行刺后，杯弓蛇影之见耳，乃慰藉之，且就舟中畅眠达旦，谓李曰："昨夜如何？"李感甚，良久乃曰："公来，谁复敢犯此者，我实受公之庇。然公岂能终日庇我而不问一切事耶？公请还府，非极危殆，我仍留此听命耳。"余还都督府，李母妻哭劝李行，李遂往港）龙济光初尚留辫发，踞占城内，拒民军入，至是亦剪发奉令。蒋百器为粤籍士官，以其在反正之先态度不明，竟排斥之去。

二一　出师北伐

内部稍定，余乃亟使姚雨平组织北伐军，并由陆海军拨最良之利器给之。盖其时汉阳已失，而我军攻南京不下，故余急谋出师。余且欲自将，以同志之谏而止。盖余视北伐尤重于守粤也。

时陈竞存、邓仲元已占惠州。初，陈等攻惠，久不能克。余既入省，即使李准密致电秦炳直，使投降，言清廷已覆，张鸣岐已去，苦守无益。而邓仲元亦使人运动洪兆麟投降。秦不得已，乃开城。余并解饷十万以济陈军，邀陈到省。陈设岭东守府而后行。仲元先至，相见甚欢。同时黄仕龙电告，率所部反正。各界代表大会，乃于都督之次，举陈为副督，黄为参督。（举陈为余所主张，黄则余甚不谓然。顾乃同时并举，余且不及纠正，可谓疏矣。盖当时自号稳健之党员主此议，而事先不告余也）黄乃先陈来省，且阴造飞语，谓陈将以重兵攻广州，胡、陈将交哄。其见余，则尚恭顺，但言"高州几为林云陔屠杀尽，林罪甚大"。
云陔固奉党命起义于高州者。及黄以新军往，军士皆不欲战，因
迫黄反正，黄遂交军队于苏慎初而来。余既廉知其情，益觉黄之
悖谬。余斯时与陈无丝毫罅隙。翌日，陈至，余与商军政各事，
夜深，遂留与共榻，外间谣言尽息。陈请以钟鼎基为师长，王肇
基、任鹤年为旅长，余即为发表，以与扩充新军之旨合也。又数
日，余与陈、黄共议事，黄言："北伐似非其时，粤人不能于严
冬在大江南北作战，遑论黄河流域？且粤局未大定，多出精锐，
一旦根本有变，何以镇压？不如先固粤。"余谓："革命在进取，
不在保守，斯时汉满之斗争，乃渐变为南北之决战，若我方形势
顿挫，即粤亦无能割据苟安。况粤正患兵多，内部亦无何等顾
虑。至言气候差别，自当注意防寒，岂能坐待来年解冻方议出
兵？"陈力和余议。已而陈、黄争论军事，黄为无礼之言，陈怒，
几决斗。余使邱仙根两解之，二人自此即避面。陈更请为北伐军
总司令，以所部循军及他部改编；即雨平所已编定之部队，亦并
合为一系。雨平不愿受陈节制。余与执信亦以为北伐军既由各省
陆续出发，其至前方，当更有统一指挥者，而各本省乃不便事事
遥制，且必成大军而后出，则有后时之忧。故余虽从陈之请，而
仍令雨平先发。其后北伐之成行，以执信之赞助为最多云。

二二　清除粤省反动分子

黄仕龙仍谋反动不已。第三次开各界代表大会于总商会，余
对群众为政治、军事大体之报告。黄提议统一军权，指摘各军纠
纷情形，欲使大会推己握兵，商界代表颇为之动；亦有献议三督
分权治事者，余与陈力斥之。黄于清末曾继伯先为团长与陆军学
堂监督，庚戌新军之役，黄跪哭劝新军士兵勿动，不听，则伪为
自戕，商民颇称之。然黄实始终反对革命，迫于高州新军，不得

已宣告反正，乃骤以素无革命历史之资格得选参督，黄遂野心勃发。初以余为易与，欲行其挑拨离间之术；既不得遂，则密结龙济光为援，而身自住于商会，日夕煽惑商民三督分权之议，谓各称所能，军民分治。果其计行，必黄独揽兵柄。幸余与陈已烛其奸，而各界代表亦不敢妄与附和。是日执信已饬陆兰清、陆领等部，陈兵西关，并与仲元约，如大会坚持异议，则解散之。黄既失败，又欲运动民军。民军领袖于东园开会议，黄请出席。余知其事，对于各部预为告诫。或有疑为陈、黄之争者，余曰："不然，黄为不利于政府之谋，直叛徒也。特以其恶未著，而商民愚暗，故不能取以明正典刑。民军为革命而来，当绝对敌视之。至陈则为吾人共生死、同患难之老党员，今以其地位足以支撑艰巨，助陈即为政府，此无徘徊之余地。"既开议，黄欲为游说，民军领袖及代表悉起诘难，李就等尤激烈，黄狼狈避席，犹翼新军以从前因缘可以煽动，遂径约与标营士兵讲话，而各营皆拒绝，黄始绝望而逃去。

二三　改选广东省会议员与应付英人办法

自此以后，余等更觉各界大会之凌乱复杂为不可恃，而谘议局旧议员，断无使复活之理；光复各省亦次第改选，粤中人士遂为同等之要求。余乃与竞存、执信等草定《临时省会选举法》，各界为比例选举，特定同盟会代表二十人，妇女代表十人。各界当选者，十九俱著籍同盟者。嗣是省会乃不复有与政府分歧之趋向，而议员有女子，乃为亚洲所创见。

李准走后，余使君佩、道源助毅生设立全省军务处。道源故为李入幕宾，知军事，接收李部陆海军，有条理。黄仕龙在省时，一日，民军谭义部与济军冲突，自午至酉，毅生往弹谕止之，黄则于其间竟日密劝龙乘机作乱。龙惮于形势，不为动。君佩与襄勤（按即古应芬）更以兵舰清理河道伏莽，故各江与省城交通如常。

时英领事詹米纯，故与粤政府龃龉，初得外交通牒，斥云："彼此不宜废官僚士人之称。"余置之不理。既又借保护商船为名，以兵舰阑入西江，游弋至梧州。余饬军务处恢复段舰（按西江沿途分段，交番巡缉，谓之段舰），另以兵舰尾英舰往还。如是旬日，英人无所借口，乃自撤销。惟海关问题，以各通商省分悉依湖北先例，外交部长某以为难于立异，余亦不复坚持初见，遂取同一步调，致开民国以来之恶例，此当时最大失策。张鸣岐初逃沙面，英领事居为奇货，欲助之复职。张不敢从，逃港。港督梅仍欲利用之，张观望，既知势无可为，乃去。梅怪张何怯懦乃尔？其人曰："张于财政即无办法。"曰："胡某能发行纸币，张奚不能？"其人曰："惟胡某能以军府财政部之名义行之，则以张之立场，更觉悟其无可措手矣。"港英文报恣诋余辈，谓之"暴徒"，谓之"暴民专制"。从其顽固保守之素性与"毡图们"（按为英文"绅士"之译音）之假装，固不足以语非常之变革。而且以帝国主义之首魁，则尤不乐闻中华民族解放斗争有何成功，而必多方反对之，破坏之，谓只其好恶与我殊，仍未见其肺腑也。

二四　对党人之观感

余在粤两月，百事草创，惟拼一生之精力赴之。其初，至于寝食俱废，待各机关以次成立，而执信复居中助余规划一切，余乃不至困蹶。（执信日接电话，至耳为之肿，其劳可知）吾辈之弱点，乃适与其时帝国主义各报所批评者相反。盖当行革命专制之实，而又袭取自由民权之名，此为矛盾相撞之点。余辈以革命书生，经验殊少，反动分子即伺隙为祟，精神稍懈，几于根本动摇。（如推举黄仕龙为参督，及提议分权治事等事，俱可为殷鉴）党人本多浪漫，又侈言平等自由，纪律服从非所重视，只求大节不逾，不容一一规以绳墨。其甚者乃予智自雄，以讦为直。（如香军诸人，其始竟欲自树一帜，久乃就范。入民国元二年，变为心社，言无政府主义。又光复后，许人民出版一切自由，各报持议惟谨。而党人所办之各报，乃毛举细事，以讥刺党中领袖，谓之"新官儿"。仲恺常入都督府计事，至深夜而出，某报乃云："有新官儿仰卧藤筦，口喃喃犹呓经济术语。"诫饬之，始稍悛，其荒谬无识至此）执信尝谓余曰："宋儒言：天君泰然，百体从令，直不解事人语耳。"盖发愤于党人之态度也。然当革命之际，仅为少数人之努力，而不能表示为一致的党之行动，此则平时组织与训练上有关，又非徒党员之过矣。

民军当时号称十万，外报造谣，遂若全省扰攘，不可响尔。然余与竞存常摒去卫士，徒步而行，执信、毅生等，则始终无卫随之人。斯时之秩序，盖以革命之空气为之护持。民军之至不谨者，亦无公然违令作恶之事；（石锦泉最蛮悍，尝欲毁拆城隍庙，谓以辟迷信，商民大哗。陈景华以都督令制之，即止。又屡次搜捕私藏军器，及满清旗帜、军服者，皆责令解送陆军军法处，分别处置）于军政府之行政用人，更不敢有所干涉请托。故当时商民凛凛于民军，而至其后滇、桂军披猖于粤东时，则皆叹曰："民军不易及也！"是时，无非常警察与非常裁判所，遇犯通敌不轨之嫌疑人，俱由陆军部军法处审讯，最后则由都督决定之。

汉口、汉阳失陷，黎元洪电粤，言文书多散亡，虑有敌探假使命至各省，请严防。湘省电粤，亦言此。已而有赍鄂都督文书来者三人，谓汉阳失，黎使其与克强分道至粤、桂求救兵者也。余察其职责，太不相当。而三人者乃乘余更衣，而窃视余案上机密文件。余触念鄂、湘来电，不审其人真伪，遂以密电询黎。数日得复，则谓并未有使至粤。余亟遮留三人，且以黎电示之。三人惊愕，指天日，誓不妄，请更电诘黎。余使其拟稿，并听以私人名义同时发电致询。又数日，黎再复电，固言无此事，三人者必伪托，宜严惩勿贷。余复以黎电示三人，三人皆太息曰："此殆命也！"余此时已密检三人行装及其仆从，且详察其言动，都无可疑，特少不更事耳。因问黎遣使时何人与知？公文书及盘费何时领取上道？黎左右有何人足为证据？以电黎及其左右。最后复电，乃云已忆确曾遣三人为使，前两电匆遽未及详；又以汉阳失陷，无底案可查耳。余乃引三人出，贺其更生。翌年，余见黎于武昌，黎云："外人皆言君暴，今殊不似。"余举此事以答，且曰："真革命党，无妄杀人者。"

二五　袁世凯之阴谋

同时起义诸人遭毁谤者，英士尤甚于余，诋余为"暴徒"，而诋英士则直曰"无赖"。上海为东南之锁钥，且中国产业、文化、交通之中心，各层阶级社会盛焉，故得上海，而后足抵汉阳、汉口之失，振起革命军之声势，更为进取南京之根据。英士以苍头军突起，袭制造局，不克，被擒，竟说降其守兵，略定全沪，屹然为革命之重镇。其人才气无双，能利用一切势力，机警善变，不守绳墨，以是为所谓缙绅先生者所畏恶。自其起事时，即辄与租界英、法人连，而交起而狂诋之，而英士强项，无如何也。（余与英士对于内外报纸为个人无理之攻击者，具不屑辩，由今观之，其实大误，盖此为反动之消息，不能任其滋长。彼为此者，亦正不在个人之名誉也）于时苏、浙皆起，南京则以各军联合，逐铁良、张勋而克之。各省复派出代表，议统一政府之组织。克强亦已至沪，则共举克强为大元帅，黎元洪为副元帅。既而因黎派反对，则又改举黎为大元帅，克强副之，而摄行大元帅事于南京。初克强至汉，黎亦虚己以听，惟为战时总司令。顾以新造之鄂，兵力实不足支北来之四镇。克强电余云："鄂军怯，湘军骄，败无疑也！"而鄂人则谓克强有所轻重于其间。汉阳陷，克强主弃武昌不守，赖他同志挟持黎氏，不得听克强言。继以议和声起，北军亦不更进，武昌幸无恙。鄂人乃以为谗诟克强之口实。

黎初以革命党胁迫而出，谓之"床下都督"，画诺而已。然名器所假托，渐亦有权，则私引旧官僚，以倾民党；尤注意报复起义时所不见尊礼者，内部分裂，授敌人以柄自此始。

革命军起，而清政府之军队悉溃坏，所恃为北洋数镇，实成立于袁世凯之手，清廷不得已，复出袁世凯为内阁总理，诸镇始用命，攻革命军。惟吴禄贞树义于辽沈（按当作石家庄），将以兵直捣虏巢，京师震动。袁阴以计通吴部下贼杀之，而诿其恶于良弼。张绍曾、蓝天蔚等继起，亦以袁故，不得逞。吴为鄂省同志，毕业日本士官，才气纵横，其在北方有名，如赵伯先之在南，而实力尤过之。吴不死，清且立覆，而袁世凯亦无由肆志。吴之死，实当时革命军最大之损失也！袁世凯出统军政，欧洲同志吴稚晖等，亦知其不易与。时孙先生适至英，乃请先生以电致袁，谓"能倒戈为汉灭清，当推袁为民国总统"。其实袁尔时已决计居清廷与革命军之间，收渔人之利，不待此电始启发其野心矣。此时清政府已如日薄崦嵫，而革命军之进行，乃犹有障碍。余知此局势非孙先生归，不能解决也。

二六　从总理至沪转宁与襄助
组织临时政府

十一月十□日，闻先生归国，已将抵香港，余大喜！亟与执信、竞存（按即陈炯明）、仲恺等商议，决定要留先生于粤。余则亲偕仲恺乘兵舰至港迎先生。既见先生，屏人熟议，由晨至晚，争论始决。余主先生到粤，先生则主与余偕往沪宁。其争辩之点甚多，今追述其要略。余谓："满洲政府人心已尽去，惟尚有北洋数镇兵力未打破，故得延其残喘。袁世凯实叵测，持两端，但所恃亦只此数万兵力。此种势力未扫除，即革命无由彻底。革命无一种威力以巩固政权，则破坏建设，两无可言。先生一至沪宁，众情所属，必被推戴，幕府当在南京，而兵无可用，何以直捣黄龙？且以选举克强之事观之，则命令正未易行，元首且同虚器，何如留粤，就粤中各军整理，可立得精兵数万，鼓行而前，始有胜算，尽北洋数镇之力，两三月内未能摧破东南，而吾事已济，以实力廓清强敌，乃真成南北统一之局。沪宁相较，事正相反，若骛虚声，且贻后悔。最近福建、广西、贵州诸省，正以宁、鄂当冲，有暂推粤为首都之议，吾辈方谦让未遑，先生则可控搏此局。"先生则谓："以形势论，沪、宁在前方，不以身当其冲而退就粤中，以修战备，此为避难就易，四方同志正引领属望，至此其谓我何？我恃人心，敌恃兵力，既如所云，何故不善用所长而用我所短？鄂既稍萌歧趋，宁复有内部之纷纠以之委敌？所谓赵举而秦强，形势益失，我然后举兵以图恢复，岂云得计？朱明末局，正坐东南不守，而粤桂遂不能支，何能蹈此覆辙？革命军骤起，有不可响迩之势，列强仓猝，无以为计，故只得守其向来局外中立之惯例，不事干涉。然若我方形势顿挫，则此事正未可深恃。戈登、白齐文之于太平天国，此等手段正多，胡可不虑？谓袁世凯不可信，诚然；但我因而利用之，使推翻二百六十余年贵族专制之满洲，则贤于用兵十万。纵其欲继满洲以为恶，而其基础已远不如，覆之自易，故今日可先成一圆满之段落。我若不至沪宁，则此一切对内对外大计主持，绝非他人所能任，子宜从我即行。"先生持之甚坚，余亦觉所见不如先生之远大，乃服从先生主张，立为书分致竞存、执信、毅生诸人，使竞存代理都督事，并以命令饬各军服从竞存，皆以授仲恺，使返省，与诸人部署一切。余则与先生同舟而行。（仲恺至省，执信、毅生等群谯让仲恺，谓何忽翻前议？仲恺谓："当争辩时，不能赞一词，及既决定如此，惟有奉命而返。"执信、毅生曰："然则我辈当俱从往矣。"君佩谓："如此是置竞存于孤立，而抛弃粤局，非先生等之本意。竞存方治新军，须民军服从不抗，然后防营与济军不生问题。毅生、执信实握过半数之民军，此时举足轻重，尤不可轻言引去。"众议始定，竞存始勉强受事）

余随先生至沪，英士、克强俱来迎，相劳苦，数月之别，如数年。（英士以是年五月由沪径入粤，观察三月廿九败后一切情势，过港与南方支部同志相见，为余识英士之始）更见精卫，则真如隔世。二人俱狂喜，至相抱而踊。精卫于湘、鄂等省反正时得出狱，果如孙先生所预言。闻吴禄贞将起兵，辄走从之，中途知吴遇刺于石家庄，乃折回天津，与天津同志有秘密之运动。袁世凯起任事，其子克定踔弛以太原公子自任，精卫亦阴结之。事闻于袁，则私见精卫，谓非常之举，非儿辈所知，而自输诚于民党。既而南京亦光复，精卫乃至沪。时清廷与袁世凯使代表议和者为唐绍仪，各省革命军之代表则为伍廷芳，同志更推精卫与王正廷、王宠惠、温宗尧、胡瑛参赞其事。唐亦时与精卫密商，不拘形迹也。

国内同志以先生既归，乃共谋建立政府，举先生为总统。时章炳麟、宋教仁已先在沪。章尝倡言若举总统，以功则黄兴，以才则宋教仁，以德则汪精卫，同志多病其妄。章又造为"革命军兴，革命党消"之口号。盖章以革命名宿自居，耻不获闻大计。其在东京破坏军器密输之举，党未深罪之，章仍不自安，阴怀异志。江、浙之立宪派人，如张謇、赵凤昌、汤寿潜之属，阳逢迎之。章喜，辄为他人操戈，实已叛党。钝初居日本，颇习政党纵横之术，内挟克强为重，外亦与赵、张、汤化龙、熊希龄相结纳，立宪派人因乐之以进，宋之声誉骤起，故章炳麟才之。然终

以党人故，克强不敢夺首领之地位，钝初始欲戴为总统，已为总
理，至是亦不得不服从党议，然仍主张内阁制。以克强光复诸
省，由革命军首领派代表者，悉同盟会党员，只直隶、奉天为非
党员。选举及组织政府问题，当然由党而决，遂开最高干部会议
于先生寓邸，讨论总统制与内阁制之取舍。先生谓："内阁制乃
平时不使元首当政治之冲，故以总理对国会负责，断非此非常时
代所宜。吾人不能对于惟一置信推举之人，而复设防制之之法
度。余亦不肯徇诸人之意见，自居于神圣赘疣，以误革命之大
计。"时列席者，为余与精卫、克强、英士、钝初、静江（张人
杰）、君武、觉生（居正）等。静江率先对曰："善！先生而外，
无第二人能为此言者，吾等惟有遵先生之意而行耳。"众皆翕然。
翌日，钝初等即入南京，由各省代表开选举大会，省占一投票
权，共十五省，先生以十四票当选为中华民国临时大总统（按当
时参加投票，为十七省代表，总理实以十六票当选），并决定总
统于阳历一月一日就职（距投票选举三日）。余急就旅沪之广、
肇、潮、嘉同乡，募捐得军资七十余万。一九一二年一月一日，
先生入南京，行总统就职礼，改元为中华民国元年。民国政府成
立，而满清二百六十四年之政府以亡！中国四千余年君主专制政
治亦以废！

从来中国历史家论一代政府之倾覆者，辄曰："人心已去，
事无可为。"此于满清之亡为尤剧！中流人士固多有发愤亡秦之
志，而民众亦既厌且憎；即其文武大僚从得禄位，当与其共休戚
者，亦更不为之效忠致力。革命军起，封疆大臣辄望风窜走，否
则树降旗以求自保。仲恺告余，谓："陈昭常在东三省，闻南军
战胜则喜，闻清军战胜反戚戚然也。"故是时种族之辨，真厘然
有当于人心。而载沣辈惟亲贵是用，失其控驭之术，固自速灭
亡，然此殆亦无关宏旨。洪杨时代，以天父天兄之迷信，反对儒
教，知识阶级乃群起敌之。君臣天泽之旧说，为曾国藩、胡林翼

辈挟以对抗民族主义，使清室亡而复存，其他为满洲城守死节者，亦相望于道。至辛亥革命，而一切呈相反之现象。以此较衡，可知排满宣传战胜一时之思想者，实为根本之成功。其次，军队为政府最大之保障。满洲入关，尝数度因变故而改革扩充其兵制，即赖此以复振。及其末造，更治新军，乃不惟不效，且以自杀，则以革命党之军队运动，为能破坏之。新军之制，以德与日本为师，比于旗兵防营为远胜，且征募良家识字者为之，同盟会会员则正以此而得应募入营。各省光复，大抵以清之新军为先锋，此亦推翻清廷、成功革命之重要因素也。

先生入南京，即日发表宣言，统一各省军事、民政、财政以及汉、满、蒙、回、藏五族统一而为共和国家之旨。就职誓词则言："誓覆一姓专制之政府，至民国巩固，宪政告成，即返初服。"布告全国，废除满清一切法令。令禁毋得卖买男女及奴隶他人者。凡中华民国人民，人人自由、平等。以主权在民之原则，著于约法。谕北方将士，毋为一姓效力抗命民国。先生以余为总统府秘书长，各部之组织，则采纳克强意见。其人员如次：陆军部长黄兴，次长蒋作宾；内务部长程德全，次长居正；外交部长王宠惠，次长魏宸组；财政部长陈锦涛，次长王鸿猷；海军部长黄钟瑛，次长汤芗铭；司法部长伍廷芳，次长吕志伊；教育部长蔡元培，次长景耀月；实业部长张謇，次长马君武；交通部长汤寿潜，次长于右任。部长只陆军、外交、教育为同盟会党员，余则清末大官新同情于革命者也。惟次长悉为党员。内务初提钝初，以其尝主内阁制，并欲自为总理，故参议院不予通过，（初由各省代表会行参议院职权，阁员须得其同意，著为约法，其后因之）而改用程德全。程以清江苏巡抚，于南京未破时树义旗反正者。克强推荐张謇或熊希龄长财政，先生不可，曰："财政不能授他派人，我知澜生（按系陈锦涛字）不敢有异同，且曾为清廷订币制，借款于国际，有信用。"于是用陈。亮畴（王宠惠字）以资格不足，欲辞。先生曰："吾人正当破除所谓官僚资格，外交问题，吾自决之，勿怯也。"然张、汤仅一度就职，与参列各部会议，即出住上海租界。程固于租界卧病。伍以议和代表不能管部务。陈日经营借款，亦常居租界。故五部悉由次长代理。部长之负责者，黄、王、蔡耳。时战事未已，中央行政不及于各省，各部亦备员而已。独克强兼参谋总长，军事全权集于一身，虽无内阁之名，实各部之领袖也。克强以三月廿九之役及汉阳督师。声名洋溢于党内外，顾性素谨厚，而乏远大之识，又未尝治经济政治之学，骤与立宪派人遇，即歉然自以为不如。还视同党，尤觉暴烈者之只堪破坏难与建设，其为进步欤？抑退步欤？克强不自知也。既引进张、汤为收缙绅之望，杨度、汤化龙、林长民等，方有反革命嫌疑，亦受克强庇护，而克强之政见，亦日以右倾。

二七　在临时政府时期之作风

余治总统府文书，大小悉必过目。四方有求见先生，必先见之，忙劳仿佛在粤时。余与先生同寝室，每夜余必举日间所施行重要事件以告。其未遽执行者，必陈其所以，常计事至于达旦。姚雨平所部既渡江，先生中夜谓余曰："子留守，余明日渡江击贼矣！"余力言："雨平军精锐，必能破张勋，无须先生自将，而他军则难以为继。先生以偏师进，不止乘危，且无异暴吾弱点以示敌。"先生乃止。庶务长沈某，自称内务大臣，招摇于外，又强役民间车马不予值。余执付江苏都督庄思缄，诛之。继者为应夔丞，兼卫队长，渐跋扈，余欲并诛之，先生不可，乃褫其职，而以朱卓文代。参议院议员以同盟会占大多数，顾狃于三权分立之说，好持异议。余常以政府委员出席，辄为言："今为革命非常时期，戡乱未遑，议院不能置充分信任于政府，而反掣其肘，华盛顿抗英初期之故事，可以为鉴；即不覆亡，亦无由发展，非所以代表民意也。"定都南京之议，参议院不同意，谓不足以控制东北。盖太炎、钝初反对最力，以为迁都南京，即放弃满蒙。（太炎于南京追悼阵亡将士，制挽联云："群盗鼠窃狗偷，死者当不瞑目；此地龙蟠虎踞，古人毕竟虚言。"盖不惮公然为反革命之言论）参议院惑于其语。先生召克强至总统府，让之。克强亦谓党中不应有异议。先生遂召集院中同志黄复生、李伯申、邓家彦等，为评言其得失，则皆唯唯。依参议院法，须政府再交院议，始能推翻原案。邓、黄等以是请，克强遽曰："政府决不为此委曲之手续，议院自动的翻案，尽于今日；否则吾将以宪兵入院，缚所有同盟会员去。"是日，适祭明孝陵，遂请先生俱上马出府。余称病，不从行，而就府中草文书，交院再议；一面飞骑白先生。迨先生祭陵归，此事已解决，先生不予罪也。一日，安徽都督孙毓筠以专使来，言需饷奇急，求济于政府。先生即批给二十万。余奉令至财政部，则金库仅存十洋。总长因在沪，次长愈徬徨无策。余乃提取粤北军款六万余，更益以他款为十万元，予之。而皖使以初见先生批，继减其半数，反以为子靳之也。余在秘书，提倡平实简易之文。布告北方将士，初使秘书雷铁铮属稿，词颇艰深。余谓此当使人共喻，如布帛菽粟，无取矜奇，因属任秘书鸿隽改作。雷不悦，即朴被出府，并为诗自嘲曰："十年革命党，三日秘书官。"名士气深如此，难乎其为党服务矣。张謇荐其徒十余人于秘书，余悉不用。张扬言于沪，指余为第二总统。精卫以告，且曰："惟负责，故有此谤；毁之，适以誉之耳。"

二八　迁就南北和议之真相

当时最大问题，无过议和。议和之目的，在清帝退位。而清室以取得优待为条件，袁世凯则以取得政权为条件。袁一方挟满族以难民党，一方则张民党以迫清廷，时人谓之新式曹操。清廷主战者，惟良弼，正月廿六日，为同志彭家珍炸毙，清亲贵皆胆落。而段祺瑞领衔，北方将领四十余人赞成共和，则实承袁之意志为之。其性质与张绍曾、蓝天蔚殊，盖为袁不为汉也。优待条件非民国所宜有，留尊号于别宫，听其窃以自娱，虽曰等于儿戏，仍足惑人视听。又许以数百岁费，为逊让之报酬，使废朝之皇族犹有所养，可云过厚不当。然此犹于革命之得失无关宏旨。至举政权让之专制之余孽、军阀之首领袁世凯其人，则于革命主义为根本矛盾，真所谓"铸六州之铁，成此大错"矣！先生始终不愿妥协，而内外负重要责任之同志，则悉倾于和议，大抵分为三派之说。其持中国固有之宗法论理思想者，则曰："名不必自我成，功不必自我立，其次亦功成而不居。"其持欧西无政府主义者，则曰："权力为天下之罪恶，为政权而延长战争，更无可以自恕。"（当南北争持至烈时，李石曾以长电驳诘南京政府，一若只须清帝退位，吾人即万事不宜深问者）其仅识日本倒幕维新，而不觉修正改良派社会主义之毒者，则曰："武装革命之时期已过，当注全力以争国会与宪法，即为巩固共和、实现民治之正轨。"余集诸人意见，以陈于先生。先生于时亦不能不委曲以从众议。更就客观环境而言，则鄂省实已与袁讲解，北方得集中其力以向南京。南京军队隶编于陆军部者，号称十七师，然惟粤、浙两军有战斗力。粤军不满万人，持以击退张勋及北洋第五镇于徐州。浙军将领，则素反对克强，不受命令，陆军部不能加以裁制。其他各部，乃俱不啻乌合，不能应敌。盖当时党人对于军队，不知如法国革命及苏俄革命时所用之方法，能破坏之于敌人之手，而不能运用之于本党主义之下。由下级干部骤起为将，学问经验，非其所堪。又往往只求兵数增加，不讲实力。此为各省通病，而南京则尤甚也。

军饷更为重要问题。各省方忧自给不足，遑论供给政府。千万之公债，虽通过参议院，而未尝得一钱以应急。财政部日谋借债，俄债千万，几有成议，为参议院所拒否。日商之款五百万，则为汇丰银行抵制，至不能成交，实受帝国主义者之打击。先生主张厉行征发，而克强难之。以南京之军队，纷无纪律，不能举军政时代一切之任务也。军队既不堪战斗，而乏饷且虑哗溃，于是克强益窘，则为书致精卫与余，谓："和议若不成，自度不能下动员令，惟有割腹以谢天下！"故精卫极意斡旋于伍廷芳、唐绍仪之间，而余则力挽先生之意于内。余与精卫二人，可云功之首，而又罪之魁！然其内容事实，有迫使不得不尔者，则非局外人所能喻矣。同盟会未尝深植其基础于民众，民众所接受者，仅三民主义中之狭义的民族主义耳。正惟"排满"二字之口号，极简明切要，易于普遍全国，而弱点亦在于此。民众以为清室退位，即天下事大定，所谓"民国共和"则取得从来未有之名义而已。至其实质如何，都非所问。革命时代本有不能免之痛苦，闻和平之呼声足以弛其忍受牺牲、继续奋斗之勇气，故当时民众心理，俱祝福于和议。逆之而行，乃至不易。夫以有热烈倾向于革命之群众，而不能使为坚强拥护革命之群众，此其责当由革命党负之，而亦为当日失败之重要原因也。党人且未完全认识其革命之使命，则于无组织训练之群众，又何尤焉。

清帝溥仪退位之宣言，由张謇起草，交唐绍仪电京使发之，乃于最末加"授袁世凯全权"一语，袁殆自认为取得政权于满洲，而作此狡狯也。先生见之，则大怒责其不当，而袁与唐诿之清廷，且以其为遗言之性质，无再起死回生而使之更正之理。乃电南京，承认临时参议院与总统为服从民国之表示。且通令各方各军，悉改用民国旗帜。先生乃于南京参议院提出辞表，而推荐袁继任临时大总统。（参议院接受先生辞职文，比之卢斯福，而颂袁世凯当选，则比之华盛顿，其无识可笑至此）"就职南京"，为附加之重要条件，而精卫与蔡（元培）、宋（教仁）、刘（冠雄）赍使命北行，乃遇曹锟所部兵变恣掠，乃任袁将此条件打消。或谓袁实使所部变，俾借口镇摄而免南下。顾蔡等无以察其伪，所谓"君子可欺以其方"也。第一次内阁，以唐绍仪为总理，兼得南北之同意。民党厕身阁员者，教育蔡元培、司法王宠惠、农林宋教仁、工商陈其美（陈以上海军事未能就职，使次长王正廷代），盖亦一混合内阁也。唐绍仪至南京，接收临时政府，先生欣然受代。诸将以无所系属，皆不安，乃更置留守府于南京，以克强为留守。先生谓唐："余不能为同志干禄，然有志留学于外国者，新政府当资遣之。"余以告秘书处同僚，则志愿留学欧美者过半，余亦厕名其中。先生一见，即涂抹余名字，谓"国事未定，当留国内相从"，而以余人授唐，余为之爽然若失也。

二九　同盟会之改组与各省都督之更动

南京政府未解组，而同盟会会员已有公然脱党者。章炳麟为张謇、熊希龄、赵凤昌之傀儡，而奔走于江、浙间，号召保皇立宪派变相之政党；刘成禺、时功玖等则以地域意见，另组共和党，以拥戴黎元洪，皆不惮公然攻击同盟会。其人既由同盟会分裂以出，则于当时颇受影响。同盟会因开大会于南京，党员意见分左右两派。右派以为武装革命已告终了，应改为公开之政党，从事于宪法国会之运动，立于代表国民监督政府之地位，不宜复带秘密之性质。左派则以革命之目的并未达到，让权袁氏，前途尤多危险，党中宜保存从来秘密工作，而更推广之，不宜倾重合法的政治竞争而公开一切。乃讨论结果，右派占多数，且有改选精卫为总理之决议，盖以先生方综国政，不宜兼摄党事也。余诧其无识，起与众争，不得当，惟有太息而退。（余当时欲出外留学，亦以失望于党人也）其后以精卫谦让，迄未就总理之职。是时同盟会已含分化之趋势，察其原因，实为自然必至，而非骤变于一时。盖同盟会之构成，以知识阶级（留学生与内地学生）为主体；次则流氓无产阶级（会党与失业农民）与华侨之小资产阶级、工人阶级为多数之成分，而皆集于知识阶级旗帜之下。在当时为达到国民革命之战略，则政策亦无胜于此者。顾中国距欧洲资本国家远，其得欧洲各国革命历史之教训，又不如所受日本倒幕维新之影响为多。党人既不悟革命不彻底之必无所得，（不以革命阶级为主治阶级，任反动势力之坐大，即同于革命之中道自杀）而由其阶级素性（知识阶级——小资产阶级）一旦稍免于压迫之形式，即离开革命而别有倾向，殆无足深怪。同盟会为尔时中国唯一之革命政党，而其组织实非完善，党于党员，不能收以身使臂、臂使指之效，即亦不能深入群众而领导之。党员之贤者，笃于所信，其牺牲献身之精神，足令闻者兴起而不可磨灭，然亦往往出于自动，而非党的行动。知识阶级以自由平等为一般伦理的要求，惟同盟会之疏阔简易，能与适合，然犹不免于"机械"之疑、"专制"之谤，则近人所谓"铁的纪律"，更难言之。故革命之形势变更，而党之弱点种种，遂不可掩，此亦可为后来之鉴戒矣。

余在南京时，与宋钝初关于中央地方之建制，辩争颇烈。宋主中央集权，余主地方分权。宋谓："起义以来，各省纷纷独立，而中央等于缀旒，不力矫其弊，将成分裂；且必中央有大权，而国力乃可以复振，日本倒幕，是我前师。"余谓："中国地大，而交通不便，满清末造，惟思以集权中央挽其颓势，致当时有中央有权而无责，地方有责而无权之讥，而清亦暴亡，则内重外轻，非必皆得。且中国变君主为共和，不能以日本为比。美以十三州联邦，共和既定，即无反复。法为集权，而黠者乘之，再三篡夺。我宜何去何从。况中国革命之破坏，未及于首都，持权者脑中惟有千百年专制之历史，苟其野心无所防制，则共和立被推翻，何望富强？"宋谓："君不过怀疑于袁氏耳。改总统制为内阁制，则总统政治上之权力至微，虽有野心者，亦不得不就范，无须以各省监制之。"余谓："内阁制纯恃国会，中国国会本身基础犹甚薄弱，一旦受压迫，将无由抵抗，恐踏俄国一九〇五年后国会之覆辙。国会且然，何有内阁？今革命之势力在各省，而专制之余毒，积于中央，此进则彼退，其势力消长，即为专制与共和之倚伏。倘更自为削弱，噬脐之悔，后将无及。"宋终不谓然。（宋不得志于南京政府时代，然已隐为同盟会右派之领袖，以左派常暴烈，为社会所指摘，右派则矫为稳健，以博时誉。宋入京时，多所结纳，马君武诋之，谓其卖党于袁世凯。宋归，于右任以其言告宋。一日，宋、马相遇于总统府，宋以是质马，而遽批其颊。马还击，伤宋目。余与克强止其斗。马谓："因不识钝初政治之手腕，故有是言，钝初诚愿始终忠于党，我甘承其过。"宋入病院，旬日始愈，同志莫不怪马之卤莽也）

时各省都督略有更动，江苏庄蕴宽以有反对定都南京之抗议，苏人乃复推戴程德全。江西以马毓宝冗沓不治事，赣人迎李烈钧而逐马。（马任都督时，赣省军队多洪江会党，兵无一定军籍，至轮月更替。马为部下挟制，至一事不办。李由湖北回赣，颇能刷新一切）孙毓筠以不能统一安徽，黎元洪又助黎宗岳以与为难，皖人迎南京第一军军长柏文蔚返皖。蒋尊簋不安于浙，朱瑞亦以南京第二军军长资格返浙。陕西都督张凤翙、山西都督阎锡山，初以兵败弃职，及南北和议成，皆得复任。山东以孙宝琦之伪独立，各属仍多树义旗者。南京使海军护送闽沪北伐之师，从烟台登陆，声势颇壮。顾克强推荐胡瑛为山东都督，节制陆海军。胡本不能任大事，自湖北出狱后娶两妻，复吸食鸦片，日学旧官僚之声音笑貌，以自矜异。唐少川至南京，言胡有嗜好，使山东士民失望。于是袁世凯以其私人周自齐督山东，谓周故山东籍也。王芝祥统广西北伐军至南京。王机警，善应对，克强喜之，编为第四军，以王为直隶人，欲使如柏文蔚、朱瑞。时唐少川已入同盟会，亦赞成此议。然卧榻之侧，不容他人鼾睡，袁固始终拒绝也。余离粤后，民军石锦泉等愈跋扈，陈竞存使魏邦平执石杀之，王和顺、关仁甫、杨万夫等益自危，其党羽四出谋去陈。先生之兄孙眉为所动，则偕黄仕龙等至南京。余察其言，不啻为反动派游说，而先生亦前知王和顺等之为人，戒兄眉勿受其欺。已而民军拥戴孙眉之电报纷至，先生则为电斥之，谓"素知兄不能当此军民大任，毋误粤局"。眉怏怏而去。而王和顺、关仁甫遂反竞存，以兵击之，王、关辄先逸去。黄明堂、李福林、陆兰清等诸部，悉附省政府，王、关遂溃败；其余党陆某窜据虎门，亦不数日而定。竞存通电辞职，先生慰留之。竞存乃推举执信、仲恺、毅生、少白、世仲诸人，谓皆可使治粤。执信以为浼，走避香港。君佩等邀之返，竞存亦不固执辞意，乃使仲恺至南京，欢迎先生返粤（时南北和议已定）。当时粤中各团体有推举精卫督粤者。精卫方与吴稚晖、蔡子民、李石曾等发起为"六不"会与进德会，自矢不作官、不作议员，对此殆以为不成问题也。

三〇　随同总理游历武汉

余以中山先生平时的精神，订定南京总统府薪俸至薄，自秘书长以至录事，每人月领三十元，宿食则由政府给办，亦一律齐等。满清官僚气习，扫荡无遗。财政部亦在总统府内，陈锦涛不能堪，至谓余曰："余为部长，不如前清之司员华贵多矣。"唐绍仪住总统府两日，亦谓余曰："大总统亦无特别之浴厕，固是异闻，而孙先生以二十年在海外之习惯而能堪，尤可异也。"由唐、陈一派人眼光观之，固以为不免固陋，即克强等亦不谓然。

时各省军人往来苏沪者，颇纵情声色，以为英雄本色。当时剪发易服，而社会渐趋奢侈，政客之猎官热亦骤盛，故精卫与吴、蔡、李诸人思力矫之，"进德会"、"六不会"皆由此起。（王宠惠独反对之，谓人曰："女子参政，男子进德，国家将亡，必有妖孽。"）吴、李久居法国，常与政府党人游，而宗尚其主义。更得张静江之助，于一九〇七、一九〇八年发行《新世纪》于巴黎，斥强权，尊互助，于各国政府皆无恕词。对满洲更恣情毒詈，杂以秽语，使中国从来帝王神圣之思想，遇之如服【酸】剂，去其积滞。吴、李于民族革命，亦热心致力，与后之高谈"安纳其"主义，不问政治是非者殊科。精卫与子民、溥泉（按即张继）亦渐有无政府之倾向，惟溥泉比较浪漫，不若精卫、子民之通，而自然有节也。

南京政府既解组，余随先生溯江而上，至武汉，见黎元洪。黎衣军服，尚粗率，有军人本色。与谈政抬，多不了解。叩其何以助黎宗岳攻孙毓筠？则茫然莫对。盖部属所为，不必尽关白也。黎不通文史，饶汉祥为掌秘书，所撰函电，但求骈偶堆砌，多占篇幅，而纰缪不通，则在所不计，言之不能成理，则矫为淫啼浪哭，全博社会对于弱者之同情。唐少川（按即唐绍仪）至南京，商组内阁，以袁于陆、海军、内务、交通等要职，悉位置其私人，参议院初不愿同意，故旬日始定。而黎已一再通电促迫，至云："元洪为组织内阁，泪竭声嘶，乃言者谆谆，而听者藐藐。"余既憎其无病而呻，尤恶其一心媚袁无所不至也。武昌同志私语余云："黎初本以党人强迫而出，终日惴惴，从前以一协统望袁世凯如帝天，袁出，情甘为屈。第一次袁之使者来，黎竟谓一切当如宫保意旨。袁既稍假以词色，而赇收其左右，黎安得不奉令惟谨。天下惟诒人者能骄人。自北兵停止进攻以来，黎氏已不如从前之易与矣。"余察知黎浑浑而有机心，其纵部下以捣乱，正非无意。内既以孙发绪、饶汉祥辈为心腹，而孙武、刘成禺等，复以同盟会员显树异帜，为之张目。武汉同志虽知强敌当前，而组织散漫，步骤全无。黎既愿借袁之势力，以排除异己，而有首义元勋与副总统之资格，乃袁求之不得之工具。袁所不敢颂〔烦〕言于当时者，辄使黎为尝试。袁、黎狼狈为奸，其共同之目的，乃在反对革命。然章炳麟、孙武、刘成禺之戴黎为首魁者，方施施然以为得。余知巨忧所伏，不仅关系于武汉矣。

先生于武昌、汉口两处，受群众热烈之欢迎。先生莅会，俱为民生主义演讲，大意谓："同盟会提倡革命，以三民主义为旗帜，满洲倾覆，民国成立，民族主义、民权主义俱有相当之成功；然于民生主义，则初未努力。中国大患，在贫与不均，革命以后，民众实有莫大之幸望，若舍是不图，惟务少数人之权利，则非革命本旨，而民众不堪其痛苦，将以第二次之革命为其要求。今当变革之际，推行平均地权各种政策，自较平常为易，必由此而后为真正之国利民福。"听众颇为感动。而孙武等则纷为传单，反对先生，谓先生于此时乃主张第二次革命民生主义云云，不啻为武汉间流氓暴动之导火线。黎氏亦谓余曰："武汉之局，方忧摇动不安，先生奈何言此？"余知其不可以理喻也。先生旋返上海复为演说，如在武汉时。时有江亢虎、李怀霜等发起中国社会党，名实至不相称，望而知为小政客出风头之首本。而同盟会重要分子于右任、陈英士所组成之《民立报》，于排满革命时期，为党机关铮铮之有声者；乃敦用章士钊为编辑，对于先生民生主义之主张，表示反对。士钊于民党本接近，惟以在日本留学时，太炎挽使入同盟会，士钊踌躇不果。民国元年始由英归国，惭其落伍，遂标榜无党以自高。为《民立报》编辑，不特不尊重同盟会之政纲与党议，且时事讥弹立异说，谓个人不党，当如是也。于是戴季陶任编辑之《民权报》、邓家彦任编辑之《中华民报》，皆与《民立报》对垒笔战。同为民党言论机关，而呈此种怪现象，则右任等之过也。

三一　复任广东都督

六月，余与仲恺等复随先生到广东。先生足迹不涉五羊城者十七年矣，粤人俱欲望见颜色，不止万人空巷。先生亦极欣畅，与竞存宴谈于都督府，至夜始出。席间，竞存询余最近感想。余谓："共和国之主权在民，而人民之不识字者，实居大多数，更不知民主政治为何物，余欲专心从事社会教育，并为本党宣传主义。"竞存笑谓："君从何处得此优闲岁月？"余不知其指，亦漫应之耳。次日，余起床稍晏，邓仲元（按即邓铿）已候于门，谓竞存有要事商榷，促余即往。余与偕入都督府，至客室书房，俱不见竞存。仲元谓当在寝室，遂偕余径入内，则执信在室，而仲元遽反扃其户，始出竞存所留书于棂，则竞存托词养母，已宵行避于香港。余为之错愕！仲元、执信皆言："此时粤省一日无负军民责任之人，可顷刻发生剧变，今此责全属于兄，兄之从违，即为粤局安危所系，余等计之已熟。"余谓：先生不欲出外国，欲余相从，余故择定自己之事业，即昨为竞存言者，我实不愿再为冯妇。且竞存方惩创不逞之民军，使省政府日就巩固，遽然易帅，尤非所宜。计莫如暂秘其事，兄等代为之理，而使人力邀竞存复返，竞存固不当此时局放弃责任，以鸣高尚也。"仲元谓："竞存此行，早有决心，我知竞存除非粤局已有人负责，必不虚返。渠意无异以青毡故物相还，兄固执所见，不能成其美，彼此推让，粤局且立僵，即能分谤于他人，亦复何益？兄所以责竞存者，吾等正愿以此相规。"执信谓："此事最宜取决于孙先生，吾等一面部署内事，已一面使人走白先生矣，我料先生必从众议。今日为党、为广东，兄皆不能存个人自由意见。"是日，文武职员会议于都督府，主张一致。先生则莅省议会为长时间演说，复至都督府，谓粤省关系重大，责余不得遁避。余乃与执信、仲元约，以必邀竞存返省理军事为条件。执信亲为往港，竞存知余已复任，亦遂返省。

尔时袁世凯势力未张，则貌为恭谨下士，对于民党有名人物，辄侧席以迎，而阴以声色货利陷之。余与精卫由鄂返，经沪时，唐少川出袁致余二人电，备极推重，聘为高等顾问，敦请入京。余怫然曰："袁乃以为我辈亦可入其彀中耶？"拟即电责之。少川谓："此事未必遂蓄恶意，置之不答已足，毋必予以难堪。"已而精卫以党议北行，解散京津秘密组织，袁知之，使人辟清某王府，盛供张以迎。精卫过其门哂曰："吾何用此渠渠广厦为？"不辞径去。而孙毓筠、胡瑛辈，则遂以是丧节卖身矣。

五十年经历（节录）

柏文蔚

编者按：柏文蔚（1876~1947）是辛亥革命和1913年讨袁战争的重要人物，以后又参加护法战争，1924年赞助孙中山先生改组国民党。他的自传对于这些历史事迹，提供了许多资料。我们曾访问过他的子女柏心瀚、柏心慧等。据柏心瀚说，自传大部分是抗日战争时期在湘西闲居时写的，由他誊清，未保留原稿，后来誊清稿亦毁。柏心慧说，这份自传是她的亲戚（也是柏文蔚的秘书）抄录的副本，为了避免国民党特务的迫害，删去了蒋介石所忌讳的部分。今据此抄本付印，酌加简注。

壬申炎暑，热气袭人，避居山中，觉嚣尘俗鄙之怀为之顿消，不但医我血压高，且可却我功名热。每当风晨月夕，闭目独坐，偶有所思，五十年如一梦，实白驹过隙耳。其间奔走流离，惊涛骇浪，使高堂忧惧，家族议讥，亲邻讪笑，果何为者？不有以记述而揭明之，余之生也，将不知何所为而来，及其死也，又不知何所为而去。故五十年之经历，有不容已于自述者。按年索想，历历在目；笔之于书，事皆翔实，不敢铺张，不敢炫耀。言为心声，以质诸世之掌月旦者，其加以褒贬焉。是亦著者之心愿也。谨缀数言，以志篇首。

余世居安徽寿州，始祖由山东迁寿州，至余已七世，历代青箱也。余质鲁钝，而记忆力甚强，脱襁褓后，事无巨细，悉能历数不忘。甲申年余九岁，已开始读书。丁亥十二岁以后，已读完《山海经》、《尔雅》及《四子书》。至己丑十四岁，七经皆可背诵。惟午夜自思，均非济世之学。又悟及天圆地方之学之误谬，由是终日闷闷郁结不开。然为家庭与社会环境之压迫，亦只有精攻试帖八股，以消磨岁月而已。余尝喜浏览鉴史子集，教者禁之，而凤洲《纲鉴》及《庄子》、《老子》、《韩非子》、《墨子》各书皆于室外林下乘隙读之。当时世之学者，无所谓各种科学，无所谓专门学，维日孜孜不倦者，皆不过俳优之具耳，于人类所需社会进化之学，何所取焉。然余虽决意不为弄文舞墨之事，但为事实不许，实无脱此羁绊余地。讲道德，说仁义，忽忽悠悠，遂不知不觉又迫近考试时代。余既以八股试帖不济实用，又无其他专门可学，乡村农圃之事，窃喜为之。农学丛书，潜心研究。常与老农老圃遵守节令，选择种子，按时植树栽菜，播种五谷。胼手胝足，处之夷然，不以为苦。余臂力过人，负重可百余斤。父母钟爱甚，常诫勿伤力致成疾患。余慰之曰："青年不吃苦，长大游手好闲，怀安败名，甚为可怕。"父母欢悦。

又余家自洪、杨反清战争之后，家产荡然，所余田产无几。兼之连年荒旱，收获不足糊口，父母操持家务，困苦已极。余父在家教读，余至十六岁时，常代父授课，同学亦皆守秩序。同学功课未稍荒废，故其家族均无异言。盖因余家自清咸、同年间已成破落户。光绪初年家徒四壁，余父收学生十余人，年可获束修数十金，以作家用。余深知家庭苦况，维持私塾不倒，可全名誉，且有收入，即自兢兢业业，劝同学按日读书。同学亦乐于就范。约三年之久，名义上系余父为师，实际上确余在私塾负责也。

壬辰年，余十七岁，中国旧文学可谓已得门径，为文亦可清通。余父命余考试。余以功夫未深，要求再延三年后应考。余父亦欣然许之。至光绪二十三〔二〕年丙申，余已二十一岁。余父率余应试，至州城府试，五场皆中。九月院试，学差为李端玉，命题以能后篇为多，诗题为"凉秋九月"，得陵字，竟一发而中。兰衫鹊顶，炫耀一时，乡人羡之，父母悦之。余终以为经国大计不在此雕虫小技也，遂立志研究新学。彼时都人事①谓之洋务，余不遗余力以图之，世人评论，非所计也。

余自二十一岁后乃就馆于蜀人吴少海家，学生男女三人，脩金年三十串。但余对此项工作甚感苦闷。学生吴玉良年幼聪敏，颇解余意，与谈治乱兴衰之道，政治不良，若不根本改革，无以自强。吴生印象甚深。忽忽两年，驹光一刹那耳。余决计改图，不再授课。乃商得余父同意，于光绪二十五年己亥正月开始，在家经营农业。但当时既不知农村合作方法，亦不懂农村组织各种利益，未数月即被余父所阻而告失败。不得已仍回城，于端阳节后开馆授徒，重入牢笼，甚非所愿也。

自甲午之役以还，倭寇益逞。中国人民在满清政府重重压迫下，过着极其困穷和痛苦生活。余与邑人三五知己，如孙少侯（毓筠）、薛少卿、张树侯、朱金甫等，创立阅书报社，藉以研究救亡图存之道。彼时上海只有《申报》一种，油印甚劣。又梁启超在湖南创立《湘学报》，印刷亦同《申报》，吾人皆视为金科玉律。此外有郑观应之《盛世危言》，吾人皆作为圮上天书。惟当时新势力未张，旧势力仍强，维新派仍不敢畅所欲言，行所欲行。惟于紧要问题，积极地以谋改革，如改良藏书楼，创

---

① 　此处原稿如此。

立天足会等，揆时度势相机行之而已。

己亥年，余二十四岁。满清政府反动腐化，对汉人压迫手段日酷。在此情形下，余益不能在家安居，遂决然赴省，自谋出路，而吴生亦形影相从。因人地生疏，困难实多。适皖省以求是学堂改为安徽大学堂，陈请投考，当道许之。乃与吴生联袂考入该校，于六月入校肄业。

次年庚子春①，有留日学生陈仲甫、潘赞化等以中俄新定密约之故，回国宣传反对，到皖召集各校学生在藏书楼开会。是时参加者，安徽大学堂及武备学堂学生各数十人。因余之言辞激烈，安庆府知府出而干涉，学校总办刘葆良、总教王咏霓识浅胆小，助纣为虐，以致两校参加会议之学生被迫不敢进校，余遂愤然退学，而革命情绪更一发而不可遏。是时在山东、直隶等省，爆发了反抗外国侵略的义和团运动，八国联军直接干涉，攻入北京。余更愤激万分，呼号奔走者殆半年。在南京与张通典、赵声、江昉、汪聿本诸人，联合当地会党，组织强国会，藉谋推翻满清政府，以抗外侮。事被泄露，同志杨作霖君遇难，所组亦停顿。余又走安庆。适安徽武备学堂一二三班学生毕业后无所事，提调谭学衡呈请巡抚，成立武备学堂练军。是年辛丑，余乃投入充学兵。一年以后，军学稍得门径。壬寅年夏，满清政府派铁良视察长江，至皖检阅武备练军，许其成绩优美，而兵士多系举人、廪贡、秀才之优秀分子，当奏请满清政府以学生考试卒业，发文凭焉。

在辛丑、壬寅两年时间内，为进行革命活动，避免官厅注意，余特创立同学会，藉以联络各方面革命同志。既不限于同校同学，更打破省界；以是党徒日众，以黄花亭杨氏试馆为通信办事机关，以南庄岭西端密茂之松林中为集议之所。所有宣传品如

---

① 此处记叙有误。俄迫订新约，当为辛丑春事。

《猛回头》、《革命军》、《警世钟》、《扬州十日记》、《嘉定屠城记》、《中国魂》[①] 等，每散布皆达万余份。而熊成基读《扬州十日记》时，乃至流泪不止，余因之与订交焉。

癸卯六月，余二十六岁，在武备练军卒业后，乡人张之屏，亦革命之急进者，与太和会党领导人郭其昌接洽，欲集合万人，至皖起事。郭即下令召集党徒。事阅半月，余始知之，颇觉时机未至，不宜盲动，乃与郭研究，郭已无法收回成命。余以时机紧迫，即迁出营外。岂知当夜四处火起，但无一处枪声响应，而郭君已被满人绞死狱中矣。次日大索谋乱之人，臬司濮梓同为武备学堂总办，到校索余，余闻信乘小舟顺流至大通，转赴南京，匿居王府园承恩寺胡济臣处，不敢出面者月余。旋与陈仲甫、宋少侠、王静山、方健飞诸君作皖北之游，乃又结识江湖侠义之士石敬五、宋建侯等。

甲辰，余二十九岁，由皖北来至芜湖。是时郭其昌已死，徒众四散，官厅究缉之事亦渐寝息。于是由湘迁芜之安徽旅湘公学，易名为安徽公学，主持人为李光炯，邀余入校。是时所延请教师，有精于汉学之刘光汉君，化名金少甫，组织黄氏学校，专门从事暗杀工作。余与李光炯诸友，皆刺血为盟加入团体。旋以排满革命，徒众宜多，主义虽定，宣传宜广，又于中学及师范两校以内集学生之优秀者联络组织成立岳王会。盖岳武穆抵抗辽金，至死不变，吾人须继其志，尽力排满。此种组织，陈仲甫、常恒芳皆最重要分子也。会员入会用江湖上宣誓方式，绝对秘密。后又在安庆成立分会，吸收对象主要是军人。而会员为了运动军队，投入新军当兵的也不少，后来形成一部分强有力的革命力量。秋九月，江南征新兵，赵伯先任三十三标第二营管带官，招余往任队官。余以欲实行革命非蓄养

---

① 《革命军》、《猛回头》、《警世钟》等出版在辛丑、壬寅之后。

武力不可，乃决心辞去学校教师而往投赵声营中，充当前队队
官焉。

乙巳年，余三十岁，充南洋第九镇三十三标第二营前队队
官。当即在南京成立了岳王会南京分会，朝夕与赵声等研究进行
革命工作。然障碍甚多，动招破坏。为了集中革命力量，将左队
队官易人，畀之杨国弼。是时第二营在赵声领导下，余与杨君为
基本，内而向士兵宣讲革命，外而与各界革命同志联络，得到很
大便利。此时在南京比较重要之革命同志，如陆师学堂之陈绍
濂、吴士初，三江师范之汪菊友，三十五标标统林之夏，与余等
联系最为密切。是年秋，孙中山先生派吴旸谷来组织长江流域同
盟会，余首先领导岳王会全体同志加入。其他如赵声、林之夏，
冷遹、伍崇仁、孙麟、韩金声、林述庆、何遂、杨韵珂、倪映典
等均以次加入，当即公推赵声为长江盟主，另设机关于鼓楼之
东，并选定玄武湖之湖神庙为会议地点。由吴君呈报中山先生批
准，特派员赍印信及委任状到宁，并颁发会章，公布革命纲领
为："驱逐鞑虏，恢复中华，建立民国，平均地权。"从此以后，
我们革命党人在孙中山先生领导下，集中意志，遵照会章，积极
向前发展焉。继之则陆师学堂之陈绍濂、吴吉初，警察局之李玉
斋、张侠琴，三江师范之汪菊友，均相继加盟，而学生兵士闻风
加入者千人以上，构成以后革命之良好基础。是时赵声升任三十
三标统带，余与伍崇仁、林述庆皆升任管带。三十五标标统为林
之夏。为宣传革命，在内场功课外，另加精神讲话一门。野外演
习多在明陵附近行之。林之夏原任三十三标教练官，与三十三标
官兵本有特殊情感，嗣升三十五标统带，故常在野外与三十三标
官兵会合，其演说感人之深，士兵中多有为之坠泪者。南洋第九
镇革命深入之种子，赵、林之功伟矣。

孙毓筠字少侯，安徽寿州之贵族也，以候补道资格留学日
本，加入同盟会。奉孙中山先生命，回国至南京，与青年学生五

六人携大炸弹四枚，是准备炸死端方者①。到南京后，首先与余及赵伯先联络，乃将炸弹藏余队室。是时赵伯先升任三十三标统带，余与伍崇仁、林述庆皆升任管带。第九镇统制为粤人徐绍桢，亦有心人，故吾人革命行动，得其暗中保护颇多也。

丙午年，余三十一岁。正月，孙少侯以机关被奸人破获，少侯与学生权仰之、段自强皆被捕②。余乃将所存炸弹置于标房院内井中，幸未破露。赵伯先因受清政府注意已离职，代之者为余大鸿，乃一旧官僚也。余等对革命工作不得不暂时隐避。乃少侯供词中与端方高谈政治，且保荐人才，余与冷遹皆在彼保荐之中，更引起端方之畏忌，势难久于其位，遂于是年正月去职，而投往吉林胡殿甲所统之吉强军焉。是年三月以胡殿甲之推荐，得至延吉厅效力，充吉强军之文帮带兼马步队总教习。混迹旧军，对革命工作仍在继续进行，不过人生地疏，比较困难耳。延吉者，于清光绪年间，开厅治，放官吏，惟朘削平民为能，所谓"天高皇帝远，人少畜牲多"之处。日本人垂涎已久，谓之为"间岛"。因其地在豆满江之北、海澜河之南，中间成一极大区域而得名。至是每日皆有日人三五成群，络绎不绝，西北至宁古塔；东北至珲春；西南至长白山，其来路皆由高丽之会宁渡图们江，经我六道沟而至延吉厅，皆有测量地图。清政府文武官吏，昧然不知利害，良可叹也！

夏五月，日本人来延吉者益众，其重要者如谋并韩国主要分子陆军大将松川敏胤，亲自到延吉视察多次，其侵略野心不言可知。余当告知胡统领，请其特别注意。胡乃与延吉厅同知阮公槐

---

① 端方于丙午（1906年）七月中始调任两江总督。《孙毓筠供词》说丙午年十月后由日本回国。柏氏回忆，误记提前一年。

② 孙毓筠是丙午年末被捕，柏氏误记为正月。此"正月"以下均为丁未（1907年）事。

联名上书于吉林巡抚朱家宝，复由巡抚转呈东三省总督徐世昌①，徐又转之外务部，于是外务部有命奉天训练处总办吴禄贞调查边务之行。余早闻吴为同情革命者，待其至延吉，因即潜心下气，乘机供献意见。果相谈甚欢，调余为参谋。胡统领亦派余从吴至长白山焉。事毕，吴回奉天。七月，清政府乃有陈昭常督办吉林边务、吴禄贞帮办吉林边务之命。八月，组织督办公署，吴荐余为二等参谋。余谒陈时，陈警告余曰："吾闻之汝师谭亦张云，君有革命党声名，希望君改改老脾气，吾人好共事矣。好在有吴帮办，他的雄才大略当可包罗万象也。"吴应之曰："我不怕，请督办放心。"言毕大笑。余深知吴公乃有心人，陈乃肉食官僚，清廷之走狗。

　　冬十月，吴昆来延吉。吴为宋教仁、白逾桓之同侣也。是时清政府正在大搜缉桃源宗介等。盖桃源宗介者，宋教仁之化名也。余告吴昆，应注意避开，此间工作由余负责联络，筹资三百元，吴绶卿（吴禄贞号）亦赠五百元，交吴昆由海参崴转赴日本。无何，方培良、杨端甫又至，为熊渭耕（熊成基）奔走者也。余为筹五百元，吴绶卿给五百元，交方培良携往接济焉。方熊渭耕在安徽起义失败也，逃往日本。旋由日本潜来长春，寄迹于同学臧姓家。臧父号冠三，待遇亦甚优。熊困久思动，因在日本时与孙竹丹得日本对俄军事秘密计划，拟售与俄国驻哈之郭勉沙尔。临行谓臧父曰："侄此往必有所得，当以三万金馈赠。"臧喜出望外，冀其成功。居数月，事不协，穷甚，臧则屡屡函问状况，始则渭耕尚有答复，继而久之，音问断绝，臧衔之。适清载洵由西伯利亚返国过长春，吉抚陈昭常至长春，臧密报长春道严某，严密报陈，陈密派中军李某至哈尔滨，将渭耕捕获，于次

---

① 丁未（1907年）三月始设东三省，总督是徐世昌，吉林巡抚是朱家宝。

年春遂遇难①。当余与吴绶卿筹得千元交方培良携往接济时，切嘱令渭耕速赴日本，以谋安全，乃渭耕得款未及速去，因而被逮。同人疑为孙竹丹所卖，洵大误也。

余在延吉阅三寒暑，为进行革命布置，与绿林豪杰往返更多，故各方对余更加注意。幸有吴帮办掩护，虽有多次危险，得到上峰联络而终寝其事。时值腊月，陈督办商之吴帮办，派余赴韩京，沿咸镜北道之会宁、清津、西湖津、元山、釜山以达汉城。斯时日本对韩尚不敢明目张胆吞并其国，以伊藤博文为统监。韩国分为二派，守旧派为闵妃派，如兵部尚书闵东镐等，皆始终抗日者也。维新派为李完用等，皆始终媚日者也。结果媚日者胜，废韩王而日韩合并。余在汉城，为作延吉（日称间岛）交涉之材料，于韩国户部尚书朴姓之子购得一《大东舆地全图》，价五百元。朴姓有二子，争图价涉讼，日警侦知是图为中国人所购，几经侦查知购者为余，乃下令搜缉，谓为间岛名誉官，系国事侦探。一日，有日本宪兵持一单，写余姓名，来问余曰：“汝知此人何在乎？”余曰：“不知。”因风声甚紧，余避居中国领事府。是时总领事系粤人马廷亮，促余回国，免生外交。余只身乘电车至仁川，搭轮至烟台，转奉天。适吴绶卿亦因公在奉，陈明始末，准撤回。余复由安奉铁路至汉城取行李，又折回奉天；再由长春经吉林，陆行一千一百余里转回延吉。余回延吉不久，吴绶卿亦绕道海参崴经珲春回任。乃徐世昌免吴职，而升任陈昭常吉林巡抚，兼任边务督办，以傅良佐为帮办，代理督办职务。傅精刻量小，任用私人，因忌余，乃改余任屯田营管带，驻扎距延吉二百里之三里湾。从此日与虎狼为友，但革命同志会集于此，绿林朋友朝夕过从，反少顾虑矣。

丁未年，余三十二岁。夏，傅良佐与日本交涉失败，因坚决

---

① 熊成基，字味根，即渭耕，熊就义应在庚戌（1910年）三月。

辞职，清政府仍以吴禄贞继任。吴则要求自任督办，专折奏事，不受吉林巡抚节制，方允就职。清政府允之。吴于五月间重游旧地，旧雨重逢更为相喜，而革命准备更为积极。就职之次日，即奏请成新军一镇，成屯田军一标，镇统吴自兼，屯田标统为余。秋九月，吴以整理军事之故，至余所驻之屯田营，筹商练兵事。一日，宿营百草沟，晚餐时吴自吟一律，韵为"央黄忙阳觞"五字，可惜不记其诗。余依韵和之曰："虎帐谈兵夜欲央，漏残人静月昏黄。功名已觉三生薄，鞍马空驰十载忙。未遂封侯悲李广，犹堪勋业慕汾阳。待当骄虏平除日，捧献澄清酒一觞。"依韵和者甚多，在此不及备载。可见当时气象万千，所抱希望甚大也。冬十月，吴绶卿计划驻兵地点拟在绥芬大甸子，屯兵五千人以上，嘱余往查。带兵二百人，车马五乘，路经无人烟之地三百余里，雪地露宿者三夜。经大汪清、小汪清、大青岭等处，松柏参天，倒木横地，阻我车马，即时除去障碍，修理道路，始克成行。逾五日，行抵目的地。此处平原二百里，华人甚少，皆韩民之越垦者。余回报后，吴即着手计划布置。不意冬十一月，清政府疑吴有革命嫌疑，将边务根本裁撤。吴绶卿既去，余之屯田营亦即结束。吾人所经营与希望虽告停顿，而在吴绶卿之领导下，所布革命种子分散各地，以后在关内外革命工作中起到很大作用也。（吴禄贞后被清政府派奸人刺死）

戊申年，余三十三岁。清政府准备征兵，在奉天成立督练公所，以为东北军队之枢纽，内分兵备、参谋、教练三处。适余在奉天住闲，由参谋处管总办云程委以二等参谋，月获百四十元，而革命同志相从者，不下三十人。奉天城内有三江旅馆，馆主系浙江人，相待甚优，此馆遂为吾人之大本营。馆账累至七百元之多，馆主人弗之计也。是时为革命奔走最力者，有廖元煌，号燮堂，粤人也；祁耿寰，号醒尘，辽阳人也；徐于，号子俊，鄂人也；所运动联络之对象为冯麟阁部、蓝天蔚部。而商震亦由锦州来奉，入测绘学校，幼年深沉，亦常参加革命活动。当道对余等虽注意，因吾等布置周密，无瑕疵可指也。次年参谋处派余赴俄边调查俄人军事，沿东清线经哈尔滨、满洲里西抵伊尔库茨克，折回至伯力、驷马、虎林厅、海参崴、宁古塔、依兰、九站，回至哈尔滨。经十阅月回奉天报命，时已庚戌七月矣。此役虽苦，而革命运动未或稍间，在伯力访晤老刘单子，在哈尔滨访晤天边羊，皆绿林之最有力者。其他如依兰东沟、宁古塔、虎林，驷马不著名之绿林豪杰，晤谈者二十余人，皆待机揭竿者也。

辛亥年，余三十六岁。二月，奉天督练处改组，归并三处为一处，以军事参议一人总揽军事，亦谓之总参议，蒋方震任之。余被淘汰，由来渐矣。从此余即在奉闲居，但对同盟会宣传组织工作更积极进行。时至五月，经济更感困难，而同志则更困苦。余乃亲往呼兰等处筹款接济。除还三江旅馆债务外，尚有余款作为各同志活动之费。八月二十一日报载武昌兵变，余与诸同志即计划响应工作。二十二日得范鸿仙、郑赞丞电促余南下，一日三电，遂召集旅奉同志会议，金云关内起义，关外亦紧要，不可无人主持，当复电不回。二十三日又得陈英士（陈其美）电，言甚激切，云伯先已故，长江非异人任等语。余为感动，将东北工作交廖燮堂、梁实卿、梁卓卿负责，余与祁耿寰、徐于等分别回上海。

余于九月初一日到上海。初二日黄克强（黄兴）亦归自南洋。当即在陈英士家开紧急会议，决定克强担任武汉，余担任南京。是时满军攻汉口甚急，余初三日赴南京，克强初四日乘红十字会船赴汉口。

南京同盟会机关设内桥，由凌毅、李华依主持负责，正在策动新军起义工作。余到南京后即住机关内。第九镇同志知余到南京，来联络者数十人，研究军事皆以新军有枪无弹为可虑，余决计再回上海筹商补充。当时与凌、李诸同志将南京驻军加以分析：一，新军第九镇，徐绍桢所统，每镇有步兵两协，每协辖步兵两标，第九镇所属协和标，依镇之序列编为十七、十八两协，三十三、三十四、三十五、三十六四标。此外，尚有马队和炮队各一标，工程、辎重各一营，依照镇之序列编为马队第九标，炮队第九标，工程队第九营，辎重队第九营。又有宪兵一营直辖于镇。此时第九镇司令部、第十七协司令部以及三十三标、三十四标、马炮等标、工辎各营皆驻南京，十八协司令部及其所辖三十五标驻镇江，三十六标驻江阴。此部军队，大家依靠为促动革命之主力军。当时革命气氛已笼罩全镇，大有一触即发之势。二，巡防军，系督标绿营所改编，约二千余人，无建制，直隶于总督张人骏。但该军皆淮军旧侣，安徽人最多，凌毅以乡情关系，联络已久，下级军官及士兵大多同情革命。三，江防军，张勋所统，计共有步马兵二十三营，其下有统领二员，各领十营，其余三营直辖于统部。此项军队，分驻南京城关内外各要隘，担任城防，内部尽功名利禄之徒，对革命不易为力。四，旗营，无建制，约一千余人，直隶于江宁将军铁良，因其内部皆旗人，全是老弱残兵，大家视为无足重轻。

余到南京时，南京革命党人在武昌起义号召下，已决定军事起义计划，因布置有欠周密，且当时革命党人大部分均系下级军官及士兵，与中上级军官不相联系，至革命空气十分浓厚时，中上级军官害怕，且有逃离军队者。徐绍桢此刻亦惴惴不安。因此谣言四起，以致江督张人骏更加疑虑，下令徐绍桢将各部队弹药悉数缴还军械库，限期将全镇开驻秣陵关。徐绍桢只得遵命退出南京。余到南京后，始知第九镇全部军队，除第十八协在镇江、江阴外，驻南京军队已全部退驻秣陵关。经大家会商后，以补充弹药为当务之急，故余即回上海，向总部第一批领得炸弹一千二百颗，手枪五百支，其余弹药筹齐再运。余即拨调敢死士一百余人，由各人分带所领武器，到南京混进城去，均分存机关和上江公学，带来之人亦分住机关与学校内。因当时凌毅系上江公学校长，便于掩护也。

此时江防军以第九镇完全开出城外，肆无忌惮，任意横行，到处搜捕革命党人，到处借口检查在老百姓家逼取财务，以致家家户户日夜不安，纷纷向上海逃难。城内形势非常恶劣，所幸大家皆镇定，但亦不敢随便外出。李华侬由机关派人向秣陵关联系。次日清晨，炮标排长侯城、辎重营正目李朝栋特来请余到秣陵关会商起义问题。余于当晚六时到秣陵关。此时全镇正、付目均在列队欢迎矣。因未知镇部情况，未敢声张，即投宿三十三标伍崇仁处。是夜全镇下级军官不等长官命令，即令军土将刺刀、马刀开口，并自动刺伤旗籍军官三人。

当时徐绍桢正处在进退两难之际，并知其部下军心浮动不可遏抑，心中焦虑万分。知余已到秣陵关，特派人约余至镇部会议。余与伍崇仁计议妥当，并下令作万一之准备，因徐之态度未明确表示前，不能不作防备也。余于下午六时到镇部，与徐见面亲热如故。余首先陈述当前革命形势，清政府腐化无能，若不将其推翻，中华民族即有亡国之忧。希望徐当机立断，领导全镇成此伟业。徐颇为动容。当余与徐谈话时，镇部门前已现拥挤之状，盖全军头目皆来探听消息也。徐视此情形，即携余当众宣布本军今后动向，望大家安心加紧训练，听候命令。众始散去。

徐绍桢听到余之劝说，知当前革命声势愈来愈大，不能遏止。回顾本军各部革命呼声已响彻云霄，大势所趋，方开始倾心革命，决定了他的起义活动。立即退入密室，召集第十七协协统孙铭、正参谋官沈桐午、新由日本回国之施久光兄弟等，密商起义步骤。徐将本军近况作了简短报告。三十三标标统王光照逃走，已由伍崇仁代理。炮标标统陈懋修逃走，拟请余担任炮标标统。余表示同意，但要到各处活动，在余未到之前，请徐先由该标内部选人代理。当时徐即指派沈桐午积极检查各部缺额，限期补充完毕。全军缺乏枪炮弹，指定由余赴上海接洽筹运，以备进攻南京。

余接受此项任务，当即提出本人意见：以初运南京之手枪、炸弹，应调配运用或即分配给埋伏在城内一百余人，作为进攻内应；应速派人与凌毅、李华侬等联络；城内巡防军内部，革命党人已作不少工作，宜与联系，物质上应予以便利，定可全部归心；本军大部分有枪无弹，要晓谕下层，不可轻举妄动，免遭失败。又张勋、铁良粗知军事，恐乘我无备来攻，宜由上方桥据马群，与镇江联为一气，以策安全。徐绍桢完全同意。余即决定由秣陵关取道镇江赴上海。当余将离秣陵关时，得南京机关通知，上海已经光复。继之则苏州巡抚程德全反正，苏州亦光复矣。当余抵镇江时，知三十六标已由江阴移驻镇江，标统陶澄孝逃走，该标第三营管带林述庆操纵全标，正在秣马厉兵，待机而发。

余到上海后，由总部领得枪弹十万粒，炮弹三千发，炸弹二千颗，手枪五百支，步枪三千支，现款二十万元，很顺利运至镇江。当即发电向徐绍桢报告。此时镇江已在林述庆领导下独立，林述庆被公推为镇军都督，参谋长陶俊保、军务部长李竟成、民政部长杨邦彦，一切布置均已大定。此时长江下游上海至镇江全部掌握在革命军手中矣。据南京第九镇同志来谈，第十七协协统孙铭与书记官唐曼公已到镇江，因与林述庆意见不合，不敢出面。余寻之于江边旅馆中，晤谈之下，孙以与林述庆不能合作为虑。余以大敌当前，大家应破除意见，林述庆方面，余当负责解释。现在械弹均已领到，应接运至秣陵关。其他问题，俟与徐统制会商决定。余即向镇军都督府调来马车一批，装运械弹，决计由陆路起行。布置就绪后，于次日午前六时，余与孙、唐二人带一部分便衣士兵，取道镇江西关外金鸡岭出发。乃行未十里，即遇九镇士兵，行伍不整，三五成群，纷纷向镇江溃退。据溃兵报告，始知第九镇在秣陵关起义失败，军队全部溃散矣。

　　先是第九镇在开始成立时，革命思潮本已波及全国，同盟会革命团体活动早已深入九镇新军，特别在初级军官及士兵方面，而中上级军官多系留日士官学生，加入革命团体者极少，平时上下级之间矛盾很深。当革命空气达到最高潮时，中上级始恍然大悟，知部下已不听其指挥，而本身已不能为部下所容，故很多私自逃走。留在军中者，只好对其部下俯首听命，表示赞成革命，这部分人全是徐绍桢左右亲信。当余在秣陵关与徐绍桢研究起义时，颇为彼等所忌视。看到上海、苏州、镇江相继独立，急于求成，以表现自己，乃怂恿徐绍桢进攻南京。当时孙铭未回，即由沈桐午代理第十七协协统兼总指挥，克日向雨花台进攻。下级军官以余由上海运来弹药已在途中，主张候弹药运到再行发动。徐绍桢以时机已至，不必再等，于是以空枪刺刀贸然进攻，敌应以机枪、山炮，而致失败。

　　余与孙铭等即停止前进，折回镇江，与林述庆会商办法。林立即召集军事会议，决定派兵驻守高资，以防敌军东下。公推余为收容所长，收容由南京溃退之第九镇军队，进行改编。自此以后，余即参加镇军活动，当即发布命令，向句容、溧水、溧阳、宜兴等处招集溃军聚合镇江。不久即改编成军，所有第九镇革命同志在余之领导下，皆集中于镇军范围之内。同时余派卢慈佛率海军见习生二十余人、敢死队六十人，各携炸弹二枚、马刀一把，潜至下关，夜登兵舰，威迫生火拔锚，拂晓而来归镇江者十五艘。林述庆以闽人之故，与海军融洽，改编为海军一支队。另由南京坠城而出之巡防队千余人，收编为先锋队两营，第一营管带为张永正，第二营管带为朱鸿宾。由此以来，更加深徐绍桢与林述庆之摩擦矣。

　　徐绍桢因起义失败，与其左右亲信微服逃居上海。适黄克强亦由汉口来沪，而林述庆、陶俊保适均在沪。黄克强、陈英士误听徐绍桢左右一面之词，杀了陶俊保。余闻信即赶往上海，向黄、陈等说明原委，以陶俊保在镇江，与徐统制在南京失败，风马牛不相及，如此惨杀，对革命事业大有损失，以后希望大家慎重。时宋遁初（宋教仁）在座，对余言甚表同情，立令追回正法林述庆命令。于是余与林述庆潜至高昌庙，乘江桢兵轮回镇江焉。

上海同盟会总部以南京系战略要地，势所必争，不取下南京，不足以完成江苏省革命任务，立即召集紧急会议，决定组织江浙联军进攻南京。当场推定徐绍桢任联军总司令，统一指挥。消息传至镇江，林述庆大起反对。林谅生劝之不从，乃不辞而别，表示脱离镇军。余继续劝说，说明利害，并陈明由上海领得之械弹与现款皆在此，当前重要工作，为扩充整编自己军队，否则大敌当前，徒作意气权利之争，智者不为也。林为之动容。余乃袖出欢迎联军总司令徐绍桢电稿，林与余共同签发。

联军总司令部设镇江西关，徐与其幕僚皆集中于此。余与林述庆亦联翩往见徐绍桢，讨论进攻南京事宜。但徐总以第九镇全部由余整编后自行领导、划归镇军范围内不能释然，而幕僚不明大义者复挑拨是非，对余仇视，以致与余隔阂日深，发生许多事故。林述庆以夙怨与徐部更不相能，每次军事会议意见冲突。余尽量忍耐，注意避免摩擦，计划不在联军范围内作战，自请将镇军全部交林述庆领导会攻南京，自己领一部分军队独立作战，进攻浦口，断张勋后路。得联军各方同意，乃列入军事计划。

联军军事配备为：沪军洪承点部一千人，粤军黎天才部六百人，苏军刘之洁部三千人，浙军朱瑞部三千人，镇军林述庆部三千人，徐宝山部三千人，余所部二千人，合计为一万四〔五〕千【余】人。

镇军出发之军队，共为三个支队，许崇灏领第一支队，刘成领第二支队，余领第三支队。另有海军一支队、江防军一支队。第一路由一、二两支队编成，林述庆亲自指挥，沿铁路会攻南京。第二路为余之一支队，根据联军计划，会合徐宝山部，渡江直攻浦口。

林述庆向南京出发时，余亲送彼至高资，在车上发现有"苏军都督林"字样布告甚多。余恐其与徐绍桢仍发生意见，有误进攻军事，劝林应以大局为重，万不可再作意气之争。林即令人将布告取去。余不放心，又邀刘成、伍崇仁说明革命意图，请他们注意林、徐冲突有误大局。即行告别回镇江，当夜率部渡江，向六合前进。

余率部行抵离浦口二十五里葛塘集时，即遇瓜州镇赵洪禧、缉私统领徐宝山等部败兵千余人，行伍不整，纷纷向东溃退。余派人查问，知受敌人压迫，缺乏给养，来此谋食者。余乃下令东退士兵不准再退，指定在葛塘集五里以内宿营，今晚明早给养向镇军司令部领取。此令一出，当晚发徐、赵之军队给养二千五百份。余夜间巡视，有士饱马腾之慨。盖当余之军队未出发前，镇军军务部长李竟成策动徐、赵两部分军队已向浦口进攻，因失利无法进展，俟余之生力军开到，军威复振。可见当时军令不统一，各自为政之情况矣。于是余即下令全军拂晓进攻浦口。

先是张勋因受联军会攻南京之压迫，恐浦口归路被截断，在浦口布置重兵，已早乘夜送张人骏、铁良北去。张本人不敢久居南京，率众退驻浦口。当余向浦口挺进时，适张军正在逆袭徐、赵之军。余军当即向张军猛扑，徐、赵之军亦跟踪反击，双方战斗激烈，死伤亦众。直至下午将近黄昏，张军不支败退。余军先锋第一营管带张永正亲冒枪林弹雨，率全营冲过宝塔山进占猪头山，首先攻入浦口。先锋第二营管带朱鸿宾率全营由侧面攻入。余之后军相继到达。其他各军亦由各方面攻入。于是浦口全部被革命军占领。余于当夜率学生军三百人入浦口，即占张勋大营为司令部。张勋狼狈北退，遗弃军品甚多。一场血战，至此告一段落，而南京亦于此时光复。

余以镇军第一镇名义布告安民。浦口本系铁路终点一市镇，市面颇为繁荣。徐、赵之兵借搜敌为名，故入民家骚扰，一日数起。余在军事会议上提出军队应严格纪律，所有各部分士兵不得无故私入民家。而徐、赵始终置之不问不闻，余乃派学生队捕杀数人，并持令查街。徐、赵之兵始稍敛迹。不数日，而徐、赵即率所部自动开往扬州矣。

联军入南京后，徐绍桢经各军公推为苏军都督，而同时林述庆苏军都督布告已高揭通衢，与徐互不相下。于是群情愤慨，已现分裂之象。会攻南京时，兵力以镇军第一镇最强，此部分军队原系余将驻南京之第十七协全部因起义失败在镇江收容重新扩编者，所有第九镇革命同志均集中于此，加上林本身部队，实力确较其他友军为优。林至此居功骄傲，已为各友军所不满，而镇军内部亦反对林此种自满行为。故林自称都督，反响甚大。镇军第一镇且有带队暗投徐绍桢，而林尚不知也。此时如朱先志、李玉昆、余长清三部均易帜脱离镇军，而镇军炮标竟在北极阁设炮位，准备轰击林述庆，空气恶劣万分。余令中军李士善到南京接洽，将第一镇全部调至浦口准备北伐。待军队开至浦口点验时，则全镇人马仅余半数矣。

十一月二十六日，上海同盟会总部派宋遁初、范鸿仙、郑芳荪等来南京，约余过江会商解决全省军政问题。由宋遁初主持会议，一致决定徐绍桢、林述庆任江苏都督皆不相宜。大家公推程德全为江苏都督，林述庆担任北伐军总司令，徐绍桢任南京卫戍司令。由余与宋等向林述庆传达会议决定。林述庆因环境不佳，正在穷蹙之际，见余与宋等喜愧交并，知程德全被公推为江苏都督，表示同意，立即将都督印交余，决定让出都督府，自己将司令部移至三江师范办公。于是余与宋等立即将都督印送交程德全。次日午后程德全即迁入都督府就职。一切风波从此平息，南京秩序全部恢复，余即回浦口。

　　自武昌起义以后，在一月之内相继独立者有十个省区以上。为统一各省军队，不能无统一指挥机构，于是集中上海之革命领袖开会，决定公推黄克强任大元帅、黎元洪为副，同时并决定由大元帅主持组织中华民国临时政府。牵涉到以南京为临时政府所在地问题，以致引起各方面争执，不能解决。尤其苏浙联军中之军人，有攻下南京之功，声言不受汉阳败将之指挥，反对黄克强而属意黎元洪。又经各方面研究，又改推黎元洪为大元帅，黄克强为副，因黎驻武昌，大元帅职务由副元帅代行。黎虽接受此项办法，而黄对替代临时总统职务不能同意。在南京一部分军人如朱瑞等对黄代大元帅乃持异议。余乃会同林述庆发通电，欢迎黄克强即来南京，就大元帅职。克强应约来到南京，知孙中山先生不日回国，主张一切留待孙中山先生回国后决定，乃着手将驻南京军队先行整编，以谋军政之统一。首先将余所领导之军队改编为中华民国陆军第一军，由大家公推余任第一军军长，下边成立三个师，由郑为成、伍崇仁、冷遹等分任师长。由此以来，扬州徐宝山亦即改编为第二军，则新师、旅之番号全部出现矣。

　　林述庆为组织北伐军总司令部，特来与余研究。余当时主张，北伐军总司令部设在临淮关最适宜，因临淮扼津浦线要道，乃南京门户，铁路沿线军队本党同志居多，遇事容易解决。而林述庆要将北伐军总司令部设在扬州。余当即提出，以扬州之徐宝山绝不可靠，一旦有警，肘腋堪忧。林不听，乃携步枪八千支，金陵厂制山炮大小五十余门，子弹帆船满载三十余艘，开往扬州，成立了北伐军总司令部。未及两周，以强迫剪发，总司令部卫队全部被徐宝山缴械，空气万分恶劣。余严电徐宝山责问。幸林述庆只身逃出来至浦口，羞愤无地。余即加以安慰，并建议仍在临淮关设总司令部，准备北伐。林因受打击，万分灰心，表示不愿再干，遂过江回福建原籍，后在北京被害。林虽器小，但对革命是有无限忠诚也。

革命发展至此阶段，革命党内部已经分化。尤其异己分子、官僚政客混入革命队伍夺取政权，造成很大一部分势力。故在孙中山先生未回国之前，这些混进党内之投机分子，为了升官发财，时时准备妥协，已开始南北和议运动。本年年底，孙中山先生由美国回到上海，南京代表会选举孙中山为中华民国临时大总统。从此改用阳历。本年十二月上旬，即中华民国元年一月一日，孙中山在南京就职，黄克强被任陆军总长兼参谋总长，其他各部总长皆依次就职。袁世凯得知南京临时政府宣告成立，大失所望，立即宣布不承认南京政府，密令北洋军阀段祺瑞、姜桂题、倪嗣冲等四十余人通电，主张维持君宪，声称若以少数人意见采用共和政体，必誓死抵抗。和议至此，即告破裂。

余时驻军在蚌埠一带，严阵待命。奉参谋本部命令，以"和议停顿，克日进军，在兵力未达徐州以前，所有各军统归第一军军长柏文蔚指挥"等语。余接命令后，详加考虑，因各军长官各不相下，类似异军突起，各自称雄，受人指挥恐不甘心。故不以总指挥名义自居，对各军用通报不用命令，并征集各军推派负责高级参谋，组织参谋团，便于发号施令。而粤军姚雨平、浙军朱瑞皆不接受，余亲到两处解释。姚虽表示合作，而朱仍持异议。余以自力更生办法，以余之第一军联合粤军为主力，分左右两翼向北进攻。先是本军第一师团长葛应龙已会合皖军陈幹（兼任本军宪兵司令）部布置在蚌埠以北，余之动员北伐命令发出后，第一军第一师长郑为成联合粤军第一旅长林震即由蚌埠北进，葛应龙团会同陈幹旅为前驱，首先攻克宿州，第一军第一师主力联合粤军亦即进抵宿州。余率学生军进驻固镇，忽接参谋本部电令，以和议复开，停止前进，以待后命。故浙军朱瑞等虽亦进至固镇，听说南北和议复活，即停止不前。余以张勋军已处于被动地位，本军不占徐州，难保稳固地位，故虽奉命停战，仍日夜兼进。此时其他各军或进或止，已无成见。余以第一军为先锋，会同粤军，沿津浦线向前猛攻，三进三退，以致双方死亡甚众。夏历十二月二十四日，前锋主力已至三堡车站。我军前哨司令方振武于黑夜之间率军首先攻入徐州。于是大军继进，张勋狼狈向北溃退，徐州即被克复矣。

按徐州乃军事重镇，在历史上对徐州之得失，视为南北胜负之关键。余占领徐州后，控制住南北东西之咽喉要道，对满清政府有很大威胁，对以后清室宣告退位，亦起到有很大作用。余之军事计划，拟乘余之优势兵力，不顾一切，攻过黄河以北。那时进可以战，退可以守，南京革命政府更加稳固矣。乃袁世凯以战事不利，提出意见。南京政府内部对军事毫无决心者，大有人在，患得患失，以致参谋本部来电申斥，大意谓"电令停战，竟前进不止，是有意破坏和局，勿得再误"等语。余奉令后，即停止再进，整理各军，以待后命；检阅各军，大事犒赏。北伐至此告一段落。

夏历除夕，一日之间连接参、陆两部四急电，召余回南京。余原来计划再越三日布置大定，即赴南京，因中山先生回国，余正在前线督师，尚未见面也。当令交通处长丘润初准备车辆，于当天夜间回浦口。

余回浦口之次日，为壬子年元旦日，余三十七岁。清晨过江，至总统府晋谒孙中山先生。晤谈之下，慰勉有加。孙先生亲为调牛奶咖啡茶，并给以饼干，殷勤备至。余将军事情况略为报告后，即陈述余之主张，以目前革命气势正在高涨，北伐军事不应停止，且北洋军实力尚在，应利用当前革命优势，予以严重打击，将所有障碍扫除，方能实现本党政治主张；否则急于讲和，恐难有好结果也。孙先生非常同意余之主张，不过当时对余之指示，认为和议并不坚决主张不谈，只要清帝退位，袁世凯绝对赞成共和，他自己可以立即辞职，不再厕身政界，专求在社会上做成一种事业。关于军事，要余与黄克强研究。

余在总统府早餐毕，辞孙中山先生往见黄克强于陆军部。知电召余来南京是为要开军事会议，决定各省军事布置以及陆军总长问题，要大家作出决定，以便提出和平会议，因和议又在继续谈判矣。余即向克强提出意见，以袁世凯乃是不讲信义之人，戊戌变政，他能卖友向慈禧告密，我们对他不应相信太过。黄克强当时向余解释，以革命目的是推翻满清，建立民国，只要袁世凯承认这种主张，我们就可以将总统让给他，他虽狡猾，也一定可以与我们合作。假若完全靠武力解决，将来鹿死谁手，尚难预料。此时余已看透黄克强本人亦大有放弃武力之意，尤其当时和平空气浓厚，余之不放弃武力主张，已不为各方面所重视，诚所谓曲高和寡者也。

军事会议如期开幕，各地方军事代表提出各地方保留维持地方治安军事方案。关于陆军总长问题，大家一致主张仍应由黄克强担任。另唐绍仪向孙中山先生建议，南方应保留五个军，在现有一、二两军外，应再补编三、四、五三个军。此等问题通过后，会议亦即结束矣。

余参加军事会议时，与各方面接触，看出许多问题，我们所提出之全部军事方案能否付诸实行，是大有问题的。此时北方代表唐绍仪住总统府内，余特去拜访他。盖唐自孙中山先生介绍加入同盟会后，对同盟会非常忠实，与余晤谈之下，知其已向孙中山先生建议，用政治手法来对付袁世凯。陆军总长问题，若北方不接受，便使黄兴担任南京留守，掌握南方军事，保全实力，以待变化。并有调新成立之第三军军长王芝祥为直隶都督、余为山东都督计划。一个北方代表能有此苦心孤诣之建议，可谓难能可贵矣。

当时南京临时政府革命党人虽居领导地位，但官僚政客担任各部总长者，占有很大势力，他们早与袁世凯暗通声气，尤其各省地方政府，大半都是钻进革命队伍中投机分子，以致和平空气甚嚣尘上。尤其孙中山先生与黄克强意见并不完全一致。余早已感到，本身力量尚不足以起到和战决定性作用。诚所谓乘兴而来，败兴而往，唯有回到江北整顿自己军队，以待时机而已。

为时不久，南北谈判已达成协议，即清帝在优待条件下退位，孙中山辞去临时大总统，由袁世凯继任。中间虽发生许多波折，而时局至此，已大有急转直下之势矣。那些誓死反对共和的北方将领段祺瑞等四十余人，又发出通电要求立采共和政体。适值革命党人在北京炸死宗社党首领良弼，清政府更加害怕，于是隆裕太后即公布清帝退位。孙中山先生得此消息，以帝制从此永不存于中国，民国目的已达到，立向参议院辞临时总统职，以此次清帝退位，南北统一，袁君之力实多，推荐袁世凯继任总统。此项消息传出后，使南方各地各色人物，弹冠相庆，联袂北上。其拥袁之热烈可见一斑。此时虽发生许多争执，最重要者如建都问题，因本党领导人对袁世凯抱有幻想，且亦陷于孤立，完全照袁世凯意见解决。从此以后，全国政权完全控制在袁世凯手中矣。

袁世凯在北京就大总统职后，任命唐绍仪为内阁总理。关于军事方面，陆军总长是段祺瑞，而改任黄克强为南京留守。可见此种措施，在会议时早已决定。此时各色各种政治人物，及各党各派各种组织，皆应运而生。本党宋遯初同志，将同盟会改组为国民党，以新旧合作、朝野合作相号召，吸收非同盟会小团体加入。余当即提出余个人意见，对改组同盟会，澄清内部，确有必要，但不择手段吸收异党分子，使本党内部更加复杂，应该特别注意。但当时孙中山先生与黄克强都无表示。从此以后，国民党组织虽然扩大，而精神逐渐泛散矣。

此时余驻军从浦口直达徐州，控制苏、皖两省要道，实力相当雄厚。袁世凯特派其亲信章圭骏（号季诗）至浦口，持交通银行支票一百万元相赠，说明袁总统特派来专诚慰问，此一百万

元系给余私人应用者，作为老亲养膳之费，并要余将全部官兵造
一花名册，直接送交袁总统，以便转交统率办事处，参、陆两部
可以不理，以后军费准就近由津浦路南段如数截留。这完全是袁
世凯分化消灭革命党之鬼计，当场被余婉言谢绝。章聿骏在浦口
连住三日，不得要领而去。闻徐宝山接受二十五万元，并送其子
往北京为质焉。

袁世凯为了扼杀革命力量，借口经济困难不发军饷。又借口
南北统一，实行裁兵。孙中山先生因对袁仍抱有幻想，而黄克强
对于军事问题完全失去警惕性，所有袁之指示一律照办。因此，
真正革命力量，从此削弱。余当时虽奉到缩编命令，千方百计总
希望能保存实力，但经济困难已达极点矣。

安徽自武昌起义后即宣布独立，一致公推孙毓筠为都督。但
庐州、芜湖、大通三处军政分府均仍存在，不听孙毓筠指挥，形
成割据之势。余奉孙中山先生与黄克强指示，要余到安徽协助孙
毓筠，以谋统一。余奉令后，即驰电三处，婉劝将军政分府早日
取消，以维大局。庐州分府孙万乘、芜湖分府吴振黄皆同盟会老
同志，接电后立即将军政分府取消。唯大通黎钟岳，有葛光廷、
刘国栋从中挑拨，置之不理。因黎是共和党人，余特托共和党之
吕希恒前往婉劝，而吕亦一去不还。余不得已，乃暗中与其重要
军官胡聘臣接洽，晓以大义，胡乃领导全部输诚。余亲至大通，
黎钟岳等闻风逃往武汉。余将黎军全部三千人改编为一混成旅，
即以胡聘臣为旅长，电请留守府批准备案，并拨款十六万元给发
军饷及犒赏，微有不足，又由大通商会借垫八千元，了此公案。
大通商会及人民均表示满意。余另电孙督，即日派员来接收大
通。适孙督派汪律本、孙棨持孙之亲笔函到大通，约余到安庆，
有要公面商。

余到安庆后，与孙督晤面之下，孙袖出袁世凯电报一通，略
云：孙督准予病假休养，安徽都督著柏文蔚代理等语。余当即表

示，南方军事应由黄留守主持决定，不应先向袁世凯请示，尤其津浦南段军事重要，正在整编之时，余决不能脱身。孙以安徽军队复杂，军令不能统一，彼实无法维持。研究结果，余负责协助先将内部加以整顿，首先将安庆军队与青年军归并，计二十七个独立营改编为一旅，枪毙骚扰徽州的傅家桢，申斥了不守纪律的胡万泰，所谓杀一做百。以后安庆秩序亦即暂时安定下来，余即返浦口。

余由安庆回浦口之次日，即过江去见黄克强。知克强已将留守府自动撤销，正在办理结束。余当即提出，留守府撤销时间未免太早，使南方军队失去统一领导，影响很大，是革命基础完全消灭矣，何以在南京本党同志们见不及此。当时黄克强认为，不如是不足以表示拥护中央之诚意，现南北既已统一，军队即应遣散。孙毓筠急于求去，主张余回安徽。在此种情况下，余方开始作回安徽之计划。

南京留守政府既已撤销，南方军事已无重心。唐绍仪虽提出任王芝祥为直隶都督，不但被袁世凯所拒绝，且由袁直接改派王芝祥赴南京遣散军队，将驻南京之第八师拨归程德全节制。于是第四军是浙军回浙江，第五军是粤军回广东。余之第一军驻浦口及津浦线南段，苏人张謇、马良等，以苏人治苏为口实，并以善意托人接洽，拨发开拔费十六万元，要求余将第一军开离江苏。余正考虑中，适安徽驻军葛应龙部发生闹饷风潮，地方各团体二十余人群集浦口，要求余回安徽。继之陈仲甫亦到浦口，以安徽情形复杂，孙毓筠无法维持，现在留守府已撤销，各军涣散，军事重心已不在南京，浦口无久居必要，也主张余速回安徽，尚可保存一部分革命力量。余至此回安徽计划乃定。先将军部迁至蚌埠，于民国元年六月下旬赴安庆，就任安徽都督兼民政长职，任命陈仲甫为都督府秘书长，徐子俊为参谋长，机要秘书王曙笙，高级参谋徐唯一。一切施政方针皆由四人代为规划，将行政机构

加以充实、整顿，尽量安插革命同志，以保行政之纯洁性。首先
将全省收入加以统计，预定军政费占全省收入三分之一，而教
育、实业、交通、司法等费，占全省收入三分之二。如统一币
制，厘定钱粮，继续建筑芜屯、芜广、安正公路，蚌埠开埠，省
城浚坞，督修圩堤计划，均在分期进行中。全省六十县增加中小
学校二百七十余处，大致初具规模。袁世凯屡次派人来皖，币重
言甘，希望余与之合作。余始终虚与委蛇，决不为所动。故当时
安徽情况非常安定，但失意之政客、落伍之军人对余颇多不满。
余惟抱定宗旨，一面求本省内政之完整，一面防袁氏之叛国，其
他皆非所计也。

余驻军浦口，有女子北伐军一队。当第一军缩编时，将女生
北伐队全部改组为崇实女学校。校址设在南京中正街侯府，内分
刺绣、染织两班，每日除上课两小时外，其余时间皆学习手工，
成绩甚佳。余到安徽后，为救济女子失业，在各县推广此等学校，
并扩大天足会组织，所有幼女一律不准缠足。为了破除迷信，拟
将各处庙产收归公有，但此事阻力甚大，均在逐步进行中。

承满清政府之后，人民吸食鸦片成风，仅安庆一个城市，烟
馆林立，其他城市可想而知，流毒非常之深。余到皖不久，即下
令禁烟，通令各处所有烟馆一律封闭，不准再开，但私自开灯者
仍在所难免，复在各处成立戒烟会，善意地劝烟民戒烟。适有安
庆奸商勾通英商，将大批烟土在安庆卸货，准备分运内地者，被
警务人员截获。余令警察厅长祁耿寰就地将烟土全部焚毁。因此
英国人将兵舰开至安庆，百般威胁。余绝不示弱，亦将炮队集中
江边一带，与之对峙。几经交涉，余得到孙中山先生与各方面支
持。英人无法，不久兵舰亦退去。当时皖北亳州、阜阳等县农
民，几乎家家种烟，对粮食收入影响很大。余特派专人分别下乡
铲除烟苗。故当余在皖期间，对禁烟工作，成绩甚有可观也。

周震鳞自序（节录）

周用宜 供稿

编者按： 周震鳞，字道腴，1875 年 12 月 1 日生于湖南宁乡。国民党辛亥元老之一。一生经历晚清、民国和新中国三个时期，曾与黄兴、陈天华等同创华兴会。本篇自序为周震鳞 1950 年 4 月所撰，文中铺叙了他一生的经历。

余致力革命数十年，辛亥革命前后，无役不从，历次事实，兹不赘述，但就关于重要者约略言之。甲午中东之役，满清丧权辱国之次年，湘鄂督抚，锐意维新，湘有南学会，鄂有两湖书院。余以湖北规模较大，名师较多，急往考入。前后六年，科学之外，赖贤师益友之指授切磋，颇肆力于中西历史、政治之比较，社会哲学之探讨。休暇之日，尤好谈兵，与将士交游。留鄂各界，均相器重。丁酉，谭继洵抚鄂，其子复生（谭嗣同）为之招揽豪俊入幕，余与沈荩、舒菩生等与焉，朝夕研求变法改制之道。余之革命事迹，盖造端于是时矣。

戊戌政变，复生死，谭抚罢，南学会停，士气大挫。满后政府凶顽误国之焰日张，遂酿成庚子拳匪之乱，发生八国联军入京之奇祸。于是同学唐才常，会合南学会诸英俊，谋起兵湖北，直捣幽燕，勤王为名，继戊戌六君子而奋斗。事败，才常以次死者数十人；吴绶卿（禄贞）等武备学生，亦此次脱离虎口者。是役死者，皆两湖俊彦。余平生遭受打击，无痛于此者。乃与同学黄克强（兴）、龚敬夫（超）合失败余党，决定革命必先排满，非继太平天国，利用满清不平等积年界限，鼓动民族革命，不能建民权自由鹄的。痛定思痛，湘鄂同辈，均依约分途组织，奔走结合，猛力进行。自是长江上下游，人心一致，军学各界，弥漫排满革命口号。满政府忌甚，所在捕治。吾侪虽严守秘密，而同志之牵引被害者，所在皆有，尤以湘人为多。盖是时长江文武势力，均归湘人，以湘籍革命党员出入湘军，较易奏效故也。

自庚子大计决定，适拳匪既平，八国联军退出北京。辛丑满政府缔结辱国条约，海内哗然。满政府始以兴学、练兵、派送留学生相掩饰，并由各省遴选高才、新学成名人士，入日本弘文师范，考察学务。克强即在所送之列。余以两湖毕业，派送士官。会新化邹师①由张管学百熙聘助办京师大堂，荐充舆地教习，劝勿赴日。旋经湘绅电阻，留湘办学，克强更力为怂恿，以为此乃转移湘人顽固脑筋，养成多数革命党员，以为宣传运动革命前驱准备，绝大良机，不可坐失。此余不顾一切回湘讲学之肇端也。

壬寅，留学弘文师范之胡元倓、俞蕃同诸公相继回湘，热诚勇进。先改官立浇星田湖南大学堂为高等学堂，黄泥塅设师范馆，聘余充地理教习。元倓则承克强、笃生（杨守仁）留日团之使命，更得龙璋兄弟捐资，发起私立明德学堂。元倓奔走于外，余主持于内，招收有志青年，灌输革命宗旨。精神教育，早为旧党指目，集矢于余，谓明德为革命学堂，阴图陷害。会内部学生出余手笔批语告密巡抚赵尔巽，将兴大狱，并欲破坏明德。幸龙公芝生，为湘绅巨擘，力为保全，仅以离开明德了案。而学生激愤不服者，人数甚众。余多方解说保全明德苦衷，并荐克强

---

① 指邹代钧。

自代，风潮始平，仍有愤而离校自费赴日留学者。中有十二人，发起私立修业学堂（即甲辰之役事先，余与克强制造炸弹、储藏武器之地。今则规模宏大，与明德、周南为四十余年之著名私立学校）。此次虽历万险，而可证明湘省民气之盛，老辈爱惜后进风义为尤不可及。

癸卯暑期，余既辞去明德，感老辈及国内外同志共相维护，益奋励前进。鉴于官立学堂之扩张困难，私立学堂之孤危易惹指摘，于是首倡改宁乡试馆为中学堂，分劝长沙府属各县试馆均成立中学堂，皆附设速成师范及小学。外府如邵阳、新化、武冈、衡永试馆，均争先恐后改立学堂。熊秉三由湘西来，倡办三所师范学堂。李光炯居抚幕，倡改安徽会馆为安徽旅湘公学。外省子弟，亦能道一风同，隐消官场阻力。许玉屏创办第一女学，朱剑凡创办周氏家塾（即今周南女学）。教职员不提倡排满革命者，几不能列席讲座。未及二年，而学堂之多，学生之众，竟为各省冠。国内外同志莅湘参观者，莫不惊叹。而克强、遁初、霖生、行严诸公，乃迫不及待，欲乘甲辰十月西后诞日起兵长沙矣。虽事泄失败，主要同志均得脱走，在事会员，警敏遣散，损失尚小。而辛亥首义种子，多潜布于是役。失败为成功之母，此语信然。

甲辰失败，风潮初定，各学堂百计弥缝，幸未动摇。余兼任高等学堂教务长，改建岳麓书院为校舍，由落星田迁往（原有校址先后改为实业学堂游学预备科）。于是专心一意，日夕训练学生。科学之外，教以军事。休暇之日，率领入山，口授革命宗旨方略。盖余招收高等学生，事先审筹，由全省州县选送高才，严格考试，均额取录，故学生成就甚易，分布全湘，势力普遍。寒暑假期，令其携带各项革命宣传品（如《猛回头》、《警世钟》、各省革命报纸、杂志等）相地散布，以为鼓动革命资料，使全湘风气同时转移。学生得此经验，各知组织，以充革命干部，遂收事半功倍之效。湖南至今为革命策源地，非偶然也。

乙巳，同盟会成立于日京，孙、黄两公令同志宁调元、廖炳煌、陈家鼎持手书介绍加盟，以湖南党务付托。余各方审慎主盟，数月之久，有力友朋、学生髦俊多入吾彀。丙午年夏，孙、黄两公遣乔宜生偕法人欧契乐调查党务，长缄属详细报告。余抄名册密交，接待五日，并以军事布置渐有基础各项情形相语，极为满意。不料二人不慎，舟中用英、法语泄露机密。鄂省侦悉，遂下令缉捕。因爱护者多，闻风安全脱走，辗转由沪抵日京。是时长江至上海，吾党机关分布，所在招待，无异家庭，精诚团结，殆无有逾于是时者矣。满政权之必倒，即卜于是时矣。在日本，与克强同居数月，挂名法政大学，而与孙、黄及办《民报》诸同志运筹革命大计之日特多。适《民报》开周年纪念大会，同志意气莫不激昂，满廷仇视日甚。忽得同志报告，甲辰散布浏、醴、萍乡一带同志，布置军队起事，克强又促归主持。到湘之日，兵弱早败，同志在省者，资遣隐匿，以为后图。而刘道一、宁调元、胡经武等，或杀或拘，损失亦大矣。此丙午岁暮丁未春初事也。而辛亥起义，长沙新旧军下级干部多出于此，协助江西光复将士亦多出于此。失败一次，人情勇往一次，经验增长一次，党员加多一次。余主持党务，同志号为乐天派，非乐观也，志不缀，气不馁也。自是余在湘更不能露面，遂匆匆避走芜湖安徽公学（即李光炯在湘开办之安徽旅湘公学迁回芜湖办理）。

余居芜湖安徽公学半载，仍任历史、地理教习。学生风气，无异于湘。暑假皖同志约游安庆，寓徐锡麟同志巡警道署，藉谒沈师子培先生（两湖历史教习，时任安徽提学使）以掩耳目。返芜开学，而刺恩铭之事发，锡麟就义。端方侦余在芜湖，必与其谋，派三防营围捕，得熊秉三飞救乃脱。熊与余至交，在湘同起兴学，出力互助，如左右手。捕卒未到半日，熊忽至公学，约往舟中谈话，登舟即启碇溯汉。余乃匿于武昌邹师所创之舆地学会。自是长江下游亦不能露面矣。会袁树勋任顺天府尹，秉三入其幕府，陆咏霓亦往开办《帝国日报》，主笔须人。时吴绶卿已有军权，汲引田梓琴（桐）、白楚香（逾桓）诸同志均入京办报。秉三、咏霓诸友，乃力主张余速赴北京，主编《帝国日报》。秉三又荐刘霭堂充顺天高等学堂监督，兼师范学堂总理。刘与余亦至交，因得任两校地理教习。自是同盟会员联袂入京活动者日多。余以功课过忙，乃荐宁调元（由湘出狱抵沪）充《帝国日报》编辑，余但于星期暇日作社论短评而已。自戊申至辛亥黄花岗之役，三年之间，余与绶卿各同志专力联络布置北方各省实力，从东北至西北，皆应机觅人组织进行。讲学办报，则为制造革命舆论、抨击满人恶政、破坏满廷威信之先锋武器。资政院召集之后，满人假立宪行为毕露，吾人乃尽情反对。南方排满空气，亦因而继长增高。至广州失败，同志优秀分子多葬送于三月廿九日。余乃愤不可遏，于是有从旁听席投椅击散资政院之事，事出之时，院警围拘至局。旁听学生大哗，呼朋引类，登时数千人闹入警局，呼吁开释。绶卿立即往民政部军谘局，令警局好言释归，随密送至天津日租界。寓居数日，而学部斥职通饬遍传矣（通令各省不得聘余任教习）。辇毂之下，演此学潮，轻易解决，固由平日知交广、信望孚，而人心厌满，已可概见。然非绶卿有胆有识，敢作敢为，机敏应变，余真危矣。居津仍化名作新闻记者。得秋季新军会操消息，遂买舟南下，与上海同志策划长江发动，并密派同志刘定坤、黎兆枚持书至陕甘，促井勿幕、黄幼蟾（钺）准备响应（辛亥夏幼蟾为升允奏调充甘肃巡警道，余在京曾多方为之定计，谋断满人右臂）。幼蟾复介绍定坤径赴迪化起事。留沪数日，遂先回两湖。抵湘与同志集议，依照党中大计，决定分立机关，力戒再蹈泄露覆辙。余尤不可久在省垣，使人注目，群促立即避地，免误大局。余乃化装回宁乡家宅，以待消息。此辛亥回湘布置起义情形也。

余家居月余，因寒暑奔波，卧病颇剧。长沙光复之第五日，洪春岩、洪兰生之专缄并焦、陈两督安民布告始至。余扶病到省，告以克强回沪，不日至鄂总领义军。然焦、陈年少望浅，谘议局及各界人士虽群起相助，而新旧两军将士争功，都督府人多口杂，纷纷扰扰，殊少纪律。焦、陈出生入死，举事前后半月，军书旁午，日不暇给，食不甘味，寝不安席，语言粗忿，应付失宜，固所常有，事外之人，亦能原谅。不料奸人蓄谋，纵兵叛变，焦、陈两督起义首功，同时被害。一时市民惶骇，军警四散，人山人海，谣诼繁兴，或欲搜杀焦、陈余党，或欲为焦、陈复仇，湘局之危，不可终日。谭祖安虽被推为都督，亦惶不知所措。石屏在省，人面生疏，言辞短拙，更难出面镇压。于是同志及文武各界推余力为维持。余为革命全局统筹，深虑湘局再乱，鄂局难支，各省响应，将生观望。乃以"不做官、不争权、专做事"九字相约，征询众意，排除万难，挺身主持，演说痛陈利害，略谓既欲拥护祖安，即当保持都督威信，为之壮胆，出任艰巨；首先痛哭庭恤焦、陈两督，以明是非；重行整饬风纪，严令新旧两军不准寻仇报复，互相歧视，听候编组援鄂、北伐、援赣、援川各军。且知湘人意向，非得老成宿望，不能安固人心，于是一面以龙研仙巡按湘西，一面延请刘艮生先生到省任民政司。而刘先生之出山，则纯以余之交谊相强。祖安能用余言，折节罗致，遂促成广西独立，湘桂联军援鄂北伐，不独巩固湘局，而总帅克强，得此声势，长江次第奏捷，士气大振，全国响应，南京政府成立，皆有莫大关系。克强特电奖饰，谓革命成功，赖此一举，非尽夸也。艮生为复生拂尘之师，笃信船山之学。余为高等学堂教务长时，先生任中路师范监督，渡河往来，常相讲论。因余攻船山遗书颇久，互有进益。老人诱掖后进，引为忘年交。其生平事故，家庭状况，茶余酒后，莫不倾吐。而其生平最得意学生，则为其内弟王铁珊先生，由浪子教之成立者也，艮老夫妇之命，莫不顺从。当祖安未迎此老之前，余假其口气，电王独立，当得回电"千里同心，唯命是从"八字。祖安乃派人专迎到省，时余与祖安出王复电，跪谢矫电之罪，老人笑谓"好好，正合孤意"。祖安不敢面求委以民政，余再三以全湘及全局利害陈之，遂慨然允许。焦、陈殉后，革命进行无阻，艮老之功不可泯没。

湘局粗定，克强苦战汉口，已不能支，鄂局日危，催援之电，日夕飞来；江西乞援，亦须分兵驰救。祖安任事时，库空如洗，兵增饷绌，竭厥万分；汉市焚洗，亦待协济，不独援师必赍粮而行也。于是克强电湘，强以筹饷局事相委。余生平不愿理财，且调兵遣将，事多躬亲，筹饷要政，辞难兼顾。同志再三责勉，不得已暂居总办之名，为立章程，出布告，另委坐办，遵章执行业务，财政司代管收支、发行公债而已。事繁弊少，富室指捐，颇收军事济急之效。援鄂之师，既星夜驰赴汉阳，石屏随往参佐，因又力持十余日，克强始能分身赴上海指挥。黎元洪、谭石屏合湘鄂同志，全力固守武昌。旋得南北停战机会，而上海、镇江、苏州、南京各军，内外呼应，次第光复；安徽、江西先后底定。义声所播，举国一致。南京政府遂于壬子元日正式成立。自武昌首义，用兵时间仅三阅月，推倒满清，宣布共和，由民族主义争取到民权主义，此空前历史之大革命顺利成功，岂一朝一夕之故、一手一足之烈哉！

蔡松坡之起义云南也，实西南革命军人之领袖。蔡为湖南南学会高才，留学日本士官最早，原为梁卓如培植。庚子决定排满革命之后，一从余与克强主张。余在高等教习时，蔡充武备学堂教习，排满情绪之热烈，更过于余。每劝其韬晦蓄势，养成学生，博得兵权再动。彼则行动招忌，卒招辞退，幸入广西练兵，开办干部学堂，广招湘籍革命学生训练军事，克强往来其间。方充协统，又遇排陷离桂。然革命实力，已在新军，革命种子，早经散播。王铁珊起义之兵，及率之入湘组织北伐湘桂联军归赵恒惕统带、拨入南京第八师者，皆松坡旧部也。会李经羲总督云贵，调充云南协统，兼办讲武堂。松坡遂又得合该省士官同志，潜图大举。武汉首义，云南响应，秩序独佳，并能声援川黔两广，使克强无南顾之忧，功诚伟也。松坡在南，绶卿在北，实力相等，又同庚子脱逃同学日本士官者。清廷不信，所谓摄政政府起用袁世凯，授以秉国大权。袁氏深知绶卿历年所为，恐革命成功之后出为政敌，疾忌如眼中钉，于是阳荐升山西巡抚，阴贿刺之于石家庄。绶卿既殉，北方响应各省坐失保障领袖。于是袁氏狼子野心，阴谋称帝，为所欲为矣。驯致南北议和条件左右为难，吾党意见纷歧，不能不委曲迁就矣。盖自甲午至辛亥，前后二十年，革命过程中，历次替嬗，历次演进，正如剥蕉缫茧，层层待理，层层生新，每经一次失败，即牺牲一次人才，丧失一次元气，变更一次党系。同盟会原合各派而成，克强在珠江流域领导起兵失败凡十余次，合之各处奔走运动随时遇害、海内外愤而自杀者，多为一时俊杰。武汉首义成功虽速，而湘鄂苦战，革命中坚分子丧失过半。余尝谓革命成功，而革命党员牺牲失败，诚至痛也。南京政府与袁世凯迁就调和，非贸然也。加以全国舆论，新立政党，责望和平，如出一辙；党中主张北伐再战者，反遭唾骂。革命之局，限于时代与环境，盖如此也。

　　总而言之，自咸同以后，全国军权、政权均移于湘淮两军之手。湘军兵力，散布最广，约居淮军三分之二。当时，两军文武将士，忠顺事清，皆如初入关之汉军旗。革命党赤手空拳，以图冲破网罗，造新时势，谈何容易。戊戌、庚子，利用两军乘满清误国罪恶昭著，托兵谏之名，犹取失败，此皆由于运动时机尚未成熟、奴役风气积重难返之故。庚子革命方针决定，吾侪一致从广兴教育、多办报章入手。湘南为湘军子弟群萃州居之邦，尤赖二者普及，以期驱使其子弟，说动其父兄，效果当然易见。湖南文武学生宣力运动军队者最多，挺身投军革命牺牲者亦最多，职此故也。余尝谓辛亥革命党利用湘军起义，淮军赞成，必有凭藉，方有成功。中国之大，历史之久长，人心之复杂，南北议和，不能一次彻底尽扫旧污，皆由于此。然而驱逐满清，废除帝制，旗帜鲜明，昭示世界，洪宪复辟之乱，随起随灭，自取覆亡，有为呼冤报仇者乎？北洋军阀，觉悟就范，有能长久割据者乎？此固孙、黄诸公先后坚持、始终奋斗之功。而南京政府结束，辛亥成功，宣布《临时约法》，树立国家不拔之基，天下后世，固有不可轻侮逾越者在也。曾忆克强、遁初民国元年回湘，在欢迎席上郑重表示让袁政权，吾党在野，专尽力于农工商实业，协助政府，力图富强，天下为公，政见彰彰在人耳目。倘无袁氏一人之私，构成内乱，肇生外侮，或者国家早有建设，世界早得和平。拉杂写来，亦人事代谢得失之林焉耳。

南北议和成，南京政府取消，初设留守，旋亦裁撤。同盟会改为国民党，交遁初代理理事长。孙、黄两公，均以办理实业空名宣布在野。余在湘办理党务，克强以颂云等佐祖安整理军事。余旋代表湖南入京见袁，察其谦恭下士情形，有如王莽。遁初名为农林总长，方居万牲园，筹办国民党，与袁周旋。克强亦为袁欢迎入京，随即回沪。余在京月余，与袁晤面多次，为公事商请，久无结果。惟派人招待，格外殷勤。知其疾忌吾党，绝无诚心。适武汉首义之张振武、方维公然被害于京，余乃不辞而去，并劝遁初从早出京，回湘策理党务。此次袁衔我最深，曾电质问祖安，有不知何事开罪周某之语。国会召集，余被选为参议院议员，袁、黎攫取正、副总统，依议和条件也。而正式政府，国会同意唐绍仪总理组织一条，袁则食言而肥，坚持用赵秉钧以拒唐，国会亦迁就以赵代唐。当时谣言倾动，谓国民党主张提名遁初为总理，由是袁使赵贿应桂馨置遁初于死地。吾党忍无可忍，孙、黄两公讨袁军不得已而组织矣。

邹永成回忆录（一）

邹永成 口述　杨思义 笔记

编者按：邹永成自 1900 年唐才常组织自立军到 1913 年赣宁之役，曾亲身参加了屡次的革命运动。这篇回忆录，对于研究辛亥革命史供给了许多材料。如所述 1906 年萍浏醴起义的情况、辛亥革命时湖南的情况和 1913 年赣宁之役的情况均相当详细。但事隔有年，追忆过去难免记错或有遗漏之处，研究者还需参考其他相关文献。

序

新化邹永成先生，字器之，辛亥革命之积极分子也。出身于封建家庭，于一九〇〇年参加唐才常之自立军，一九〇四年（光绪甲辰）参加黄兴所领导之华兴会，一九〇五年加入孙中山所领导之中国同盟会，经常奔走于湘、桂、鄂、赣、苏、皖各省，运动军队联络会党起义。辛亥（1911 年）九月，长沙之光复以新军第廿五混成协之目兵出力为最多，而该部队之革命组织，实先生与刘文锦二人所创始筹划者也。一九一二年南北统一，先生因本党同志革命不彻底，轻易与袁世凯妥协，愤而投江自尽，经人救起，其后仍秉其革命初衷，继续与军阀及官僚作斗争。一九二七年大革命失败后，国民党之党性消，而先生之心亦为之灰矣。一九三〇年国民党欲修党史，以先生更事多，掌故熟，敦聘其任国民党党史委员会撰修委员，先生谓革命大业虽告流产，而先烈之史实则不可不彰，故勉就焉。讵该会当事人概属奸党，对革命史实多歪曲，而尽没其真迹。先生与此辈长期作斗争，每揭举其伪谬，徒以众寡不敌，而伪史终以告成。一九四八年先生回湘，约集昔年革命旧侣，组织中国同盟会湖南联谊社于长沙，从事反蒋活动，并于一九四九年参加长沙之迎解运动。一九五〇年被任为湖南军政委员会参议。一九五一年先生得痼疾，展转于病榻者凡四年。至本年（1955 年）六月四日午前一时始捐馆。葬于长沙南郊公墓，享年七十有四。当其卧病时，自知不起，频约余至其榻前历述其生平所经历之革命故事，嘱余为之笔录整理，以当自传。余因其所述皆系真实可靠之革命史料，故录之以供历史研究者参考。一九五五年九月邵阳杨思义附志。

一　冲破环境投身革命

我于前清光绪壬午年（1882 年）十月初十日，出生于新化永固乡罗洪村一个封建家庭。我家虽不富有，但是新化一个名族，因为我的曾祖汉勋是一个汉学大家，当时与同郡的魏默深、邓香皋齐名，后来他又跟着曾国藩去做反革命工作，在庐州与江忠源一同被太平天国军杀了。清帝念他的犬马功劳，赐了他一个云骑都尉世职。我的祖父书田，我的父亲代铸，就凭这一点余荫，做了一生无声无臭的公子，他们虽无大善，也无大恶。可是我的伯父代钧、叔父代藩却都是参加戊戌政变的维新分子，在清末民初很有点名声，他们的事迹，因有多人知道，这里不再叙述。

我出身在这样一个家庭，从小就在家中读私塾，很感觉苦闷，只想冲破当时的环境，跑到外面去另自造出一番事业来。到了光绪丁酉年（1897年），听说我的伯父代钧同陈三立、梁启超等人在长沙开办时务学堂，提倡新学，我得到这消息非常欢喜，特地跑到长沙来投考，已经取录了，无故的被伯父阻止不许进去，我愤慨地背着包袱逃出外面，游学访友。那时我已抱着造反的思想，专意结交江湖上的朋友，如此混了多年。己亥年（1899年）我才跑到武昌，住在我伯父的舆地学会里。庚子年（1900年）碰着唐才常在湖北散发富有票，组织自立军，准备革命排满，我便参加了这个组织，被伯父知道了，勒令我回新化，把我关闭在家不许出门。我负气地在家自服劳役，甚么事都干。在此时期，我又结识了陈天华、周来苏、张斗枢、周叔川几位革命同志。我们会着总是商谈革命的事。癸卯年（1903年）我又跑到武昌，就在舆地学会做工，偷读了几本革命书籍，从此我的思想猛进，才了解民主革命的真谛，清洗了不正确的草泽英雄思想。甲辰年（1904年）回到长沙，进了体育学堂，入了华兴会。

二 黄兴领导的华兴会及其失败经过

华兴会的领导人是黄兴，他当时的姓名叫黄轸，号厪午，后来在万福华行刺王之春案被株连，开释后才改今名，又号克强。湖南的正式革命组织，要算他是创始人了。自戊戌政变后，一班爱国人士都认识清廷不可靠，非革命不足以图存，尤其是湖南的革命风潮，一天高涨一天。癸卯年（1903年）克强自日本留学归来，在明德、经正各学堂担任课程，就利用这个高潮，邀集许多爱国志士，组织这个华兴会，暗中进行革命活动。其着手的办法，只是利用会党。因为当时湖南的新军刚才开办，所有武备、兵目、将弁各学堂又未毕业，旧巡防军又无从下手运动，听说这里头哥老会分子很多，唯有通过会党，才好向他们去联络。恰好有同志刘揆一，认识一个哥老会总头老马福益，黄兴就派刘到浏阳普迹市去找他。这马福益本是清朝的大武官，曾经做过镇台（与师长相等的武官），因为参官在家，很不满意清朝。他的手下党徒很多，各兵营都有他的分子，他每年在阴历九月趁普迹市集会演戏酬神的热闹当头，必要召集他的党徒在那里聚会几天。所以刘揆一一找便着，把华兴会的组织和宗旨告诉他，他十分赞成，并拍胸以发难起义自任。因此本会的同志便推他做副领袖。同时又有谭人凤（石屏）、李燮和（柱中）两人与湘西和宝庆方面的会党都有联络。黄兴在由日本回国之前，并曾预约外省同志，如吴禄贞、钮永建、蓝天蔚、李书城、蒋尊簋、陈宦、赵声、曹亚伯等在各地起义，作湖南的响应。另有在鄂的同志宋教仁、胡瑛、欧阳瑞骅、欧阳振声、刘静安、何季达、时功玖、张难先等暗设机关于武昌多宝寺街，号称科学补习所，并派胡瑛、张难先等投入湖北的新军，去散布革命的种子。那时长沙的机关有好几处，如黄兴的明德学堂、东文讲习所，周震麟的高等学堂，张斗枢的作民译社，柳聘农的长沙民立第一中学，还有一个林公馆，这都是本会集议和交通之所。经费的来源，多由各同志自己捐助，而以龙璋、柳聘农两同志助款为最多。看看本会的势力发展得很快，各省都连成一气了，便决定于甲辰年十月初十日（1904 年 11 月 16 日）趁西太后那拉氏的万寿节，在长沙发难首义。因为每逢万寿节，长沙的大小文武官员都要到万寿宫去行礼，黄兴与各同志密谋在那里预先埋伏地雷炸药，将他们一举歼灭，乘机占领长沙，同时由马福益、谭人凤、李燮和、周叔川等在湘东、湘西各处响应。计议已定，大家分途进行。那时我的任务是担任江西方面的运动。

原来在甲辰的春季，陈天华由日本寄信给我说，廖铭缙（湖南黔阳人，在日本时也与革命同志有联络，后来变了志）在江西吉安当统领，办了一个随营学堂，欢迎革命同志前去参加，叫我多邀些同志去帮助他。我把这消息报告本会同志，大家都认为是好机会，正可以运动江西的军队作湖南的响应。于是由我约集同志易本羲、周京甫、陈少石、杨庭署、伍仲衡、胡崑藩、邹得佑、吴任、张业吾、张琴、石英等数十人（其他不尽记忆），各背一个包袱，带着一些《扬州十日记》、《嘉定三屠记》以及《猛回头》等书，一同步行到吉安。到时已有冯弼斋、赵南山、谢介僧、韩飞、黎民望、漆英诸同志由日本及各地远来，先在那里欢迎我们了。同时又有一位最老的同志叫董福开集合手下许多会党在吉安开山堂，公开的名义叫黄自强公司，秘密的名义叫赣江堂，也是准备在那里作黄克强的响应。我们与他取得联络之后，把他们的规矩和手续都改良一些。此时吉安群英毕集，非常热闹，大家还嫌不足，又派我回到湖南更多找一些人来。又派漆英到浏阳去和马福益接洽，马即派欧阳笃初（后来在萍浏起义化名姜守旦）来吉安和我们取联络。吉安的随营学堂开办之后，郭人漳（与黄克强也有联络）又在南昌办一个随营学堂，蔡锷在那里当教官，学生中也有些革命同志，如陈方度、黄牧、滕祺等。吉安方面便推我和陈少石担任向他们取联络。我们布置好后，就专等长沙发难之期了。不料湖南机谋泄露，长沙机关破获，黄兴、马福益等人分途逃亡，各省的机关也随之瓦解，这次革命便告流产。

长沙机关破获的原因，是由于会党人众流品复杂，不守机密，往往街谈巷议，容易泄露风声。在旧历的九月初旬，湘潭有两个会党朋友，一个叫何少卿，一个叫郭鹤卿，他们在茶余酒后之际，正谈得起劲，说："万寿节快到了，我们快要动手了。"被湘潭县的捕快听见了，登时就将他二人拿获；又在他们的客寓里搜出一些证件，把他们带到县衙门用严刑拷问，逼着他们供出华兴会许多内容来。县官听着大惊，立即行文飞报省城告急。湖南巡抚陆元鼎得报就下令搜索省城，捉拿革党。此时幸有一个绰号飞毛腿的会党同志，也是湘潭人，他一日能走七八百里，在何、郭两人被捕的当头，登时打听明白，飞足走告马福益。马即转告黄兴，叫他快走，并嘱全体同志迅速走避。克强得讯，一面密电湘、鄂、赣各地机关预防；一面劝告在场同志出省逃避；自己也躲到吉祥巷圣公会黄吉廷家中，至九月十八日（10月26日）省城解严，才逃出省城，跑到上海去了。这回虽然失败，幸有飞毛腿报信，同志才无大的牺牲。但会党的次要首领王福泉、萧桂生、游得胜诸君竟逃避不及，与何、郭两人先后殉难。马福益则逃往广西，至次年春约黄克强回湘谋再举，他行至湘乡被清兵拿获，也遇难了。湖北的机关科学补习所也被破获，幸事先接黄兴的电告，早为布置，将证件一概焚毁，鄂督张之洞派军警前往围捕时，其室已空，宋教仁、欧阳瑞骅诸同志都向上海、日本等地亡命去了。

江西方面的机关，有巡抚夏旹的儿子和郭人漳、廖铭缙诸人作掩护，本可维持下去。只因曹亚伯也来到吉安，此人热心过度，每天拿着扬州十日、嘉定三屠及《猛回头》等革命书籍到街上去，当街散发，被吉安知府呈报巡抚，说我们的学堂是革命机关，巡抚委他来查办。我们早已得着消息，事先将证件及书籍焚毁，才没有发现证据。可是这学堂竟被解散了。同时南昌的随营学堂也因这次风潮被停办。不久赣抚将这两校归并合办一个材官学堂，蔡锷仍充总教官，但不到一个月又被解散了。蔡锷便回湖南，我们也陆续回湘，并从事广西方面的活动。

黄克强在长沙失败逃到上海后，住在新马路余庆里章士钊的寓所，同时有各省的同志由日本及各地跑来的都住在那里。适有安徽同志万福华愤恨广西巡抚王之春有卖国举动，持枪到金谷香番菜馆去刺他，不中，被巡捕房捉去，牵涉章寓机关多人，巡捕到章寓来捕人，克强到沪不久也被捉去。幸值江西巡防营统领郭人漳因公到沪来寓访他一同被捕，郭指克强是他的幕僚李寿芝，又经赣抚来电证明，乃得同时开释。出狱之后，便东渡赴日本。

三　在广西起义的计划流产

甲辰年（1904年）冬季广西的会党陆亚发在柳州起事，聚集了万多人，占领了柳州，湖南巡抚派黄忠浩带兵七旗（等于营）前去"围剿"。黄克强得知这消息，想乘机在湖南再举。那时我和邹代藩、蔡锷等都回到了宝庆府城，我们便在河街岭益美祥号曾子亿店中召集了周召期、曾广轼、吴任、萧立人、张监士、傅作楫、石成功、徐清泉、曾子亿等同志十余人开秘密会议，决定周召期赴长沙、宁乡活动；邹代藩、曾广轼、石成功等在宝庆、新化活动；蔡锷到武冈去劫夺转运局的枪炮起事；我同吴任担任赴广西运动黄忠浩部倒戈，并与陆亚发取联络。我们动身时，人们正在过年，雪深数尺，爬山越岭，经过不少的关卡才到柳州会着黄忠浩，得知陆亚发已被他剿平，陆兵败身死，剩下余党李德山、苏国三两股略数百人，被黄收编为先锋营。黄忠浩本是我的世交，他由长沙出发时，我曾写信劝他莫打陆亚发，这回会着他绝口不提，只夸张他的平匪功劳。我见他如此，便也不好进言了。他部下有个营官邹人美是我的族兄，扎在东泉，我们便到他的营中住下。这人虽是顽固，他的部下三个哨官唐元善、唐万福及田某却被我们运动好了，另外一个营官梁忠武也受了我的运动。我们又暗中联络了先锋营营官李德山、副营官苏国三，他们都愿响应湖南的起义，连计划都商定了。这是乙巳年（1905年）春间的事。乙巳年四月蔡锷忽然由桂林派两个亲兵送信来接我们，据说湖南起事的计划已经流产，所有在江西的同志都到了广西，他和郭人漳也到了桂林，他们准备在桂练新兵，培养革命武力，也开办了一个随营学堂，要我迅速前去襄助。我到了桂林，仍愿进随营学堂当学生。同时蔡、郭二人又派人将谭人凤接来，在学堂挂了一个文案名义。我们有这许多的革命党人云集在桂林，当时革命的空气非常紧张，自郭人漳以下无不高谈革命（那时郭还未变节）。我们在校时常演习攻城战和实弹演习，都是做革命的准备。到了乙巳年秋间，黄克强也从东京跑来了，他说他和中山先生商量好了，把各省的革命团体统一组合起来，定名为同盟会或联盟会，当他由日本起程时还未决定。我们在桂同志数十人，便也成立一个联盟会，各人填好誓约，交克强先生带回东京。后来才改名为同盟会，我从此便为中国同盟会的会员了。

谭人凤原是新化一个老秀才，一般的人都呼他做谭胡子。自从华兴会失败之后，就在他的家乡福田村创办一个福田小学，做革命机关，自己担任校长，以谢介僧及其他同志充教员；另外又召集许多江湖上的朋友在那里开山堂，取名叫卧龙山，他自己做山主；又跑到宝庆府城分设一个山堂，先后吸收宝庆中学堂教员李燮和（柱中）、富绅岳尧民、尹公剑（即冷公剑）及其他革命同志谭恒山、李洞天、毕同、唐镜三等多人入帮。革命势力看看有点基础了，正想待机起事，恰好蔡锷、郭人漳派人来接他，便把福田小学交谢介僧接办，宝庆的会务交李燮和掌管，自己随着来人到达广西，把自己所布置的情形告诉蔡、郭二君。郭人漳因他有这基础，所以到桂不久就送他步枪和手枪数十支，要他仍回湖南去活动，准备响应广西的起义。他得着这批武器，将枪身和机件一一拆卸下来，用竹篓分装在货物底下，自己装做商人，平安地回到了宝庆。又苦没有活动的经费，他便想拿着这武器做资本，做一次江湖好汉的勾当。此时正打听得有一大批鸦片烟商人，带着许多银子，雇着镖客，要取道洪江往贵州买鸦片去。他认为是好机会，即派谭恒山、孙琦、罗一坤三人分带一百多个好汉，暗藏武器，先到洪江去等候这批烟帮，只待他们经过时就好在半途动手抢劫。哪知这些镖客们都是老于江湖的行家，各路的底子摸得很熟，谭老先生这样的兴师动众，他们如何不知，早已带着烟帮取别的道路上贵州去了。谭恒山这一干人不知就里，老是守株待兔地坐在洪江客栈里鹄候，等了许久不见踪影，才知上了大当，只好偃旗息鼓，班师而回。但身边的盘缠本已不多，经不起百多人的吃用，连火食都开不起了，如何走得动，迫不得已，又只好向宝帮坐庄的烟商（烟商也需要武器）办交涉，暗卖一些枪支给他们，换得银两做盘费，才扫兴地回到宝庆。那郭人漳所送的枪支已经所剩无几了。正是偷鸡不着反蚀一把米，谭胡子这一气非同小可，但也可想见当时革命的人们用心之苦了。

谭人凤的劫银计划既未成功，而宝庆的机密又被泄露。原因是会党人多嘴杂，李燮和与唐镜三等又不善约束，以致风声外露，被宝庆知府访查明白了，知道为首的是谭人凤、李燮和这一干人，就派兵去缉拿他们。幸而当时奉命捉人的军官就是我前在柳州已经运动好了的唐万福、唐元善两位哨官，他们随着管带邹人美调回不久，就接着这项密令，心中大惊，就一面着人把信叫谭人凤、李燮和等逃走，一面仍率队到宝庆中学堂和新化福田村两处去搜捕，敷衍的回复上司。所以这次计划虽未成功，幸无一人牺牲，所有同志大家星散，谭、李二人都先后逃到日本。

广西方面，在丙午年（1906年）春间，桂抚李经羲调升云贵总督，换了林绍年来做巡抚。他却不像李经羲那样采放任主义，见我们随营学堂的革命空气太嚣张，便急忙在这年三月把我们毕了业。同时郭人漳与蔡锷为争兵权也发生意见冲突，清廷把蔡锷调陆军小学堂总办，郭调广东钦廉道，并把练好的一营新兵带去。我们在广西起事的计划，便成泡影。我见广西举事不成，便想再回湖南去干，恰好谭二式（谭人凤次子）由新化来信说，谭人凤、李燮和想在宝庆举事，唐元善、唐万福两营正回驻在宝庆，要我赶快回去运动。我便回到宝庆，到时谭、李两人已因事泄逃走了。因此我又扫兴地走到武昌替我伯父料理舆地学会的事。不上数月姜守旦（即欧阳笃初）在萍浏起事，我已接着谭二式的电告，正想前去参加，忽然谭人凤由日本赶来，邀我一同前往。我们走到长沙，萍浏已经失败，风声又紧，我便再转武昌，谭人凤也仍到日本去了。

四　萍浏醴起义的真相

萍浏醴之役我虽想参加，却没有赶得上就失败了。起事原委，有在场参加的同志作了一个很详细的记载，以明真相（以下录原文）。

先是会党首领马福益在长沙遇害后，姜守旦（即欧阳笃初之化名）继统其众，欲为复仇。守旦曾充醴陵防营教练官，稍习军事。有魏宗铨本明德学生，已受黄兴、宁调元、禹之谟等之革命教育，龚春台（即年之台化名）尤为激烈。当时萍、浏、醴会党派别甚多，有哥弟会、洪福会、武教师会等。如龙人杰、陈红初、饶有寿、万木匠、廖叔保、沈益古等武教师各有门徒数百人，会党各派如龚春台、姜守旦、冯乃古、萧克昌、邓廷保等各有数千人。既有革命党人参入其中，称奉革命党孙文命令，组织革命机关以备驱策，乃在萍属蕉园秘密集会，公议立六龙山，号洪江会，推龚春台为首。在各县吸收同志入会，设总机关于萍、浏、醴连界之麻石，以上栗市全胜纸笔店为招待会友、筹划经济之所。不数月间势力已蔓延萍、宜、分、万、浏、醴各县。

丙午年六月，遂集各路首领开秘密会议于大岭下弹子坑慧历寺。该寺住持德模和尚有武门弟子百余人，亦早加入洪门会者。此次集议决定：1. 派余为璜、邓坤在高家台密造火药军械（高家台在萍浏连界有铁店数十家，余、邓家在此）。2. 派魏宗铭急筹款五千元作购买军械火药之用。3. 胡友堂、邓廷保联络哥弟会大头目冯乃古、洪福会首领姜守旦全部加入洪江会。4. 派魏宗铨、蔡绍南往沪、港、粤各地革命机关进行联络，并往日本谒孙、黄报告组织经过，要求接济新式军械，请示举义日期。至七月中，宗铨、绍南将职务交许学生、龚春台、李金奇代理，遂即赴沪。遇李发群、宁调元，告以来意，发群乃介绍其入同盟会，并予以往东京同盟会本部之介绍函。正拟启行，忽接龚春台急信促回，乃将联络事交发群办理，而与调元南返，分向各处接洽，约齐十二月底举事。于是调元往醴陵，绍南往浏阳普迹市，宗铨往萍乡、安源。

时萧克昌任安源煤矿大工头，属下有数千人。宗铨与克昌商洽年底举事，克昌允之，而其部下主张提早发动，以年底各工人皆回家庆岁，难以集会。克昌告以早动则外援难集，众虽信之，但人数众多势难秘密，谣言蜂起，各地三五成群，皆言"杀鞑子"、"铲富填贫"等语。地方绅士恐受连累，乃呈请官厅剿办，清吏亦严加防备。至八月中秋节前后，麻石戏场三处每日聚众数千，谣言更盛，甚至有洪江会即日起事之说。三县官绅乃密谋联合于八月二十日（10 月 7 日）派城防勇突至麻石会捕会党。党人猝未及防，遂不战而散，第三路码头官李金奇死之。九月重阳节，会党又借各校放假机会，在上栗市栗江书院开革命烈士李金奇追悼大会。自是清吏更加注意，常遣军队赴各乡缉拿会党头目。九月下旬，许学生被捕，在萍就义。萧克昌部下乃通知克昌派人至上栗市总机关，商议克期举义，并定先劫安源矿警枪支，攻占萍城。另请洪福会首领姜守旦占浏阳，合攻长沙。栗市方面以准备未周，外援亦尚无妥实答复，坚嘱勿动。至十月初清吏派巡防勇二哨驻安源，克昌已觉事机迫切，又不敢轻动。巡防营管带胡某以萧部属甚众，亦不敢操切，恐激巨变。乃商之矿局督办，于廿日以宴客为名，折简约克昌，乘其下舆时杀之，因即布告匪首既除，从者一概免究。同时慧历寺总机关亦为地方士绅引导清军抄没。会党各首领乃于十月十七（12月2日）晚集议高家台，是时总计各县会友共有十余万人，各码头官咸以乘清军尚无准备之时，急速发动，并檄各处会党同时举事，会攻长沙、南昌两城。龚春台、魏宗铭、邓坤、胡友堂、蔡绍南等人以军械不足，主稍缓，以待外援。而饶有寿、龙人杰、沈益古、廖叔保等以为有党人十余万众，加以各地友党可得十余万，尽可一决胜负，坚持不再延宕。计议未决，各处会友愈来愈众，会至天明未散，而廖叔保乃集数千人于麻石，高扬大汉旗帜。事已至此，只有同声相应。乃檄知浏东洪福会首领姜守旦、普迹市哥弟会大头目冯乃古并各处会友同时发动。当将高家台所储少数军械、火药、土枪、土炮、长枪、大刀等武器分给各部，并定先占上栗市为根据。

二十日（12月5日）集合麻石之众，头缠白布，手持各种武器及赤手空拳者二万余人，向栗市进发，前列大号筒数对，大旗二面，上书"大汉"二字；小旗百余面，上书"官逼民反"、"灭满兴汉"等字。上栗市安乐司原驻有巡防兵二十名，闻风远遁。遂径抵市中万寿宫驻扎，擒平日帮同清吏搜捕党人之王老五、萧七长子杀之。各处响应者，有宜属之慈化市、萍属之桐木，各有会友四五千人，由欧阳满况、维厚统率。洪福会首领姜守旦遣人来告，彼已同时举兵响应，但不受萍乡军之节制，并即日占领浏阳县城直攻长沙云云。当以军事不能统一，乃决定暂推龚春台为"大汉光复军南军先锋队都督"檄告天下，并出布告晓谕民众，以蔡绍南为右卫都统领兼文案司，魏宗铭为右卫都统领兼钱库督粮司，廖叔保为前营统带，沈益古为后营统带，又有左卫第几营、右卫第几营名义。是时据报浏阳南门对河之南市街及浏属枫林铺等地，各有会友数千听候调用。于是决进兵浏阳与姜守旦会合，再图进展。即檄慈化、桐木各队堵截瑞州、上高、万载等地之清军来路，并由沈益古、龙人杰、王霭、邓坤各队驻守上栗市为后防，堵截萍城之清军来路，余均由春台、绍南、宗铭统率于二十三日（12月8日）向浏阳前进。沿途来归者及报称举旗响应者，有浏属之文家市、金刚头，醴属之潼塘、官察、板杉等处，各集数百或二三千人不等，直抵枫林，总合二万余众。

时萍乡及安源开到清军朱、胡两营，闻上栗党军数万，未敢轻进。忽探悉党军大队开浏，管带胡应龙乃领步兵二哨连夜由案山头、南源出上栗市。此路险仄难行，乃党军未能于此布防，致被直进无阻。次晨即二十五日，已出山峡至距市四五里许之栅上，立布阵开枪。党军人数虽众，即徒手者多，闻枪惊溃，仅少数起而抵御。清军乘其器械不精，军容不整，遂督队冲锋。虽赖沈益古、龙人杰、陈仁初等所领武门弟子奋勇接战，沈益古左持锅盖，右执大刀，连斩清兵十数人，所向披靡，终以器械不敌而败，死邓坤、龙人杰等七八十人。上栗市党军既溃，清军另一支由袁州出万载，直达慈化。万载原有会友甚众，见清军过，竟不敢动。慈化党军亦多徒手，少数武器又复不精，且闻上栗市败耗，不战而散。桐木方面亦然。至洪福会首领姜守旦自号"南部起义恢复军"，集齐山、大光洞、溪洞三处，会友约万余人，进攻浏阳县城。城内驻军不足两营，当将南门河堵截并出击，姜部纷纷溃散。清军即于二十七日分军南出，击对河南市街之洪江会军，该军退至牛石岭。适逢栗市党军开到，清军不过百人，逢此大队乃散至旁近竹山，用枪射击，一弹中党军火药堆放地，毙党军数十人，余众惊窜。适金刚头被党军击走之城防勇二十人入城归队，见状加入清军作战，清军以为援军大至，勇气顿增。党军自辰至午连死并逃已去十之九八，至日晡党军最后抵御之邓廷保等二百数十人，亦全部死散。大队既覆，各处小股次第破灭。春台、绍南化名遁走，守旦之众全散，而著名拳教师冯乃古迄未发动，亦为清军在普迹市诱而杀之。未几湘、鄂、皖、赣清军云集，分驻萍、浏、醴各城市、乡村不下数万人，搜防严密，旬日之间，被捕殉难者甚众。此役虽如昙花一现，而禹之谟、刘道一之被害，杨卓林、鄂金声、李发群之在南京被害，宁调元、胡瑛之被捕，皆为此役之牵连。（原文完）

这段记载比较真实可靠。外间传闻说得规模如何之大，时间如何之长，未免太夸张了。

五　在长江一带活动后东渡赴日

丁未年（1907 年）清廷派心腹满人铁良出洋，道过武汉。我同孙武、胡瑛、张学济、孙琦、何季达等密谋，在武汉过江的官渡码头上安埋地雷，等待他过江时去轰炸他。不料在深夜埋放地雷时被警察发现，未得成功[①]。丁未年徐锡麟在安庆起事，我也前去参加，到岸时已经失败了。

己酉年（1909 年）我的伯父病故，我将舆地学会顶给学部，自己便到南京活动。由熊希龄介绍到苏州第二十三混成协当管带（营长），在军中联络不少的同志，如参谋王荩臣、曾影豪，参军余道南，队官戴钟奇等都与革党表同情，协统刘笃烈又是我的世交。我们正想把非同志的标统挤掉，造成清一色的革命势力，不料刘笃烈忽然调差，另放了陈得龙来当协统。此人侦知我是革党，便想捉我，幸王荩臣将我的证据烧毁，暗通消息要我逃走。我仍暗进南京，匿藏在张斗枢家秘密活动。在宁又联络了不少的同志，与上海机关派来的同志曾杰、梁维岳等在明孝陵开了一次秘密会议。各人分担工作后，我便同张斗枢、刘承烈到日本，向

---

① 丁未正月二十二日（1907 年 3 月 6 日）报载张之洞派人"指名严捕自制炸弹匿迹武汉之留学生等十余人"。但关于丁未年铁良出洋事，未查到记载，疑此处所记时间或人名有误。

同盟会总部接洽，并介绍刘承烈入同盟会。刘本是我的书记，经我启发乃参加革命。他的胞弟刘文锦由保定速成军官毕业到南京来会兄，也愿参加革命，与我订交而别。后来他到长沙进廿五混成协，才打下辛亥革命光复长沙的基础。我到东京以后，感觉无事可做，想乘空增进一点政治知识，便入明治大学读书。后谭人凤邀我同往，在那里得着赵声将于庚戌的新正率领新军在广州起事的消息，我们便相约同去襄助。正在筹集川资，赵声已经失败来到了东京，与我们同住了几天，才同胡毅生到南洋去了。不久中山先生也到日本，因为日本政府不许他登岸，随又回到南洋。

六　中部同盟会之成立及我的进行

庚戌年（1910 年）清廷假称预备立宪，宪政党的走狗罗杰借铁路风潮为名，召集在日的全国留学生在锦辉馆开会，想煽惑在日留学生拥护他们的君主立宪主张。我们知道他的阴谋，预先邀集革命同志一百多人前去到会。他们的党羽白坚首先登台演说，话才开口，便被钱梦熊同志抢上台去举手便打，台下的同志见了大家也涌上台来殴打，把白坚打得头破血流。日本警察闻讯将戏馆围住，一个个的把我们捉去，关了三小时才由宋教仁向日政府交涉释放出来，但罗杰到得稍迟竟被幸免。事后我党同志又在我和谭人凤的寓所开会讨论革命进行方针，到会各省的同志百余人。开会的主要原因是因有人说："孙总理只注重广东，对于长江各省一点也不注重，华侨所捐的钱也只用到广东方面去，别处的活动一个钱都不肯给。现在我们要自己商筹一个办法去进行。"宋教仁便提出上中下三策，他说："在边地进行为下策，在长江流域进行为中策，在首都和北方进行为上策。请大众决定以哪一策为妥。"经大众公议认为："下策太不济事，上策太不容易，我们还是以取中策为好。"于是决议组织"中部同盟会"

作策动机关，只因没有经费，便由邹代藩献策公推宋教仁向日本交涉，把新化的锑矿专卖权卖给日本，公推我和张斗枢回新化与矿商接洽。我们回国先在汉口俄租界宝善里组织广惠矿务公司，交张斗枢主持，我便回湖南。道过长沙时，特为到廿五混成协马队里去会排长刘文锦，把东京同志的计划告诉他，要他在军队中设法组织。湖南廿五混成协的革命团体就在此时打下了基础。我回到了新化，已是庚戌年的除夕了。

七　黄花岗之役湖南响应未果

辛亥年的新正，我正在和矿商接头，颇为顺利。忽然谢介僧由东京回来，告诉我："去年冬月间黄克强和赵声、胡汉民等跑到南洋英属庇能会着中山先生，他们商量今年春间要在广州来一次大规模革命，已经筹得一笔大款（近廿万元），由克强、赵声等人在香港设立统筹部，召集各省的及在东京的同志都到那里集合，待期举事。并派谭人凤、萧翼鲲、刘承烈和我（谢介僧）回湖南运动响应。现在东京的同志都到了香港，谭人凤及萧、刘二人回到了长沙，听说你对长沙的新军已有联络，要我来邀你同去应付"云云。我得着这消息非常兴奋，便对介僧说："既然有谭胡子在省负责，那里可以不必要我亲去，我只写封信给刘文锦和吴任（我已安插他在四十九标当文案）叫廿五混成协的同志和他们直接商洽，我想没有不行的。况且刘文锦就是刘承烈的胞弟，他们更好随时接头。我在宝庆方面也很可起些作用，你我不如就在宝庆动手，反可作他们的支援，你以为如何？"介僧极以为然。我就丢着矿事不谈，决计在宝庆方面准备起事，仍一面派专人送信给刘文锦，叫他与谭人凤等接洽。一面将我祖遗的祭田一百多租的契子抵押给祖伯，得着二千元作经费，跑到宝庆的河街岭开设一个店子作机关，把宝庆和新化的旧同志都找来商议。

仍苦经费不足，我又与谭二式商量叫他找一个会党朋友，去到我族伯的家中盗取我族由宋朝传下来的传家宝（那个王羲之的墨笔《兰亭序》）。会党的朋友从来不少作贼的能手，我又把这宝物所隐藏的地方详细告诉他们。但是一连去了三次，不是盗错，便是不顺风。我气苦了，只得在另一个朋友处借得二百两银子勉强维持。我布置好后，便伪装猎户，带着许多背鸟枪的同志到处察看形势，准备动手起事。等到广州黄花岗之役发动时，湖南风声鹤唳，我店里来往的同志越发川流不息，却被宝庆的官府看在眼上，准备拿我。幸得陈自新报信，我把党务交给谭二式办理，自己抽身到长沙去了。

长沙自我去腊经过省城面嘱刘文锦加紧组织后，又托王隆中介绍吴任到四十九标当文案，暗中帮助他任交通，因此，势力发展得最快。他们把廿五混成协的同志组织得非常严密，标有标代表，营有营代表，队有队代表，排有排代表，棚有棚代表，都由目兵去组织。除了刘文锦、吴任之外没有一个官长。虽然有几个官长在日本留学时也曾入过党，但恐人一做官思想便不免动摇，所以索性不给他们知道。辛亥正月，谭人凤、刘承烈、萧翼鲲、谢介僧等到了长沙，焦达峰、杨任二人随后也都赶到，在晏家塘租了一所房子作同盟会的机关，约集曾杰、洪春岩、文斐、彭庄仲、谢宅中、唐镕、周岐、李洽、文经纬、袁天锡、袁世铎、伍任钧、龙毓峻、成邦杰、吴作霖、吴任、刘文锦等多人开了一个秘密会议，决定派焦达峰、杨任、谢介僧、洪春岩联络会党，派文斐刺探官厅消息，派龙毓峻筹集经费，派文经纬在铁路协会与党外团体（即士绅阶级）取联络，其他诸人亦各分任联络各界之责。刘承烈回益阳赶制炸弹，谭人凤则转回香港向统筹部报告。计议定后，跟着刘文锦又于三月初二日（1911年3月31日）在天星阁三楼召集各标营代表开会，计到有四十九标安定超，一营李鸿鄂，二营丁炳尧、刘光莹、张海斌、徐洪斌、瞿惟藏，前队王鑫涛，左队刘清安、杨雨农、张嘉勋，右队陈林戟，后队彭友胜，三营刘锐，五十标杨玉生、张建良、邓超，马队刘安邦、汤执中、熊光汉、苏得善，炮队李金山、唐汝明、刘镇南、谢毅伯，工程营谭满芳、赖楚、杨芳、熊光南，辎重营熊光岳等六十八人，都是正副目，由刘文锦报告同盟会宗旨及最近的命令，继有张海斌、安定超诸人演说，情绪非常的好。一致决议：1. 各同志应加紧宣传革命主义，并切实组织目兵。2. 各同志本着勇敢精神互相策应，如有事变，共同赴义。3. 派刘光莹、王鑫涛联络巡防营。不料这消息居然泄露，当他们在天星阁开会时，有抚署的暗探唐满老鸦等数人，正坐在天星阁的第二层楼喝茶，见刘文锦召集这许多军人在开会，知道定有不轨行动，便急忙的走报巡抚余诚格。余诚格怕激出大乱子来，也不便当场发作，只暗令协统萧良臣把刘文锦派到蒙古去买马，又密电鄂督瑞澂在中途把他捉着杀掉，其余已经侦知姓名的人，再陆续地把他们开除。这阴谋被管带张翼鹏知道，他也是在日入过党的，便密令刘文锦逃走。同时有四十九标二营管带陈强也是在日入过党的，他得着他的目兵在场被开除的张海斌、徐鸿斌的密供，知道他部下的同志很多，除张、徐二人已奉令开除无法保留外，其余同志只暗嘱安定超、丁炳尧二人去转告，"叫他们各自小心，相机而动"，就算了事。只因军中有此两管带暗中替同志作掩护，革命势力就一天天的长大了。

八　独排众议继续进行促成
辛亥革命之成功

此案发生后我才到省，那时在省的同志如谭人凤、焦达峰、萧翼鲲、杨任、刘文锦等都走开长沙了，留着未走的都是主张缓干。我正感觉苦闷，凑巧谢介僧由宝庆赶来了。他和我一样的主张急进，彼此商量决定继续干下去。先决的问题还是筹款，款从何来，正苦无办法，忽然彭庄仲来告诉我说，我的堂兄要控告南洋印刷局的老板谢祝轩，因为他翻印我伯父舆地学会的地图，赚了不少的钱，要控告他侵夺版权的罪，谢祝轩极觉恐慌。我听着此信灵机大动，立即对彭庄仲说："你快告诉谢祝轩，只要他送我一千块钱，我可以承认这图是我翻印的，我堂兄听说是我翻印的，也就不好告他了。"彭庄仲去把我这话告诉谢祝轩，谢祝轩果然喜出望外，立即送我大洋一千元。我得着这一千元，心想在长沙不好发展，不如去到武汉活动，便同谢介僧先后到达汉口。

九　武汉起义前对两湖之布置

我们到达汉口会着孙武，他告诉我们，湖北的同志自得着广州失败的消息后，大家很感觉灰心，他有个机关在法租界长清里八十八号，也因没有钱无法去维持，准备把它撤销，自己要出关往奉天去。我劝他："莫灰心，把机关的房子交我承租，我们来组织一个两湖联络机关。"孙武答应了，我便把机关整顿起来。过几天焦达峰由襄阳来，杨任由四川来，我们正好商两湖联络加紧进行的办法，忽接香港统筹部的宣言，大意说：这次广州失败，元气大伤，我们要培养元气，等待五年之后才得大举，同志要干的只可采取个人行动云云。我们见着这宣言，大家都不以为然，仍决定加紧进行，两湖都要积极组织，哪一方组织得好的，另一方便去参观学习，等双方都组织好了，便好起事。如果湖南先起事，湖北就要响应，湖北先起事湖南也要立即响应。我们又商定湖南的组织分三路进行，西路由杨任、王炎主持，南路由焦达峰、黎先诚主持，中路由我和谢介僧主持。分配好后，又感觉没有经费进行，便记起居正以前在蕲川三角山偷金菩萨两次没有到手，现在很可以再做第三次进行。于是由焦达峰回浏阳去物色做贼的能手，由谢介僧去购办做贼的器具，诸事齐备之后，便由焦达峰带去动手。但这次还是失败，虽然把金菩萨偷到手，怎奈他的体积既重且大，不好携带。大家把它抬到庙外，正想用凿子錾开支解，以便分藏，叮当之声惊动庙里的和尚，鸣锣聚众前来追拿，大家只好将菩萨丢在水中一走了事。我见此计不成，便又向我那个有钱的伯母动脑筋。她在舆地学会顶出之后，仍住在武昌，手中很有几个钱，还收藏着几根金条子，但不知她放在哪只箱子里，要偷是很难的。我拜托孙武去找闷药，居然找到了，他嘱我放在酒中，又告诉我一个解法，教我多吃茄菲便醒了。我便买了一瓶顶好的葡萄酒，一盒好茄菲，把药放在酒中，摇几摇带过江去，见我伯母声言："今天我要到日本去，特地带了一瓶酒来，要和家人痛饮几杯分别酒。"伯母也很欢喜，留我在家午餐。她贪酒甜一连吃了五六杯，小妹妹也吃了一杯，我又赏了一个佣人、一个丫头各人也吃一杯，我自己有的是解法，怕她们生疑也放怀痛饮许多杯，吃了以后觉得头晕，赶快跑到房里去拼命喝茄菲，觉得不晕了。再看她们闷倒么，那知一个个的还是没有变态，都只说"这酒不好吃，有些难过"而已。我知道这闷药制得不好，这回又是失败，赶快告辞称说要上船去，她们也不留我。过江后又想出第二个办法来，伯母的儿子我的小弟弟邹安众，他是八岁的小学生，正在小学校上课，我打发我的胞弟永乾去骗他说："伯母到汉口看戏去了，要我过江来接你。"他如何不信，便随永乾过了江，永乾把他带到日本租界松迺家旅馆匿藏着，这是我预先租定的日本旅馆。我的四叔来找我要人，我要伯母拿出一大笔钱来才肯罢休，经四叔调解，由伯母拿出八百元，才把弟弟放出。伯母气我不过，从此结成终身的仇恨。我为革命筹款想出这许多没出息的主意，结果不过得着八百元，也不免有些懊丧。两湖的革命机关组织完成后，谭人凤才由上海来此。公以前是最急进的，自从广州失败后，他也灰心了。他见我还在积极进行，似乎不很赞成。我们说："不管怎样，大家都起来干罢！"他为我们的热忱所感，也只得允许担任长江下游的工作。他在汉时又做了一件极重要的工作，那时武汉的革命组织有《大江报》、文学社、共进会，这三方意见很深，经谭人凤竭力开导调解，才得化除成见，从新合作，共同完成八月十九日（10月10日）的光复伟业（光复详情别处都有记载，此处从略）。湖北方面我已布置就绪，湖南方面虽有焦达峰、杨任、谢介僧等先后回湖南去布置，我恐他们与新军中同志不很接近，非我归去不可。但在未回湘之前，我又先同谭人凤跑到南京，介绍他和万仁山见面。此人是在参加萍、浏、醴起义失败之后，由我把他安插在南京军队中的。我们到后，万仁山又介绍许多军人前来参加，我们约他们在秦淮河花船上填好誓约，嘱他们加紧组织。八月初间我才又回到湖南，到时曾杰、焦达峰、杨任、谢介僧诸同志已经组织得有相当的头绪，他们以曾杰所办的文明绣业女校为总机关，另外又设立一个秘密分机关，就是焦达峰、袁剑非等所组织的贾公祠体育学堂。因为借倡体育可以操枪打靶，又可以多召集同志在那里开会。机关成立后，又分配任务，伍任钧在优级师范，李洽、龙铁源在铁路学堂，周岐、唐镕在实业学堂，黄石安、刘敦荣、陈图南在陆军小学堂分别担任联络，谭性恂担任侦察。李洽又在南门外制炸弹，袁剑非在落星田开设定忠客栈，供给同志的住食。

新军自三月初二日在天星阁开会被泄露后，刘文锦闻风逃沪，徐鸿斌、张海斌等均被开除，徐鸿斌又投入中路巡防营第一营当哨官。七月初十日刘文锦由上海来信给各标营同志，嘱他们加紧组织，趁四川铁路风潮，即速起义。安定超、彭友胜、丁炳尧、刘光莹、刘锐、丁惠黎、邓超、刘安邦、谭满芳、熊光岳等乃于七月十二日（9月4日）在清水塘山上秘密会议，决定扩大组织，从新布置，推徐鸿斌、王鑫涛、刘光莹等联络各巡防营，由安定超与同盟会同志丁洪海、黄石阶、黄石安、袁剑非等向政商学各界去联络。原来湖南自去年谘议局成立以来，一班宪政党分子认为清朝不久就将实行宪政，正是他们攫取政权的机会，所以由谭延闿、陈炳焕、罗杰等人领导组织许多类似政党，实际就是争取个人权利的小团体。当时有所谓"政闻社"、"自治公所"、"辛亥俱乐部湖南分部"及"铁路协赞会"诸名称。这些团体都是"保皇党"所分出来的，其发纵指挥的是罗杰，其所共同拥戴的是谭延闿。他们在湖南政学各界占有最大的势力，又因湖南谘议局是他们所独占的地盘，更加可以公开活动，连官府也不敢奈何他们。但其中也有不少的热心爱国分子，尤其是各学堂的学生，他们因醉心革命误认这些组织就是革命团体而盲目加入了。本年三月间我党在晏家塘机关里开会时，曾杰、文斐、文经纬等人认为这些团体中分子也是我们争取的对象，所以标营的同志也推举代表去向各界取联络。岂知后来起义成功，倒替这些人造成反客为主夺取政权的好机会，真是可叹。我回到了湖南得知以上的情形，极不赞成。那时谭心休也由上海中部同盟会推举他回湘活动，认为："这个办法很好，正可借这些公开的团体作我们的掩护。"我虽拗不过众人的意见，心里仍不以为然，只专意地去运动军队。当时刘文锦虽然不在长沙，但有吴任在四十九标做我的助手（他不幸在起义时病故了），所以廿五混成协已隐然入了我的掌握了。湖南的运动大体成熟，那时有旅鄂中学的同志阎鸿飞由鄂归来，见我们积极进行，他兴奋过甚，鲁莽地打一电报给湖北同志说："湖南已经准备好了。"鄂中同志也便加紧进行，孙武赶制炸弹不慎风声外露，清吏大肆搜杀，以致激成武昌八月十九日（10月10日）晚之仓卒起义。

湖北起义后，我就约集许多同志在作民译社共谋响应，又常到邵阳中学堂和谭心休筹商进行。他自八月初间由上海中部同盟会派来主持策动，但深居简出，不大与在省的同志多接头，常由我把外间情形告诉他。八月廿二日（10月13日），我又约集新军代表安定超等多人在作民译社开秘密会议，决定于八月廿九日（10月20日）起义。安定超对我说，当天还有陈作新约他们在紫荆街福寿楼与政商学各界代表黄镆、左学谦、黄翼球诸人见面，会商进行，问我同去否？我说："此辈是临时投机的，最不可靠，我是绝不去的。你们去时也得小心些，不要上他们的当。"安等唯唯而去。原来宪政党的人（即保皇党）素来仇视革命党人和会党的，自从本年铁路风潮涌起后，四川、湖北和湖南各省的宪政党人想趁此机会，假借民意要挟清廷以保持他们的私人铁路股权，纷纷推派代表晋京向清廷请愿，反对铁路国有。不料清廷悍然不顾，将那些代表驱逐出京押解回籍。他们羞愤之余，仍想利用群众来滋闹，出一出他们的气。四川的代表蒲殿俊（四川谘议局议长）乃对湖南的代表左学谦（湖南谘议局议员）说："现在非大闹不可，要利用会党才可大闹，四川有的是袍哥，你们湖南的会党想必也不少，我们都回去准备罢。"蒲殿俊回川后，果然与袍哥联合起来，闹成包围成都的大风潮，同时并派代表潘江等到湖南来取联络。但湖南的士绅素来鄙视会党朋友，苦无门径向他们取联络。恰好我们的同盟会也想趁此铁路风潮把问题扩大，成为革命风潮，自动的打进一些革命党员到他们的团体里去，如文经纬、文斐、吴作霖、曾杰等就是我们的同志渗进去的。他们的铁路协赞会设在太平街贾太傅祠，我们也办了一个体育学堂在贾太傅祠，借此与他们取联络。但他们此时还不知道这些人是革命党。到了八月十九日武昌光复以后他们才大吃一惊，不料由铁路风潮，倒造成一个革命局势，清朝政府又那么的脆弱，至此他们才有身家之虑，唯恐革命成功，他们就会身家不保，只有学湖北的汤化龙一样（汤也是宪政党的巨子）也去投身革命，才可保得身家。所以自八月廿日以后，他们都像热锅里蚂蚁一样，到处乱闯，经多方物色才从李藩国家中找着一个陈作新。此人虽未加入过革命党，但最富有革命思想，他由陆军速成毕业，派在五十标当排长，时常酒后狂言高谈革命。在庚戌年春天长沙饥民闹事，陈作新认为是革命的机会，暗对他的营长陈强说："我们若要革命，此其时矣。"陈强大惊，心想此人如此大胆乱说，必会生出事来影响大众，乃对他说："我看你的精神有些失常，赶快销差回家休养。"当时送他廿两银子，销了他的差。陈作新失业后，便在李藩国家里教书。标里的目兵见他的思想积极，都很同情他，时常出来到他家聚谈。所以自治公所的人，把他认作革命党，由黄锁、曹惠去邀他到自治公所，与一干人见面。陈对大众说："湖南如果要响应武昌起义，新军由我负责，只是巡防营和会党须与焦达峰商量。"他们乃央求文经纬、易宗羲介绍认识焦达峰。焦达峰正想运动各界一同参加革命，所以绝不犹豫的便和他们结合了。经双方商定于八月廿二日在紫荆街福寿楼开会商榷进行。安定超等人见有焦达峰、陈作新在场，所以邀我同去，我既不去，他们也自去了。其实这天的会并未开成，因发现抚署的侦探唐满老鸦又坐在这茶馆里，大家见着他都走散了。至次日廿三日乃在玉皇殿集会，到了卅多人，各界人都有，仍决定廿九日举事，推安定超、彭友胜、刘光莹指挥四十九标，邓超、张建民指挥五十标，刘安邦指挥马队，赖楚、谭满芳指挥工程营，李金山指挥炮队营，熊光岳指挥辎重营，徐鸿斌指挥巡防第一营，曾国钧指挥巡防第二营，单举指挥巡防第三营，易尚志指挥巡防第四营，又推刘芝德运动抚署卫队，成邦杰去通知哥弟会，袁剑非赴宁乡买马刀，廿九日由哥弟会弟兄在城内四处放火为号，大体是这样决定了。

那时巡抚余诚格知道湖南的军队靠不住，与巡防营统领黄忠浩商量，将巡防营的枪、炮、子弹缴存军装局，每营只存十小箱，作卫兵警卫之用。至于新军的子弹早就缴了，连打靶的子弹都存了库。如此他还不放心，又将四十九标一、三两营调驻岳州、临湘，五十标的梅馨、蒋国经两营移驻宁乡、益阳，原驻各县的巡防队十余营，则调防省城，他以为原驻外县的巡防队是不会受革命党运动的。他仍嫌兵力不足，又去电调中营游击杨怀烈带镇篁兵五营前来增防。他想借优势兵力去钳制新军不敢乱动，并可压迫他们进攻湖北的革命军。哪知新军里同志众志成城，还是不顾一切，竟于九月初一日（10月22日）由安定超等发难，一顷间便光复了长沙，他徒然枉费心机而已。

黄忠浩的思想既不同于保皇党去效忠清廷，也不愿随便与革命党附和。我与他世交，知道他很深，听说他添募新兵，故意写信去试探他说："你新招的三营将以哪一营给我带？"他虽没答应，也没有反对，因此我又与他面说："湖南的事全在老伯身上，只须一反手之劳革命便可成功。"他沉吟不答，态度还在两可之间。原来他已派了他的心腹萧任前去武汉，侦探察看革命军取得武胜关么，如果武胜关得了，他便响应；否则事恐难成，他反要学曾国藩去帮助清朝戡平祸乱。我第一次和他说话时，他还没接得回报，所以态度模棱。后来我在第三次和他见面，重申前说，他的态度陡然大变，申斥我说："小孩子不懂事，别再胡闹。"原来他此时已得着萧任的回报了，知道武胜关仍在清军的手中，从此他居然以曾国藩自命，他的军师廖铭缙（后为革命军所杀）也自命为左宗棠。余诚格调兵遣将的阴谋，早被我刺探明白，在八月廿五日的晚上特地跑到绣业女学堂去找曾杰共商对付之策。正在谈话，谭心休忽跑来对我说："方才接得宝庆的信说，宝庆饥民闹事，你可以连夜赶到宝庆起事，牵制镇篁兵莫东下。"曾杰很赞成他的主张，但我很不愿意，因为焦达峰昨日回浏阳召集会党未转来，新军的同志都是我在接头，长沙起事还要我来应付，所以不肯抽身他往。怎奈他二人逼着要我走，还要李洽直送我上洋船到湘潭，我也没法。其实我早已派刘福泰去宝庆通知谢介僧准备起事了。我到湘潭雇了两班轿子连夜赶路，两天便到了宝庆（八月廿八日到），面问谢介僧，并无饥民闹事之说。我真不解何以谭心休定要骗我离省？后来才知道他原来想做都督，他只与标统王隆中取得联络，对士兵并无接洽，有我在省于他不便，所以出此调虎离山之计。哪知后来长沙起义，还是我所运动的士兵在发难，推举都督也轮不到他，倒把焦达峰牺牲了，便宜了另外一个姓谭的（谭延闿）。此公误事实在不小。